铁路科技图书出版基金资助出版

青藏铁路
拉萨河大桥

孙树礼　编著

中国铁道出版社

2009年·北京

内 容 简 介

青藏铁路拉萨河大桥较好地适应了既要体现民族特色又要具有时代气息的特定环境而为世人关注。本书系统地总结了青藏铁路拉萨河大桥的技术成果。全书共分五章：第一章介绍自然环境与人文环境，第二章介绍桥式方案，第三章介绍设计及计算分析情况，第四章介绍模型试验及分析情况，第五章分绍施工情况。

本书图文并茂，内容丰富，可供从事铁路桥梁科研、设计、施工、建设管理、教育等相关人员参考。

图书在版编目（CIP）数据

青藏铁路拉萨河大桥/孙树礼编著. —北京：中国铁道出版社，2009. 8

ISBN 978-7-113-10330-9

Ⅰ. 青… Ⅱ. 孙… Ⅲ. 青藏高原-铁路工程：桥梁工程 Ⅳ. U448. 13

中国版本图书馆 CIP 数据核字（2009）第 126046 号

书　　名：**青藏铁路拉萨河大桥**

作　　者：孙树礼　编著

责任编辑：傅希刚　洪学英　**电话**：路(021)73142，市(010)51873142　**电子信箱**：fxg711@163. com

封面设计：冯龙彬

责任校对：张玉华

责任印制：郭向伟

出版发行：中国铁道出版社（100054，北京市宣武区右安门西街 8 号）

网　　址：http：//www. tdpress. com

印　　刷：**北京盛通印刷股份有限公司**

版　　次：2009 年 8 月第 1 版　2009 年 8 月第 1 次印刷

开　　本：880 mm × 1 230 mm　1/16　印张：15　字数：441 千

书　　号：ISBN 978-7-113-10330-9/TU · 1050

定　　价：98. 00 元

天路映彩虹

高原鋳輝煌

二〇〇九年五月十日

孫永福

孙树礼

作者简介

1961年10月出生于河北省定兴县。1983年7月毕业于西南交通大学铁道工程专业，现任铁道第三勘察设计院集团有限公司副总经理兼总工程师，教授级高工，天津市授衔桥梁设计专家，中国交通运输协会城市轨道交通中青年专家。兼任天津市铁道学会常务副理事长、天津市咨询决策委员会委员、中国土木工程学会桥梁及结构工程分会理事、《世界桥梁》及《铁道标准设计》编委会委员。铁道部劳动模范。

孙树礼同志长期从事铁路、公路、市政桥梁的勘测设计及技术管理工作，在桥梁设计、科研及技术管理方面具有丰富的经验。主持或参加“上海苏州河闸桥主桥钢箱梁”、“济南枢纽北关特大桥——我国铁路桥梁中首次采用的SRC框架墩”、“大准铁路黄河桥（96+132+96）m大跨度无竖杆刚性钢桁梁柔性拱桥”、“严寒地区采用16Mnq的嫩江特大桥64 m钢桁梁”、“哈大线鞍钢桥——铁路第一座斜交预弯型钢混凝土梁”、“天津彩虹桥3-168 m简支下承式钢管混凝土拱桥”、“上海明珠线（54+128+54）m钢管混凝土拱预应力混凝土连续梁组合结构的漕溪路桥及（80+112+80）m双壁墩预应力混凝土连续刚构的中山西路桥”、“烟大铁路轮渡栈桥”、“青藏铁路拉萨河大桥”等项目设计与科研，同时主持“天津地铁一号线”、“津滨轻轨”以及“京津城际铁路”、“京沪高速铁路”等地方和国家大型重点建设项目。多个项目获得了国家或省部级奖励，其中已建成通车的京津城际铁路是我国第一条时速350 km高速铁路，多项指标达到世界先进水平。

在国内期刊发表《青藏铁路拉萨河大桥设计关键技术及试验研究》、《连续梁拱组合桥梁设计关键技术对策研究》、《桥墩墩顶横向水平位移限值的研究》等论文10余篇，有很高的学术价值。

孙树礼同志获国家科技进步特等奖一项；省部级科技进步特等奖一项，一等奖三项，二等奖一项，三等奖一项，四等奖一项；省部级优秀设计五项；2007年获第九届詹天佑铁道科学技术奖成就奖。

编辑委员会

主　　编：孙树礼

副 主 编：周四思

编　　委：王　祯　乔　健　王召祜

李凤芹　陈后军　周铁征

李义兵　苏　伟　李敬增

张　雷　张成志　何　伟

图片编辑：张成志　程相茹

校　　审：张耀聪　方根男

主编单位：铁道第三勘察设计院集团有限公司

前　言

2007 年中国铁路代表团在德国与同行进行技术交流时，席间德国专家打开了便携电脑，展示他心目中最美的中国铁路桥梁。湛蓝的天，雪白的云，巍然傲立的雪峰和清澈的河水，一座整体纯白色连拱桥宛如洁白的哈达，飘舞在宽阔的河面上——那就是青藏铁路拉萨河大桥。

拉萨河大桥距青藏铁路终点拉萨车站约 2 km，距拉萨市中心约 5 km，是世界首条海拔最高、线路最长、地质情况最复杂的高原铁路——青藏铁路的标志性工程之一。

拉萨河大桥孔跨布置为：5-3 ×32. 7 m 预应力混凝土连续箱梁 + (36 + 72 + 108 + 72 + 36) m 钢管混凝土拱连续梁 + 3 × 32. 7 m 预应力混凝土连续箱梁，全桥长 928. 85 m。主桥采用钢管混凝土拱连续梁组合结构，引桥采用预应力混凝土连续箱梁。主桥五跨三拱的结构体系、108 m 中孔双层叠拱形式均为国内首次采用。系杆拱宛如洁白的哈达，飘舞在青山碧水间，变截面的连续箱梁仿佛连绵起伏的雪山，托起洁白的哈达。该桥型适应了既要体现民族特色又要具有时代气息的特定环境，并填补了国内大跨度下承式混凝土连续梁钢管叠拱组合结构铁路桥梁的空白。主桥桥墩采用变截面双圆柱墩，像牦牛的骨骼充满力度，并且与上部结构优美的曲线风格相统一；引桥桥墩采用雪莲花式的变截面圆端形墩，具有浓厚的西藏当地乡土人情风味。

拉萨河大桥设计新颖、独特，它的主梁采用双主纵梁实体截面，与钢管拱形成组合体系，不仅传力明确，而且竖向刚度大，施工及养护维修方便。考虑该桥所处的特殊地理气候条件，设计中按照少维修和免维护的设计理念成功开发了应用拱脚构造、新型铰轴式钢支座、新型吊杆锚固体系。同时，工程中采用纤维混凝土拱脚、混凝土外涂装及钢结构长效涂装体系等综合措施，提高了桥梁的结构耐久性。施工中还采用先梁后拱、大节段吊装法施工，以减少现场焊接及拼装作业，保证了工程质量。

该桥于2003年5月开工建设，2005年6月竣工，2005年10月全线铺通开行工程列车，2006年3月开始货物列车工程试运行，2006年5月开始旅客列车不载客试运行，2006年7月1日青藏铁路全线开通。

拉萨河大桥的建成为神奇的雪域高原增添了又一道靓丽的风景。

该桥由铁道第三勘察设计院集团有限公司设计，中铁大桥局集团有限公司施工，天津大学、兰州交通大学、中铁大桥局集团武汉桥梁科学研究院有限公司、中南大学等单位参加了科研工作。

为全面总结青藏铁路拉萨河大桥的技术成果，铁道第三勘察设计院集团有限公司组织了《青藏铁路拉萨河大桥》一书的编写。全书共分五章，第一章介绍自然环境与人文环境，第二章介绍桥式方案，第三章介绍设计及计算分析情况，第四章介绍模型试验及分析情况，第五章介绍施工情况。

本书由孙树礼任主编，周四思任副主编。王　祯、乔　健、王召祜、李凤芹、陈后军、周铁征、李义兵、苏　伟、李敬增、张　雷、张成志、何伟参加编写。全书由孙树礼、周四思统稿，张成志、程相茹组织绘制了本书的插图，张耀聪、方根男教授级高工对本书进行了认真的校审。

中国工程院院士孙永福在青藏铁路拉萨河大桥设计、施工、科研全过程中都给予了支持和关注，多次莅临大桥建设工地现场指导，在本书编写过程中，又给予了很多的鼓励，并在百忙之中为该书题词，在此表示诚挚的谢意！

同时还对铁道部青藏铁路建设办公室朱振升常务副主任、铁道第三勘察设计院集团有限公司原工会主席王信阁先生、中铁大桥局集团有限公司总工程师秦顺全教授级高工、天津大学佟景伟教授、兰州交通大学副校长陈兴冲教授、中南大学郭向荣教授的大力协助，在此一并致谢。

由于编者水平所限，书中错漏之处在所难免，敬请同行们不吝赐教。

2009年5月

拉萨河大桥主桥

建成后的拉萨河大桥

建成后的拉萨河大桥

引桥

施工栈桥

走行吊机

混凝土连续梁施工

混凝土连续梁施工

预应力张拉

拱脚钢筋施工

拱脚混凝土施工

吊索锚箱定位

次边跨拱肋吊装

次边跨拱肋吊装

次边跨拱肋合龙

焊缝检查

钢管混凝土检测

拉萨河大桥横向联结系

合龙后的拉萨河大桥

目录

第一章　自然环境与人文环境

拉萨河大桥位于拉萨市郊，是青藏铁路进入圣地——古城拉萨的大门。独特的自然环境、文化传统和时代要求赋予了这座大桥特殊的色彩。在拉萨河大桥设计过程中，以满足使用要求为前提，追求桥梁与周围自然景观的协调，力求反映出西藏的文化内涵与时代风貌，体现出青藏铁路标志性工程的风采，努力达到建筑造型与桥梁结构的完美统一。

第一节　自 然 环 境

一、桥　　位

青藏铁路拉萨河大桥位于青藏铁路格拉段的末端、拉萨河河谷，距拉萨市市中心约 5 km（图 1—1—1）。北面为念青唐古拉山，山势陡峻，沿山有哲蚌寺、色拉寺等古建筑面江而立；南面靠近造耳峰等山岭，铁路过桥后穿越造耳峰隧道即到达拉萨火车站（约 2 km）；桥址以西为堆龙德庆县城和拉萨市经济技术开发区（柳梧新区）；桥址以东是拉萨市区，与布达拉宫古建筑群遥遥相对。该地区是著名的旅游风景区，山河壮丽、民族风情浓郁。

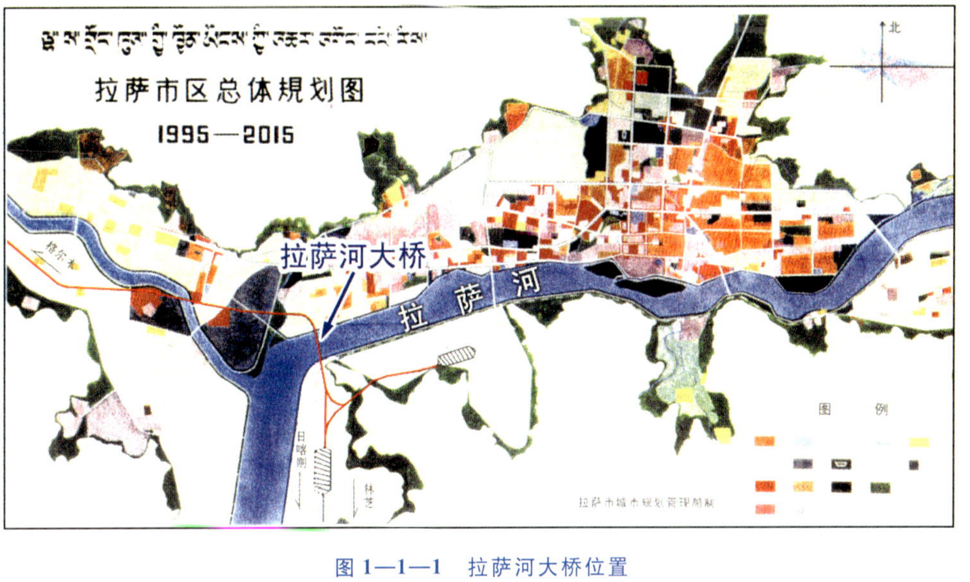

图 1—1—1　拉萨河大桥位置

桥址处河床宽阔，上游顺直，下游弯曲。DK2000 + 730 ~ 738 为拉萨河右岸河堤，大堤宽 7 m，迎水面由干砌片石铺砌。桥轴线与拉萨河基本正交。百年一遇的设计洪水位为 3632. 2 m，设计流量为 3 280 m^3/s。

桥址处地形平坦，地层单一，主要为卵石土，无不良地质，工程地质条件较好，最大冻结深度 26 cm。

桥址处地震基本烈度为八度。

二、水　　文

（一）流域概况

拉萨河是雅鲁藏布江的主要支流，发源于念青唐古拉山东段南麓，上源称麦地藏布，由北向南流，在错麦乡，东来的麦曲从左岸汇入后称为色荣藏布，在绒米乡下游，源出念青唐古拉山脉雪岭的桑曲从右岸汇入后称为热振藏布。在旁多乡，右岸乌鲁龙曲及扒曲同时汇入后称为拉萨河。在乃群附近，有源于念青唐古拉山雪岭北来的藏布曲从右岸汇入后南流，至曲水附近注入雅鲁藏布江。流域平均海拔高程在 4 500m 左右，全流域面积为 32 471km^2，干流全长约为 551 km，主河槽平均坡度为 2.9‰。

拉萨河在旁多以上为峡谷区，两岸山坡陡峻；旁多至唐加段河谷宽 1 ~ 2 km，河道弯曲，岔流众多，主流摆动，主河槽宽 150 ~ 300 m，仅在直孔与唐加水文站间局部地段河槽下切形成 U 形深槽，坎高大于6 m，主河槽宽仅 100 余米。自唐加以下直至曲水，河道扩散，岸坎消失，河谷宽在 2 km 以上，多岔流及沙洲，在拉萨市以下柳吾乡附近河谷宽达 4 km 以上，河床宽 500 ~ 2500 m，主流不稳定，属山区摆动性河流。拉萨河上游有旁多水文站，控制流域面积 15 728 km^2；中游有唐加水文站，1963 年建成，控制流域面积19 710 km^2；下游有拉萨水文站，1955 年建成，流域面积 25 875 km^2。拉萨河大桥位于拉萨河水文总站下游约 12 km 处，造耳峰与七一农场之间，桥址处控制流域面积 26 080 km^2。

（二）流域气候

拉萨河流域属高原温带半干旱气候区。太阳辐射强烈，日照时间长；夏季凉爽，冬季寒冷而干燥；无霜期短，干湿季分明，山地终年积雪。

根据流域内的气象站资料统计，流域内多年平均气温：拉萨水文站 7.8℃。极端最高气温发生在拉萨水文站，达 29.5℃。

根据拉萨水文站 1956 ~ 1998 年资料统计分析，最大年平均风速为 12 m/s，最大冻土深 0.26 m。

该流域降水受印度洋西南季风影响，孟加拉湾暖湿空气沿雅鲁藏布江河谷上溯，从拉萨河干流及支流雪绒藏布、墨竹马曲进入流域中。降水量的年际变化大，多年平均降水量为 480 mm；年内分配不均，6 ~ 9月占全年的 80% 左右；空间分布也不均匀，东部大于西部，北部大于南部，墨竹玛曲、雪绒藏布为高值区。

（三）河道概况

拉萨河河道迂回曲折，分段岔流多，水流紊乱，侧向侵蚀作用明显且强烈。拉萨市以下柳吾乡附近河谷宽达 4 km 以上，河床宽 500 ~ 2 500 m，主流不稳定。桥址河段为典型的宽谷游荡型河流，河心滩极发育，洪水期河水切滩作用强烈，往往导致河道主流突然转入另一股岔流，形成新的主河槽，这是拉萨河游荡型的一种重要表现。桥址处河床宽阔，上游顺直，下游弯曲。河床中小石子、中细砂较多，为卵砾石河床；河床有采挖现象。拉萨河右岸河堤堤宽 7.0 m，迎水面用干砌片石铺砌。

由于桥址上游河段太阳岛、仙足岛上建筑物的修建，压缩了该河段的泄洪断面，洪水期易形成壅水，河水流速加大。

拉萨河目前尚无通航要求。

（四）桥址河段水文特性

1. 暴雨、洪水特性

流域的暴雨量级不大，主要集中在 6 ~ 9 月，大面积强降雨过程出现的情况较少。根据拉萨水文站1956 ~ 1998年系列统计，最大一日雨量发生在 1980 年 6 月 22 日，达 55.1 mm；多年最大一日平均雨量为 29.8 mm。

全年洪水也主要集中在 6 ~ 9 月。1 ~ 4 月、12 月河水流量较枯，5 月出现融雪径流，流量较 4 月明显加大。9 ~ 11 月份处于退水段，河水流量较汛期减少，但仍然较丰。8 月份多年平均流量为 863 m^3/s，是 1 ~ 4 月多年月平均流量 52.5 m^3/s 的 16 倍。场次洪水洪量较大，洪水过程较为平坦，为多峰连续型，持续时间为15～20天。洪水主要由暴雨形成，其中也包括一部分融雪径流和地下水出流。

据拉萨水文站实测记录，最大洪峰发生在1962年，达2 830 m^3/s；最小洪峰发生在1986年，为848 m^3/s。前者为后者的3.3倍。洪峰实测系列中小于1 000 m^3/s的年份只有1986年和1983年，其他年份都大于1 000 m^3/s；多年均值为1 720 m^3/s。

除了汛期以降雨为主的洪水外，也有春季融雪形成的洪水，但是量级远远小于前者，不会形成灾害性洪水。

2. 泥沙与冰情

根据拉萨水文站1956年至今的资料分析，拉萨河泥沙含量较低，属低沙河流。实测资料表明：多年平均输沙量为93.1万t，多年平均含沙量0.1 kg/m^3。

据拉萨水文站的观测资料，拉萨河城区段在每年的12月～翌年2月上旬有流冰花存在。

（五）桥渡水文特征值

1. 设计洪峰流量

（1）调查洪水资料

1989～1992年，西藏自治区水利局、水利部松辽委在进行拉萨河流域规划时，会同拉萨市水电局、拉萨市水资源勘测局、拉萨市水利学会对拉萨水文站的历史洪水进行了大量调查，得到较为可靠的洪水调查成果，见表1—1—1。

表1—1—1 拉萨水文站附近历史洪水调查成果表

年 份	1917	1927
洪峰流量（m^3/s）	3 860～3 650	3 350
可靠程度	较可靠	可靠

经调查，可得到的有关历史洪水的描述如下：

1961年6月11日《西藏日报》报道："根据西藏史籍记载和访问老人时的介绍，五百多年来，共有四次大洪水淹没拉萨市区。即五百年前、二百年前、一百年前、六十多年前。其中以五百年前和六十多年前两次洪水最大，几乎淹没了拉萨市区，八廓街低洼处需乘牛皮船才能通过，其他地方也得提衣涉水"；

1927年洪水使"现保存的石塔淹没20 cm"；

1962年实测洪水的最高水位高出市区各主要街道约0.2～1.6 m。

根据上述情况及历史文献资料，初步考证得到各洪水重现期的调查结果，见表1—1—2。

表1—1—2 拉萨水文站附近历史洪水经验频率调查确定表

年 份	洪峰流量（m^3/s）	考证期排位	考证期频率	采用频率（%）
1917	3 860～3 650	从1961年以前500年（1998年以前约538年）排位3～5，1917年至今排位1	3～5/539～1/84	0.56～1.2
1927	3 350	从1961年以前500年（1998年以前约538年）排位6，1917年至今排位2	6/539～2/84	1.11～2.4

（2）计算成果

依据拉萨水文站1956～1998年流量系列并考虑1917年和1927年历史洪水，按不连续系列公式计算，采用P—Ⅲ曲线，经适线求得设计洪峰流量，成果见表1—1—3。

表1—1—3 拉萨水文站洪峰流量计算成果

适线成果			不同重现期设计洪峰流量（m^3/s）				
均值	C_V	C_S/C_V	300	100	50	20	10
1 770	0.33	3	4 000	3 540	3 260	2 870	2 550

长江水利委员会对《拉萨河城区中段防洪工程可行性研究报告》的审查意见（长计〔2001〕147号），同意依据拉萨水文站1956～1998年流量系列并考虑1917年、1927年历史洪水，综合分析的拉萨水文站年最大洪峰流量频率计算成果。

拉萨河大桥桥位上游26.46 km处右岸建有纳金水电站，目前仍然是拉萨市的主要供电单位，由于水坝坝身存在局部变形和漏水的情况，因此须进行溃坝流量计算。纳金水电站设计标准为50年设计，200年校核；装机7500 kW，设计水头11.5 m，设计流量100.8 m^3/s，水库正常水位3617.2 m，水库最低水位3616.3 m，设计水位（50年一遇）3618.34 m，校核洪水位（200年一遇）3618.52 m，正常水位时水库库容740万m^3，设计水位时水库库容988万m^3，水库死库容544万m^3，水库有效库容196万m^3，设计水位时水库水面积2.39 km^2；设计等级Ⅲ级，最大坝高11.48 m，坝顶长度4080 m，泄洪最大流量2680 m^3/s（50年一遇）及3460 m^3/s（200年一遇），泄洪堰最大宽度500 m。

根据纳金水电站坝体平面布置及断面形态，如果发生溃坝，其形式最有可能为在3334m顺河坝范围内发生横向局部溃决。经计算，溃坝流量为4005 m^3/s，与该桥三百年一遇检算流量4000 m^3/s很接近。

2. 设计、检算流量和水位

（1）拉萨水文站水位—流量关系线

拉萨河市区段属宽谷型河道，河床中有很厚的堆积物。

拉萨水文站有20世纪50年代以来的实际观测资料。对比同一水位下的过流能力，20世纪60年代～80年代总趋势是逐渐增加，河道下切明显。相应的拉萨市的防洪警戒也从5.60 m（相对高程，下同）下调到5.40 m，直到现在的5.20 m。

20世纪90年代以来，河流的下切与淤积都不是特别明显。对比分析1991年和1998年的两次大水过程及历年水位流量资料表明，河道冲淤变化不是很大。

因此，根据近十年来的年最大水位—流量点绘，取其外包线作为设计的水位—流量关系线成果，见表1—1—4。

表1—1—4　拉萨水文站水位—流量关系计算成果

水位（m）	4.07	4.66	5.11	5.45	5.67	5.81	5.92	6.01
流量（m^3/s）	500	100	1500	2000	2500	3000	3500	4000

注：高程为相对高程

（2）水面线

拉萨水文站有1956～1998年的实测资料．以拉萨水文站实测资料推算的各频率设计洪水位作为水面线计算的依据，断面资料采用拉萨市水电局在2001年汛期实测的资料，用天然河道水面线计算方法计算，推算桥址河段百年一遇水面线比降为1.606‰。

（3）设计水位

2001年定测拉萨河流量计算采用铁一院1977年科研队《青藏铁路高平原地区大中河流洪水调查报告》成果，根据铁一院推荐的公式$Q_{1\%}=5.33F^{0.63}$计算；利用数理统计法验证，得桥址处设计流量$Q_{1\%}=3280\ m^3/s$，计算桥址处设计水位$H_{1\%}=3632.2$ m。北京市水利规划设计研究院在进行拉萨河堤防改造工程设计时，对该河段做了详尽的水文分析，并编制了水文分析专题报告，他们计算的百年洪水流量为3540 m^3/s，计算桥址处设计水位$H_{1\%}=3632.39$ m。铁一院建议采用桥址处设计流量$Q_{1/100}=3280\ m^3/s$，2001年8月29日与西藏自治区计委汇报情况时，拉萨市水利局提供并建议采用桥址处设计流量$Q_{1/100}=3540\ m^3/s$，故拉萨河大桥设计按$Q_{1/100}=3540\ m^3/s$进行水文计算。

三、地　质

桥址处地形较为平坦，地势开阔，拉萨河右岸为菜地、树林及卵砾石荒地；左岸为造耳峰，基岩裸露，植被稀少，岸坎陡峭，岸坎高约13m。拉萨河是雅鲁藏布江的一条支流，拉萨河河床地形变化较大，沟坎相间，水深浅不一；河中有两处漫滩分布。桥址毗邻拉萨市，有公路相通，交通较为便利。

（一）地层岩性及特征

工点内的地层主要为第四系全新统冲积层及下白垩系的石英岩，地层详述如下：

（1）人工填筑卵石土（Q_4^{ml7}）：青灰色，灰白色，厚度 2～3m，分布于拉萨河右岸河堤，为砌筑拉萨河河堤而形成。主要成分为花岗岩，粒径 20～80 mm 的约占 10%，80～200 mm 的约占 15%，大于 200 mm 的约占 60%。稍密，潮湿。

（2）粉、细砂（Q_4^{al4}）：灰黄色，厚度 0.5～2 m，分布于拉萨河堤右面的大部分地表及呈透镜体状分布于卵石层中。矿物成分为长石、石英、云母，颗粒较均，砂质不纯。地表粉、细砂含较多的植物根系，松散，潮湿～饱和；卵石层中的细砂，稍密，饱和，σ_0 = 190 kPa。

（3）中、砾砂（Q_4^{al5}）：灰黄色、灰褐色，厚度 0.5～4.0 m，呈透镜体状分布于卵石层中。矿物成分为长石、石英、云母。颗粒不均，砂质不纯，含 10%～20% 的卵砾石。稍密，饱和，中砂，σ_0 = 330 kPa；砾砂，σ_0 = 390 kPa。

（4）圆砾土（Q_4^{al6}）：青灰色，厚度 1～5 m，呈透镜体状分布于卵石层中，浑圆状。矿物成分以砂岩、花岗岩、石英岩为主，粒径组成：2～20 mm 的约占 45%，20～60 mm 的约占 15%，大于 60 mm 的约占 20%，余为杂粒砂充填，中密，饱和，σ_0 = 400 kPa。

（5）卵石土（Q_4^{al7}）：青灰色，为该工点的主要地层，厚度大于 40 m，浑圆状。矿物成分以砂岩、花岗岩、石英岩为主，粒径组成：2～20 mm 的约占 15%，20～60 mm 的约占 40%，60～200 mm 的约占 30%，余为杂粒砂充填，中密，饱和，σ_0 = 600 kPa。

（6）漂石土（Q_4^{al8}）：灰白色，厚度 1～5 m，呈透镜体状分布于拉萨台附近的卵石土层中，圆棱状。矿物成分为石英岩，粒径以 100～300 mm 为主。饱和，σ_0 = 800 kPa。

（7）石英岩（K_1^{Qu}）：出露于拉萨台，灰白色。主要矿物成分为石英，岩质坚硬，变晶结构，块状构造，弱风化，节理发育。节理产状：J_1——S65°W/75°N，间距 1～5 m，延伸 3～5 m，微张；J_2——N28°W/75°S，间距 1～3 m，延伸 1～2 m，微张。弱风化，风化层厚 1～2 m，σ_0 = 600 kPa；完整基岩，σ_0 = 1 000 kPa。

（二）工程地质评价

通过对地层岩性及特征的综合分析，作出拉萨河大桥工程地质评价如下：

（1）该工点内地形平坦，局部略有起伏，地层较为单一，无不良地质，工程地质条件良好；

（2）该工点地震动峰值加速度为 0.20*g*，相当于地震基本烈度八度；地震动反应谱特征周期为 0.45 s；

（3）最大季节冻土深度为 26 cm；

（4）基坑临时开挖边坡率：卵石土为 1:1，需支护；石英岩为 1:0.5，需支护；

（5）建议 1 号～22 号桥墩采用桩基基础。在施工时应特别注意 6 号墩和 20 号墩地下残留的钻孔套管（因为套管脱扣，无法拔出），并采取相应的处理措施；

（6）拉萨台采用明挖基础，基础置于完整基岩中；

（7）22 号墩施工时应注意地层中的大漂石；

（8）由于该工点内细砂及中砂夹层埋深大于 20 m，根据规范要求，不考虑液化；

（9）雨季施工时应注意防洪，在水上进行施工时应注意安全。

（三）水文地质评价

该工点内地表水主要为拉萨河水。拉萨河是山区河流，为常年流水，水量较大，流速快。受大气降水及上游雪山上的冰雪融水的补给，流量受季节的影响较大，夏秋为洪水期，冬春为枯水期。地下水主要为第四系孔隙潜水，受大气降水及拉萨河水的补给，水量丰富，河漫滩及右岸地下水水位 0～1.0 m。根据初测取水化验结果，工点内水质较好，对圬工无侵蚀性。

第二节 人 文 环 境

西藏地处世界上最大最高的青藏高原，平均海拔四千米以上，南隔喜马拉雅山脉与印度、尼泊尔、锡金、不丹、缅甸等国接壤，北部和东部与新疆、青海、四川、云南等省区为邻，面积120多万平方公里。西藏是以藏族为主体的民族自治区，其他还有汉族、回族、门巴族、珞巴族等。独特的地理环境造就了独一无二的雪域风光，使西藏素有“雪域高原”之称，其巍然傲立的雪峰，浩瀚如镜的明湖，七彩炫目的阳光，延绵不绝的草场，辉煌玄妙的寺庙，任择一二都可成为撼人心魄的华美篇章。

青藏高原的风光如图1—2—1所示。

图1—2—1 青藏高原风光

拉萨市是西藏自治区的首府，是一座有1300多年历史的文化名城。拉萨位于青藏高原的中部，海拔3 650 m，是世界上海拔最高的城市之一，面积近3万km^2，人口约40万。拉萨市有古迹200多处，大昭寺、小昭寺、布达拉宫、甘丹寺、哲蚌寺、色拉寺、罗布林卡等著名建筑都是著名的旅游景点，纳木错、德中温泉和林周、墨竹工卡自然保护区是主要的自然风景区。

“拉萨”在藏语中为“圣地”或“佛地”之意，长期以来就是西藏政治、经济、文化和宗教的中心，金碧辉煌、雄伟壮丽的布达拉宫，是至高无上政教合一政权的象征。早在公元7世纪，松赞干布兼并邻近部落、统一西藏后，就从雅隆迁都逻娑（即今拉萨），建立吐蕃王朝。1951年5月23日，西藏和平解放，拉萨城进入了新的时代。1960年，国务院正式批准拉萨为地级市，1982年又将其定为首批公布的24座国家历史文化名城之一。

拉萨古称“惹萨”，藏语中称“山羊”为“惹”，称“土”为“萨”。相传公元7世纪，唐朝文成公主嫁到吐蕃时，这里还是一片荒草沙滩，后为建造大昭寺和小昭寺用山羊驮土填卧塘。寺庙建好后，传教僧人和前来朝佛的人增多，围绕大昭寺周围便先后建起了不少旅店和居民房屋，形成了以大昭寺为中心的旧城区雏形。同时松赞干布又在红山扩建宫室（即今布达拉宫），于是，拉萨河谷平原上宫殿陆续兴建，显赫中外的高原名城从此形成。“惹萨”也逐渐变成了人们心中的“圣地”，成为当时西藏宗教、政治、经济、文化的中心。在一般人的印象中，拉萨是由布达拉宫、八廓街（八角街）、大昭寺、色拉寺、哲蚌寺以及拉萨河构成的，但西藏人认为，严格意义上的“拉萨”应是指大昭寺和围绕大昭寺而建立起来的八廓街，只有到了大昭寺和八廓街，才算到了真正的拉萨。如今拉萨城东一带尚保持着古城拉萨的精髓。

大昭寺和八廓街风景如图 1—2—2 和 1—2—3 所示。

图 1—2—2　大昭寺

图 1—2—3　八廓街

早在公元 7 世纪，佛教从唐朝和尼泊尔传入西藏。到公元 10 世纪，佛教在西藏再度兴起，并形成独具特色的藏传佛教。宗教生活是藏族社会生活中的重要组成部分。寺院建筑既是宗教活动的中心，又是文化传播场所，集中体现了藏族人民在长期实践中所创造和积累的工程技术和文化艺术的精华，在建筑结构、材料、装饰等方面都独具特色，其建筑内部画栋雕梁、帏幔交织；外部采用金顶、角兽、法轮等具有浓厚宗教色彩的镏金装饰；屋顶多为平顶和歇山顶。在建筑形式上，既使用了汉族建筑的若干形式，又保留了藏族建筑的许多传统手法，表现了兄弟民族建筑艺术的交流与融合。在建筑色彩方面，红、白两色使用较多，给人以庄严、凝重之感。另外，值得一提的是，在寺院建筑的细部雕饰上往往使用寓意着吉祥、威严的动物图案，表现了远古时期这里的人们对于自然力量的崇尚与依赖；同时也大量使用宗教色彩浓厚的标识，使建筑中融入了不少宗教理念和文化心理。其中以布达拉宫最具代表性，如图 1—2—4 所示。

以布达拉宫和八廓街为中心的拉萨新城，北至色拉寺，西至堆龙德庆县。纵目眺望拉萨城，邮电大楼、新闻大楼、拉萨饭店、西藏宾馆及各色建筑物星罗棋布，互为参错，连连绵绵，一片新辉。站在布达拉宫顶上俯瞰拉萨全城，整个拉萨市区到处是一片片掩映在绿树中的新式楼房，唯八廓街一带飘扬着经幡（图 1—2—5），荡漾着桑烟。在这里，密布着颇具民族风格的房屋和街道，聚集着来自藏区各地的人们，他们中许多人仍然穿着本民族的传统服装，那仿佛从不离手的转经筒和念珠显然表明佛教实际上已成为一种生活方式。

图 1—2—4　布达拉宫

图 1—2—5　经幡

在拉萨以北 100 km 处，屹立着举世闻名的念青唐古拉大雪山。“念青唐古拉”藏语意为“灵应草原神”，由此可见藏民对它的崇敬。该山峰及其周边地区曾受到强烈的第四纪冰川作用，形成了如今较为陡峭的山岭，山势笔直，险要壮观。

拉萨河是拉萨市的母亲河，对拉萨的发展起着非常重要的作用。拉萨市民很热爱这条河，每到周末或节假日，成群结队的拉萨人或开车、或步行到拉萨河的沿岸、河谷，搭上帐篷，或钓鱼、或戏水、或沐浴，喝着酥油茶，吃着从家里带来的各种美食，尽情享受拉萨的灿烂阳光与闲情逸致，很像汉族的野炊。

在遥远的时代，青藏高原曾经是凶猛的野牦牛统治的天下。野牦牛不仅遍布青藏高原，而且也出没在黄土高原的边缘地带。在生产力低下的原始社会，人们无法理解自然界的诸多现象，凶猛异常的野牦牛为原始人类所敬畏，被视作半神半牛之物，久而久之形成了一种惯常之制而被崇拜，进而形成了图腾神话、图腾崇拜和诸多禁忌。藏族将一些有瑞相、特别洁白、甚至大难不死以及久病、长寿的牦牛放生，作为神牛奉祀。同青藏高原的隆起一样，藏族的先民在这块土地上经历了艰难而缓慢的历程。通过图腾文化的昭示，我们仿佛感受到隔世的青藏高原笼罩在神秘之中，凶悍的野牦牛出没于亘古荒野之间，顽强的游牧之民不时策马而过；仿佛感受到藏族人民坚定的步伐和沉重的喘息，感受到他们改变命运和征服自然的强烈愿望。数千年来，牦牛在藏族人民的生活中建立起自己不可更替的特殊位置，在藏族人精神家园中有着崇高的地位，成为其不屈不挠、任劳任怨、勇往直前、勇于奉献的精神力量的象征。西藏牦牛如图1—2—6所示。

雪莲是一种高山稀有的名贵药用植物，保护雪莲种质资源，无论在科学上还是在医药学上都有非常重要的意义。雪莲生长在海拔4 800 ~ 5 800 m的高山流石坡以及雪线附近的碎石间。该亚属的植物有20余种，绝大部分产于我国青藏高原及其毗邻地区。雪莲在医药上应用已有数百年的历史。同时，雪莲作为一种高山稀有的名贵植物，自古以来还被青年男女视作爱情的象征。雪莲花如图1—2—7所示。

图1—2—6　西藏牦牛

图1—2—7　雪莲花

哈达是藏族人民作为礼仪用的丝织品，是社交活动中的必备品。哈达类似于古代汉族的礼帛。在藏族的社会交往中，长期盛行使用哈达是因为哈达具有丰富的文化内涵。藏族人历来认为洁白、无瑕最能表达和象征人们真诚、纯净的心愿，所以人们自古以来在社会交往中使用洁白的哈达，以表达自己真诚、纯净的心愿。尚白是藏民族深刻的文化心理状态的一种反映。近来考古工作证实，自古以来藏族先民就非常崇尚白颜色。早在佛教入西藏之前，藏族先民就崇仰白事、白道，回避、忌讳黑事、黑道。白色象征纯洁、无瑕、忠诚、喜庆、祥和、善业和正义，而黑色则相反，大凡都是邪祟、罪恶和不祥之兆，这已成为鲜明的藏族文化观念。在藏民族长期生活中形成的这种文化观念、文化心态，在日常生活中处处能够感觉到。房屋墙壁刷白灰，过新年时门窗和木制家具上用白面点白点或画白线，给酒壶、酒皿系上哈达或羊毛，为壶嘴、碗口贴酥油，在要道山口的石堆顶端放上白石等等，只要留意就会发现无处不见白色崇拜的印记。藏族先民对纯净皎洁无瑕的本能崇奉，在特定的自然环境和社会环境中，才逐渐形成了尚白文化心态。古印度佛教思想中存在的尚白传统，随着佛教传入西藏而影响了藏族文化思想，强化了藏民族尚白文化心态的理念。同时，蒙族的“哈达卡”和汉族地区发达的丝织业又给这一文化心态进一步提供了表达的具体形式和便当的载体。因此，从这个意义上讲，藏族的尚白文化心态也是各民族文化相互交流、融合的一种反映。

第二章　桥 式 方 案

第一节　征集方案设计特点

青藏铁路拉萨河大桥处于特殊的自然、人文环境，并处于特殊的时代背景，作为青藏铁路标志性建筑工程，铁道部对该桥的设计极为重视。为使拉萨河大桥既能体现出西藏文化的深厚底蕴，又能展示出西藏蓬勃的发展和日新月异的变化，铁道部决定拉萨河大桥的设计方案在全路范围内招标。现将在征集的诸多方案中入围的六个方案的设计特点简介如下：

一、钢管混凝土叠拱连续梁桥方案

图 2—1—1 为钢管混凝土叠拱连续梁桥方案效果图。

图 2—1—1　钢管混凝土叠拱连续梁桥方案效果图

（一）方案构思

三跨拱桥既具有很好的景观效果，同时又有较好的经济性。桥梁柔美流畅的曲线，与山峰挺拔和棱角形成刚柔相济的效果，结构造型优美别致，既有宏观上拱轴线构成的优美曲线和一定的体量雄浑感，又有细部富有韵律的别致构造与两岸绵延起伏的青山相依托，与周围环境相协调，充满了韵律、和谐之美，达到了远眺近观两相宜的效果。注重细节使桥梁显现生机，通过对外部形象的刻画，来体现深刻的民族性与地域性的寓意和内涵。将形式美与结构的合理性统一起来，使二者结合得几近完美。另一方面设计在桥的经济性、使用功能与外观形式上找到一个平衡点，做到实用、美观、经济。

（二）方案的象征性

按藏民文化习俗引入哈达、经幡、纺织物的飘逸，引入连绵起伏的雪山的概念。其象征意义如下：主桥的系杆拱宛如洁白的哈达，飘舞在青山碧水间；变截面的连续箱梁仿佛连绵起伏的雪山，托起洁白的哈达；主跨桥墩做成变截面的圆柱墩，像牦牛的骨骼充满力度，并且与上部结构优美的曲线风格相统一；引桥采用箱形截面连续梁，外形与主桥边跨一致；桥墩采用西藏高原的雪莲式桥墩，更进一步增强了拉萨河大桥的整体感和象征意义。

（三）上部结构

主桥采用（40 + 80 + 120 + 80 + 40）m 五跨三拱的预应力混凝土系杆拱连续梁桥，引桥选择跨度

32.7 m 的箱形截面连续梁，中主跨拱圈采用双层复式拱，边主跨拱的横截面采用哑铃型钢管混凝土，主纵梁采用单箱单室变截面预应力混凝土连续箱梁，两主纵梁之间每隔 6.6 m 设一道预应力混凝土横梁。

（四）下部结构

主桥桥墩选用改进的圆端形，竖向变宽的桥墩形式，造型优美且稳固感强。引桥则选用了雪莲形桥墩，立面造型优雅别致，犹如盛开的雪莲托起美丽的拉萨河大桥。

（五）主要工程数量

主桥：混凝土 10 360 m^3，用钢量 504 t，预应力筋 150 t，普通钢筋 558 t。

（六）施工方法

钻孔桩施工采用旋转式钻机成孔。主桥上部结构施工采用支架法施工。

二、斜拉桥方案

斜拉桥方案方案效果如图 2—1—2 所示。

图 2—1—2 斜拉桥方案效果图

（一）方案构思

斜拉桥在增大跨度、降低梁高和景观效果等方面上都有着比较好的表现，对铁路桥梁而言，也属于较为新颖的桥式。主桥结构为柔性索刚性梁体系，类似矮塔斜拉桥受力原理，以梁的刚度贡献为主，可以满足铁路荷载要求。斜拉索采用集索方式布置时刚度与结构受力情况较好。结构新颖美观，建筑形式具有民族特色，结构体系具有时代气息。

（二）方案的象征性

为改变传统斜拉桥的景观效果，设计方进一步提出了 V 形塔斜拉桥结构。该结构桥塔在立面为 V 形，两肢间有刚性杆连接；桥塔横桥向为 A 形，整体呈现空间框架结构。桥塔立面的 V 代表英文 Victory（胜利），横桥向的 A 代表 Arrive（到达），象征青藏铁路胜利到达拉萨，为藏族人民铺设了一条吉祥之路。桥塔与斜拉索及纵向连杆共同作用，协同承担荷载，追求现代建筑简洁明快、蕴涵张力的特点。空间框架的形式增大了体量，而且立面造型丰富，避免了传统斜拉桥远观形式单一的缺点，体现出很强的雕塑艺术感，颇具时代气息。“V”形舒展开来，用曲线柔化边界，远观像一朵怒放的花儿，又像展翅的雄鹰。两瓣间用横梁连结，既丰富了体型也加强了结构的合理性。

（三）上部结构

主桥采用（40＋120＋120＋40）m 的 V 形斜拉桥结构，V 形桥塔的两肢之间由刚性预应力杆件连结。梁部承担大部分荷载，塔及斜索起辅助作用。斜拉索采用集索方式布置。主桥采用预应力混凝土单箱单室箱形截面，以获得较好的抗扭性能及动力性能。截面梁高 3.5 m，梁宽 7.0 m。

（四）下部结构

主桥塔下桥墩横桥向采用 Π 形墩，顺桥向采用矩形，墩顶与塔、梁固结。墩身截面为两个 3 m×8 m 矩形，立面上部与塔顺接。两侧采用圆角矩形板式墩。桥墩均采用钻孔灌注桩基础。

（五）主要工程数量

主桥：混凝土 10 216 m^3，预应力筋 194 t，普通钢筋 602 t。

（六）施工方法

钻孔桩施工采用钻机成孔。桥墩分段现浇施工。主梁及索塔采用现浇施工。

三、槽形梁方案

槽形梁方案效果如图 2—1—3 所示。

图 2—1—3　槽形梁方案效果图

（一）方案构思

采用线形简洁的梁式桥，在天地之间很容易衬托出青藏高原的恢宏气势，与环境相协调。力线沿水平方向伸展，既恰当地体现了桥梁的存在，又不会破坏原有的自然风光。以桥头建筑、栏杆、雕饰、色彩来体现这种民族的、地域的特色，以小见大，将这些具有特色的表征加以升华，从而使拉萨河大桥具有一种民族文化格调。该方案利用梁体上翼缘形成起伏的弧线，显示出主梁结构受力的变化，增加造型上的动感，将结构与造型高度统一，充分显示出桥梁结构的力度感。桥墩墩帽造型吸收西藏门廊的建筑风格，横向饰以二个弧形裙边并向上延伸，状如牦牛，同时作为横向抗震挡块，将造型与结构功能很好地统一起来。富有西藏特色，喻示着西藏人民坚韧、顽强的奋斗精神。

（二）方案的象征性

拉萨河大桥是拉萨市区的重要工程，是青藏铁路进入拉萨的门户，必将成为拉萨市的标志性建筑。用充满动感的造型象征着西藏快速发展的步伐。

（三）上部结构

该方案孔跨布置为（25＋17×36＋25）m，桥长 662 m。主梁为预应力混凝土槽形梁。有效提高桥下净空，增加梁底到河床的高度，从而增加桥下的通透感、同时利用梁高的变化来增加桥梁整体的韵律感。

（四）下部结构

主墩墩身采用实体墩，顺桥向宽 2 m，横桥向宽 5.3 m，墩身上部在横桥向以两个四分之一圆弧加宽形成墩帽，到梁底后以直线上升形成梁体横向抗震挡块。桥墩基础选用钻孔灌注桩基础。

（五）主要工程数量

主桥：混凝土 9 278 m^3，预应力筋 942 t，普通钢筋 680 t。

（六）施工方法

钻孔桩施工拟采用冲击钻施工。墩身施工常规的支架法施工，该方案主梁拟采用支架法逐孔现浇、逐孔张拉施工。从两岸桥台向桥中心方向挺进，最后在桥中心处合龙。

四、拱形梁方案

拱形梁方案效果如图 2—1—4 所示。

图 2—1—4　拱形梁方案效果图

（一）方案构思

采用线形简洁的梁式桥，其构思与槽形梁方案基本相同。这种桥型通过连续流畅的韵律获得跨越感，从而体现其功能价值与富有生机活力的美感。桥梁下缘连续的弧线使桥梁充满动感。为使该方案更具民族特色，采用歇山顶、檐角、斗拱的桥头建筑，达到画龙点睛的效果。下部作成台阶状，气势十分雄伟。

（二）方案的象征性

拉萨河大桥是拉萨市区的重要工程，是青藏铁路进入拉萨的门户，必将成为拉萨市的标志性建筑。用充满动感的造型象征着西藏快速发展的步伐。

（三）上部结构

该桥式方案的孔跨布置为（25 + 17 × 36 + 25）m，桥长 662 m。主梁为预应力混凝土箱梁，采用变高度布置，梁高由跨中向墩顶增加。这种结构布置主要用来取得一种古朴、厚重的美感。

（四）下部结构

主墩墩身采用实体墩身，墩顶顺桥向宽 2.0 m，横桥向宽 4.93 m，从上到下逐渐加大截面，和墩高相比，体量显得较大，显示出一种稳重感。桥墩基础选用钻孔灌注桩基础。

（五）主要工程数量

主桥：混凝土 7 006 m^3，预应力筋 863.5 t，普通钢筋 524 t。

（六）施工方法

钻孔桩施工拟采用冲击钻施工。墩身施工常规的支架法施工，该方案主梁拟采用支架法逐孔现浇、逐孔张拉施工。从两岸桥台向桥中心方向挺进，最后在桥中心处合龙。

五、混凝土系杆拱方案

混凝土系杆拱方案效果如图 2—1—5 所示。

图 2—1—5　混凝土系杆拱方案效果图

（一）方案构思

拉萨河大桥桥式方案应是汉藏文化的有机结合。根据桥址处的线路特点，结构形式宜采用下承式结构。拱桥作为一种古老的桥型，自古至今，数量繁多，千姿百态，为各种桥型之首。中拱矢跨比 1/3.5、边拱矢跨比 1/4.5 的七孔混凝土系杆拱结构能够显示出主拱的气势及边拱的衬托作用，如青藏高原上群星簇拥下的一颗璀璨的明珠，又如群山环抱中一轮冉冉升起的红日，象征着西藏各项事业蓬勃发展的新气象。

（二）方案的象征性

从线条的协调和韵律而言，下承式多跨连拱桥型在视觉上将直线的刚劲与曲线的柔美有机结合，将藏区建筑的粗犷和国内传统建筑的柔美协调统一。从建筑标志性的象征而言，寓意着依靠全国各族人民的大力支持和帮助，托起了我国西南的明珠——西藏，同时又代表着青藏高原连绵起伏的群山，体现了青藏铁路的显著特点；拱桥气势宏伟、造型优美，恰似一只鲲鹏凌波展翅，又如雨后彩虹，辉映于碧水蓝天之间，赏心悦目的造型更加引发观赏者的遐想，预示着拉萨市在党的民族政策的指引下，藏族人民一种奋发向上的精神风貌和西藏各项事业如雨后春笋般的跨越式发展。从对比与统一的角度而言，纤细的吊杆、轻柔的系梁与线型流畅的拱肋构成了十分协调的几何关系，同时又形成一个富有动感的整体。

（三）上部结构

主桥采用 3 孔 51 m + 1 孔 65 m + 3 孔 51 m 简支混凝土系杆拱，中拱矢跨比 1/3.5、边拱矢跨比 1/4.5。系梁均采用箱形截面，单箱双室结构，顶宽 8.5 m，底宽 6.2 m，中拱梁高 2.35 m，边拱梁高 2.15 m。拱肋采用钢筋混凝土构件。引桥采用跨度 24 m 的简支 T 梁。

（四）下部结构

主桥与引桥桥墩采用特殊设计的圆端形桥墩，增强了桥梁整体的景观效果。

（五）主要工程数量

主桥：混凝土 6 231 m^3，预应力筋 118 t，普通钢筋 443 t。

（六）施工方法

钻孔桩施工采用旋转式钻机成孔。主桥上部结构采用支架法施工。

六、两联双塔部分斜拉桥方案

两联双塔部分斜拉桥方案效果如图 2—1—6 所示。

图 2—1—6　两联双塔部分斜拉式方案效果图

（一）方案构思

斜拉式桥梁在视觉上以直线为刚性的基调，索、塔、梁构成稳定的几何三角形形状，既符合藏区建筑线条流畅、构图简洁明快的特点，又能充分体现现代高速度、快节奏的时代感。两联双塔部分斜拉桥不仅充分地显示出主桥的宏伟气势，而且满足了由于线路高度较低、上部结构不宜过高、主梁不宜过厚的视觉效果要求，达到了桥梁上部和下部建筑高度的有机协调，做到了实用、美观、经济。

（二）方案的象征性

斜拉桥桥塔自身蕴藏着力的紧张感，显示出一种直指蓝天的向上舒展的动势，引发观赏者进行更深层次的遐想，预示着西藏地区在党的民族政策的指引下，藏族人民 种奋发向上的精神风貌和西藏各项事业的蓬勃发展。从对比与统一的角度而言，纤细的斜拉索、轻柔的主梁与高耸的桥塔形成了强烈的对比，同时又形成了一个富有动感的整体，突出了该桥在青藏铁路以及西藏地区标志性建筑的地位。另外，通过细部构造的刻画与色彩的搭配，使该桥与藏区文化习俗相融合，进一步增强了拉萨河大桥的整体美感和象征意义。

（三）上部结构

主桥采用两联（54 + 80 + 54）m 部分斜拉桥，双塔双索面体系，全桥共设四个桥塔。主梁采用箱形截面，单箱双室结构，箱顶宽 7.3 m，底宽 5.8 m，梁高 2.8 m。索面为斜面，主塔采用钢筋混凝土框架结构。引桥采用跨度 24 m 的简支 T 梁。

（四）下部结构

主桥采用塔梁固结、塔墩分离的结构体系，为了使主墩与桥塔的造型风格一致，从景观上形成一个整体，主墩采用 V 形框架墩，以增强桥梁整体的景观效果。引桥桥墩均采用花瓶式桥墩，使桥墩外形线条活泼、造型优美且富有动感。

（五）主要工程数量

主桥：混凝土 7 058 m^3，预应力筋 165 t，普通钢筋 664 t。

（六）施工方法

钻孔桩施工采用旋转式钻机成孔，主桥上部结构采用悬灌法施工。

第二节　钢管混凝土叠拱连续梁桥设计理念

2003 年，在拉萨河大桥竞标中，“钢管混凝土叠拱连续梁桥”方案以其形式新颖美观、新技术含量高、体现了民族特色而获得充分肯定参加了投标，经铁道部、西藏自治区政府分别组成的专家组多轮评选后，从众多强手中脱颖而出，一举中标。由于较好地处理了桥梁的建筑美学、桥梁的先进结构和人文与时代环境的有机融汇，拉萨河大桥设计的下承式双层叠拱钢管混凝土连续拱桥方案适应了既要体现民族特色、又要具有时代气息的特定环境要求，并填补了国内大跨度下承式混凝土连续梁钢管拱组合结构铁路桥梁的空白。

拉萨河大桥位于拉萨市郊，是青藏铁路的标志性工程，是进入古城拉萨的大门（图 2—2—1）。独特的自然环境、文化传统和时代要求赋予了这座大桥特殊的色彩。拉萨河大桥的建筑设计，应在满足使用要求的前提下，追求大桥与周围自然景观的协调，力求反映出西藏的文化内涵和时代风貌，努力达到建筑造型与桥梁结构的完美结合。

图 2—2—1　拉萨河大桥位置

一、与自然环境的融合

令世人瞩目的青藏铁路格拉段全长 1 142 km，其中新建线路 1 110 km。青藏铁路所以被人们广泛关注，除了西藏是我国唯一未通铁路的省（区），具有重要的政治、国防意义外，还因为它走行在世界海拔最高的青藏高原上，是世界上海拔最高、最长的高原铁路。而拉萨河大桥是青藏铁路格尔木至拉萨段进入拉萨市的特大铁路桥梁。

拉萨河自东向西流过，河床开阔，水流较急，主流偏于河谷南侧。拉萨河大桥位于拉萨河河谷，距青藏铁路终点拉萨车火车站约 2 km，距拉萨市中心约 5 km。桥址北面的念青唐古拉山山势陡峻，沿山有哲蚌寺、色拉寺等古建筑面江而立；南面靠近造耳峰等山岭；桥址以西为堆龙德庆县城和拉萨市经济技术开发区；以东为拉萨市区，布达拉宫古建筑群（图 2—2—2）与大桥遥遥相对。该地是著名的旅游风景区，

图 2—2—2　布达拉宫

山河壮丽，民族风情浓郁，因此工程建筑需与周围景观协调。

拉萨河发源于念青唐古拉山东段南麓，上源称麦地藏布，由北向南流，在错麦乡，东来的麦曲从左岸汇入后称为色荣藏布，在绒米乡下游，源出念青唐古拉山脉雪岭的桑曲从右岸汇入后称为热振藏布。在旁多乡，右岸乌鲁龙曲及扒曲同时汇入后称为拉萨河。在乃群附近，有源于念青唐古拉山雪岭北来的藏布曲从右岸汇入后南流，至曲水附近注入雅鲁藏布江。流域平均海拔高程在 4 500 m 左右，全流域面积为 3 2471 km^2，干流全长约为 551 km，主河槽平均坡度 2. 9‰。

拉萨河（图 2—2—3）在旁多以上为峡谷区，两岸山坡陡峻；旁多至唐加段河谷宽 1 ~ 2 km，河道弯曲，岔流众多，主流摆动，主河槽宽 150 ~ 300 m，仅在直孔与唐加水文站间局部地段河槽下切形成 u 形深槽，坎高大于 6 m，主河槽宽仅 100 余米。自唐加以下直至曲水，河道扩散，岸坎消失，河谷宽在 2 km 以上，多岔流及沙洲，在拉萨市以下柳吾乡附近河谷宽达 4 km 以上，河床宽 500 ~ 2 500 m，主流不稳定，属山区摆动性河流。

图 2—2—3　冬季拉萨河河水

桥址处拉萨河河床（图 2—2—4）地形平坦、开阔，起伏不大，多为卵砾石荒地。拉萨台位于造耳峰，造耳峰高约 70 m，基岩裸露，植被稀疏，边坡陡峻。

图 2—2—4　拉萨河河床

拉萨周围的山峰挺拔、刚硬，展现了大自然无可比拟的力度，将桥的形体做成柔美流畅的曲线，与背景搭配可以产生刚柔相济的效果，使这座大桥和谐地存在于雪山、河谷、蓝天之间。

在雄伟壮阔的自然景观映衬下，人类的一切活动都显得非常渺小，将桥的体型设计成一个磅礴的整体，营造成一定规模的体量，近观气势宏大，远观时不容易被障碍物遮挡，景观效果好。

二、建筑方案设计

（一）设计理念

拉萨河大桥位于古都拉萨的市郊。目前桥梁建设的新技术与新材料已日臻成熟，因此，应采用先进、现代的结构形式，来体现它的现代感和时代特色。同时，这座桥的地域性和民族性又赋予了它特殊的色彩。西藏是一个充满着古老梦想和传说的地方，因此在理念上对其形式、内涵进行深层次的挖掘就显得尤为重要。

1. 体现地域性与民族性

通过对西藏的自然景观与人文环境的研究，使该桥体现出地域性与民族性。

（1）在雄阔的高原上生长的藏民族，既有游牧民族的骁勇，又保留着佛教信徒的虔诚。他们用经幡向上天祈福，五彩的经幡（图 2—2—5）猎猎飘扬，成为藏区的标志。

图 2—2—5　五彩的经幡

（2）献哈达（图 2—2—6）是藏族人最普遍的一种礼节，一种文化。无论婚丧节庆、迎来送往，觐见佛寺，都要献上洁白如雪的哈达，以表示纯洁、忠诚与尊敬。

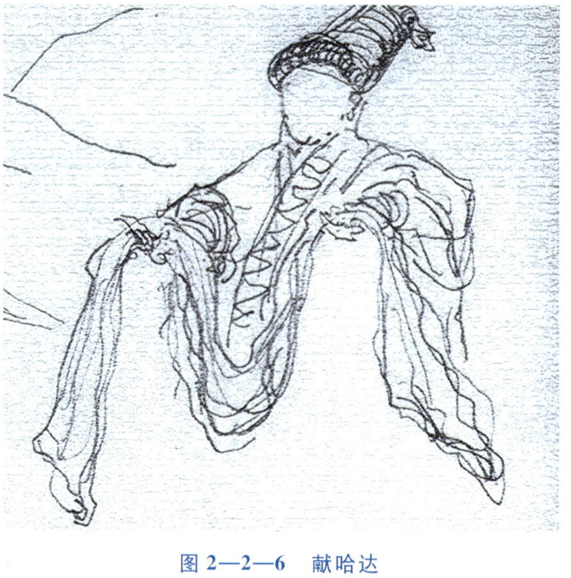

图 2—2—6　献哈达

（3）唐古拉山脉、冈底斯山脉和喜马拉雅山脉的主峰终年积雪，连绵起伏，形成一个冰雪的世界。珠穆朗玛峰宛如巨型金字塔，在幽蓝的天穹下横空出世，无比雄奇。雪山（图 2—2—7）被藏民认定为神山，流传着许多美丽的传说，是信徒们朝圣的地点。

图 2—2—7　雪山

（4）堪称世界屋脊的青藏高原，是世界上最逼近蓝天的地方，阳光穿透纯净的大气，在天空投下一片深邃的蔚蓝。湖水反射天光，经过空气的折射，呈现出变幻莫测的颜色，象散落在高原上的一颗颗瑰丽的宝石，“圣水”（图 2—2—8）也是信徒们朝拜的地方。

图 2—2—8　圣水

（5）西藏物产丰富，由于地形地貌和气候的多样性，生长着许多珍禽异兽，奇花异草。在冰峰上，绽放着雪莲（图 2—2—9）不屈的生命，高天的苍碧，溶入鹰隼矫健的身姿。

图 2—2—9　雪莲

(6) 西藏的建筑（图 2—2—10），残留着吐蕃时代和古格文明的遗风，都带有佛教的意味，其色彩艳丽，形象庄严，许多依山而建，气势恢宏。

图 2—2—10　佛教寺庙

2. 体现时代性

运用高科技手段使该桥体现出时代性。

(1) 正确地选择结构形式和运用材料，创造结构体系自身的合理性，即是创造一种理性而有秩序的美，如图 2—2—11 所示。

图 2—2—11　三孔拱桥

(2) 外部形象的缔造，要利用结构自身所表现的力学美，不做过多的粉饰使形象鲜明、纯粹，如图 2—2—12 所示。

图 2—2—12　拱桥横桥向

(3) 外部形式的最终目的，应表现结构的合理性与力度感。形式与结构的完美统一，是桥梁设计的最高境界，如图 2—2—13 所示。

图 2—2—13　拉萨河大桥

(二) 设计概念

(1) 在雄伟壮阔、气势磅礴的自然景观映衬下，人类的一切活动都显得非常渺小，因此将桥的体型控制成浑然一体，一气呵成，才能形成一定的体量。

(2) 山峰的挺拔与棱角，展现了大自然无可比拟的力度，将桥的形体做成柔美流畅的曲线，与背景搭配可以产生刚柔相济的效果。

(3) 过分追求简洁，扼杀装饰，会使桥显得呆板而没有生机，所以可以考虑把结构分解，增加细部构造，使形象丰满。

(4) 通过对外部形象的刻画，来体现深刻的民族性与地域性的寓意和内涵。

(5) 主桥的色彩为形象的基础。纯净的白色，可以溶入湛蓝的天空，与雪山，青草、清澈的河水相映成趣。

(6) 桥梁设计的最高目标，是将形式美与结构的合理性统一起来，使二者结合得几近完美。

（7）另一个设计要点是在桥的经济性和使用功能，外观形式上找到一个平衡点，做到经济、实用、美观。

（三）概念设计发展

（1）按藏民文化习俗引入哈达、经幡、织物的飘逸，如图 2—2—14 所示。

图 2—2—14　哈达、经幡、织物

（2）考虑到桥梁跨度及视觉感受发展为三个波浪效果，如图 2—2—15 所示。

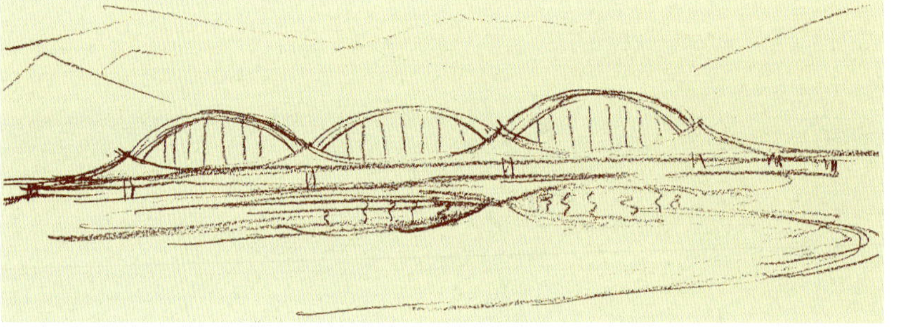

图 2—2—15　波浪

（3）通过对拱脚细部的推敲，引入连绵起伏的雪山概念，产生连续梁结构，如图 2—2—16 所示。

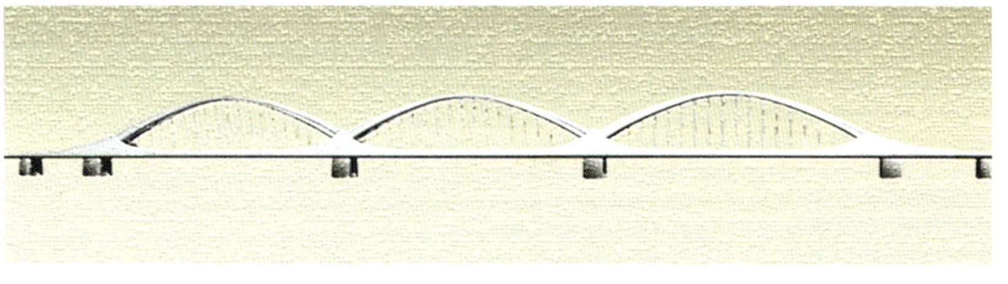

图 2—2—16　连绵起伏的雪山

（4）等跨的三拱桥过于平淡，因此做成一大拱二小拱，如图 2—2—17 所示。

图 2—2—17　三拱桥

（5）通过对结构构件的分解，添加细部构造，形成最后方案，如图2—2—18所示。

图2—2—18　最后方案

（四）建筑设计

建筑设计中，将主桥跨度设计为（36+72+108+72+36）m。为减小拱肋的厚重感，做成钢结构叠拱，中间跨高低肋间用圆管联系，两小跨高低肋间做实腹板。这样不但使上部结构轻盈，也增强了虚实对比，同时也使体型宏大的桥体显得更加变化和流畅。

拱脚的处理巧妙地利用桥面梁的结构受力特性。象征雪山的拱脚用混凝土的质感来完成，拱脚与拱肋连接处设混凝土刚性构件加强，在视觉效果上，实现从实到虚的过渡。

主跨桥墩做成变截面的圆柱墩，像牦牛的骨骼充满力度，并且与上部结构优美的曲线风格相统一。主跨与引桥的不等截面箱型梁采用圆滑过度，所有的构件轮廓适配成舒展的曲线，在雄浑的自然环境中显得万般优雅。

整座桥体做成纯白色，宛如洁白的哈达，飘舞在青山碧水间。钢与混凝土等现代材料的应用、细部构造处理的高度工业化，使该桥成为融汇民族特色与时代精神的经典之作。

沿全桥的长度，为检修通道设置了照明灯光，星星点点，形成一条五彩的光带。主跨光线从每个拱脚处射向苍穹，由强及弱，最终消散在浓重的天宇中。在它的照射下每跨拱片看起来由实及虚，仿佛渐渐地远离尘嚣，耸入云天，亦真亦幻。当夜幕来临，万籁俱寂，桥体在灯光的照射下穿透黑暗，像一条蜿蜒的金龙，横亘在拉萨河上。

三、桥式景观设计

（一）桥式景观效果

桥梁应该适应拉萨的自然和人文环境，与浓郁的民族特色融合，具有时代气息，同时要考虑经济指标，力争体现出桥梁设计的最高水平。同时，有几点实际情况需要考虑：

（1）该桥处在特殊的自然人文环境中，桥式造型要美观大方，与当地环境融合；

（2）该桥大部分的观赏点均距离该桥很远，因此该桥结构体系宜体现出雄浑高耸的桥梁风貌；

（3）该桥桥面较低，桥下空间较低矮。

方案的景观效果考虑以上几点实际情况，对多种桥式方案分别进行了较为全面的比较和论证。

拉萨河大桥距离拉萨市中心仅5 km，与布达拉宫、哲蚌寺等历史文化名胜遥然相望。桥址处河谷宽阔，山川壮观。拉萨河大桥也是青藏铁路飞驰到拉萨的“凯旋门”，从布达拉宫的金顶、贡噶机场的公路上，以及未来的拉萨火车站广场，都可以看到这座桥梁的雄姿，如图 2—2—19 和 2—2—20 所示。

图 2—2—19　从机场公路上远眺桥址

图 2—2—20　从布达拉宫远眺拉萨河桥桥址

（二）桥式适应性分析

1. 梁 式 桥

梁式桥属于较古老的桥梁结构形式之一，具有结构简单、跨度小时经济指标较好的特点。但跨度增大时梁高显著增高，容易产生笨重和压抑感。简支梁桥与连续梁桥（连续刚构桥）（图 2—2—21）造型单一；V 形刚构桥（图 2—2—22）虽然具有一定的建筑形式美，但远观时与普通梁式桥一样隐没于遮挡物中，缺乏景观效果。

图 2—2—21　连续梁桥（连续刚构桥）

图 2—2—22　V 形刚构桥

因此梁式桥方案难于体现青藏铁路的时代气息，不适合该工程的特殊要求。

2. 传统斜拉桥

斜拉桥在增大跨度、降低梁高和景观效果等方面上都有着比较好的表现。对铁路桥梁而言，也属于较为新颖的桥式。但在景观效果上，传统斜拉桥（图 2—2—23）的造型特征是竖直的桥塔、斜拉的钢索和水平的梁，当远观斜拉桥时，纤细的钢索极易隐没于背景中，突兀高耸的桥塔将显得形式孤单。

图 2—2—23　传统斜拉桥

3. 拱　桥

拱桥形式优美，结构合理，拱本身的外形就向大家表明它具有良好的跨越能力。　座设计精美的拱桥，犹如长虹凌波，具有很好的景观效果，能与当地的自然、人文环境协调。相对于斜拉桥，拱桥具有整体刚度大、结构特性好的优点，而且拱桥的设计与施工技术较为成熟。因此在该桥的设计中，拱桥也是方案构思最多的桥式。

由于该桥的桥面不高，如果建造上承式拱桥（图 2—2—24），跨度较小，不仅减小了过水断面，而且造型低矮，远观隐匿，缺乏青藏铁路浩大工程的气魄。中承式拱桥（图 2—2—25）体量感优于上承式拱桥，但由于该桥桥面较低，梁底与设计水位距离较近，难于体现出中承式拱桥的结构优势和美学特点。

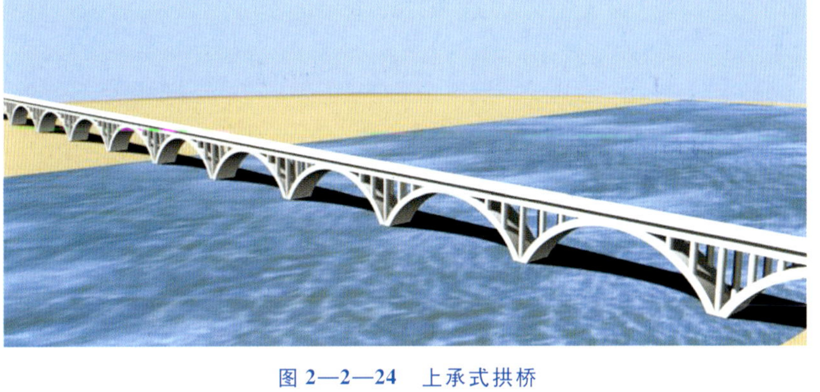

图 2—2—24　上承式拱桥

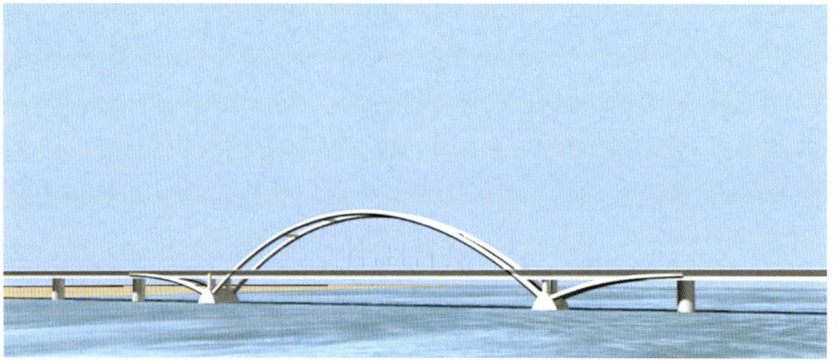

图 2—2—25　中承式拱桥

下承式拱桥造型舒展，结构较为高耸，远观时具有明显的景观效果，能够与当地自然、人文环境融合，并具有时代气息。在下承式拱桥中，继续比较了一跨拱（图 2—2—26）、多跨拱（图 2—2—27）和三跨拱的桥式。由于拉萨河河谷宽阔，风光壮美，在这样的环境中一跨拱显得形式孤单，体量单薄。多跨拱桥具有很流畅的韵律感，形式优美浪漫，但增加了桥梁成本，经济性较差。

图 2—2—26　一跨下承式拱桥

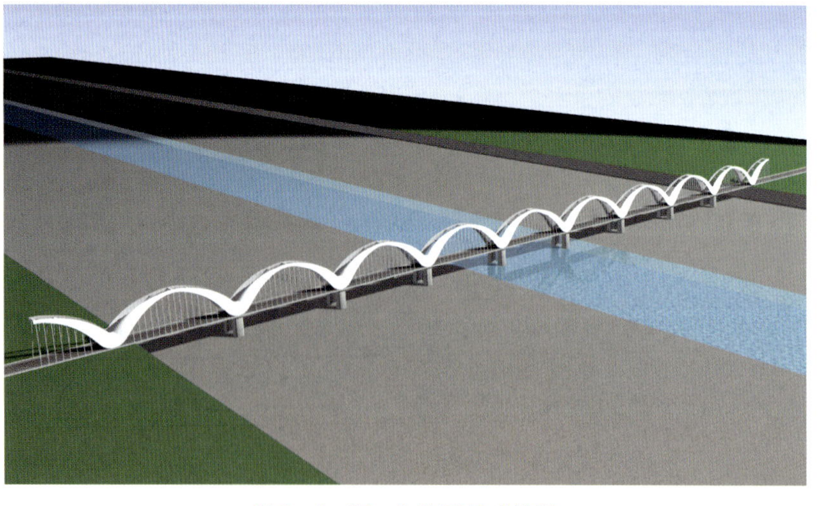

图 2—2—27　多跨下承式拱桥

通过分析比较，三跨拱桥既具有很好的景观效果，同时又有较好的经济性。常规的三跨拱桥拱圈和梁的形式较为单一，如果中主跨采用双层叠拱的形式，不仅结构合理（特别是对横向稳定性）、技术先进，而且立面造型丰富；梁在支点负弯矩区增高不仅满足拱脚结构要求，而且巧妙解决了常规负弯矩对桥面板拉裂的不利影响，与双层叠拱共同构成新颖独特的结构形式，可以代表青藏铁路的科技水平。因此，拉萨河大桥采用了结构新颖、技术先进的下承式双层叠拱钢管混凝土连续拱桥桥式，如图 2—2—28 所示。

图 2—2—28　下承式双层叠拱钢管混凝土连续拱桥

青藏铁路拉萨河大桥处于特殊的自然、人文与时代环境，作为青藏铁路标志性建筑工程，下承式双层叠拱钢管混凝土连续拱桥方案由于较好地处理了桥梁的建筑美学、桥梁的先进结构和人文与时代环境的有机融汇，适应了既要体现民族特色又要具有时代气息的特定环境。纯白色整座桥体，象征藏族人民纯洁的人文追求。主桥的系杆拱宛如洁白的哈达，飘舞在青山碧水间，象征祖国各族人民的团结。变截面的连续箱梁仿佛连绵起伏的雪山，托起洁白的哈达，象征藏族人民坚韧、勇敢的精神。钢与混凝土等现代材料的应用，局部构造细腻的处理，体现了科学、高效、精确的时代精神。拉萨河大桥作为藏汉民族团结的纽带和青藏铁路的一颗灿烂的明珠将载入我国铁路建设的史册。

建成后的青藏铁路拉萨河大桥实景如图 2—2—29 所示。

图 2—2—29　青藏铁路拉萨河大桥

第三章　设计及计算分析

国内混凝土拱梁组合结构桥在公路和城市桥梁采用较多，一般分布在江南地区。代表性桥梁有：简支梁拱组合式苏州斜港桥，跨径100.5 m；上承式连续梁拱组合式吴江云梨桥，跨径（32 +75 +32）m；中承式连续梁拱组合式吴江黎里桥，跨径（20 +60 +20） m；下承式连续梁拱组合式绍兴鉴湖桥，跨径（20 +40 +60 +40 +20） m。相对而言混凝土拱桥在铁路上采用很少，拱梁组合结构铁路桥梁更为稀少，文献记载铁路混凝土拱桥有：我国最早的简支梁拱组合式铁路桥是新疆昌吉桥，跨径56m，1961年建成；我国首座连续梁拱组合式铁路桥是北京西客站丰台路立交桥，跨径（16 +36 +16） m，1995年建成；连续梁拱组合式跨径（54 +128 +54） m的上海轨道交通明珠线漕溪路桥，2000年建成。此外铁路推力拱还有1961年建成的跨径150 m中承式装配式钢筋混凝土拱丰沙铁路永定河七号桥；2002年建成的主孔跨径236 m上承式钢管混凝土拱水柏铁路北盘江大桥。至2003年，国内大跨度下承式混凝土多跨连续梁钢管拱组合结构铁路桥梁还是空白。国外，1996年印度建成戈达瓦里河铁路三桥，该桥由28孔97.552 m混凝土简支梁拱组合式结构组成。

拉萨河大桥作为青藏铁路的标志性建筑，需融自然环境和人文景观于一体，同时还要富有时代感，并能充分体现出现代桥梁建设最高技术水平，为此拉萨河大桥采用（36 +72 +108 +72 +36） m连续梁钢管拱梁拱组合结构体系，五跨连续梁、边拱哑铃形拱、中拱双层叠拱。这种桥式结构新颖，技术先进、复杂，为铁路桥梁国内首次采用，国外未见。

考虑到拉萨河大桥结构的复杂性和所处环境的特殊性，在设计中对大桥的跨度及刚度、钢管拱结构形式、叠拱连杆的结构形式、连续梁系杆截面形式、连续梁系杆预应力、桥面系结构形式、连续梁系杆施工方案、梁拱组合桥梁体系转换、拱肋的稳定性等设计关键技术进行了专题计算分析，同时对结构抗震、车桥动力响应及耐久性设计进行了专题研究。

第一节　总 体 设 计

一、设计依据

（1）青藏铁路有限责任公司的中标通知书。

（2）西藏自治区会议纪要：

① 2002年8月29日向西藏自治区计委汇报的会议纪要；

② 2002年8月30日向西藏自治区政府汇报的会议纪要。

根据中标后反馈的专家评审意见，结合2002年8月29日向西藏自治区计委、8月30日向西藏自治区政府汇报的会议精神，对原设计方案进行了调整。原投标方案孔跨布置为主桥采用（40 +80 +120 +80 +40）m下承式钢管混凝土拱连续梁，引桥采用三联（32.7 +32.7 +32.7）m预应力混凝土连续箱梁，全桥长664.8 m，而根据铁道部关于结构的要求、西藏自治区关于体现民族特色和水利规划的要求，调整后的新的孔跨布置方案为主桥采用（36 +72 +108 +72 +36）m钢管混凝土拱连续梁，引桥采用六联（32.7 +32.7 +32.7）m预应力混凝土连续箱梁，全桥长928.6 m。

（3）2002年12月16～23日铁道部工程设计鉴定中心初步设计鉴定意见。

《关于新建铁路青藏线格尔木至拉萨段布强格至拉萨站前工程及全段站后工程初步设计的批复》（铁鉴函〔2003〕59号）关于拉萨河大桥的鉴定意见如下：

① 同意设计推荐的主跨（36+72+108+72+36）m三联拱下承式钢管混凝土拱连续梁桥式方案，中跨采用双叠拱，引桥采用六联三跨32.7 m预应力混凝土连续箱梁桥跨越河堤及滨河路，主跨桥墩采用变截面的双圆柱墩，边跨桥墩采用变截面圆端型墩，全桥基础均采用钻孔桩设计；

② 原则同意主桥拱肋截面形式，拱轴系数、矢跨比的选用，拱脚处截面偏心较大，下阶段结合拱脚处构造处理优化设计，并研究锚箱与拱肋连接处的焊缝强度；

③ 原则同意吊杆锚固上、下端均采用预埋锚箱方案，锚箱构造结合下阶段疲劳性能专题试验进一步优化设计；

④ 同意主桥梁部横截面采用双主梁形式，但主梁截面偏弱，宜结合拱梁荷载分配调整，拱肋横向间距及桥面宽度优化适当加大主梁横向尺寸，矩形主梁可改按箱型截面设计，桥面板截面偏小，宜增设小纵梁；

⑤ 钢结构涂装不宜采用热喷铝方案，宜根据环境条件选用防紫外线的涂装体系；

⑥ 同意全桥支座采用设计的铰轴滑板钢支座；

⑦ 同意对拱脚处光弹模型、大桥车桥动力响应分析、吊杆锚具及预埋连接件组装疲劳试验，成桥荷载试验等进行试验研究；

⑧ 桥梁设计采用的线路参数、通信、信号、电力、照明等过桥设施、养护、守护设备等相关工程，洽总体设计单位统筹安排。

二、主要技术标准和规范

（一）主要技术标准

1. 线路等级

Ⅰ级标准。

2. 正线数目

单线。

3. 牵引种类

内燃，预留电气化条件。

4. 客车最高行车速度

120 km/h。

5. 重车方向

拉萨。

6. 轨底至路肩高度

0.83 m。

7. 路基曲线外侧加宽值

$R\leqslant 800$ m时，为0.5 m。

8. 桥梁限界

桥限—2A（净宽4.88 m，净高6.55 m）。

9. 设计洪水频率

按百年一遇设计。

10. 设计活载

中—活载。

（二）设计采用规范

（1）《铁路桥涵设计基本规范》（TB 10002.1—99）；

(2)《铁路桥梁钢结构设计规范》(TB 10002.2—99);

(3)《铁路桥涵钢筋混凝土和预应力混凝土结构设计规范》(TB 10002.3—99);

(4)《铁路桥涵地基和基础设计规范》(TB 10002.5—99);

(5)《铁路工程抗震设计规范》(GBJ 111—87);

(6)《铁路工程水文勘测设计规范》(TB 10017—99);

(7)《铁路桥涵混凝土和砌体结构设计规范》(TB 10002.4—99);

(8)《钢管混凝土结构设计与施工规程》(CECS 28:90);

(9)《钢管混凝土结构设计与施工规程》(JCJ 01—89);

(10)其他相关规范、规程。

三、主要设计原则

(一)线路平面

拉萨河大桥位于线路直线、缓和曲线和 $R=800$ m 的圆曲线上，平面曲线资料为：HZ——DⅡK2 000+805.52，YH——DⅡK2000+655.52，HY——DⅡK2000+006.17，$\alpha_y=57°14'56''$，$R=800$ m，$l=150$ m，$T=512.23$ m，$L=949.35$ m。

(二)线路纵断面

DⅡK2000+060 ~ DⅡK2000+600：+10.0‰；

DⅡK2000+600 ~ DⅡK2001+400：0.0‰；

DⅡK2001+400 ~ DⅡK2001+950：-10.0‰。

(三)桥梁限界

桥限—2A（净宽 4.88 m，净高 6.55 m）。

(四)设计洪水频率

按百年一遇设计，并按三百年一遇校核。

(五)设计活载

中—活载。

(六)桥面二期荷载

取 50 kN/m。

(七)梁部活载冲击系数

$1+\mu=1+2[6/(30+L)]=1.1$。

钢管拱拱肋活载冲击系数目前规范尚未有明确的计算办法，该次设计采用与梁部活载冲击系数相同进行相关计算。

(八)基础不均匀沉降差

主桥按 20 mm 考虑，引桥按 10 mm 考虑。

(九)温度变化

根据当地气温气象资料，多年最热月平均气温为 14.5°C，多年最冷月平均气温为 -1.8°C。设计中钢管拱合龙温度取 5°C ~ 15°C；钢管拱与主梁温差取 ±10°C；桥面板不均匀升温取 10°C。

(十)桥面板有效计算宽度

根据结构空间计算分析结果，在跨中截面及支点截面均存在剪力滞后现象，因此，桥面板有效计算宽度按结构空间截面应力分析计算结果折算。

(十一)风荷载

设计基本风压强度 $W_0=600$ Pa。

(十二)地震基本烈度

八度。

（十三）建筑材料选用

1. 混 凝 土

梁部：C50 混凝土；

拱肋内灌注：C50 微膨胀混凝土；

桥墩：C25 混凝土；

桥台：C20 混凝土；

承台：C25 混凝土；

钻孔桩：C25 混凝土。

2. 预应力钢绞线

采用高强度低松弛钢绞线，7ϕ5，抗拉强度标准值为 1 860 MPa。

3. 吊　　索

采用规格为 ϕ7-73 丝，抗拉强度标准值为 1 670 MPa。护层采用双层 PE。

4. 锚　　具

群锚体系，有 19 孔、15 孔、12 孔、9 孔、7 孔的锚具。73 孔的镦头锚和冷铸镦头锚。

5. 钢　　材

板材：16Mnq；

钢筋：20MnSi 和 Q235 钢；

防腐材料：氟碳涂料。

四、总体布置

拉萨河桥设计范围 DⅡK2000 + 442 ~ DⅡK2001 + 382. 85，总长 940. 85 m，其中桥梁长度 928. 85 m。主桥采用（36 + 72 + 108 + 72 + 36）m 钢管混凝土拱连续梁结构形式，引桥采用 3 × 32. 7 m 预应力混凝土连续箱梁，全桥孔跨布置为：5-3 × 32. 7 m 预应力混凝土连续箱梁 + （36 + 72 + 108 + 72 + 36）m 钢管混凝土拱连续梁 + 1-3 × 32. 7 m 预应力混凝土连续箱梁。主桥桥墩采用牦牛腿式的变截面双圆柱墩，双柱间采用等厚板相连，引桥桥墩采用雪莲花式的变截面圆端形墩。基础除拉萨方桥台采用明挖基础外，其余墩台均采用 ϕ1. 25 的钻孔灌注桩。

第二节　主桥上部结构

主桥跨度为（36 + 72 + 108 + 72 + 36）m 预应力连续梁钢管混凝土拱组合结构体系，设于拱肋下的主纵梁采用矩形截面预应力混凝土连续梁。中孔拱肋采用双层钢管混凝土叠拱，上、下拱间采用圆端形钢管连接，中孔上拱设 1 道一字形横撑和 4 道 K 形横撑，下拱设 3 道一字形横撑和 2 道 K 形横撑。边孔拱肋采用哑铃形钢管混凝土拱，拱肋设 1 道一字形横撑和 2 道 K 形横撑。两片拱横桥向中心距为 7. 2 m。吊杆间距采用 6. 6 m，中拱每侧设有 13 根吊杆，边拱每侧设有 8 根吊杆，全桥共设有 58 根吊杆。两主纵梁之间设有横梁，中支点、次中支点横梁及端横梁采用钢筋混凝土结构，其余横梁采用预应力混凝土结构，各横梁间在横桥向对称桥面板中心线 1. 0 m 处各设一道小纵梁，沿桥轴向共设两道连续小纵梁。主纵梁、小纵梁、横梁组成纵横梁体系，并与桥面板连接，整体现浇。拱脚为预应力混凝土结构，要求与主纵梁整体一次浇筑。主桥立面如图 3—2—1 所示，主桥横断面如图 3—2—2 所示。

一、主桥结构

（一）主　　梁

1. 结构尺寸

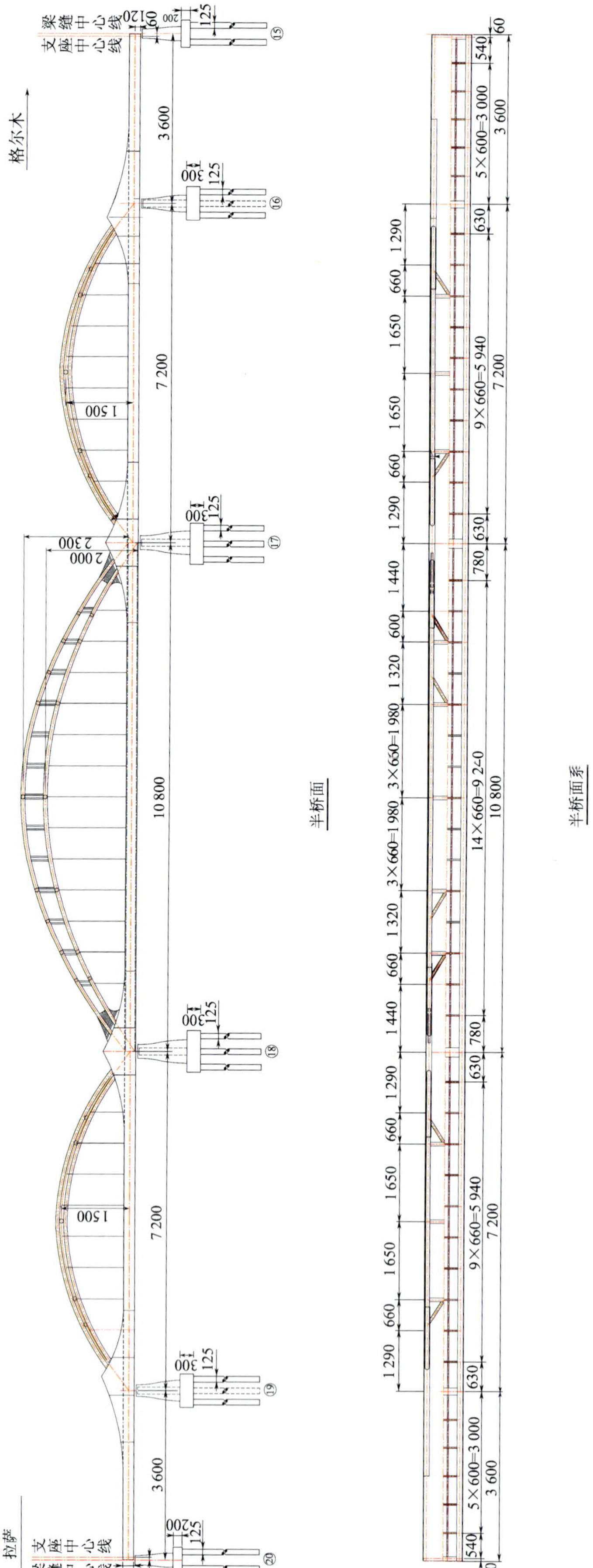

图 3—2—1　主桥立面（单位：cm）

主纵梁梁底宽 1.2 m，跨中梁高 2.4 m，高跨比 1/45，中支点梁高 7.17 m，高跨比 1/15.1。梁底等高，梁顶由跨中向支点按圆曲线变化，梁高变化段中支点两侧各长 18.0 m，次中支点边跨侧长 21.0 m，主跨侧长 15.0 m。桥面板以下主梁外缘采用圆弧形，其矢高为 15 cm。为增加拱脚的嵌固力和避免拱脚主梁内预应力钢束对拱肋钢管产生干扰，主梁纵向变宽，主拱脚主梁加宽 0.25 m，边拱脚主梁加宽 0.20 m，主拱脚和边拱脚加宽段分别长 10.0 m 和 8.0 m，变宽段分别长 12.0 m 和 10.0 m。

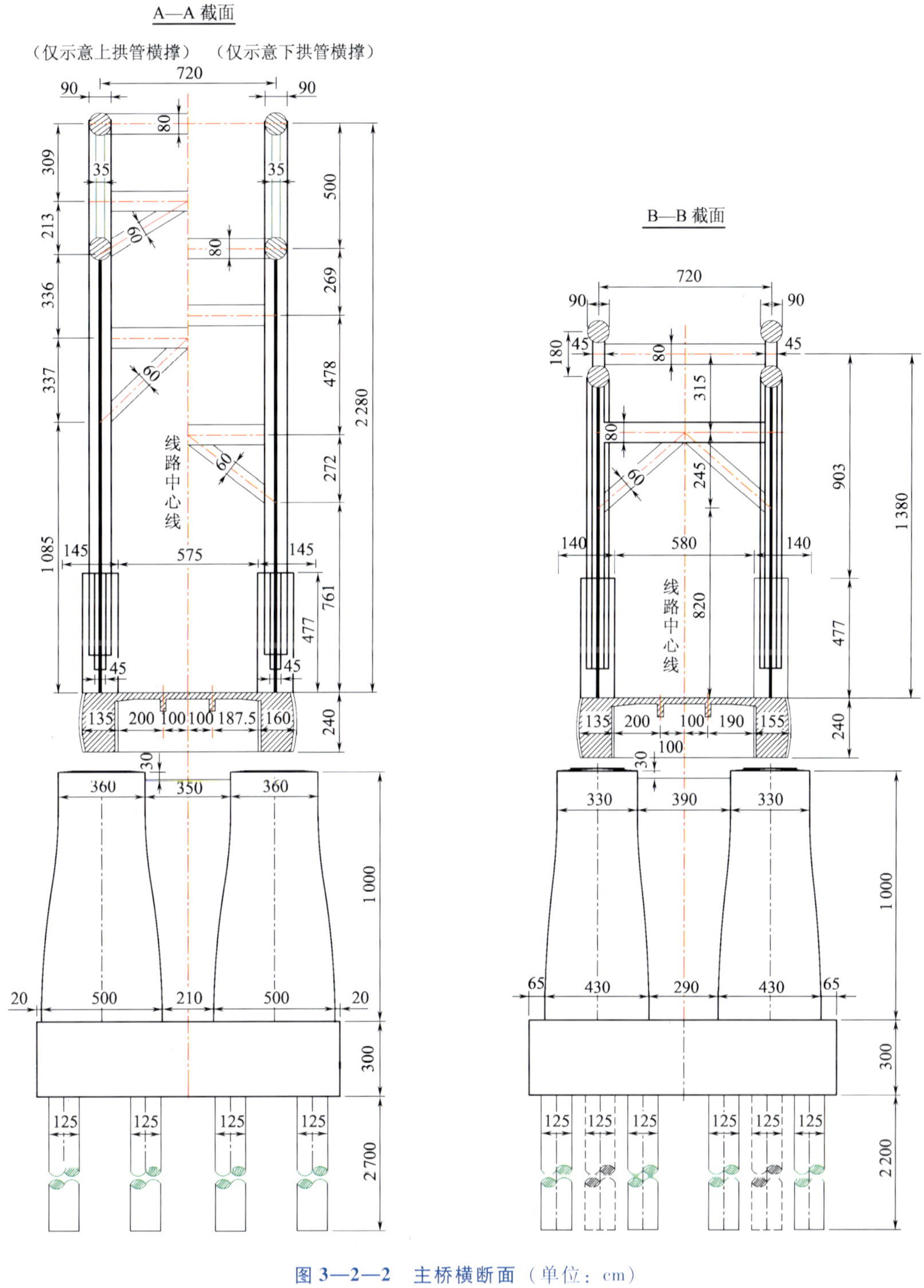

图 3—2—2　主桥横断面（单位：cm）

中支点横梁宽 2.0 m，高 2.4 m；次中支点横梁宽 1.5 m，高 2.4 m；边跨梁端横梁宽 0.9 m，高 2.4 m；其余中间小横梁宽 0.3 m，高 1.6 m。小纵梁宽 0.3 m，高 0.85 m。桥面板厚 0.25 m，靠近主梁根部加厚至 0.35 m。

主梁截面如图 3—2—3 所示。

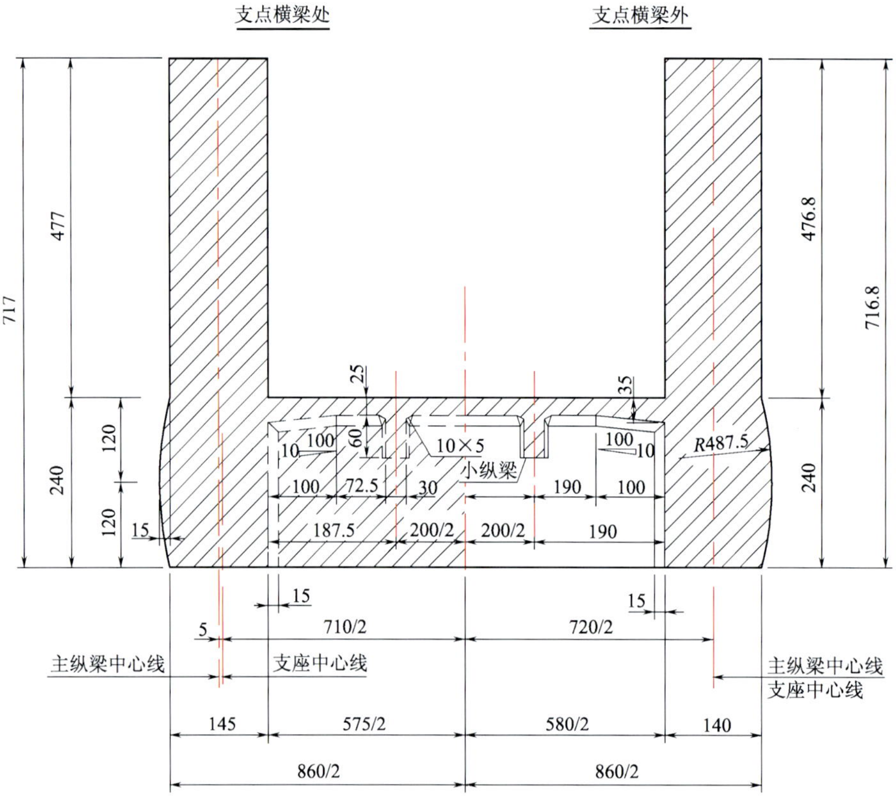

(a) 支点处截面

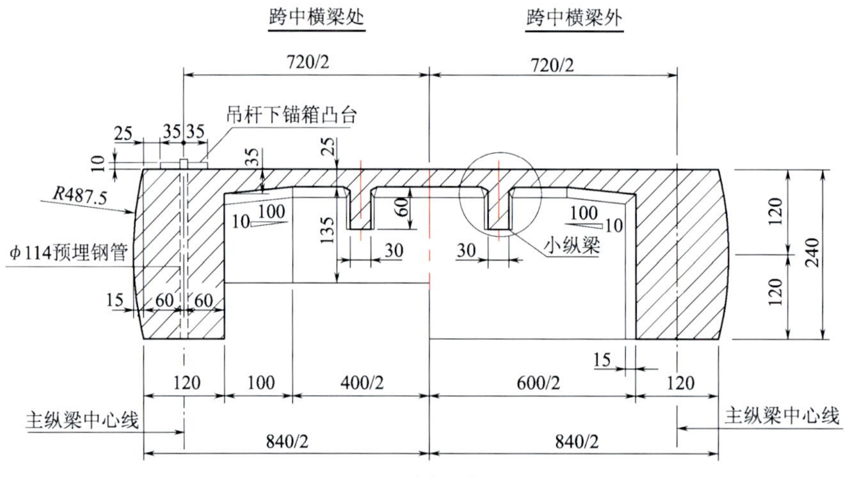

(b) 跨中处截面

图 3—2—3　主梁截面（单位：cm）

2. 预应力钢束

主梁预应力采用抗拉强度标准值为 1 860 MPa 的高强低松弛钢绞线，预应力钢束采用 19-7ϕ5，张拉控制应力为 0. 73f_{pk}，每束张拉力为 3 612 kN。为减少预应力损失，防止混凝土收缩产生裂缝，便于张拉，主梁采用分段支架现浇施工。根据各现浇梁段所在位置分别在主纵梁顶部或底部设置预应力短钢束；而主纵梁内长钢束和桥面板钢束则通过后浇段。布置在主梁顶部预应力钢束通过支点后锚固在拱脚顶部；梁底部预应力通长钢束通过连接器穿过后浇段在下一现浇梁段端部张拉，连接器交错设置。

主梁预应力钢束布置如图 3—2—4 所示。

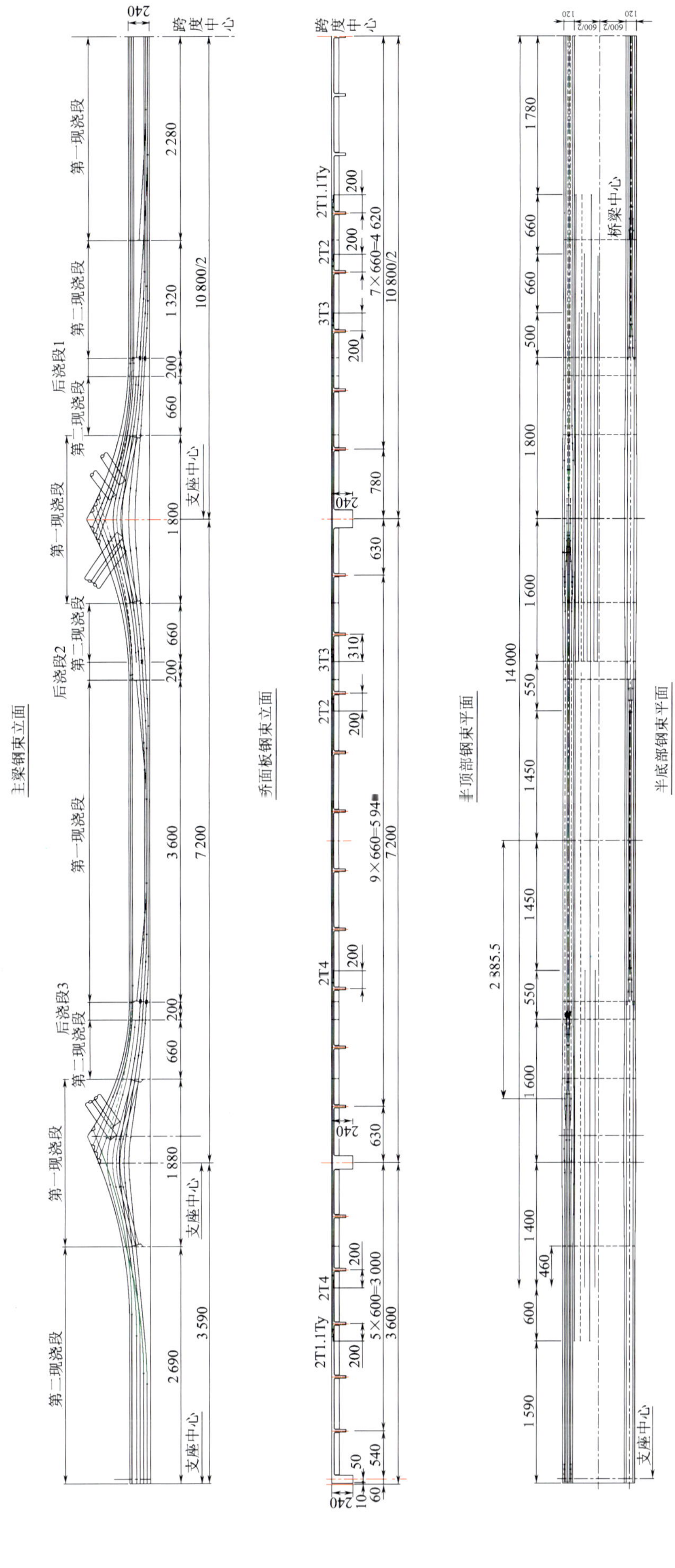

图 3—2—4　主梁预应力钢束布置（单位：cm）

小横梁按部分预应力混凝土结构设计，采用 2 束 5-7ϕ5 和 2 束 4-7ϕ5 高强度低松弛钢绞线，钢绞线抗拉强度标准值为 1 860 MPa，张拉控制应力为 0.73f_{pk}。钢束分为两次张拉，其张拉力分别为 950 kN 和 760 kN。小横梁预应力钢束布置如图 3—2—5 所示。

桥面板钢束采用 7-7ϕ5，张拉控制应力为 0.73f_{pk}，每束张拉力为 1 331 kN。

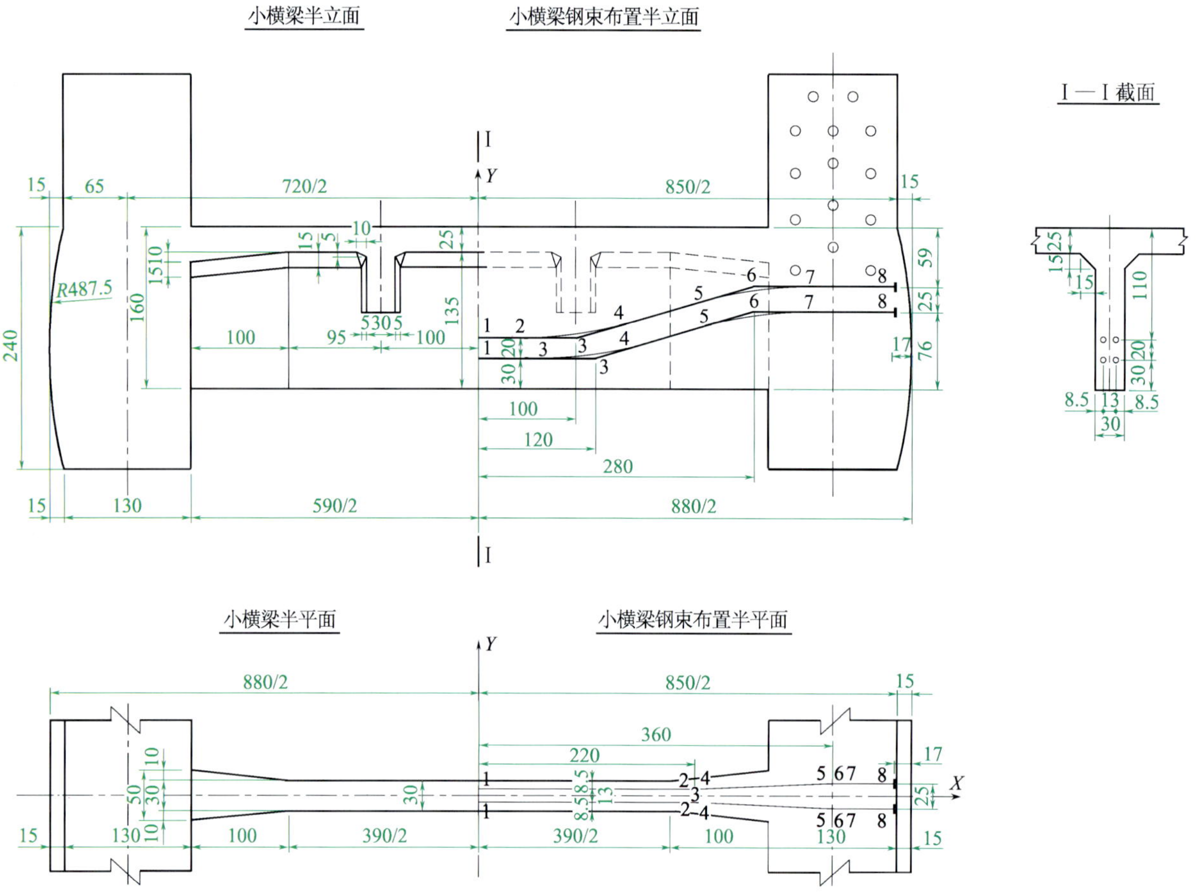

图 3—2—5　横梁预应力钢束布置（单位：cm）

（二）拱肋及横向联结系

1. 拱　　肋

拱圈由两条拱肋与横向联接系构成，中孔和边孔拱肋拱轴线均采用二次抛物线。为减小拱肋的厚重感，中孔拱肋采用双层钢管混凝土叠拱，即由上下两个不同矢跨比的拱圈共同组成。钢管管径为 ϕ900 mm，板厚为 14 mm，上拱矢高为 23 m，拱轴线与支座中心线交点至梁底高度为 2.2 m，矢跨比为 1/4.70；下拱矢高为 20 m，拱轴线与支座中心线交点至梁底高度为 0.2 m，矢跨比为 1/5.4。上下拱间连杆采用 200 × 350 mm 的圆端形钢管连接。边拱的横截面采用哑铃形，两钢管中心距从拱脚向拱顶由 1.2 m 变化至 1.8 m。钢管管径为 ϕ900 mm，板厚为 14 mm，腹板宽度为 450 mm，拱圈矢高为 15.0 m，矢跨比为 1/4.8。这样不但使上部结构轻盈，也增加了虚实对比，同时也使体形宏大的桥体显得更加活跃和流畅。

主桥拱肋布置如图 3—2—6 所示。

2. 横向联结系

中孔拱上拱助设 1 道一字形横撑和 4 道 K 形横撑，下拱助设 3 道一字形横撑和 2 道 K 形横撑。边孔拱设 1 道一字形横撑和 2 道 K 形横撑。横撑钢管管径为 ϕ800 mm，板厚为 20 mm，K 撑斜腿部分钢管管径为 ϕ600 mm，板厚为 20 mm。两片拱横桥向中心距为 7.2 m。横向联结系钢材采用 Q235qD。

主桥横向联接系如图 3—2—7 所示。

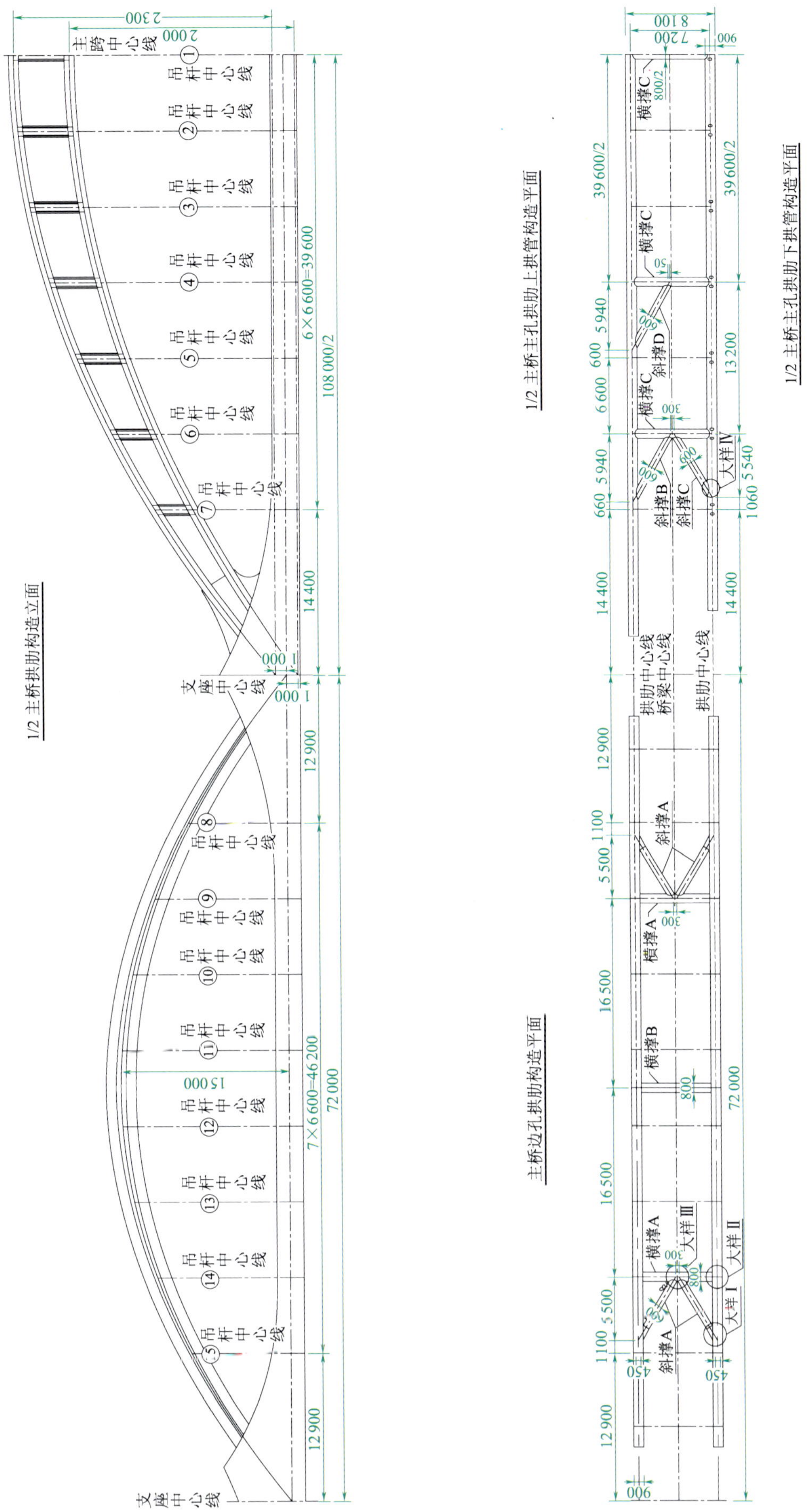

图 3—2—6　主桥拱肋布置（单位：cm）

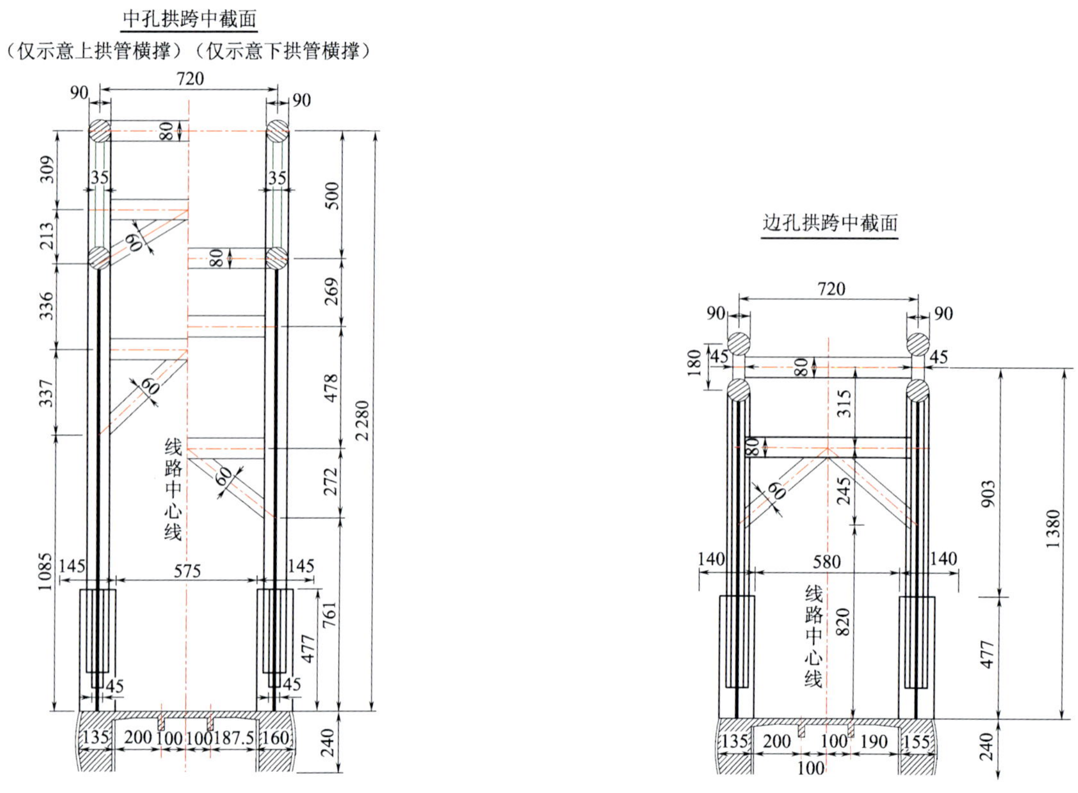

图 3—2—7　主桥横向联接系（单位：cm）

（三）吊杆及锚箱

1. 吊　　杆

中孔拱每片拱肋设置 13 根吊杆，边孔拱每片拱肋设置 8 根吊杆，全桥共设 58 根吊杆。吊杆间距均采用 6.6 m。每根吊杆由 $R_y = 1\,670$ MPa 的 73 根 $\phi 7$ mm 低松弛预应力钢丝组成，采用 PE 双护层防护。吊杆上下端均采用冷铸镦头锚进行锚固。

吊杆如图 3—2—8 所示。

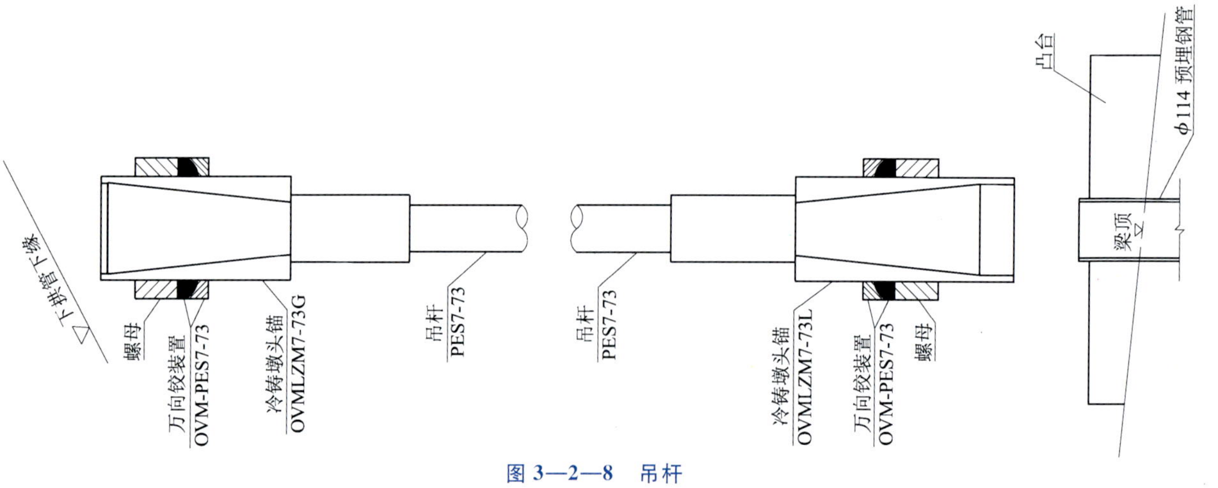

图 3—2—8　吊杆

2. 锚　　箱

为了更好的保证桥梁的整体建筑效果，便于吊索锚具的检查和更换，该桥吊杆锚固体系采用在拱肋和主纵梁上预埋钢锚箱，吊索锚具与钢锚箱连接的方式。

吊杆锚箱钢材采用 Q345qD。

图 3—2—9、图 3—2—10 为吊杆上、下端锚固体系示意。

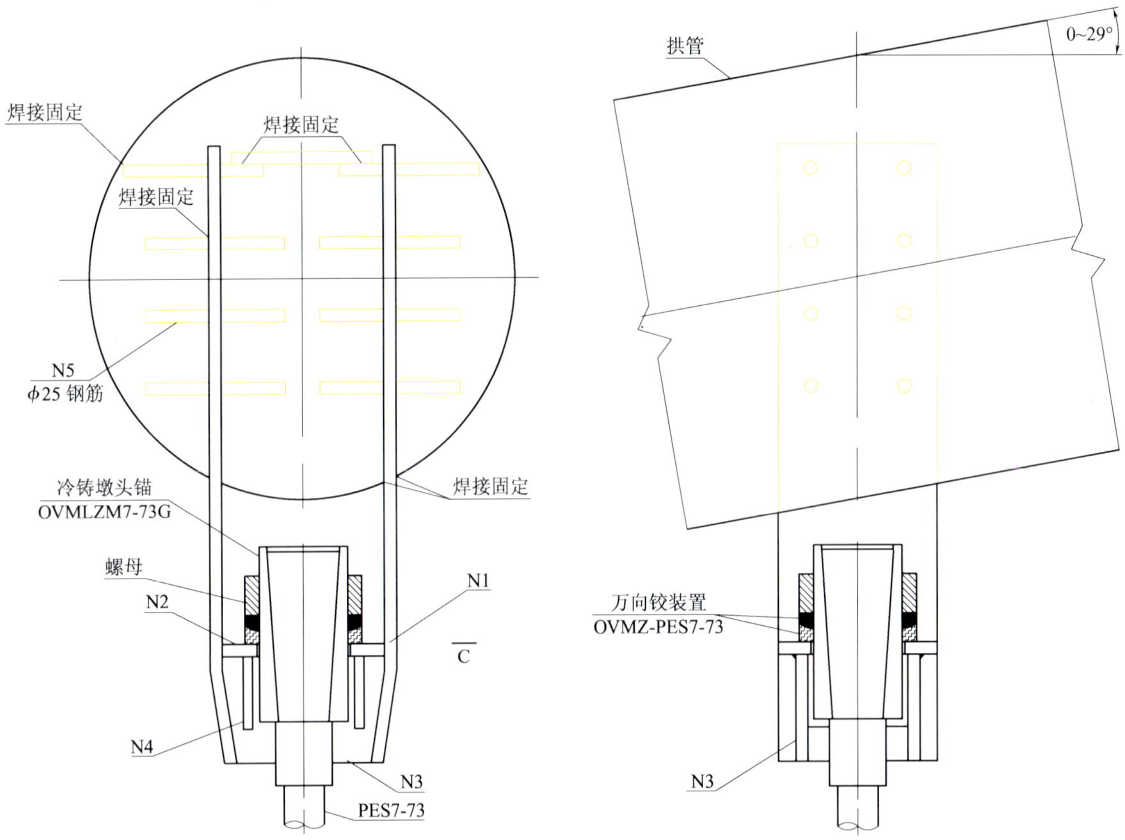

图 3—2—9　吊杆上端锚固体系示意

（四）拱脚构造

主梁采用了实体矩形截面，每片主梁梁高 2.4 m，底宽 1.2 m，在拱脚附近主梁加宽至 1.45 m，主梁外侧设计为曲线形；边拱拱肋采用变高度的哑铃形截面，在拱脚处截面高度为 2.1 m；主孔拱肋采用上下叠拱，在拱脚处上下拱肋中心距 2.26 m。拱脚的设计必须满足锚固主孔拱肋、边孔拱肋、主梁部分预应力钢束和放置大吨位支座（2 500 t）的需要，拱脚横向宽 1.45 m，纵向结合景观设计的考虑，将拱脚设计为从主梁梁顶面凸起的两条边为曲线的三角形，侧面观之主梁跌宕起伏，象征着雪域高原上绵延的雪山。拱脚材料采用和主梁相同的 C50 混凝土，内布钢筋，拱脚和主梁混凝土浇筑在一起，形成牢固的整体结构。拱脚钢筋布置如图 3—2—11 所示。

在主孔拱肋和拱脚连接处，为了增加连接的牢固性和改善连接处的应力状态，在该位置设置缀板，材料采用 Q235qD 钢材。缀板必须等到主梁支架拆除和主梁预应力钢束全部张拉完成后才能和拱肋焊接。其构造如图 3—2—12 和 3—2—13 所示。

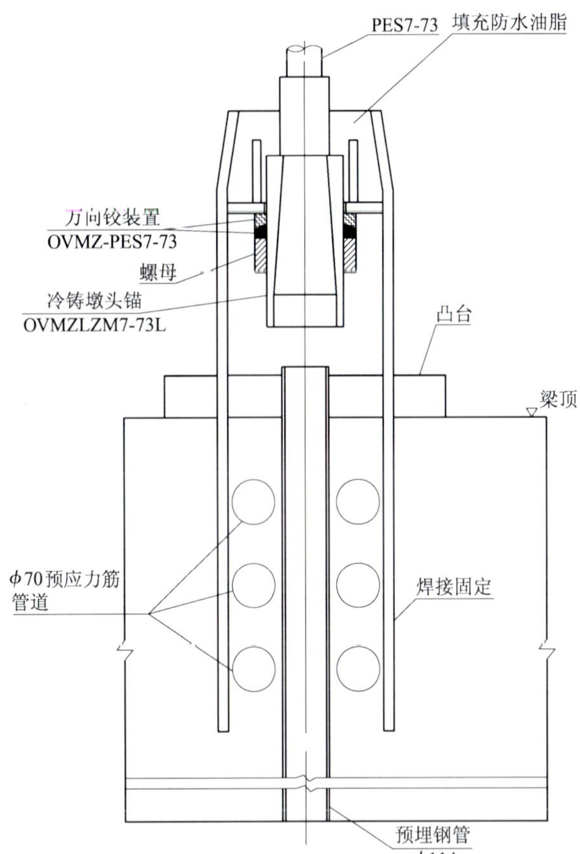

图 3—2—10　吊杆下端锚固体系示意

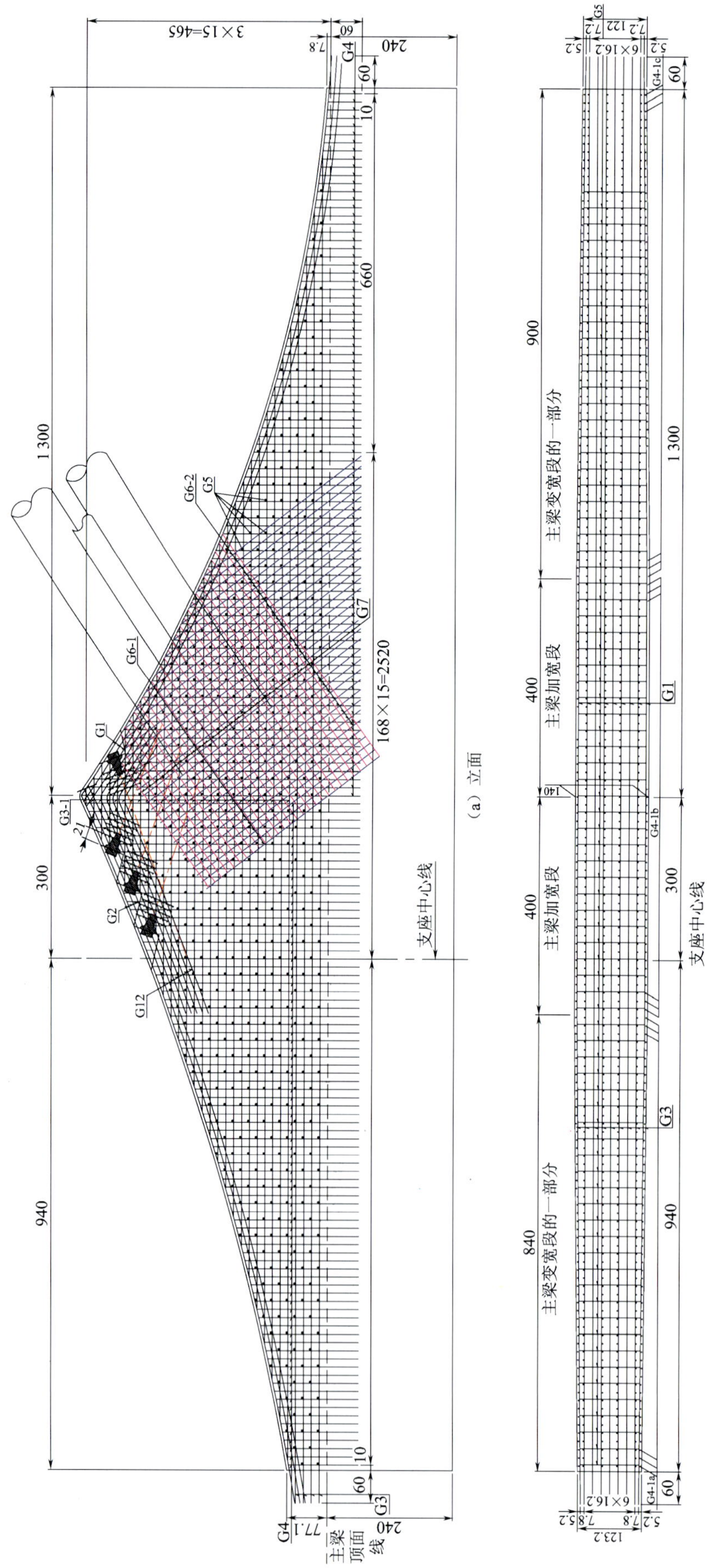

（a）立面

（b）平面

图 3—2—11　拱脚钢筋布置（单位：cm）

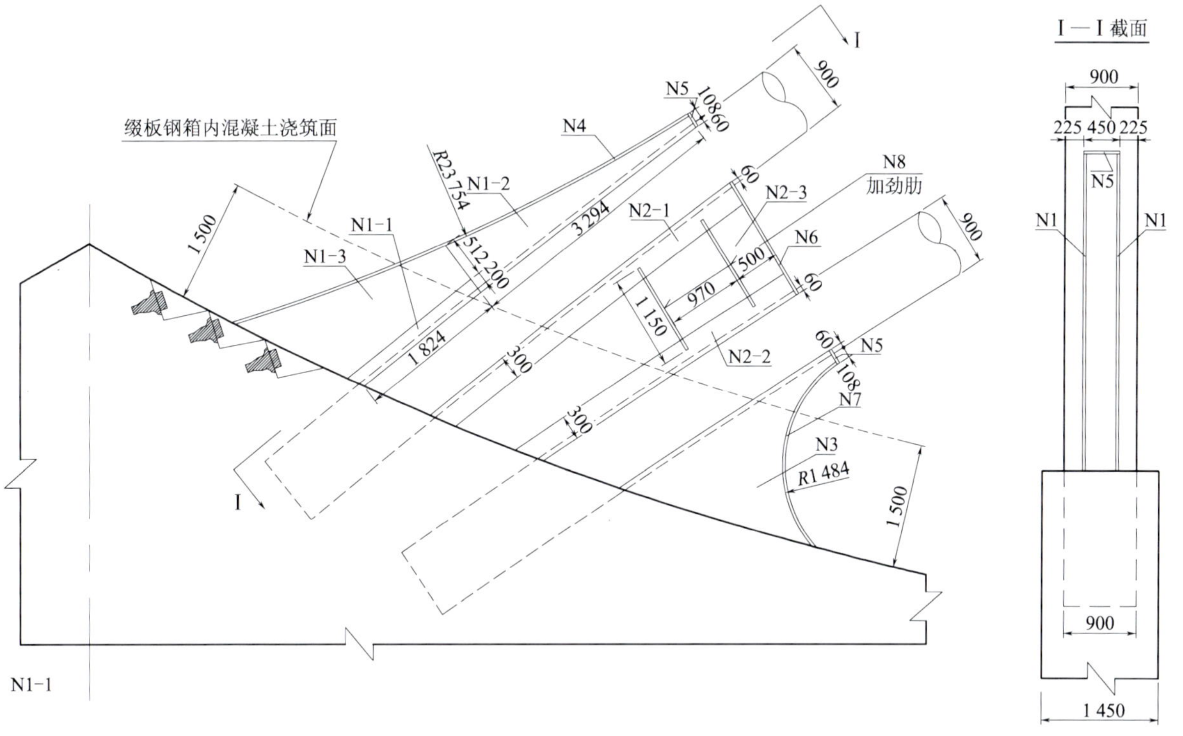

图 3—2—12　缀板与拱肋钢管连接构造（单位：mm）

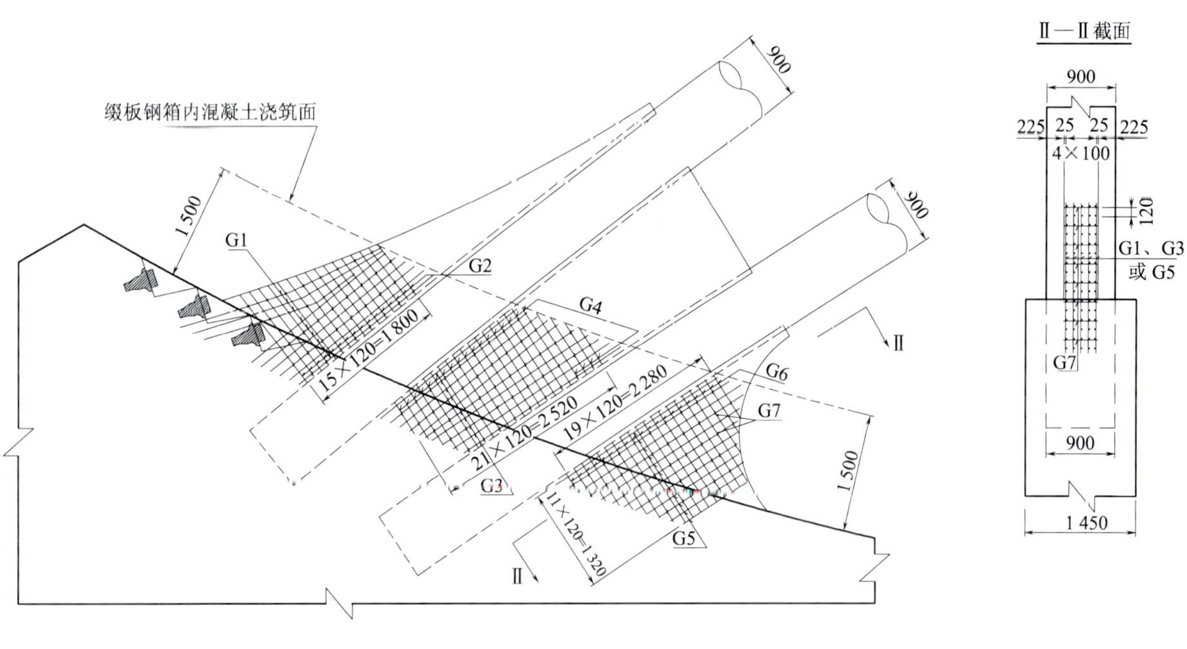

图 3—2—13　缀板钢箱内钢筋布置（单位：mm）

拱肋和拱脚的连接，将拱肋伸入钢筋混凝土拱脚中，在拱肋侧面焊接钢筋，同时在拱肋内部混凝土中布置一定数量的钢筋伸入拱脚，详见图 3—2—14 和图 3—2—15。

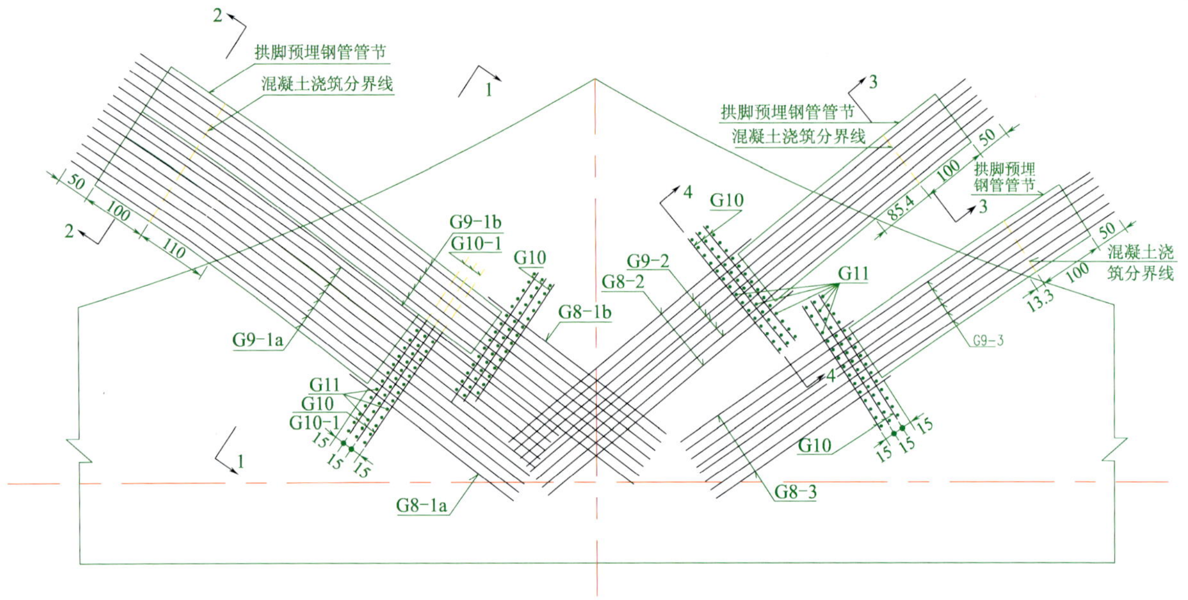

图 3—2—14　拱肋和拱脚连接立面（单位：cm）

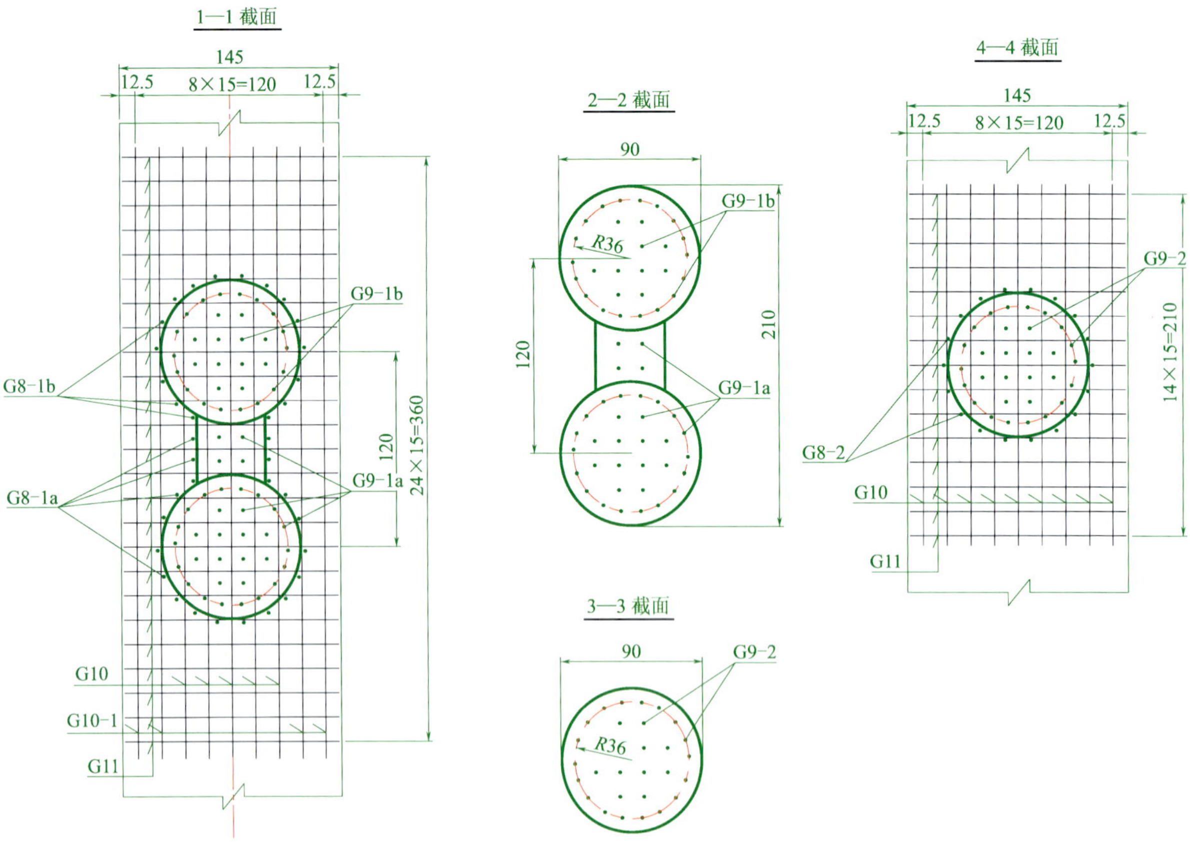

图 3—2—15　拱肋和拱脚连接截面（单位：cm）

二、计算分析

（一）主桥孔跨布置

三跨梁拱组合桥梁由于中孔用拱加劲，降低了中孔主梁的建筑高度，中孔跨中正弯矩和支点负弯矩均大幅减小，被拱的轴向压力和系杆的轴向拉力所分担；两个边孔受中拱刚度的影响，支点负弯矩略有增大，跨中正弯矩略有减小，但正负弯矩绝对值之和与连续梁结构形式相同。虽然边孔内力没有大的变化，但梁高却随中孔梁高而减小，因此，三跨梁拱组合桥梁边中跨合理的比值为0.4～0.45。

五跨梁拱组合桥梁尚无应用的先例。在确定边跨、次主跨和主跨跨度比时，首先应根据端支点不出现负反力，以及边跨支点负弯矩不控制设计为原则来选择边跨跨度；其次按照桥梁各跨度比例应协调和降低主跨设计难度原则确定次主跨跨度。次主跨作为主跨与边跨之间的过渡跨，与主跨的跨度比值可在0.6～0.8之间。次主跨的跨度小，该跨主梁和拱的刚度就大，结构的变形就小，可降低与其相邻的主跨和边跨跨中截面正弯矩值，减小支点负弯矩值，从而降低五跨梁拱组合桥梁主梁控制截面的拉、压应力，提高结构的耐久性。根据以上分析研究结果，确定次主跨与主跨跨度比采用0.667，边跨、次主跨和主跨跨度比为1:2:3，拉萨河大桥主桥采用（36+72+108+72+36）m连续梁钢管拱梁拱组合桥梁。

（二）主桥梁拱刚度分配

1. 合理拱梁刚度分配的原则

主拱叠拱上、下拱肋采用圆形截面，拱肋之间用刚性连杆连接；边拱采用哑铃形截面，钢管拱的直径均为ϕ900 mm。主拱叠拱为垂直腹杆桁式拱，拱肋中心距由跨中5.0 m至拱脚1.3 m变高；边拱哑铃形截面高度由跨中2.7 m至拱脚2.1 m变高。桁式拱拱肋主要传递轴向力，能较好地发挥钢管混凝土拱承压能力强的特点；边拱的受力行为表现为压弯构件。设于拱肋下的主纵梁采用矩形截面预应力混凝土连续梁，梁底宽为1.2 m，跨中梁高为2.4 m，高跨比为1/45；拱脚梁高为7.2 m，高跨比为1/15。虽然主梁的高跨比较大，但纵横梁桥面体系提供的整体抗弯刚度较箱形截面梁弱，只有与钢管拱组成空间承载体系，才具备较高的承载能力。边拱钢管拱直径与中拱相同，次主跨的梁高也与主跨相同，由于其跨度小，拱和梁的承载能力都尚有富余，但其提供的刚度却对主跨和边跨变形起着较大的约束作用，有利于提高主跨的承载能力。

2. 有拱及无拱情况主梁内力和刚度对比

（1）内力

为考察钢管拱对主梁内力的影响，对比了主梁在有拱及无拱情况在恒载作用下弯矩的变化，比较结果如图3—2—16所示。

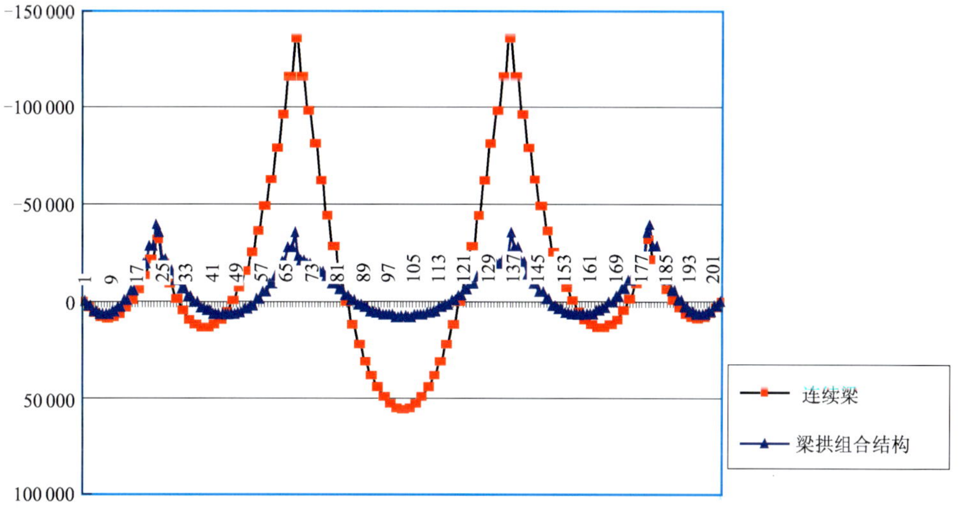

图3—2—16　主梁有拱及无拱情况恒载弯矩（单位：kN·m）

计算结果表明，两种情况时对边跨弯矩的影响并不大，但对主跨和次主跨主梁弯矩影响很大。主跨跨中有拱时弯矩为8 888 kN·m，无拱时弯矩为55 920.1 kN·m，无拱时是有拱时的6.3倍；主跨支点有拱时弯矩为－21 733 kN·m，无拱时弯矩为－136 465 kN·m，无拱时是有拱时的6.3倍；次主跨跨中有拱时弯矩为 7 001 kN·m，无拱时弯矩为 13 988. 4 kN·m，无拱时是有拱时的 2. 0 倍；次主跨支点有拱时弯矩为 -38 090 kN·m，无拱时弯矩为 -31 733. 3 kN·m，无拱时比有拱时弯矩减小。由此可见，钢管拱的存在大大改善了连续梁的受力条件，使连续梁在不增加梁高的情况下跨越能力增大了。

（2）刚度

为考察钢管拱对主梁刚度的影响，对主梁在有拱及无拱情况的静活载挠度进行了对比分析，见表 3—2—1。

表 3—2—1　主梁静活载挠度及挠跨比

部　位	静活载挠度（cm）	挠跨比	无拱情况下主梁静活载挠度（cm）	无拱情况下主梁挠跨比	容许挠跨比
边跨	-0. 61	1/5 900	-2. 12	1/1 700	1/800
次主跨	-1. 03	1/6 990	-6. 62	1/1 090	1/800
中主跨	-2. 30	1/4 690	-26. 8	1/400	1/800

由计算结果可知，该桥梁拱组合体系边跨、次主跨和中主跨挠跨比均小于容许值，主梁具有较大的竖向刚度。同时，从表列无拱情况下主梁静活载挠度值分析，钢管拱对主梁的刚度贡献很大。

（三）优化钢管拱受力分析

1. 合理拱轴线的比选

为保证桥梁建筑造型不与投标方案发生大的改变，同时根据有关文献资料，一般系杆拱桥的恒载近乎均布荷载，即拱轴系数 $m\approx1$，拱轴线通常采用二次抛物线。因而，合理拱轴线的比选重点通过调整拱的矢跨比来进行计算分析。中孔双层叠拱拱轴线按上、下拱肋中心线分别取值；边拱拱轴线取拱肋组合截面中心线。

按照主梁采用双主纵梁截面形式，利用 SAP84 程序建立平面模型，中孔拱肋分别按上拱矢高 21. 6 m（矢跨比 1/5），24. 0 m（矢跨比 1/4. 5），27. 0 m（矢跨比 1/4）三种不同的矢跨比；下拱矢高 16. 6 m（矢跨比 1/6. 5），18. 0 m（矢跨比 1/6），19. 6 m（矢跨比 1/5. 5）三种不同的矢跨比；边拱肋分别采用矢高 13. 6 m（矢跨比 1/5. 3），15. 0 m（矢跨比 1/4. 8），16. 7 m（矢跨比 1/4. 3）三种不同的矢跨比进行了计算。

中孔下拱矢高 18. 0 m，上拱矢高 21. 6 m、24. 0 m、27. 0 m 变化时，上拱轴力、弯矩对比图分别如图3—2—17和图 3—2—18 所示。

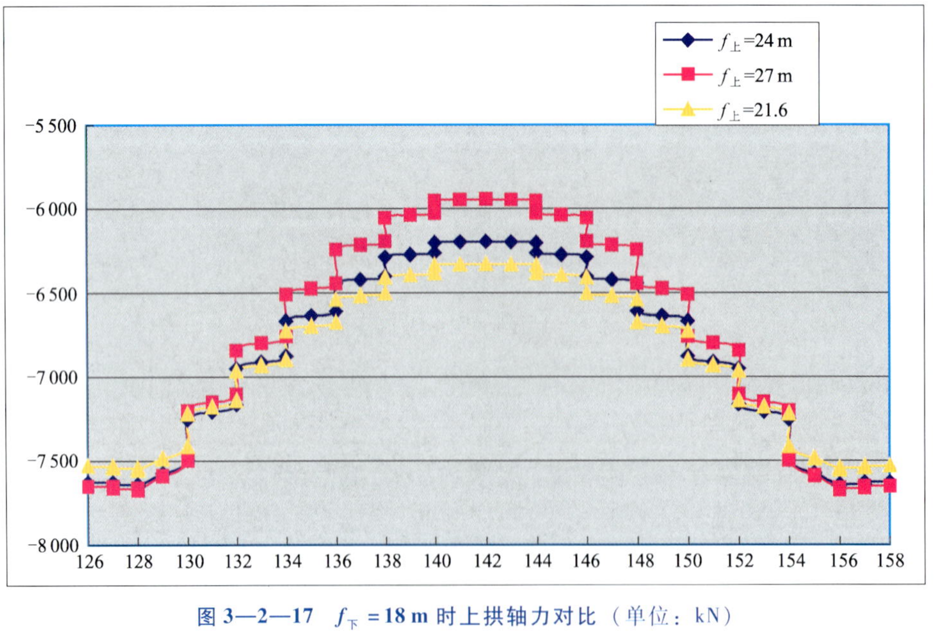

图 3—2—17　$f_下$ = 18 m 时上拱轴力对比（单位：kN）

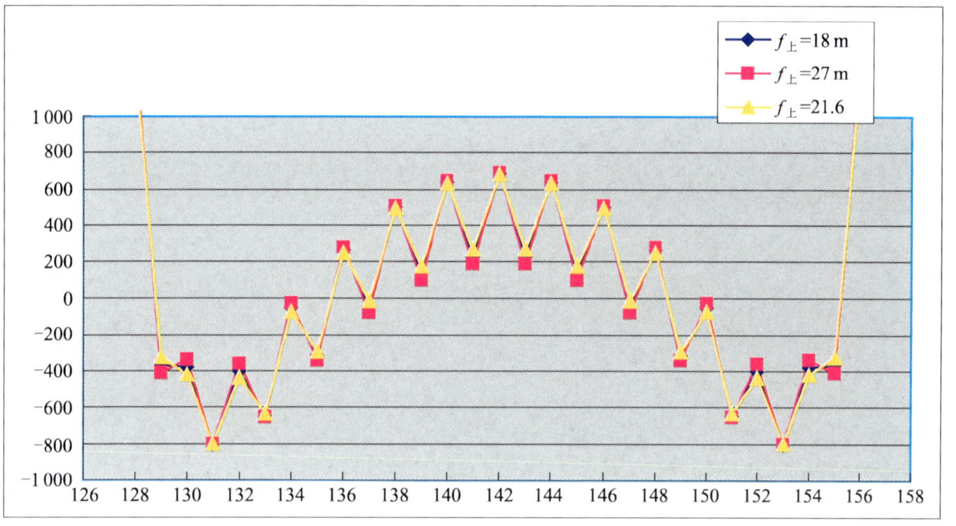

图 3—2—18　$f_{下}$ = 18 m 时上拱弯矩对比（单位：kN·m）

中孔上拱矢高 24.0 m，下拱矢高 16.6 m、18.0 m、19.6 m 变化时，下拱轴力、弯矩对比图分别如图 3—2—19 和图 3—2—20 所示。

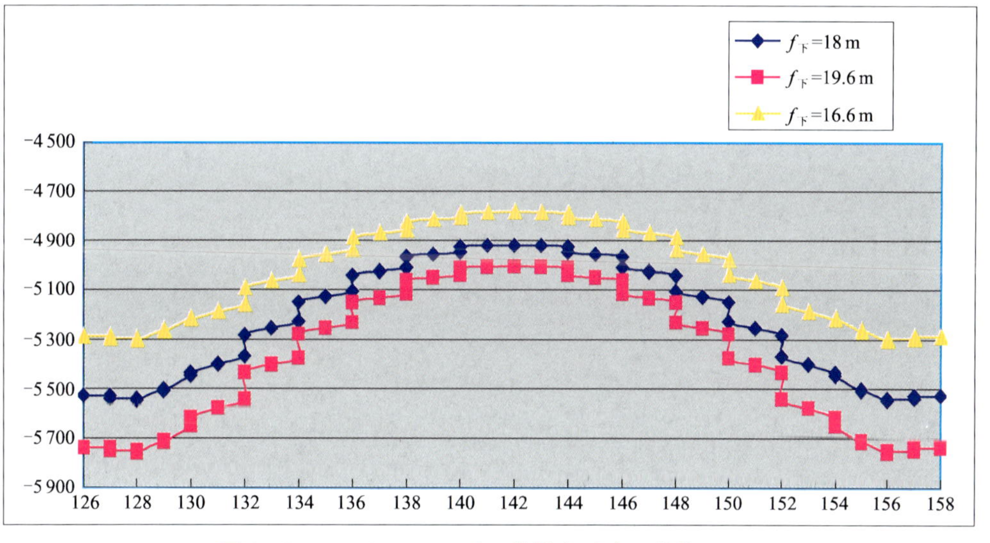

图 3—2—19　$f_{上}$ = 24 m 时下拱轴力对比（单位：kN）

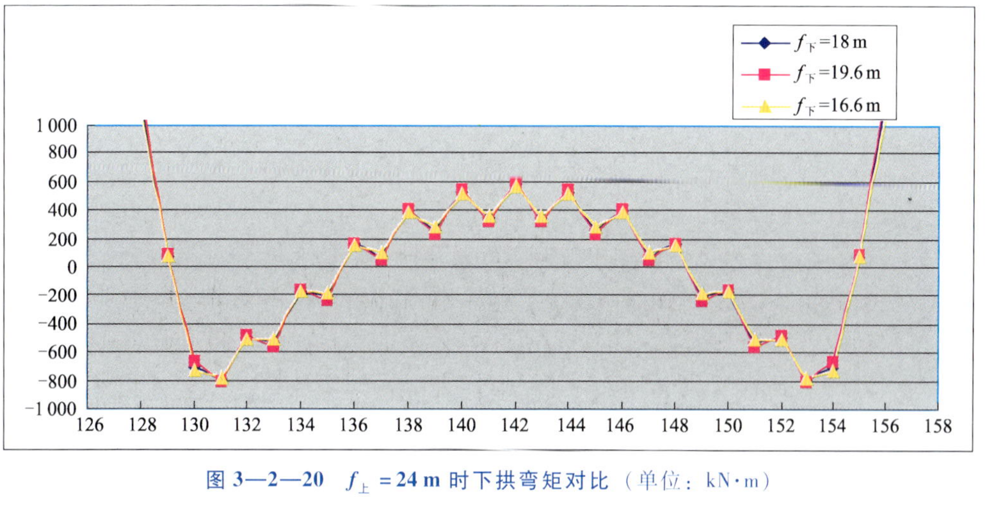

图 3—2—20　$f_{上}$ = 24 m 时下拱弯矩对比（单位：kN·m）

边拱矢高 13.6 m、15.0 m、16.7 m 变化时，拱肋轴力、弯矩对比图分别如图 3—2—21 和图 3—2—22所示。

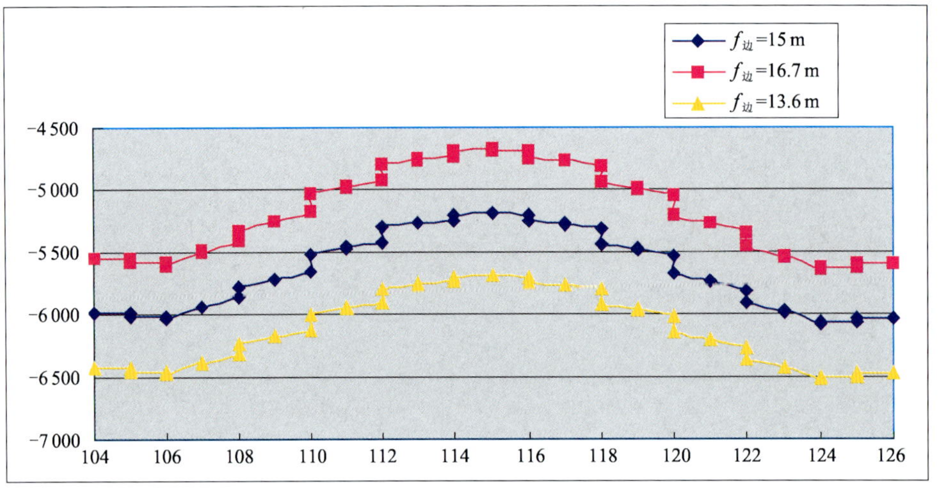

图 3—2—21　拱肋轴力对比（单位：kN）

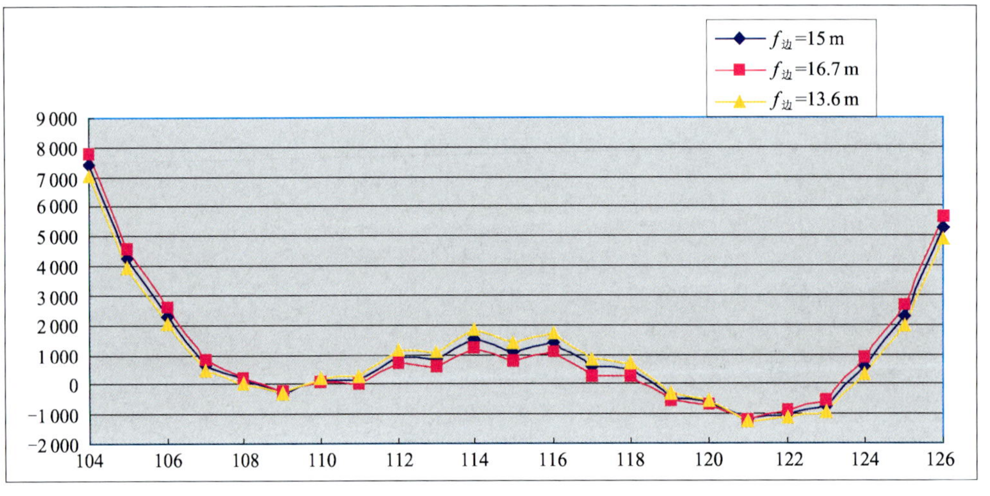

图 3—2—22　拱肋弯矩对比（单位：kN·m）

从计算结果分析可以得到以下结论：

① 拱肋矢高的调整对主梁的影响较小；中孔拱矢高的调整对边孔拱及主梁内力影响较小；反之，边孔拱矢高的调整对中孔拱及主梁内力影响也较小。

② 中孔在下拱矢高 18.0 m，上拱矢高由 21.6 m、24.0 m、27.0 m 变化时，上拱拱肋跨中和 1/4 跨处轴向压力减小，拱脚轴向压力增大，但变化幅度在 5% 以内，下拱拱肋轴向压力减小，幅度约在 10%，上、下拱肋截面弯矩变化均很小。

③ 中孔在上拱矢高 24.0 m，下拱矢高由 16.6 m、18.0 m、19.6 m 变化时，上拱拱肋轴向压力减小，幅度约在 7% ~10%，下拱拱肋轴向压力增大，幅度在 5% 以内，上、下拱肋截面弯矩变化均很小。

④ 边孔在拱矢高由 13.6 m、15.0 m、16.7 m 变化时，拱肋轴向压力减小，变化幅度在 7% 左右，主梁弯矩变化不大。

综上所述，中孔上、下拱肋间采用 ϕ300 mm 钢管连接时，在恒载及活载作用下，拱肋截面轴力上拱肋比下拱肋大 26% ~40%，弯矩上拱肋比下拱肋大 12% ~19%，两拱肋受力有差别。上拱矢高加大，拱和主梁的受力均有不同程度的改善，但改善的幅度较小；上拱矢高减小，两拱肋轴力向一致的方向发展，但变化幅度不大，且上拱矢高减小不能突出拱桥造型的舒展，结构较为高耸，远观时有明显的景观效果特点。下拱矢高加大时，拱肋轴向压力减小，但上、下拱肋间距的缩小影响结构的整体建筑造型。边孔矢高调整，对拱和主梁的受力影响不大，但 15.0 m 的矢高，与中孔矢高比例协调。所以，从拱轴线的平面计算结果分析，采用中主跨双层叠拱拱圈矢高分别为 24.0 m 和 18.0 m，矢跨比分别为 1/4.5 和 1/6.0。边主跨拱高 15.0 m，矢跨比为 1/4.8。

2. 拱肋截面尺寸的比选

按照主梁采用矩形双主纵梁截面形式，利用 PRBP 程序和 SAP84 程序建立平面模型和空间模型，中孔拱肋按双层叠拱和哑铃形两种形式分别采用 ϕ900 mm、ϕ1 000 mm 的管径；边孔拱肋截面采用哑铃形，分别采用 ϕ800 mm、ϕ900 mm、ϕ1 000 mm 哑铃形及 ϕ1 000 mm 单圆管的管径进行了计算分析。

1）平面计算比选

（1）中孔拱肋截面形式的计算比选

① 双层叠拱形式采用 ϕ900 mm 管径时，主梁运营阶段应力情况如图 3—2—23 和图 3—2—24 所示。

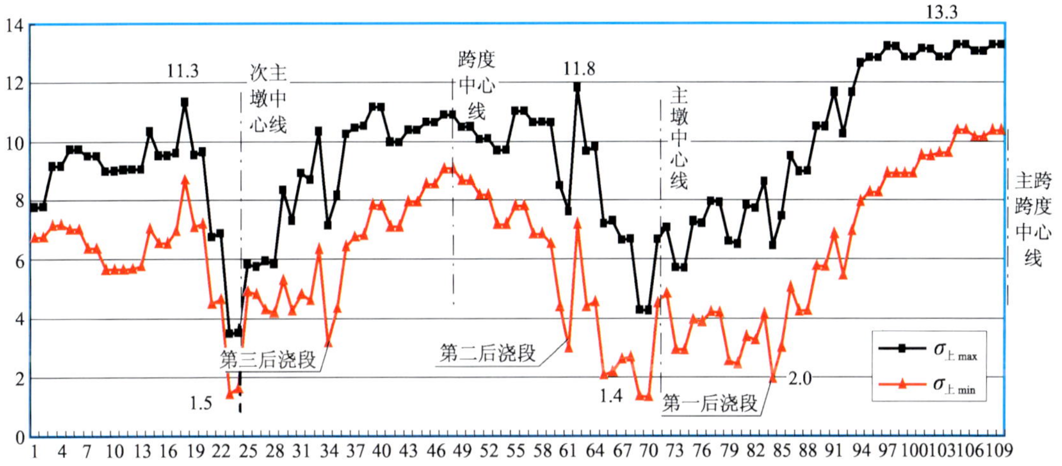

图 3—2—23　运营阶段主梁截面上缘应力（单位：MPa）

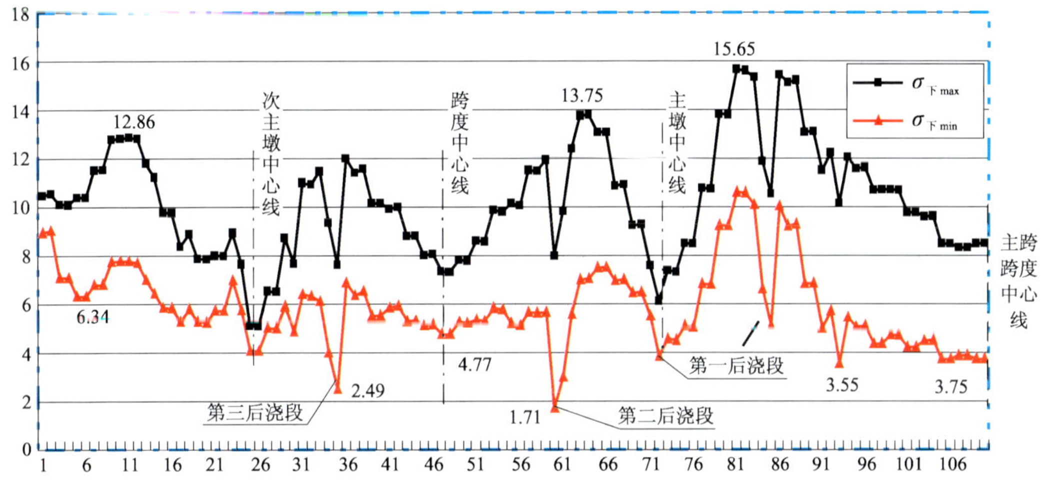

图 3—2—24　运营阶段主梁截面下缘应力（单位：MPa）

② 哑铃形截面形式采用 ϕ900 mm 管径，哑铃中心距 1.8m 时主梁运营阶段应力情况如图 3—2—25 和图 3—2—26 所示。

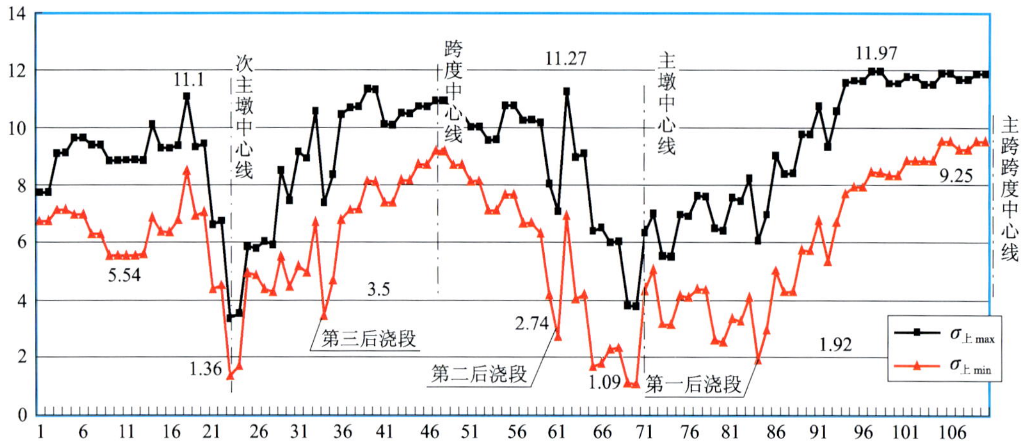

图 3—2—25 运营阶段主梁截面上缘应力（单位：MPa）

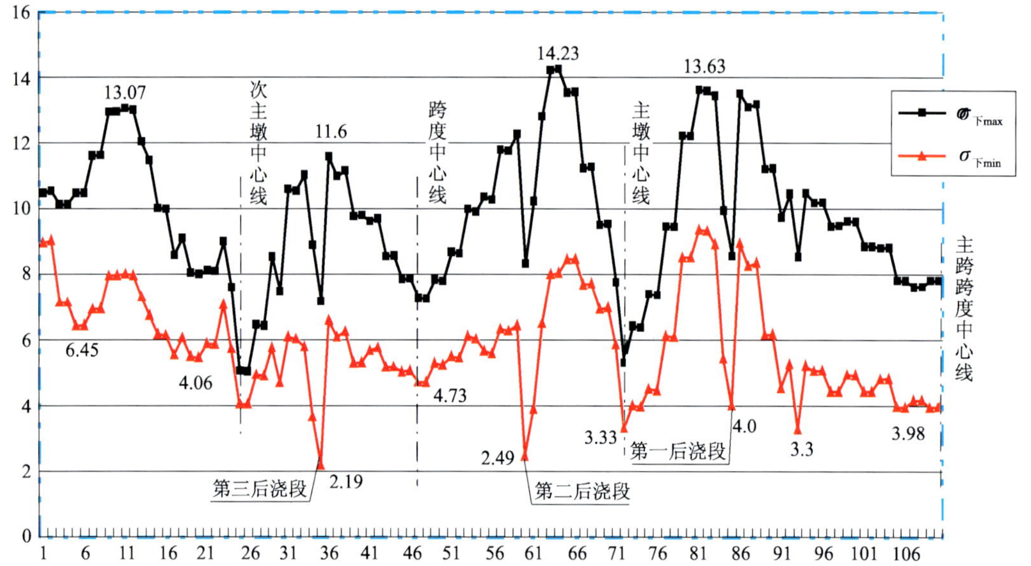

图 3—2—26 运营阶段主梁截面下缘应力（单位：MPa）

③ 中孔拱肋采用双层叠拱和哑铃型两种形式时，主梁静活载挠度及挠跨比见表 3—2—2。

表 3—2—2 主梁静活载挠度及挠跨比

部　位	双层叠拱静活载挠度（cm）	双层叠拱挠跨比	哑铃形拱静活载挠度（cm）	哑铃形拱挠跨比	容许挠跨比
边　跨	-0.61	1/5 900	-0.61	1/5 900	1/800
次主跨	-1.03	1/6 990	-1.03	1/6 990	1/800
中主跨	-2.30	1/4 690	-2.30	1/4 690	1/800

④ 中孔拱肋采用双层叠拱和哑铃形两种形式时，拱肋应力的比较分别如图 3—2—27 ~ 3—2—30 所示。

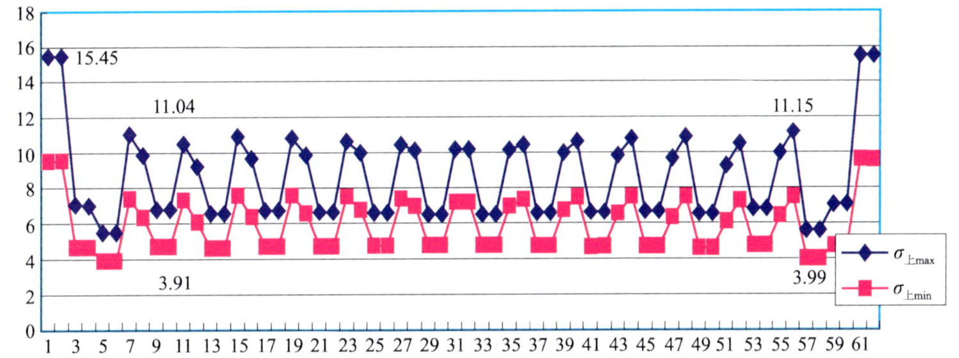

图 3—2—27　双层叠拱运营阶段主跨上拱肋截面上缘应力（单位：MPa）

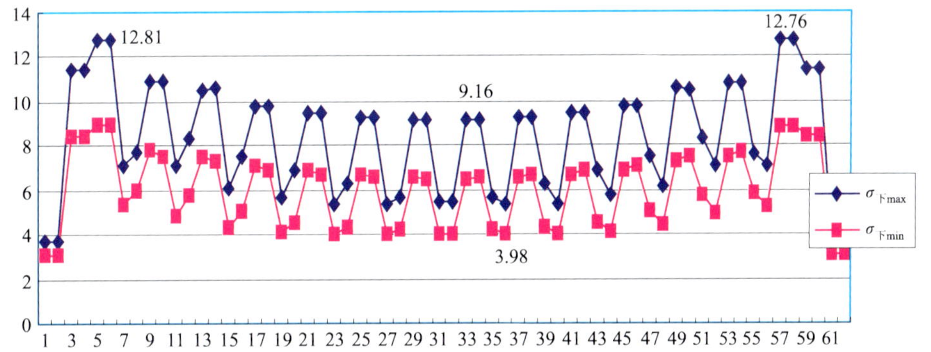

图 3—2—28　双层叠拱运营阶段主跨上拱肋截面下缘应力（单位：MPa）

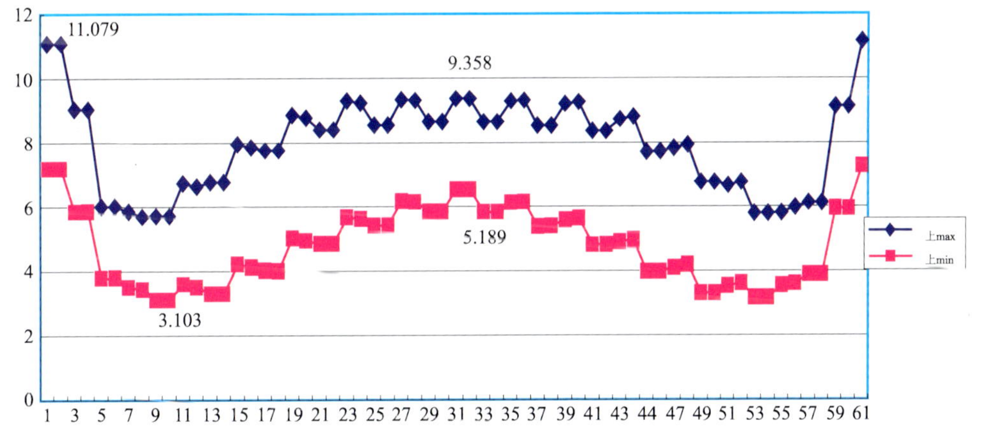

图 3—2—29　哑铃形拱肋运营阶段主跨拱肋截面上缘应力（单位：MPa）

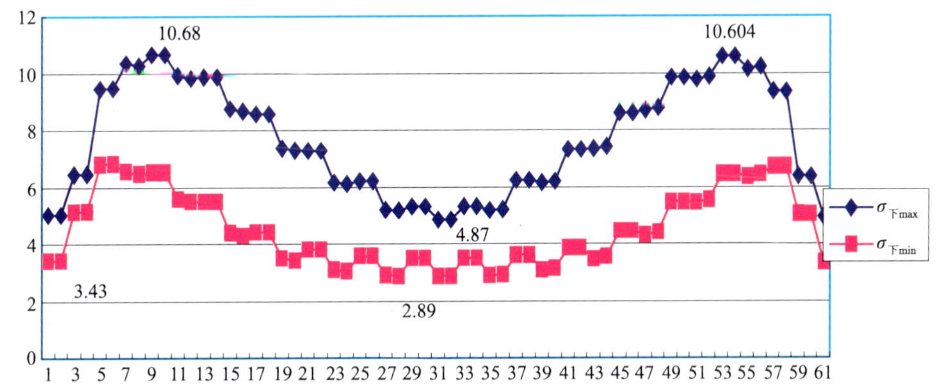

图 3—2—30　哑铃形拱肋运营阶段主跨下拱肋截面下缘应力（单位：MPa）

从以上计算分析，中孔拱肋采用双层叠拱和哑铃形两种形式对主梁设计影响不大，均是合理可行的。

（2）边孔拱肋截面计算比选

分别采用 ϕ800 mm、ϕ900 mm、ϕ1 000 mm 的管径进行了计算分析，计算结果见表 3—2—3。

表 3—2—3　边孔拱肋截面计算比选结果

拱肋钢管外径	边拱跨中		边拱拱脚		次边梁跨中	
	轴力（kN）	弯矩（kN·m）	轴力（kN）	弯矩（kN·m）	轴力（kN）	弯矩（kN·m）
ϕ800 mm 哑铃形	-4 933	1 480	-5 722	2 135	4 936	8 314
ϕ900 mm 哑铃形	-5 191	1 547	-6 036	2 318	5 194	8 255
ϕ1 000 mm 哑铃形	-5 480	1 616	-6 388	2 513	5 484	8 210
ϕ1 000 mm 单管	-4 132	524	-4 821	1 041	4 135	9 082

该桥钢管拱连续梁的结构体系，拱肋和主梁一起构成结构的承重构件，相比于拱肋单独作承重构件的结构来说（如桥面系采用漂浮体系的钢管拱结构），拱肋受力较小，属于小偏心受压构件，拱肋截面尺寸相对较小。计算结果表明：边拱哑铃形钢管混凝土由小向大变化时，拱脚截面轴力递增 5%，弯矩递增 8%。当边拱采用直径 1 m 的单根钢管时，对中拱受力几乎无影响，边拱自身受力也可以满足设计要求。但边拱采用单根钢管时增大了主梁的支点和跨中弯矩，从主梁的预应力布束情况来看，主梁在支点处布束非常困难，不易通过，因而边拱采用单根钢管对该桥不适宜。最终确定边拱采用双钢管的哑铃型截面。

2）空间计算比选

（1）空间模型建立

采用 SAP84 程序建立基本空间模型，纵、横梁以及桥面板采用 SHELL 单元模拟，拱肋、联结系及吊杆采用 FRAME 单元模拟，支座采用 TRUSS 单元模拟。全桥共划分为 2 214 个单元，1 971 个结点。主桥空间模型如图 3—2—31 所示。

图 3—2—31　空间计算模型

（2）自振特性

对梁拱组合体系振动特性进行计算，设计对自振周期按横向第一自振周期不大于 1.08 s 控制设计。空间自振频率和振动模态见表 3—2—4。前 6 阶振型图如图 3—2—32 ~ 3—2—36 所示。

表 3—2—4　空间自振频率和振动模态计算结果

振动阶次	自振频率（Hz）	振动模态	振动阶次	自振频率（Hz）	振动模态
1	1.013	中孔横向	6	2.171	中孔拱梁竖向
2	1.468	边孔横向	7	2.343	边孔扭振
3	1.475	边孔横向	8	2.345	边孔扭振
4	1.624	中孔扭振	9	2.389	中孔扭振
5	1.705	中孔拱梁竖向	10	2.836	全联拱梁竖向

（3）稳定性分析

利用空间模型计算不考虑几何刚度影响下的拱肋面内及面外弹性稳定安全系数，计算结果：拱肋面内弹性稳定安全系数为 10.9，面外弹性稳定安全系数为 6.65。面内及面外屈曲模态图如图 3—2—37 和图 3—2—38 所示。

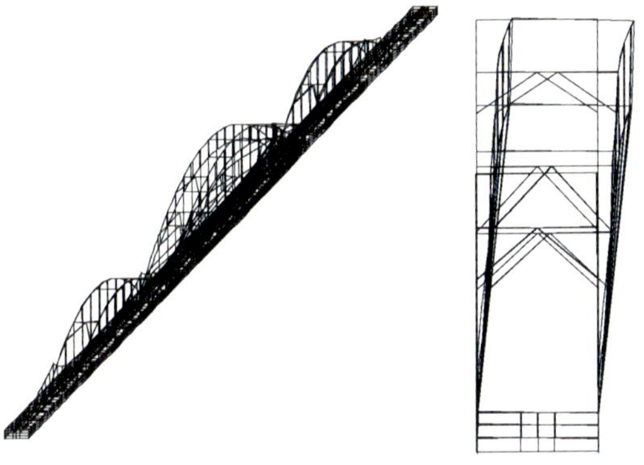

图 3—2—32　第一阶振型

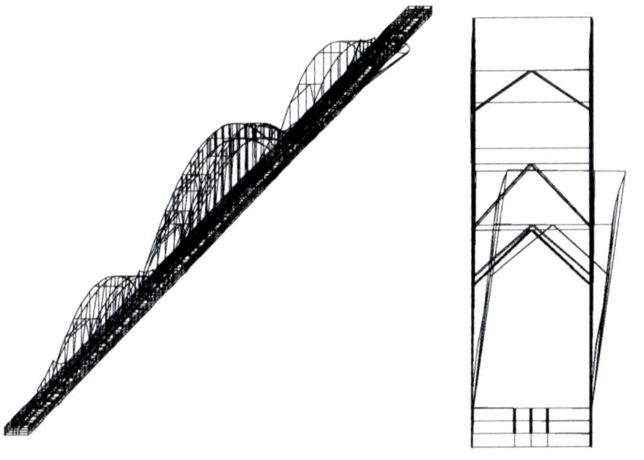

图 3—2—33　第二、三阶振型

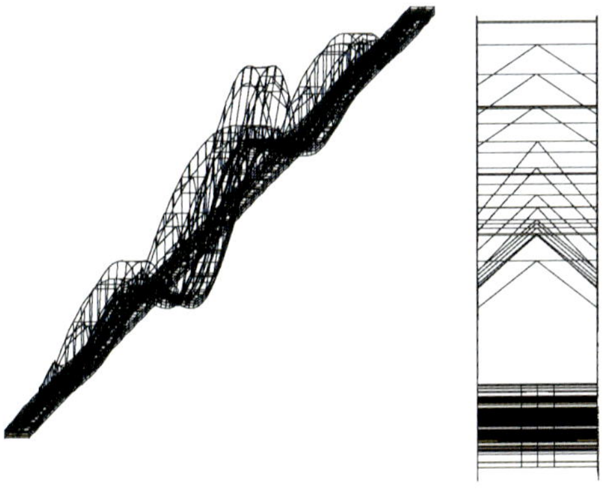

图 3—2—34　第四阶振型

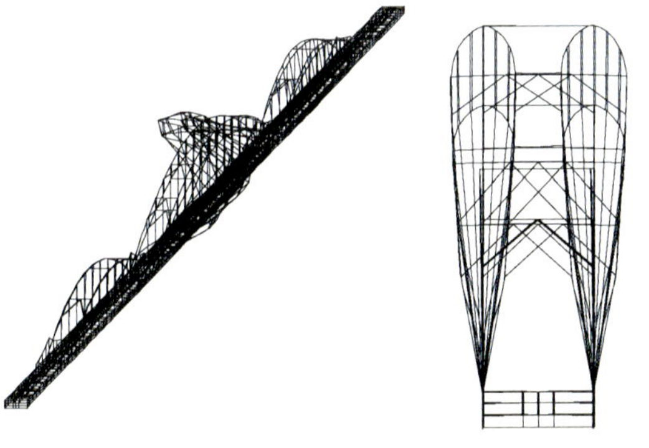

图 3—2—35　第五阶振型

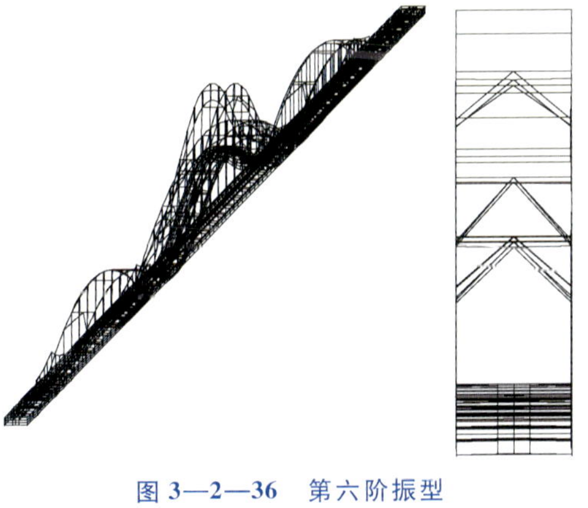

图 3—2—36　第六阶振型

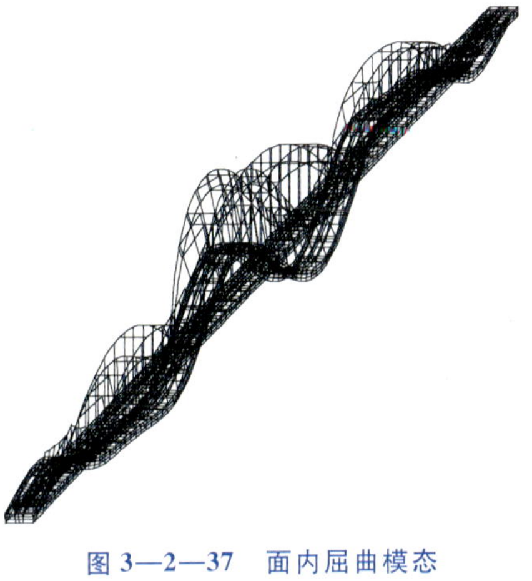

图 3—2—37　面内屈曲模态

图 3—2—38　面外屈曲模态

3. 叠拱连杆结构形式

主拱采用叠拱形式在国内钢管拱桥设计中鲜有采用，其叠拱上、下拱肋变形能否协调一致、共同分担吊杆的拉力以及满足拱肋稳定性要求是该桥的设计关键。设计中，对上、下拱肋之间的连接方式做了四种方案的研究比选，使其既满足桥梁景观设计要求，上、下拱肋又能够均匀受力。

方案一：上、下拱肋之间以直径为 ϕ300 mm 的斜腹杆连接；

方案二：上、下拱肋之间以直径为 ϕ300 mm 的钢管连接；

方案三：上、下拱肋之间以 350 mm × 200 mm 的圆端型钢管连接；

方案四：上、下拱肋之间以粗钢筋连接。

方案一叠拱连接方式如图 3—2—39 所示，方案二、方案三和方案四叠拱连接方式如图 3—2—40 所示。

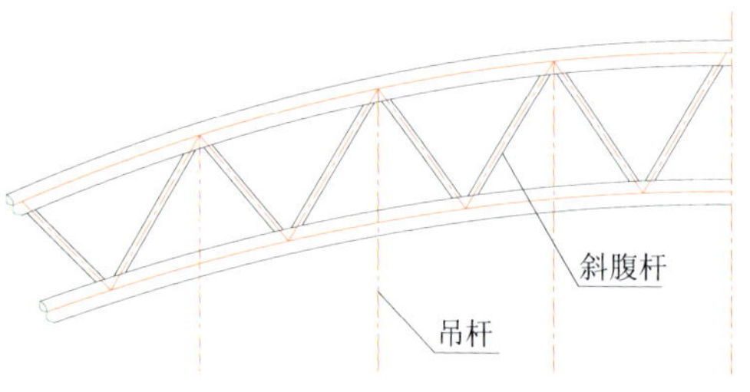

图 3—2—39　叠拱斜腹杆连接示意

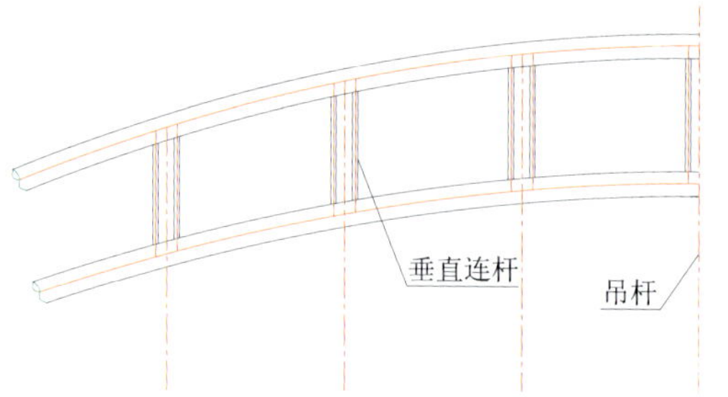

图 3—2—40　叠拱垂直腹杆连接示意

叠拱之间连杆的作用主要是使上、下拱肋变形协调一致，共同承受荷载，同时为钢管拱提供足够的面内和面外刚度，使其能够满足面内和面外稳定性要求。为了找到叠拱间适合的连接方式，对四种连接方案分别建立平面模型和空间模型，进行钢管拱内力和稳定性分析以及连杆的内力分析。当拱肋的横向连接形式相同时，对方案四，当吊杆连于下拱肋时中孔上、下拱间竖杆总是受拉的，且随着截面抗弯刚度的增大而相应的弯矩也增大，拉杆采用钢管，存在焊缝疲劳强度问题，因此想到采用抗拉能力大而抗弯能力很弱的预应力钢绞线或粗钢筋。但通过 SAP84 程序建立的全桥空间模型进行自振周期计算分析，拱间竖杆采用 ϕ40 mm 的粗钢筋时，结构二阶横向振动模态即表现为中孔上、下拱肋的横向错动。计算结果表明拱间采用柔性连接中孔上、下拱肋不能形成空间整体桁架效应，也就不能保证上、下拱肋变形的协调。综上所述，确定中孔上、下拱肋间采用刚性连接。

拱间采用柔性连接时中拱二阶横向振型周期 0.885 s，如图 3—2—41 所示。

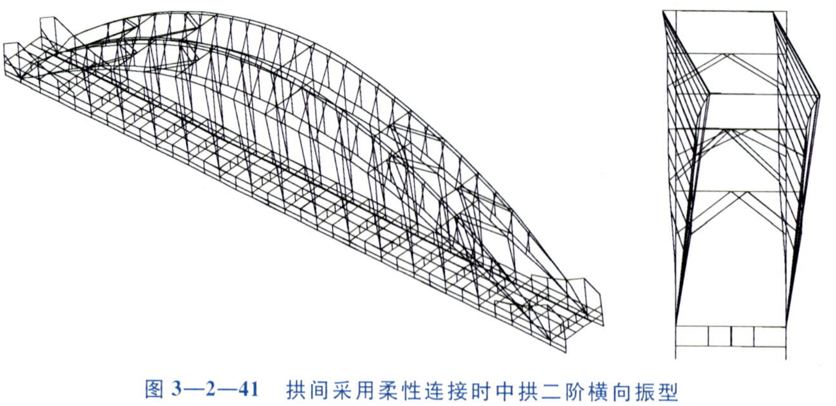

图 3—2—41　拱间采用柔性连接时中拱二阶横向振型

除方案四粗钢筋连接方式不能满足拱肋横向稳定性要求外，其他三种方案的连接方式均满足拱肋横向稳定性要求。方案一、方案二、方案三皆可行。

采用钢管时上、下拱肋能形成空间整体桁架效应，自振周期能满足要求，但由于钢管本身的刚度较大，引起的弯矩也较大，连接部位焊缝的疲劳是设计的关键问题。采用 ϕ300 mm 的圆钢管时，由于在活载作用下钢管所受的正负弯矩较大，约为 53 kN·m，钢材的疲劳应力幅在 110 MPa。这样对结构焊接要求较高，存在一定的安全隐患。为了保证拱肋的面内及面外稳定性要求，同时又能降低竖杆的疲劳应力幅值，将竖杆改为 200 mm × 350 mm 的圆端形钢管，活载作用下钢管所受的正负弯矩降为约 26 kN·m，钢材的疲劳应力幅为 63 MPa，保证了设计的安全稳妥。

平面模型的计算结果为方案一、方案二和方案三上、下拱肋轴力分布不十分均匀，但可以通过调整连续梁系杆预应力钢束的张拉顺序，使其轴力得到调整。

根据以上分析研究结果：方案一、方案二满足钢管拱的空间稳定性要求和承载力要求，以及连杆自身的承载力要求，但从桥梁景观和连杆与拱肋焊接的难易考虑，方案二比方案一造型简洁，且连杆与拱肋相贯面的焊接比较容易。因此，叠拱之间的连接采用垂直连杆，其截面形式为 200 mm × 350 mm 的椭圆形钢管。

4. 中孔横向联结系结构形式

在平面计算分析的基础上，为了确定合理的结构各部分尺寸，同时又使得结构具有足够的刚度，故采用空间模型进行模拟分析。

对于中孔 108 m 跨度的钢管混凝土拱肋截面及拱肋间的横向连接形式，先后对 K 形和一字形横撑组合以及空间桁架式横撑等形式通过计算进行了比较分析。

方案一：中孔上拱设 1 道一字形横撑和 4 道 K 形横撑，下拱设 3 道一字形横撑和 2 道 K 形横撑。计算结果一阶自振周期为 0. 987 s，满足要求。

方案二：中孔上、下拱均设 3 道一字形横撑和 2 道 K 形横撑。计算结果一阶自振周期为 1. 10 s 以上，超出 1. 08 s 的判定值，不满足要求。

方案三：中孔上、下拱均设 3 道一字形横撑和 2 道 K 形横撑，在跨中两侧第 2、4 根吊杆处设置 4 道竖向 K 撑。计算结果一阶自振周期为 1. 14 s 以上，超出 1. 08 s 的判定值，不满足要求。

从计算分析可以看出：

① 横撑形式的选择直接关系到梁拱组合结构的振动特性和结构稳定性，特别对侧向稳定影响较大；

② 靠近拱肋根部范围的斜支撑（如 K 撑）可以有效地提高角隅抗变形能力，是抗拱肋侧倾的最佳横向连接形式；

③ 在保证横撑刚度的前提下，尽可能减小靠近拱顶范围的横向连接系的质量对减小拱肋结构的自振周期有明显的效果。

计算比较的横撑布置平面示意图如图 3—2—42 所示。

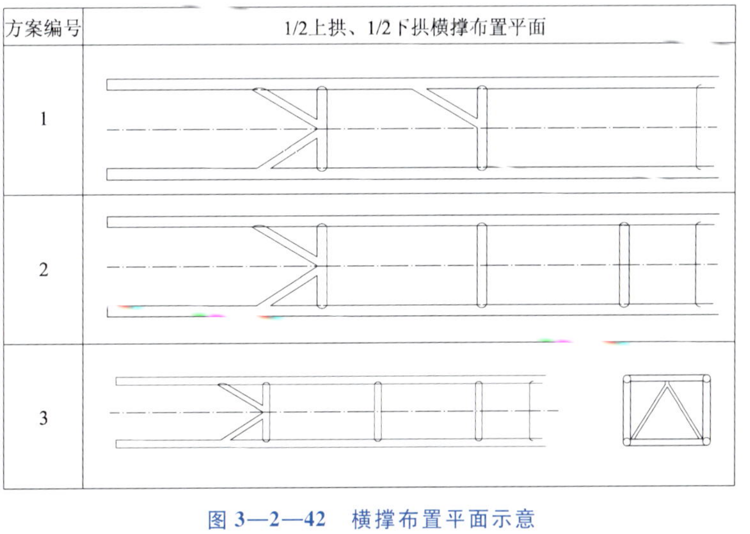

图 3—2—42　横撑布置平面示意

（四）连续梁受力分析

1. 连续梁系杆截面形式

支点截面向上变高不单纯是追求桥梁景观设计，更重要的是从桥梁结构实际受力需要出发。对于等高度或向下变高度连续梁系杆，中支点附近的桥面板除承受局部荷载外，还参与体系受力，要承受较大的支点负弯矩。桥面板在局部荷载和体系内力作用下会产生很大的拉应力，在施工中必须采取压重措施以抵消部分支点负弯矩。支点向上变高的连续梁在最大负弯矩处桥面板位于中性轴附近，体系负弯矩由主梁承受，桥面板仅承受局部荷载的作用；主梁截面在正负弯矩变化点附近变成等高，体系负弯矩对此处桥面板的影响较小，从而大大改善了负弯矩区桥面板的受力状况。

为了确定连续梁系杆最合理的截面形式，对连续梁系杆进行了三种类型截面形式的研究比选：

方案一：双主纵梁实体截面，拱肋中心距 7.2 m，桥面宽 8.4 m，跨中主梁宽 1.2 m，高 2.4 m，支点主梁宽 1.4 m，高 7.2 m，如图 3—2—43 所示；

方案二：双主纵梁箱形截面，拱肋中心距 7.3 m，桥面宽 8.8 m，跨中主梁宽 1.5 m，高 2.4 m，腹板厚 25 cm，顶底板厚 30 cm，支点截面为实体截面，在支点实体截面与跨中箱形截面之间将箱形截面腹板加厚至 45 cm，以满足腹板预应力钢束锚固要求，如图 3—2—44 所示；

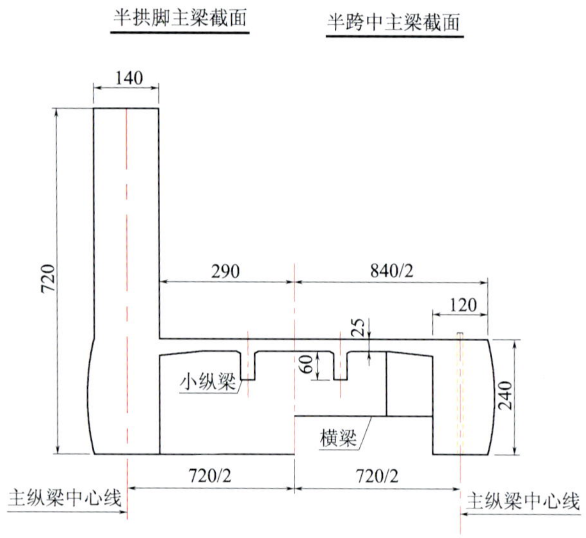

图 3—2—43　双主纵梁实体截面（单位：cm）

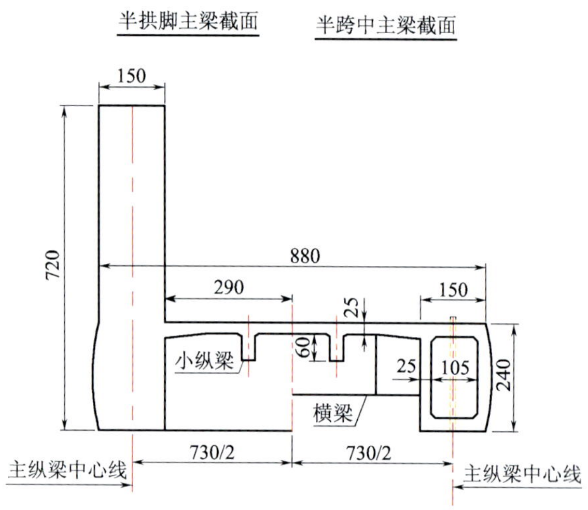

图 3—2—44　双主纵梁箱形截面（单位：cm）

方案三：单箱双室箱梁截面，箱梁底宽 8.6 m，顶宽 9.4 m，顶底板厚 0.25 m，中腹板厚 0.3 m，边腹板平均厚度从跨中 0.7 m 变化到支点 1.1 m，跨中梁高 2.0 m，中支点梁高 6.8 m，梁底等高，梁顶由跨中向支点按圆曲线变化，梁高变化段同双主纵梁方案，如图 3—2—45 所示。

各方案的优缺点论述如下：

1）双主梁实体截面方案

优点：

① 结构受力明确，矩形截面对日照的敏感度低于箱形截面，由温差引起的截面自应力相对较小；

② 主梁、桥面板及纵、横梁施工立模方便，混凝土浇筑质量有保障；

③ 便于分段锚固和张拉，不需设置锯齿块，预应力钢束大部分不需要平弯，线形简洁，截面上下缘应力分布比较均匀；

④ 便于检查，养护维修简单。

缺点：

① 整体刚度与单箱双室箱梁方案相比要弱；

② 预应力钢束用量较单箱双室箱梁方案略多。

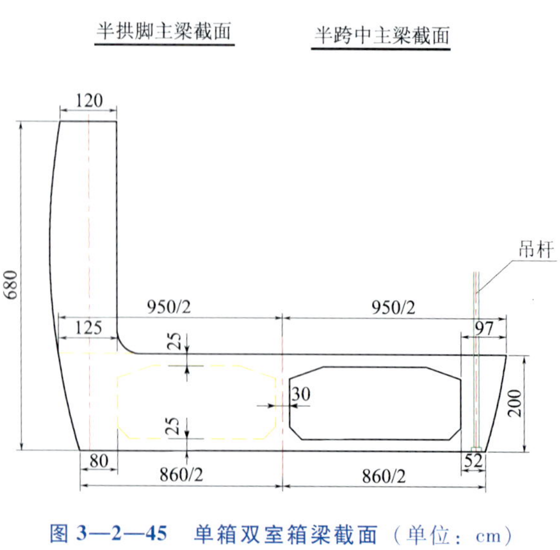

图 3—2—45　单箱双室箱梁截面（单位：cm）

2）双主梁箱形截面方案

优点：

① 结构受力明确；

② 桥面板及纵、横梁施工立模方便；

③ 桥面系结构便于检查，养护维修简单。

缺点：

① 由于箱形截面翼缘板和腹板厚度较小，预应力钢束必须在锯齿块内锚固，钢束在锚固点需竖弯和平弯，箱梁构造及钢束线形都比较复杂；

② 箱室内部空间狭小，内模不好拆除，不便于养护维修。

3）单箱双室箱梁方案

优点：

① 整体刚度大，稳定性能好；

② 预应力钢束用量较双主梁方案少。

缺点：

① 由于箱梁高度小，施工立模与双主梁方案相比困难；

② 为分段锚固和张拉要求需设置部分锯齿块；

③ 拱脚附近主梁加高段受力情况复杂；

④ 由于对应吊杆位置箱梁内需设置横隔板，会给养护维修带来一些不便。

综上比较，三种方案所用混凝土数量相差不多，方案三比方案一和方案二所用钢束数量略少，三种方案从造价上相差不大；从结构受力方面考虑，虽然方案一与方案三相比刚度要弱，但其与拱形成组合体系，不仅传力明确，而且竖向刚度也很大，主梁上、下缘应力分布比较均匀；从施工方面考虑，方案一施工方便，养护维修简单。经综合研究比选，连续梁系杆采用方案一——双主纵梁实体截面。

2. 连续梁系杆预应力

1）叠拱吊杆初张力对主梁预应力设计

计算时按不调整和调整吊杆初张力两种情况分别进行了比较：

（1）不调整吊杆初张力

根据主梁的受力情况，主跨跨中截面的预应力钢束需向下布置以抵消恒、活载产生的正弯矩，截面上、下缘预应力钢束布束不均匀，上翼缘 16 束（含 4 束桥面板钢束）、下翼缘 20 束，共 36 束；次主跨跨中截面上翼缘 12 束（含 4 束桥面板钢束）、下翼缘 16 束，共 28 束；边跨跨中截面 22 束。

（2）调整吊杆初张力

采用调整吊杆初张力的方法来调整主梁中的弯矩分布，调整后主梁弯矩次主跨跨中及中主跨跨中的正弯矩值减小，支点截面负弯矩值也相应减小。主跨跨中梁底预应力钢束可由 20 束减至 16 束，各截面应力分布趋于均匀。但调整吊杆初张力一方面施工工序复杂，要求精度高，另一方面设计施工中梁拱的线形较难控制。

综合以上两个方案的比选，采用不调整吊杆初张力的主梁预应力设计方案。

2）系杆预应力布置

梁拱组合体系连续梁系杆为拉弯构件，即使是在弯矩变形零点，系杆也承受比较大的拉应力，因此，必须保证预应力钢束在混凝土系杆内的连续性。根据梁拱组合桥梁结构的受力特点以及混凝土系杆的施工方法，预应力钢束的布设大致可以归纳为以下四种类型：第一种类型是各现浇梁段主梁内预应力短钢束；第二种类型是设于主梁跨中截面顶部，穿过两个后浇段和拱肋根部，锚于拱脚梁顶部的长钢束；第三种类型是设于主梁跨中截面底部，在各后浇段通过连接器连接锚于主梁梁端的通长钢束；第四种类型是设于桥面板内通过支点负弯矩区和后浇段的短钢束。主跨中预应力钢束布置如图 3—2—46 所示。第一种类型随各现浇梁段布置的短钢束，其作用主要是抵抗连续梁系杆中的正、负弯矩，同时也可避免系杆在施工过程中混凝土表面发生裂纹；第二种和第三种类型长钢束的作用主要是承受系杆中的轴向拉力，同时由于其线形随弯矩变化，也起到了抵抗弯矩的作用；第四种钢束的作用主要是对后浇段桥面板的加强，避免桥面板因承受结构体系弯矩和拉力而开裂。后浇段所处部位为正负弯矩交变区，这一部位的桥面板在承受局部荷载的同时，又因主梁梁高变为等截面而直接承受系统弯矩，使其受力不利。

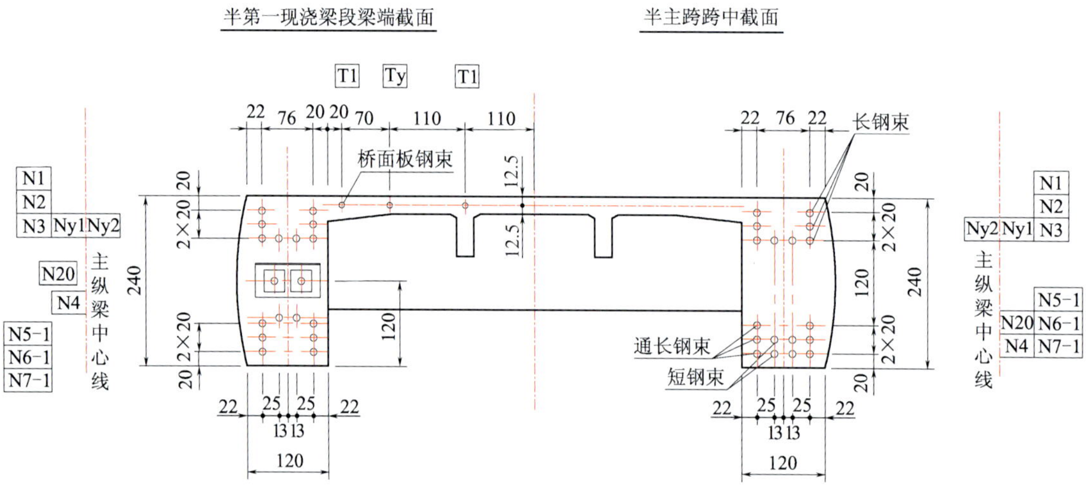

图 3—2—46　连续梁钢束布置示意（单位：cm）

由于在主拱脚和在边拱脚处钢束须交错布置，还需要在主梁全长范围内为设置预应力的中间横梁预留锚固空间，因此，主梁中采用大吨位预应力钢束。混凝土拱脚处既有嵌固的拱肋钢管，又有通过的预应力钢束和交错锚固的钢束，为避免钢束与拱肋预埋钢管间及钢束间的相互干扰，拱脚处钢束多采用平弯。

预应力采用抗拉强度标准值为 1 860 MPa 的高强低松弛钢绞线。主纵梁中预应力钢束采用 19-7ϕ5，桥面板中采用 7-7ϕ5，张拉控制应力为 0.73f_{pk}。为减少预应力损失，便于张拉，将主梁顶部预应力钢束通过支点后锚固在拱脚之上的主梁顶部；而梁底部预应力钢束则锚固在各现浇梁段端部或通过连接器穿过后浇段在现浇梁段端部张拉，如图 3—2—47 所示。根据主梁的受力情况，主跨跨中截面的预应力钢束需向下布置以抵消恒、活载产生的正弯矩，上翼缘 12 束、下翼缘 20 束，共 32 束；次主跨跨中截面上翼缘 12 束、下翼缘 16 束，共 28 束；边跨跨中截面 22 束。

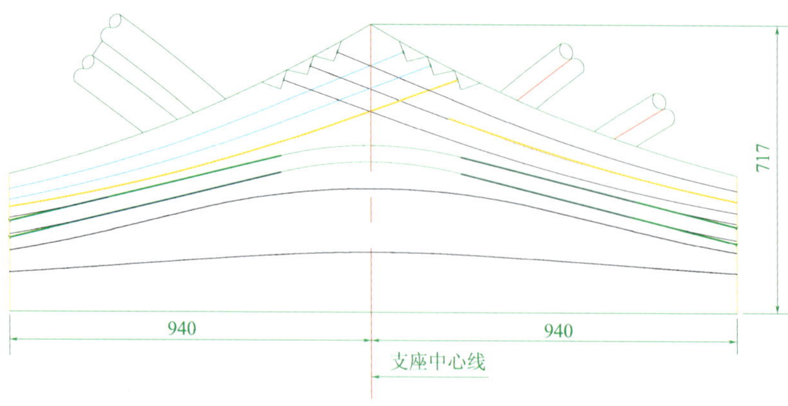

图 3—2—47　拱脚预应力钢束布置（单位：cm）

3. 桥面系结构形式

桥面系包括横梁、小纵梁、桥面板及其布置方案。

1）横梁

横梁需设置在两片主纵梁之间，并与主纵梁固结，形成两端弹性固结的单跨梁。在荷载作用下，横梁对主纵梁施加扭矩。因主纵梁受扭变形，横梁的固端弯矩会有所释放，主纵梁对支点横梁的弹性约束作用大，对跨中横梁的弹性约束作用小。预应力结构施加预应力时，同样存在横梁与主纵梁的共同作用，结构计算应予以考虑。因横梁与主纵梁和桥面板固结，对横梁的面外具有很好的约束，加之横梁跨度不大，只有 7.2 m，所以，横梁的面外可以采用较小的刚度。

预应力混凝土 T 形横梁，具有上述特点，与其他截面形式相比，混凝土用量省，施工方便，便于预应力筋的布置，设计中予以采用。

2）小纵梁和桥面板

道砟桥面结构的特点是活载集度相对较大，作用的横向位置固定，对应钢轨设置小纵梁，对桥面板有较好的加劲作用，在减小板的计算跨度和增加桥面板的竖向刚度方面，效果显著，设计中予以采用。

小纵梁是受横梁弹性固结的连续结构，具有与主纵梁、横梁共同作用的特点，应考虑小纵梁和桥面板与体系的共同作用，在桥面板中施加一定的预应力，以抵消体系在桥面板中产生的拉应力。小纵梁和桥面板主要承受竖向局部荷载，可采用钢筋混凝土结构。

3）桥面系的布置

横梁的间距是桥面系布置的关键，横梁的作用是将小纵梁的力传递给主纵梁，再通过吊杆传递给拱肋。适合的横梁间距不仅使结构受力行为最优，而且工程的经济指标也较好。设计中对几种横梁间距的组合进行了计算、分析，结果表明，横梁间距为 6.6 m 时，桥面系结构技术指标最优，同时经济指标也较好。

4. 结论意见

① 拉萨河大桥桥址处河道较宽，桥梁高度较低，采用多孔梁拱组合桥梁方案，桥梁高度和长度与周围环境非常协调。

② 选择较小的次主跨与主跨跨度比，可降低与其相邻的控制桥跨主跨和边跨的设计难度；次主跨梁与拱组合刚度大，可提高主跨的跨越能力。

③ 中孔叠拱之间采用圆端型钢管连接，不仅使上、下拱肋变形协调一致，共同承受荷载，而且为钢管拱提供了足够的面内和面外刚度，使叠拱能够满足面内和面外稳定性要求。同时，降低了连杆与拱肋连接部位的弯矩，使连接部位受拉焊缝的疲劳应力大大减小，增加了结构的安全性。

④ 连续梁系杆采用双主纵梁实体截面，结构传力明确，结构整体刚度大，施工方便；拱脚按圆曲线向上变高，不仅建筑造型好，而且改善了拱脚处桥面板的受力状况。

⑤ 根据连续梁系杆施工方法和梁拱组合桥梁受力特点，设计了四种类型的预应力钢束，这些钢束对抵抗连续梁系杆中的正负弯矩、轴力以及避免后浇段混凝土桥面板开裂起着非常重要的作用；锚于拱脚的部分长钢束在梁拱组合体系形成后张拉，可使叠拱上、下拱肋的应力趋于均匀，上、下拱的共同作用好。

（五）梁拱组合体系受力分析计算

1. 梁拱组合体系平面计算分析

1）主要计算参数

① 桥面二期荷载取 50 kN/m；

② 活载冲击系数 $1+\mu=1.1$；

③ 支点不均匀沉降按 2 cm 计；

④ 钢管拱合龙温度 5℃ ~ 15℃，年温度变化荷载按温升 20℃，温降 −20℃；钢管拱与主梁温差 ±10℃；桥面板不均匀升温 10℃。

2）计算模型

采用 SAP84 有限元结构分析程序和 PRBP 预应力混凝土连续梁综合计算程序建立平面模型对组合结构进行分析计算，将主纵梁、钢管拱和连杆离散为梁单元，吊杆离散为杆单元。计算模型如图 3—2—48所示。

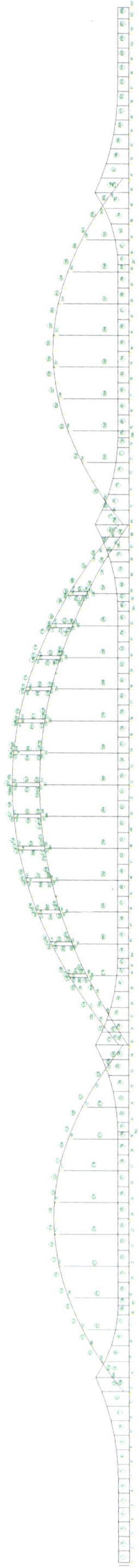

图 3—2—48　平面计算模型

3）主要结构尺寸

（1）梁部

主纵梁梁底宽 1.2 m，跨中梁高 2.4 m，高跨比 1/45，中支点梁高 7.17 m，高跨比 1/15.1。梁底等高，梁顶由跨中向支点按圆曲线变化，梁高变化段中支点两侧各长 18.0 m，次中支点边跨侧长 21.0 m，主跨侧长 15.0 m。桥面板以下主梁外缘采用圆弧形，其矢高为 15 cm。为增加拱脚的嵌固力和避免拱脚主梁内预应力钢束对拱肋钢管产生干扰，主梁纵向变宽，主拱脚主梁加宽 0.25 m，边拱脚主梁加宽 0.20 m，主拱脚和边拱脚加宽段分别长 10.0 m 和 8.0 m，变宽段分别长 12.0 m 和 10.0 m。

中支点横梁宽 2.0 m，高 2.4 m；次中支点横梁宽 1.5 m，高 2.4 m；边跨梁端横梁宽 0.9 m，高 2.4 m；其余中间小横梁宽 0.3 m，高 1.6 m。小纵梁宽 0.3 m，高 0.85 m。桥面板厚 0.25 m，靠近主梁根部加厚至 0.35 m。主梁跨中横截面及中横梁平面如图 3—2—49 所示。

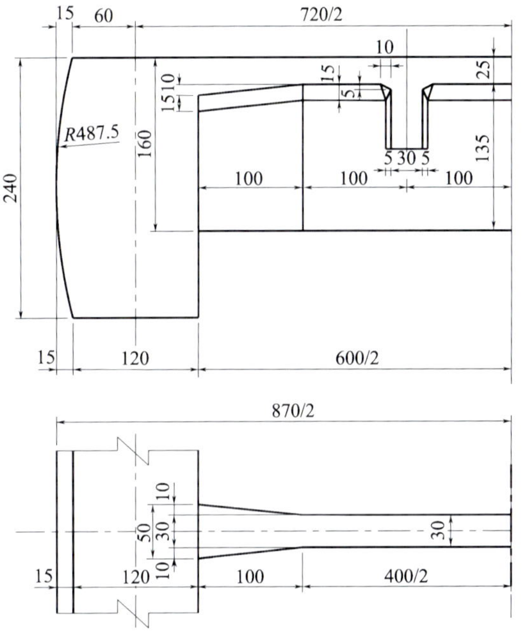

图 3—2—49　主梁跨中半横截面及中横梁半平面（单位：cm）

（2）拱肋及吊杆

中孔拱肋采用双层钢管混凝土叠拱，上、下拱间采用圆端形钢管连接，中孔上拱设 1 道一字形横撑和 4 道 K 形横撑，下拱设 3 道一字形横撑和 2 道 K 形横撑。边孔拱肋采用哑铃形钢管混凝土拱，拱肋设 1 道一字形横撑和 2 道 K 形横撑。两片拱横桥向中心距为 7.2 m。吊杆间距采用 6.6 m，中拱每侧设有 13 根吊杆，边拱每侧设有 8 根吊杆，全桥共设有 58 根吊杆。

主拱采用双层叠拱，即由上下两个不同矢跨比的拱圈共同组成。钢管管径 ϕ900 mm，上拱矢高 23 m，拱轴线与支座中心线交点至梁底高度 2.2 m，矢跨比 1/4.70；下拱矢高 20 m，拱轴线与支座中心线交点至梁底高度 0.2 m，矢跨比 1/5.4。上下拱间连杆采用 200 mm × 350 mm 的圆端形钢管。

边拱的横截面采用哑铃形，两钢管中心距从拱脚向拱顶由 1.2 m 变化至 1.8 m。钢管管径 ϕ900 mm，腹板宽度 450 mm，拱圈矢高 15.0 m，矢跨比为 1/4.8。边拱拱轴线取拱肋组合截面中心线。

4）计算结果

（1）内力

根据结构空间计算分析结果，在跨中截面及支点截面均存在剪力滞后现象，因此，桥面板有效计算宽度取 6.6 m，折减系数为 0.7。

在恒载及恒载 + 活载作用下，主梁弯矩包络图和轴力包络图如图 3—2—50 和图 3—2—51 所示。

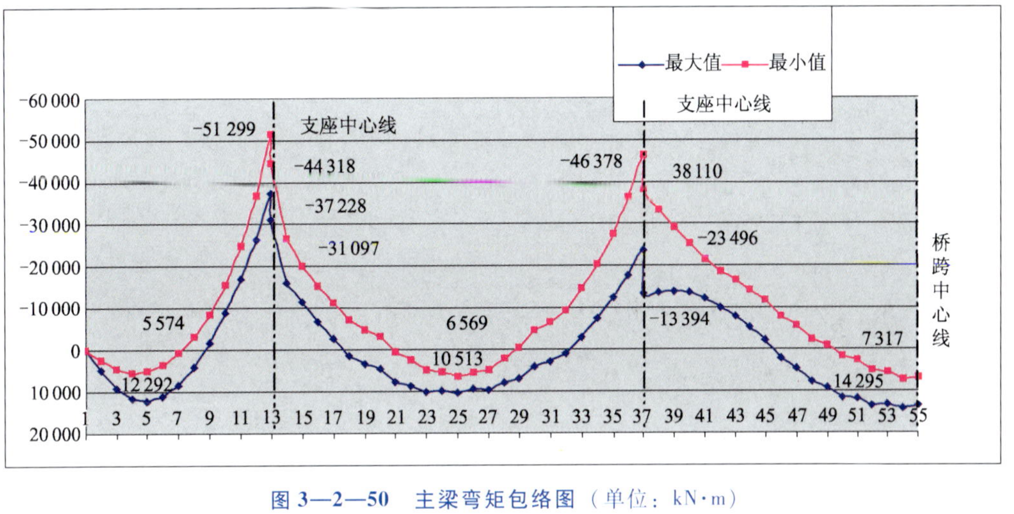

图 3—2—50　主梁弯矩包络图（单位：kN·m）

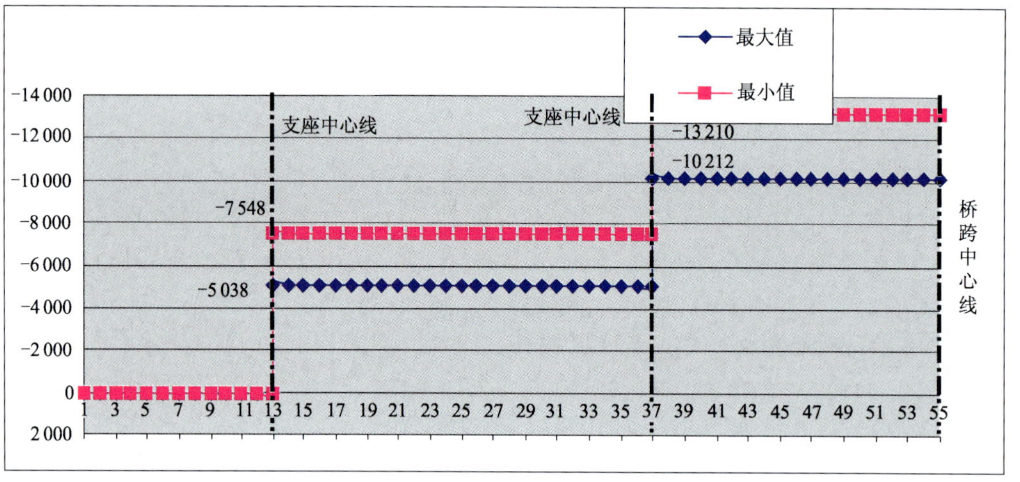

图 3—2—51　主梁轴力包络图（单位：kN）

（2）刚度

主梁中主跨最大静活载挠度为 -2.3 cm，挠跨比为 1/4 690，满足小于 1/800 要求。边跨及次主跨最大静活载挠度均小于主跨，而刚度则大于主跨。

（3）应力

① 主梁控制截面应力。

施工阶段：双主纵梁在施工阶段，截面上缘最大、最小应力分别为 $\sigma_{cmax}=12.5$ MPa，$\sigma_{cmin}=0.45$ MPa；截面下缘最大、最小应力分别为 $\sigma_{cmax}=12.1$ MPa，$\sigma_{cmin}=-0.92$ MPa。

运营阶段：运营阶段在主力荷载作用下主梁上、下缘截面应力，在主力组合作用时，$\sigma_{cmax}=15.70$ MPa，$\sigma_{cmin}=1.36$ MPa；在主力＋附加力组合作用时，$\sigma_{cmax}=15.8$ MPa，$\sigma_{cmin}=-0.1$ MPa。

在主力荷载作用下，主梁为全预应力构件，最大压应力为容许应力的 86%，结构具有足够的安全储备；在主力＋附加力荷载作用下，主梁基本为全预应力构件。

② 钢管拱应力。

边拱和中拱钢管拱最大应力和最大疲劳应力幅均发生在拱脚，其中最大应力发生在中拱上拱肋拱脚的钢管顶部，为 112.7 MPa，最大疲劳应力幅发生在边拱拱脚的钢管顶部，为 45.5 MPa，拱肋钢管其他控制截面应力见表 3—2—5。除拱脚截面应力稍大些外，其他截面应力均较小。

表 3—2—5　拱肋钢管控制截面应力

部位			拱脚		1/4 跨度（吊杆处）		拱顶	
			恒载＋活载 σ_{max}(MPa)	疲劳应力幅 $\Delta\sigma$(MPa)	恒载＋活载 σ_{max}(MPa)	疲劳应力幅 $\Delta\sigma$(MPa)	恒载＋活载 σ_{max}(MPa)	疲劳应力幅 $\Delta\sigma$(MPa)
边拱		上翼缘	63.9	45.5	29.7	15.6	22.2	2.7
		下翼缘	31.9	27.6	36.0	19.1	26.3	13.6
中拱	上拱肋	上翼缘	112.7	37.4	65.6	17.3	67.5	15.6
		下翼缘	35.0	7.5	61.9	12.6	43.5	8.8
	下拱肋	上翼缘	106.4	35.4	86.5	13.8	87.1	16.3
		下翼缘	75.7	17.5	66.8	13.7	50.3	2.1

2. 桥面系结构分析计算

主桥梁部横截面采用双主梁形式，两主纵梁之间设有横梁，中支点、次中支点横梁及端横梁采用钢筋混凝土结构，其余中横梁采用预应力混凝土结构。

各横梁间在横桥向对称桥面板中心线 1.0 m 处各设一道小纵梁，沿桥轴向共设两道连续小纵梁。主纵梁、小纵梁、横梁组成纵横梁体系，并与桥面板连接，整体受力。

全桥共设置 51 道横梁，其中中支点横梁 2 道，次中支点横梁 2 道，边跨端支点横梁 2 道，中横梁 45 道。各横梁位置如图 3—2—52 所示。

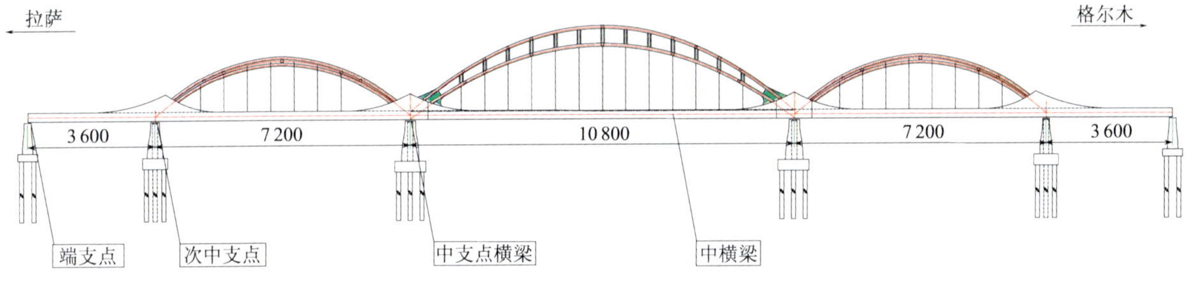

图 3—2—52　横梁位置示意（单位：cm）

1）横梁

横梁设计与桥梁形式有很大关系，当采用双片纵梁时，横梁可作为简支梁或固端梁设计，当采用多片纵梁时，横梁应作为弹性支承连续梁来设计。

由于纵梁的弹性固结对于横梁的约束作用，当受到局部荷载作用时，可以模拟为转动弹性固结梁，当承受沿桥跨方向满载时，又趋于简支状态，因此设计中，将这两种约束作用综合考虑进行横梁设计。

(1) 计算模型

由于中横梁截面尺寸较小，受力复杂，布束困难，因此按部分预应力混凝土结构设计。

设计中考虑部分桥面板参与横梁作用，因此按 T 形截面设计。T 形截面上缘计算宽度按照空间模型的计算结果中上下缘应力推算所得。

中横梁计算截面主要尺寸为：上翼缘有效宽度 1.5 m，下翼缘宽 0.3 m，高 1.6 m，T 形截面顶板厚 0.25 m，横梁与主纵梁相接处截面尺寸扩大为下翼缘宽 0.5 m，小横梁计算跨度按主纵梁中心距 8.4 m 设计，如图 3—2—53 所示。

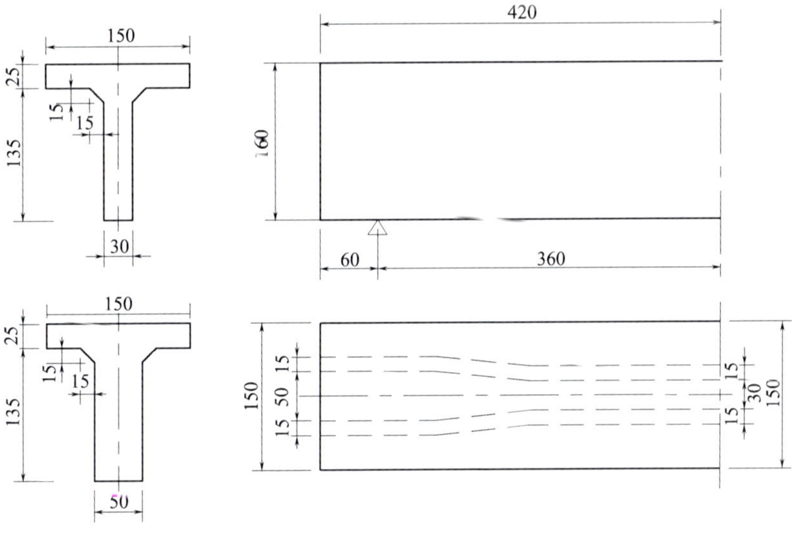

图 3—2—53　中横梁计算截面尺寸（单位：cm）

支点横梁截面尺寸较大，均按照钢筋混凝土构件设计。

(2) 设计荷载

设计活载：中—活载。

作用于横梁上的恒载主要有横梁自重，桥面板自重，二期恒载等，恒载按均布荷载作用在横梁上。

活载考虑冲击系数，横梁所受的活载外力力按两跨连续梁影响线加载的方式计算，活载在横梁上的作用宽度按照活载在轨底平面上的分布宽度为 2.5 m，并在轨端在路基内按 2∶1 的边坡扩散考虑，轨底至梁顶高度为 0.7 m，因此活载按横向作用宽度 3.2 m 作用于横梁上。

（3）横梁内力计算

① 中横梁：根据空间模型计算结果可以确定横梁受力的趋势，跨中中横梁内力分布接近于简支状态，接近支点的横梁内力分布更趋近于两端转动固结状态，因此将全桥横梁分为三种类型设计，第一种是强固结类型，即靠近支点的第一片中横梁，其跨中弯矩计恒活载简支弯矩的70%，梁端弯矩计入恒载固结弯矩的50%，活载计固结弯矩的100%；第二种是弱固结类型，即靠近支点的第二、三片中横梁，其跨中弯矩计恒活载简支弯矩的80%，梁端弯矩不再计入恒载的固结效应，只计活载转动固结弯矩的100%；第三种是简支类型，即跨中中横梁，其跨中弯矩计恒活载简支弯矩的100%，梁端弯矩不再计入恒载的固结效应，只计活载转动固结弯矩的50%，根据上述内力包络值进行横梁的配束配筋设计。

设计中还考虑了主纵梁刚度对中横梁预应力效应的影响，尤其是靠近支点的中横梁影响较大，因此中横梁预应力设计中计入了这部分折减。根据空间模型模拟计算，强固结横梁折减系数考虑85%～93%，弱固结和简支类型均不折减。

② 支点横梁：支点横梁截面加大，按转动固端约束计算梁端内力，按简支约束计算跨中内力，将这两种内力包络值作为支点横梁的计算内力，进行配筋设计。

（4）中横梁预应力钢束布置

由于中横梁截面较小，若钢束采用不对称布置，对中横梁的稳定不利，因此采用小直径钢束对称布置，分别布置2束5-7ϕ5和2束4-7ϕ5高强度低松弛钢绞线，钢绞线抗拉强度标准值为1 860 MPa，张拉控制应力0.73f_{pk}。钢束均锚固于主梁外侧。

跨中中横梁钢束设计如图3—2—54所示。

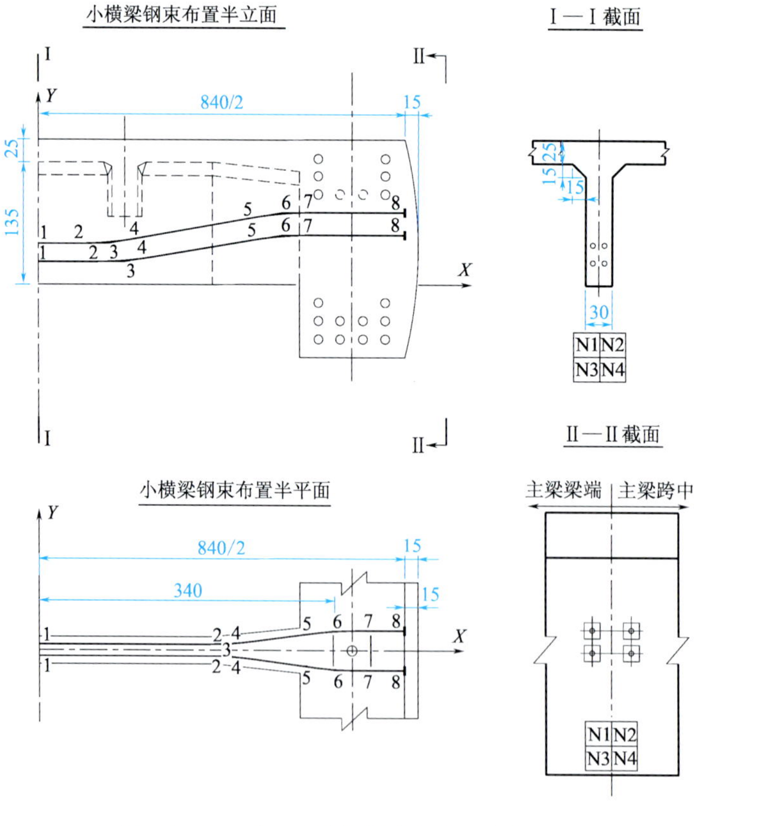

图3—2—54 跨中中横梁钢束设计（单位：cm）

中横梁钢束布置有两个难点：一是要考虑与主纵梁钢束的相互干扰，在不影响主纵梁钢束位置的情况下，尽量满足跨中和两端的受力需要，最合理的布置中横梁钢束；二是主纵梁与横梁对应的位置处还有拱肋吊杆穿过，钢束必须绕过吊杆穿孔，由于中横梁宽度只有30 cm，因此钢束必须横弯，在靠近主纵梁处，钢束布置为三维曲线。

中横梁按预应力混凝土 B 类构件设计，在上下缘均需配置受力钢筋：根据计算结果，中横梁上缘需配置 12 根 $\phi 18$ 钢筋（与桥面板钢筋一致），下缘需配置 8 根 $\phi 18$ 钢筋，箍筋采用 $\phi 12$ 钢筋，间距 15 cm，在小纵梁至主梁范围内加密至 10 cm。按此设计，中横梁各项指标均能满足设计要求。

（5）支点横梁钢筋设计

支点横梁按照矩形双筋梁进行设计，截面下缘需配置 $\phi 22$ 的钢筋 2 排，截面上缘需配 $\phi 18$ 的钢筋 1 排，并配置箍筋。

2）小纵梁和桥面板

（1）桥面板

① 计算模型：采用 SAP84 程序对桥面系结构建立空间模型，桥面板及纵横梁均离散成板壳单元。纵向计算长度取五个吊杆间距 33.0 m，横向计算宽度取横向吊杆间距 7.2 m。吊点处用竖向链杆单元模拟铰接，四角点采用三方向链杆约束，作用点在主纵梁底。

② 荷载分布：二期恒载采用 50 kN/m，按满布面荷载加载，考虑道砟集中铺设在轨枕以下，因此在活载作用宽度范围以内按 12 kN/m² 计，以外按 2.9 kN/m² 计；活载横向加载宽度按 4.2 m 考虑，竖向力按面荷载加载。考虑板的最不利加载情况，活载只布置在中间一跨桥面板上，并比较了标准中活载和特种活载对桥面板的内力影响。

③ 计算结果：按上述模型计算的结果为竖向局部荷载效应，而体系对桥面板的拉弯效应则通过配置在板中的纵向预应力钢束来承受。桥面板控制活载图示为标准中活载。

配筋控制情况：横向截面配筋为桥面跨中弯矩控制，纵向截面配筋为主纵梁顶支点弯矩控制。桥面板设计情况见表 3—2—6。

表 3—2—6　桥面板强度及抗裂性检算

部　位	最大弯矩		截面配筋		强度检算		抗裂性检算
	横向 (kN·m)	纵向 (kN·m)	钢筋直径 (mm)	钢筋间距 (cm)	σ_h (MPa)	σ_g (MPa)	裂缝宽度 W_f (mm)
跨　中	49.77	26.90	$\phi 18$	15	7.06	159.05	0.196
支　点	8.21	-45.15	$\phi 16$	12.5	5.01	125.79	0.156

（2）小纵梁

① 计算模型：采用与桥面板相同的计算模型，二期恒载荷载分布与集度也与桥面板相同，活载按五跨连续梁影响线加载，采用上述方法计算的截面内力为小纵梁竖向局部荷载效应，将它与空间整体模型中计算的小纵梁的内力相叠加，作为小纵梁设计的依据。

② 计算结果：根据局部模型板的应力分析结果，与小纵梁共同受力的桥面板存在剪力滞后作用，板的有效作用宽度跨中截面取 1.6 m，支点截面取 1.2 m，小纵梁跨中截面正弯矩钢筋布置在腹板底部，而支点截面负弯矩钢筋则布置在桥面板中。其强度和裂缝检算结果见表 3—2—7。

表 3—2—7　小纵梁强度及抗裂性检算

部位	设计弯矩 (kN·m)	作用宽度 (m)	截面配筋		强度检算		抗裂性检算结果
			钢筋直径 (mm)	钢筋根数 (根)	σ_h (MPa)	σ_g (MPa)	裂缝宽度 W_f (mm)
跨中	388.0	1.60	$\phi 25$	8	3.24	132.8	0.123
支点	-329.0	1.20	$\phi 20$	12	8.0	121.1	0.167

3. 结论意见

通过梁拱组合体系及桥面系结构分析计算可以得出如下意见：

① 跨中截面及支点截面均存在剪力滞后现象，因此，桥面板有效计算宽度取 6.6 m，折减系数为 0.7。

② 系杆拱桥的横梁受力比较复杂，作为平面结构计算时会出现计算图式、约束条件不明确的问题；在设计中不能单纯考虑局部效应，同时还考虑整体效应对横梁受力的影响，这一点对于预应力横

梁尤其必要。对于系杆拱桥不同部位的横梁，应根据主纵梁对其提供的刚度采取不同的弹性约束进行内力计算，以及预应力效应的影响分析等。

③ 桥面板和小纵梁控制活载图示为标准中活载。桥面板和小纵梁不仅承受桥面竖向局部荷载，而且还参与体系受力，桥面系结构设计时，必须考虑其与梁拱组合结构的共同作用。

第三节　主桥施工方案设计

一、连续梁施工方案

（一）系杆分段及浇筑顺序

拉萨地处中温带半干气候区，冬、秋季时间长，夏春时间很短；冬季寒冷漫长，夏季干燥凉爽，日照强烈。四季昼夜温差大，以干燥少雨、蒸发强烈为特征。拉萨的自然环境给大桥的施工带来了一定的难度，首先是一年中可施工工期短，其次是四季昼夜温差大，气候干燥，混凝土的收缩、徐变对长联大跨度连续梁系杆的施工影响较大。混凝土收缩、徐变使梁长缩短，使施工过程中吊杆的垂直度较难控制，混凝土表面易发生裂纹，并导致预应力损失过大。因此，如何降低混凝土收缩、徐变的影响，合理缩短施工工期是该桥设计的关键性问题。

混凝土收缩、徐变具有初始增长快、以后逐渐缓慢的特点。利用混凝土这一特点，连续梁系杆施工时化整为零，使其大部分收缩变形在各现浇梁段内完成；在拱脚现浇梁段和跨中现浇梁段之间设置后浇段，后浇段采用无收缩混凝土。如果拱脚和跨中梁段的梁长由于收缩徐变的影响而缩短时，可以用后浇段来调整，避免梁长变化累积误差过大而影响吊杆的垂直度。拉萨河大桥主桥连续梁系杆联长为324 m，划分为 17 个现浇梁段，共 7 个大的现浇节段，6 个后浇段。其中边跨拱脚、主拱脚和主跨中节段均由 3 个现浇梁段组成，如图 3—3—1 所示。最长的现浇梁段位于主跨跨中，仅有 45. 6 m。在连续梁施工过程中，混凝土收缩变形所受约束较小，且每浇筑一段混凝土均有相应的预应力钢束张拉，使混凝土始终处于受压状态。梁体中的预应力完全按照运营阶段结构受力需要布设。理论计算表明，采用分段现浇法施工，在整个施工过程中梁体上、下缘应力分布均匀，未出现明显的应力峰值，结构受力条件良好，能有效地避免混凝土表面裂纹的发生；混凝土收缩、徐变以及温度变化对梁长的影响可以通过各现浇梁段和后浇段得以分解和调整，最大限度地满足吊杆垂直度的要求。

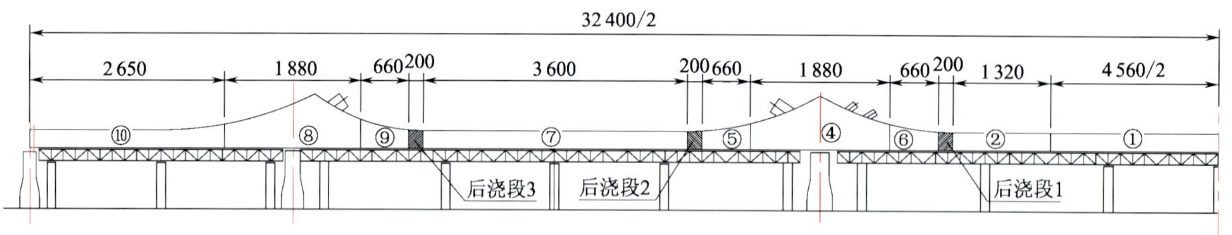

图 3—3—1　主梁分段示意（单位：cm）

（二）混凝土拱脚

五跨三拱连续梁钢管拱组合桥梁有四个拱脚，向上变高的拱脚不仅烘托了桥梁建筑艺术美，而且对连续梁系杆的承载能力和钢管拱拱肋根部的嵌固起着重要的作用。拱脚变高采用圆曲线，最大梁高 7. 2 m，主拱脚和边拱脚现浇段梁长均为 18. 8 m。因为拱脚处连续梁为槽形截面，桥面以上梁高2. 8 m，且拱脚内预应力钢束和普通钢筋较为密集，桥面板以上的主梁立模困难，不利于混凝土的灌注和振捣，因此在桥梁设计中，对于拱脚混凝土的灌注考虑了两种施工方法：其一为拱脚混凝土分两次浇筑，桥面板以上部分混凝土二次浇筑；其二为拱脚混凝土整体浇筑。方法一使主梁立模、钢管拱定位以及混凝土的灌注比较容易，但与二次浇筑混凝土界面相交的预应力钢束和钢筋却较难处理，如果预应力管道接头出现漏浆现象，导致预应力钢束无法张拉将很难补救。因此，拱脚混凝土的施工方法采用整体现浇，对于其施工过程中存在的诸多困难，施工单位通过科研试验予以了解决，确保了拱脚混凝土的灌注质量。

（三）连续梁系杆预应力张拉方案

短钢束、通长钢束和桥面板中钢束的张拉，在相应梁段混凝土或后浇段混凝土灌注完成且强度和弹性模量达到100%后进行；锚于拱顶的长钢束分两阶段张拉，1/3钢束在梁拱组合体系形成前张拉，2/3钢束在梁拱组合体系形成且桥面二期恒载加载后张拉。通过张拉预应力来调整两拱肋内力分布，使两拱肋内力分布趋于一致。

二、钢管拱施工方案

（一）钢管拱的制作及架设

根据钢管拱的稳定性分析和应力计算结果，中拱和边拱均采用直径为ϕ900 mm、壁厚为14 mm的钢管。由于钢管直径较小，为使吊杆钢锚箱的锚板在钢管内定位准确，保证锚板与钢管的焊接质量，钢管拱采用管节长度为1 600～2 000 mm的直管对接，钢管拱的相贯对接焊缝采用熔透Y形坡口焊。每节钢管的长度，按各管节焊缝至吊杆锚板或连杆之间的距离均不小于150 mm确定。

中拱上、下拱肋中心长度分别为113.58 m和107.16 m，中拱总重量（包括横撑、上下拱肋之间的连杆及吊杆锚箱等）约226 t；边拱拱肋中心长度为72.86 m，每孔拱肋重约135 t。施工设计中钢管拱的吊装方案采用汽车吊分片吊装，每片拱肋分为8个节段，1个合龙段，其中预埋于拱脚混凝土中的根部节段长约4 m，其他节段最大分段长度约20 m，最大吊重约16 t。实际施工中，钢管拱采用龙门吊吊装，钢管拱由单片拱肋的吊装改为双片拱肋连同横撑一起吊装；边拱肋的吊装节段也分别由6段和8段减少到4段和6段。汽车吊吊装方案施工费用较为节省，但钢管拱施工工期较长，龙门吊吊装方案施工费用较高，但钢管拱所需安装工期短，吊装方案应根据现场情况和施工工期等因素综合考虑。

（二）拱肋混凝土的灌注

钢管拱合龙后拆除拱肋支架，使其首先承受自身的重量，然后灌注钢管内混凝土。为使拱脚和系杆受力均匀，主拱和边拱上、下拱肋混凝土的灌注交错进行，最后灌注边拱腹腔内混凝土。钢管拱在形成钢与混凝土组合截面之前，混凝土的自重由拱肋钢管承受，在混凝土强度达到100%形成组合截面之后，由钢与混凝土共同承受，先灌注的混凝土将参与后期的受力，钢管拱的应力采用分步叠加法。施工过程中钢管拱各控制截面的应力见表3—3—1，主桥各施工阶段钢管拱的应力见表3—3—2。由表3—3—1和表3—3—2中钢管拱的应力可见，混凝土灌注过程中，边拱和中拱钢管的应力比较接近，在主桥其他各施工阶段，边拱钢管的应力较小，中拱钢管的应力较大，且上、下拱肋应力比较均匀，说明所选择的拱的形式、连续梁系杆预应力的布置和张拉顺序，以及拱肋混凝土的灌注顺序等都比较合理。

表3—3—1　钢管拱施工过程各控制截面应力（单位：MPa）

部位		钢管拱架设		钢管拱脱架		顶升中拱下、边拱上拱管内混凝土		顶升中拱上、边拱下拱管内混凝土		顶升边拱腹腔内混凝土		施工过程总应力	
		上缘应力	下缘应力	上缘应力	下缘应力	下缘应力	下缘应力	下缘应力	下缘应力	下缘应力	下缘应力	下缘应力	下缘应力
边拱	拱脚	-5.4	10.2	6.8	-2.3	2.3	15.0	1.5	8.9	0.6	1.8	5.9	33.5
	$L/4$	2.9	-1.8	-0.9	5.0	7.8	5.8	3.8	2.7	1.1	1.0	16.7	12.7
	$L/2$	-2.9	5.7	7.4	-3.8	8.4	3.4	2.0	1.2	1.8	0.1	18.6	6.6
	$3L/4$	5.2	-2.0	-0.7	5.0	8.2	5.9	3.8	2.6	1.1	1.0	17.6	12.5
	拱脚	-6.3	11.2	7.2	-2.6	2.2	15.4	1.4	9.2	0.7	1.7	2.5	32.9
中拱上拱	拱脚	-6.2	12.7	12.7	-2.4	21.5	8.6	-6.4	22.9	0.0	0.0	21.5	41.8
	$L/4$	-2.4	8.6	9.8	-1.3	12.2	15.4	8.6	2.0	0.0	0.0	28.3	26.8
	$L/2$	-2.5	8.3	9.7	-1.6	16.2	10.1	3.1	9.0	0.0	0.0	26.5	25.8

续上表

部位		钢管拱架设		钢管拱脱架		顶升中拱下、边拱上拱管内混凝土		顶升中拱上、边拱下拱管内混凝土		顶升边拱腹腔内混凝土		施工过程总应力	
		上缘应力	下缘应力	上缘应力	下缘应力	下缘应力	下缘应力	下缘应力	下缘应力	下缘应力	下缘应力	下缘应力	下缘应力
中拱下拱	拱脚	-12.3	21.9	17.6	-8.6	6.9	25.6	2.7	9.3	0.0	0.0	12.9	48.2
	L/4	-15.2	21.3	22.4	-12.6	12.5	11.4	2.5	7.3	0.0	0.0	27.4	25.3
	L/2	2.1	3.8	2.5	2.7	10.9	13.9	7.5	2.3	0.0	0.0	25.0	22.6

表 3—3—2 主桥各施工阶段钢管拱各控制截面（单位：MPa）

部位		张拉吊杆		主梁脱架		张拉主梁预应力		铺桥面二期恒载		混凝土收缩徐变		恒载总应力	
		上缘应力	下缘应力	上缘应力	下缘应力	上缘应力	下缘应力	上缘应力	下缘应力	上缘应力	下缘应力	上缘应力	下缘应力
边拱	拱脚	1.8	2.3	9.5	-6.0	8.0	-9.0	5.9	-1.1	2.3	-2.1	35.3	19.7
	L/4	2.8	1.9	5.0	-2.2	-2.9	2.4	0.6	3.5	-1.7	3.6	18.5	22.0
	L/2	2.1	2.0	0.8	1.7	-2.6	2.2	2.1	1.4	-1.3	3.1	17.8	19.0
	3*L*/4	2.8	1.9	-1.8	2.7	-1.8	1.3	1.7	2.4	0.6	1.3	19.0	22.1
	拱脚	2.5	3.5	-1.8	5.4	11.3	-12.3	6.8	-2.0	6.9	-2.6	30.9	22.9
中拱上拱	拱脚	11.5	-0.5	32.3	-3.2	0.7	-3.4	12.6	-0.8	1.5	0.0	80.1	33.9
	L/4	1.8	8.1	10.0	15.9	-1.5	-1.0	2.2	6.5	0.3	1.0	43.0	57.3
	L/2	8.1	1.3	17.1	7.4	-2.2	-0.1	7.1	3.2	-0.3	1.6	56.4	39.1
中拱下拱	拱脚	10.7	0.9	27.5	-2.8	9.4	-7.1	12.8	0.3	2.8	-0.4	80.1	39.0
	L/4	2.0	8.3	8.8	13.6	0.3	2.0	2.6	7.0	1.3	2.6	42.4	58.8
	L/2	9.2	0.4	17.9	3.3	0.5	1.7	8.7	2.1	1.4	2.3	62.7	32.3

注：表中各阶段应力是指该阶段工作完成后钢管拱的应力增量。

（三）体系转换

在最不利状态下，吊杆所受最大拉力约为 90 t，吊杆最大拉应力与抗拉极限强度比值采用不大于 0.4，根据吊杆所受的最大拉力，确定采用抗拉极限强度为 1 670 MPa，规格为 73-ϕ7 的平行钢丝束。吊杆采用钢锚箱锚固，固定端设在与拱肋连接的上锚箱，张拉端设在与主梁连接的下锚箱。吊杆的张拉在主梁底部进行。

吊杆的初张力一般按照两种情况确定：一种情况是对吊杆施加较大的初张力，利用吊杆初张力调整连续梁系杆中的弯矩分布，调整后的系杆弯矩在恒载作用下次主跨跨中及主跨跨中均为负弯矩，而支点截面负弯矩值也相应减小。在恒载＋活载作用下，系杆除拱脚部分外主要承受轴向力，利用调整系杆弯矩法确定吊杆初张力可充分发挥拱的承载能力；另一种情况是对吊杆施加较小的初张力，在拆除主梁支架、梁拱组合体系形成之前，使每根吊杆处于绷紧状态并承受 10 t 左右的拉力，预施初张力的目的，是使系杆的自重均匀传递到拱肋。利用吊杆初张力调整系杆弯矩法可使主跨跨中梁底预应力钢束由 10 束减至 8 束，边跨拱脚、主拱脚和主跨跨中分三次现浇的梁段可一次现浇完成，但施工中梁和拱的变形理论计算值与实际发生值之间存在一定的偏差，通过张拉吊杆初张力既要调整系杆弯矩，又要调整好主梁和拱肋的线形较难控制。吊杆施加较小的初张力法对连续梁系杆的内力影响较小，虽然系杆仍为拉弯构件，需要的预应力钢束略多，但施工中操作简单，主梁和拱肋的线形控制较容易。

根据拉萨河大桥所处的自然环境，一方面各现浇梁段不宜过长，另一方面应尽量方便施工，减轻现场的劳动强度，为此，选择后一种方法确定吊杆初张力。理论计算表明，通过调整吊杆的张拉次序和对吊杆预施不同的初张力，仅对吊杆施加一次初张力，即可使所有的吊杆在体系转换之前承受10 ~ 12 t的拉力，吊杆张拉过程中梁和拱的应力状况良好。每根吊杆的初张力及吊杆张拉顺序如图 3—3—2 所示。

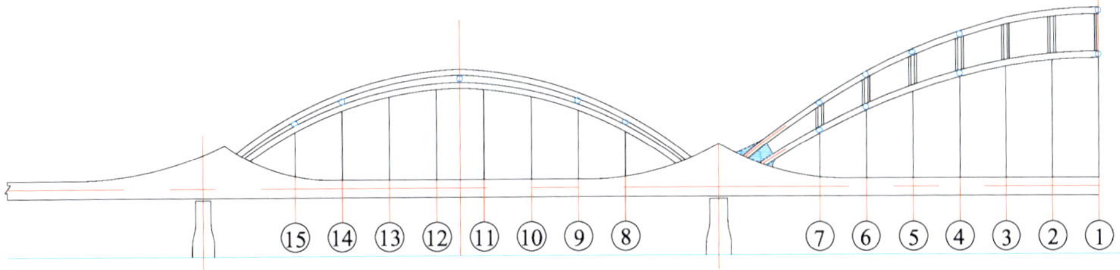

吊杆张拉顺序	吊杆张拉力(kN)	吊杆张拉顺序示意图															
1	150													④			
2	170		⑭					⑨									①
3	160										⑦						
4	150				⑫	⑪									③		
5	150	⑮							⑧			⑥					
6	120															②	
7	100			⑬			⑩						⑤				

图 3—3—2　吊杆张拉顺序示意

三、施工阶段及工作内容

（一）第一施工阶段

第一施工阶段如图 3—3—3 所示。

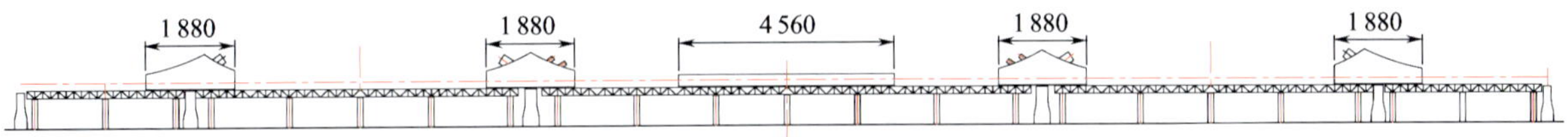

图 3—3—3　第一施工阶段示意

工作内容：

（1）安装主拱和边拱拱肋根部第一分段钢管，其最大吊装重量为 4. 52 t；

（2）浇筑中支点、次中支点和主跨第一现浇段主纵梁混凝土及相应横梁、桥面板和小纵梁混凝土；

（3）混凝土强度达到 90% 后，张拉横梁预应力钢束 N1、N2，拆除横梁、桥面板和小纵梁模板；

（4）混凝土强度和弹性模量达到 100% 后，张拉纵向预应力钢束跨中梁段 N20，中支点梁段 N21 ~ N23，次中支点梁段 N24 ~ N26。

（二）第二施工阶段

第二施工阶段如图 3—3—4 所示。

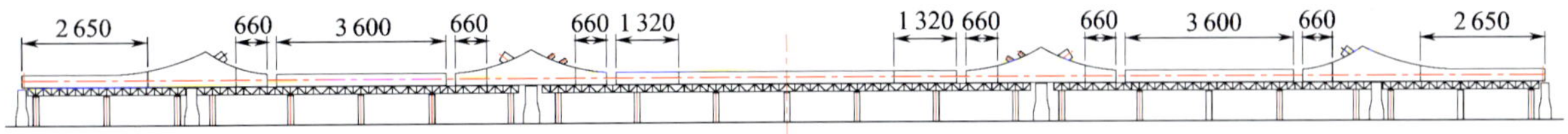

图 3—3—4　第二施工阶段示意

工作内容：

（1）浇筑后浇段以外的主纵梁混凝土及相应横梁、桥面板和小纵梁混凝土；

（2）混凝土强度达到 90% 后，张拉横梁预应力钢束 N1、N2，拆除横梁、桥面板和小纵梁模板；

（3）混凝土强度和弹性模量达到 100% 后，张拉纵向预应力钢束中主跨梁段 N4、N5-1、N7-1，次主跨中梁段 N13，中支点梁段 N8，边跨和次中支点梁段 N17。

（三）第三施工阶段

第三施工阶段如图 3—3—5 所示。

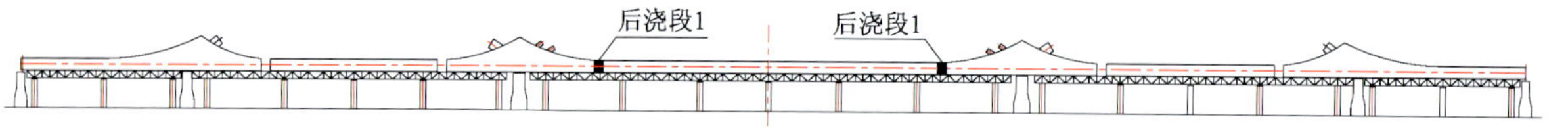

图 3—3—5　第三施工阶段示意

工作内容：

（1）浇筑主跨后浇段 1 主纵梁混凝土及相应桥面板和小纵梁混凝土；

（2）混凝土强度和弹性模量达到 100% 后，张拉通过主跨后浇段 1 的梁底部钢束 N6-1，梁顶部钢束 N2，桥面板钢束 T3。

（四）第四施工阶段

第四施工阶段如图 3—3—6 所示。

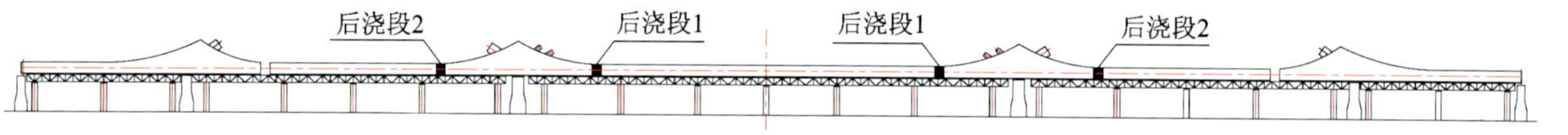

图 3—3—6　第四施工阶段示意

工作内容：

（1）浇筑次主跨后浇段 2 主纵梁混凝土及相应桥面板和小纵梁混凝土；

（2）混凝土强度和弹性模量达到 100% 后，张拉通过次主跨后浇段 2 的梁底部钢束 N5-2、N7-2，桥面板钢束 T2。

（五）第五施工阶段

第五施工阶段如图 3—3—7 所示。

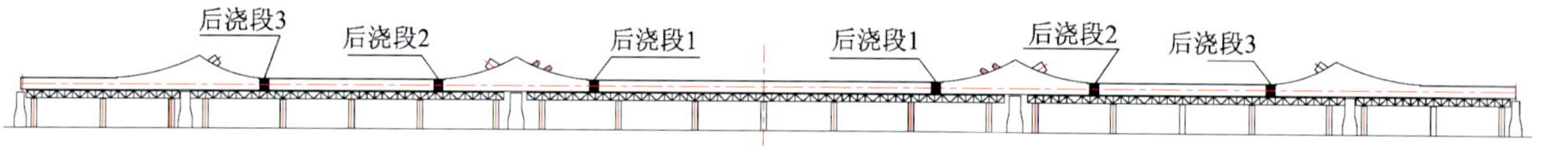

图 3—3—7　第五施工阶段示意

工作内容：

（1）浇筑次主跨后浇段 3 主纵梁混凝土及相应桥面板和小纵梁混凝土；

（2）混凝土强度和弹性模量达到 100% 后，张拉通过次主跨后浇段 3 的梁底部钢束 N5-3、N6-2、N7-3，梁顶部钢束 N12，桥面板钢束 T1、T4。

（六）第六施工阶段

第六施工阶段如图 3—3—8 所示。

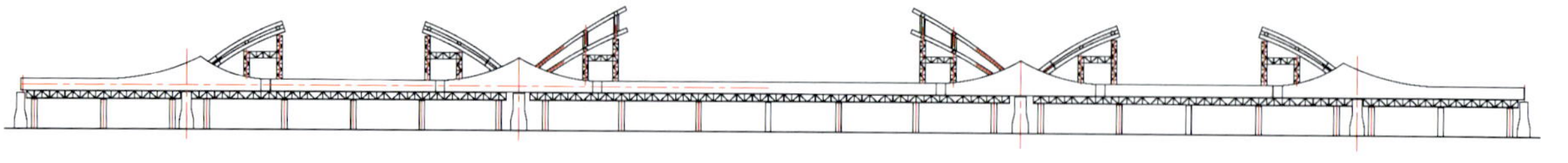

图 3—3—8　第六施工阶段示意

工作内容：

（1）在桥上搭设用于拼装拱肋的支架，为增加支架的稳定性和为拱肋施工提供作业空间，支架应设置纵、横向连接系；

（2）焊接边拱各分段腹板、主拱各分段腹杆及临时连接杆件；

（3）将边拱及主拱拱肋第二分段吊装就位，调整拱轴线后与拱肋根部第一分段钢管焊连。第二分段最大吊重为 16.0 t，吊高为 15.8 m；

（4）焊接两片拱肋之间的横撑及斜撑。

（七）第七施工阶段

第七施工阶段如图 3—3—9 所示。

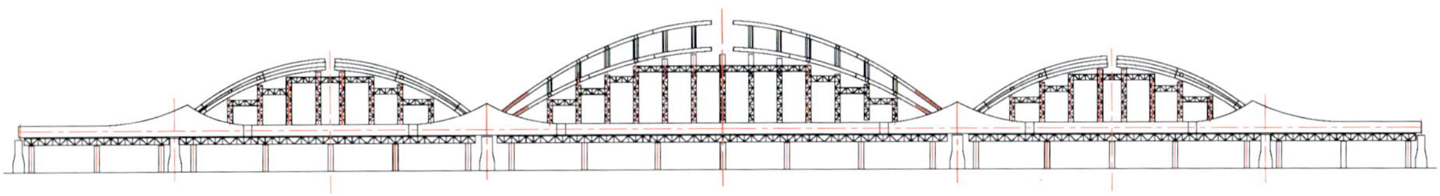

图 3—3—9　第七施工阶段示意

工作内容：

（1）将边拱及主拱拱肋第三分段吊装就位，调整拱轴线后与第二分段拱肋钢管焊连。第三分段最大吊重为 13.4 t，最大吊高为 21.3 m；

（2）将主拱拱肋第四分段吊装就位，调整拱轴线后与第三分段拱肋钢管焊连。第四分段最大吊重为 10.6 t，最大吊高为 23.3 m；

（3）焊接两片拱肋之间的横撑及斜撑。

（八）第八施工阶段

第八施工阶段如图 3—3—10 所示。

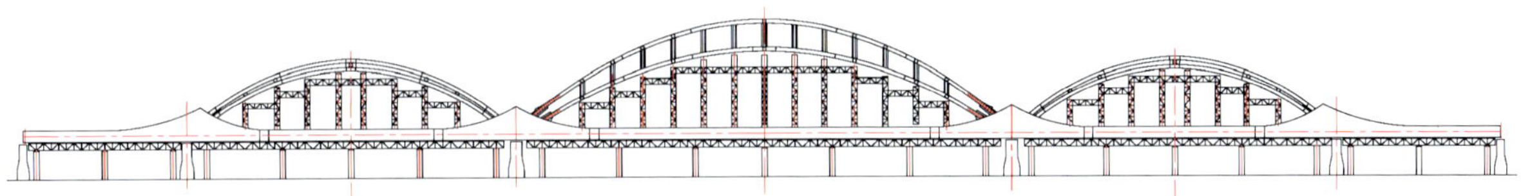

图 3—3—10　第八施工阶段示意

工作内容：

（1）合龙主跨拱肋。最大吊重 5.2 t；

（2）合龙次主跨拱肋。最大吊重 1.8 t。因合龙段单片拱肋重量较小，合龙段的施工也可采取两片拱肋与横撑焊连后同时合龙；

（3）焊接主拱拱脚部分缀板。

（九）第九施工阶段

第九施工阶段如图 3—3—11 所示。

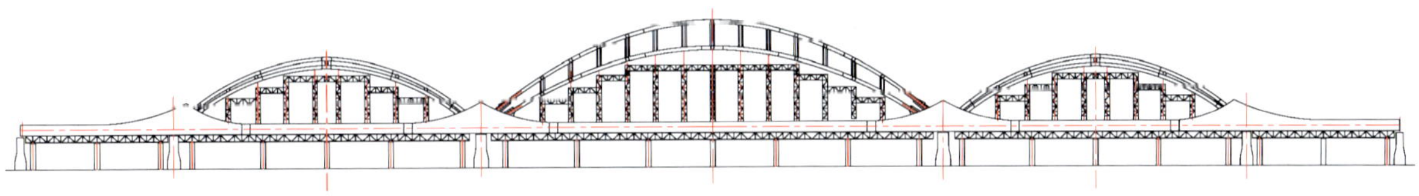

图 3—3—11　第九施工阶段示意

工作内容：

（1）将钢管拱支架脱离开钢管拱；

（2）顶升主拱下拱肋及边拱上钢管内混凝土；

（3）顶升主拱上拱肋及边拱下钢管内混凝土；

（4）顶升边拱腹腔内混凝土。

（十）第十施工阶段

第十施工阶段如图 3—3—12 所示。

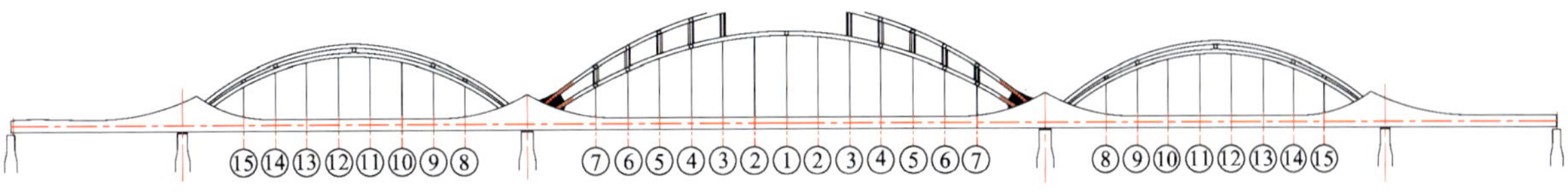

图 3—3—12　第十施工阶段示意

工作内容：

（1）安装吊杆、对吊杆预施初张力，每一片拱肋对称的吊杆应同时张拉；

（2）拆除拱肋及主梁支架，形成梁拱组合结构；

（3）铺设防水层、保护层以及线路设备；

（4）张拉横梁预应力钢束 N3、N4，灌注横梁封锚混凝土；

（5）张拉主梁剩余部分预应力钢束，中主跨 N1、N3，次主跨 N11、Ny3，边跨 N16；

（6）焊接余下的拱脚缀板，灌注缀板内混凝土。

（十一）第十一施工阶段

第十一施工阶段如图 3—3—13 所示。

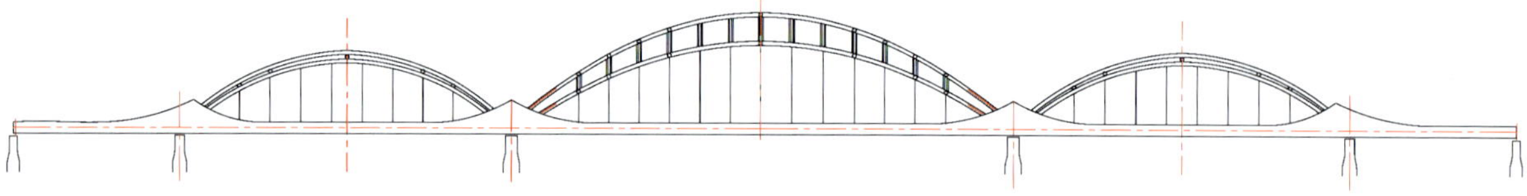

图 3—3—13　第十一施工阶段示意

工作内容：

清理场地，恢复河床原状，成桥运营。

四、小　　结

（1）钢管拱连续梁组合桥梁采用先梁后拱法施工，钢管拱的架设安全可靠、简便易行；

（2）长联大跨度连续梁系杆采用分段现浇法施工，将连续梁化整为零，混凝土收缩、徐变以及温度变化对梁长的影响可以通过各现浇梁段和后浇段得以分解和调整，最大限度地满足吊杆垂直度的要求；

（3）钢管拱分段吊装长度以及是单片吊装还是两片拱肋整体吊装，应根据现场施工机具及工期确定；

（4）对吊杆预施较小的初张力，在体系转换过程中，可使连续梁系杆受力均匀；通过调整吊杆的张拉次序和对吊杆预施不同的初张力，仅对吊杆施加一次初张力，每根吊杆即可承受 10t 左右的均匀拉力，施工中操作简单，主梁和拱肋的线形控制较容易。

第四节　引桥上部结构

拉萨河大桥是青藏铁路标志性工程，其桥型布置为（5-3 × 32.7）m 预应力混凝土连续梁 +（36 + 72 + 108 + 72 + 36）m 连续梁钢管拱组合体系 +（1-3 × 32.7）m 预应力混凝土连续梁，全桥共长928.85 m，其中主桥长 324 m，引桥共长 602.9 m。全桥位于 $R = 800$ m 的圆曲线、缓和曲线及直线上，线路有平坡及 -10‰的纵坡；引桥连续梁分为 A 型、B 型两种梁型。引桥连续梁梁型布置示意如图 3—4—1 所示。

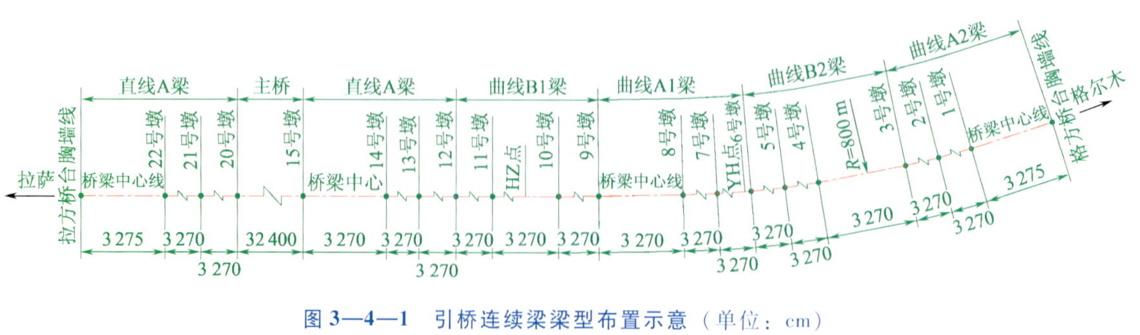

图 3—4—1　引桥连续梁梁型布置示意（单位：cm）

一、引桥结构

（一）梁部结构形式

预应力混凝土连续箱梁是国内外广泛采用的桥梁结构形式之一，其结构刚度大、整体性好，具有轨道平顺、行车平稳、外观简洁和适应性强等显著优点。与青藏铁路上使用的32 m简支T梁相比，箱形截面连续梁外观美观，可与主桥相协调；拉萨河大桥引桥施工受运输和现场条件的控制，使用架桥机架梁施工困难，而现场原位浇筑的工法切实可行；经济指标上，引桥采用预应力混凝土连续箱梁比采用32 m简支T梁的成本不至于增加过多。基于以上原因，拉萨河大桥引桥选用了3×32.7 m的单箱单室预应力混凝土连续梁。

引桥共采用六联3×32.7 m预应力混凝土连续箱梁，与主桥相邻的两联位于线路直线段，其余四联位于圆曲线和缓和曲线上，曲线布置采用平分中矢法。为取得良好的景观效果，悬臂板按曲线线形布置。为缩短工期，满足引桥相邻两联连续梁或引桥一联连续梁与主桥主梁梁部同时施工的需要，同时，也为满足梁端预应力钢束的张拉空间要求，引桥采用了A型、B型两种梁型，两种梁型在构造上的区别主要在梁端。

（二）截面形式

箱梁的横截面形式采用单箱单室，直腹板，梁高2.4 m，高跨比为1/13.6，顶板宽7.5 m，底板宽3.6 m，线路直线区段内每侧悬臂板宽1.95 m，曲线区段悬臂板变宽，箱梁悬臂根部以及梁底直角处抹$R=5$ cm的圆角，防止应力集中及碳化。箱梁跨中顶板厚度为25cm，底板厚度为23 cm，腹板厚为23 cm；中支点处A型和B型梁底板加厚至50 cm，边支点A型梁底板加厚至50 cm，B型梁底板加厚至68 cm，在中支点处A型和B型梁腹板均加厚至40 cm，在边支点处A型梁腹板加厚至40 cm，B型梁腹板加厚至85 cm。A型和B型梁标准箱梁截面形式如图3—4—2所示，梁端构造差别示意如图3—4—3所示。每联连续梁梁端设1.2 m厚横隔板，中支点处设1.6 m厚横隔板。所有横隔板均设置过人孔。为方便检修人员进入到梁体内部，分别于两侧桥台处、格尔木侧引桥与主桥相接处、格尔木侧既有河堤和规划河堤附近的箱梁底板各设置进人孔1处，全桥共设5处进人孔。

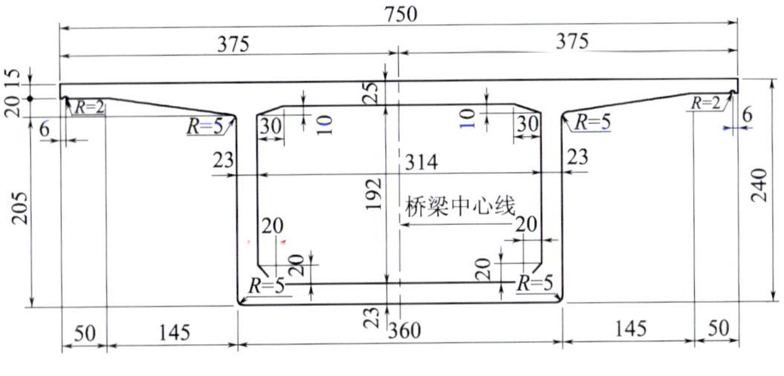

图3—4—2　标准箱梁截面示意（单位：cm）

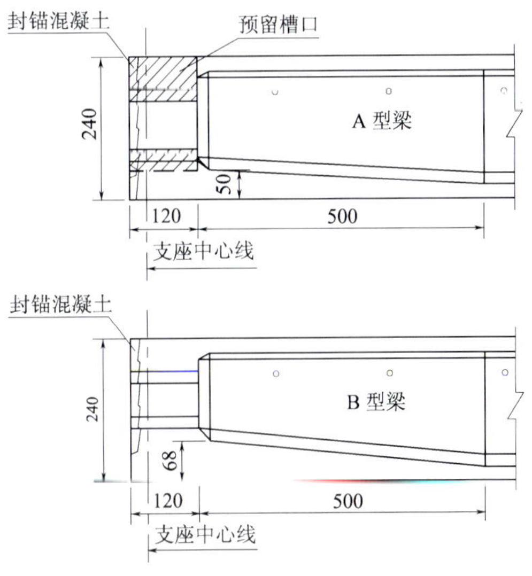

图3—4—3　A型和B型梁梁端构造差别示意（单位：cm）

（三）预应力钢束

预应力采用抗拉强度标准值为1 860 MPa的高强低松弛钢绞线，箱梁腹板和底板采用12-7ϕ5的预应力钢束，中支点顶板采用9-7ϕ5的预应力钢束，张拉控制应力为$0.72f_{pk}$。预应力钢束除顶板部分短钢束采用单端张拉外，其余均采用两端张拉。

二、计算分析

（一）梁部纵向分析

为提高结构耐久性，预应力结构计算按照全预应力混凝土构件进行设计，受拉区不允许出现拉应力和裂缝。连续梁采用满布支架现浇施工，由于每联连续梁设置了两个后浇段，故施工工程中存在体系转换。计算中采用预应力混凝土桥综合分析程序，按照有限元方法计算连续梁结构的恒载、活载效应以及支座沉降和温度次内力，考虑混凝土收缩徐变一起的次内力和对预应力损失的影响，纵向预应力钢束根据弯矩包络图计算并设置。扭转、翘曲和畸变对箱梁设计影响较小，设计中留有足够的安全储备。

计算恒载时，C50 混凝土容重取 26.25 kN/m^3，直、曲线梁二期恒载分别为 50 kN/m 和 60 kN/m；列车活载为“中—活载”，考虑活载横向偏心对梁的影响，人群荷载 10.5 kN/m，相邻桥墩基础不均匀沉降按1 cm计，温差按桥面板均匀升温 10℃计。计算结果见表 3—4—1。

表 3—4—1　引桥连续梁计算成果

荷载组合	梁　型	跨中截面（MPa）				支点截面（MPa）			
		上翼缘		下翼缘		上翼缘		下翼缘	
		σ_{max}	σ_{min}	σ_{max}	σ_{min}	σ_{max}	σ_{min}	σ_{max}	σ_{min}
主　力	直线梁	10.0	4.7	13.8	4.6	10.2	3.8	10.5	3.0
	曲线梁	9.8	4.0	13.2	3.8	10.2	3.6	11.2	3.1
主 + 附	直线梁	11.2	4.7	13.8	2.5	11.6	3.8	10.5	1.3
	曲线梁	10.6	4.0	13.2	1.6	11.6	3.5	11.2	1.3

由表 3—4—1 可知，直、曲线连续梁在主力组合、主力 + 附加力组合作用时，$\sigma_{max} = 13.8\ \text{MPa} > 0.5f_c = 18.25\ \text{MPa}$，$\sigma_{min} = 1.3\ \text{MPa} > 0$。主梁为全预应力构件，设计应力满足规范要求，并留有一定的安全储备。

根据计算，引桥连续梁不需要设置预拱度。

（二）箱梁横向计算

箱形主梁横截面的横向计算按支承在腹板底板底的横向框架进行内力分析和计算，取纵向长度为 1 m的箱梁为计算单元，采用平面程序进行内力计算。计算考虑主梁恒载、二期恒载、列车活载、箱内外温差等荷载组合，考虑了恒载和活载偏心的影响。计算结果：钢筋最大拉应力为 156.7 MPa，混凝土最大压应力为 7.8 MPa，最大剪应力 1.4 MPa，最大裂缝宽度 0.14 mm，均满足规范要求。

部分引桥连续梁位于线路 $R = 800$ m 曲线上，连续梁在横隔板的共同作用下整体受力是较复杂的空间受力结构，弯、扭、剪、翘共同作用于结构，由于该引桥跨度较小且为箱形截面，设计采用平面计算控制预留一定安全储备的设计方法可以满足精度要求。

三、梁部施工

采用原位支架现浇法，每联连续梁设两个后浇段，以防止施工过程中因现浇段过长而导致梁体产生裂缝。同时，桥址处现场条件较差，连续长时间大范围施工困难，分段现浇则可以减小现场的施工难度，并可提高施工质量。为缩短工期，各引桥梁部与主桥梁部可同时施工，靠近主桥梁端的引桥 A 型梁应先于主桥边孔施工。引桥 A 型梁部分悬臂板需后浇，为主桥梁端预留张拉空间。为满足箱梁梁端预应力钢束张拉空间要求，预应力连续梁采用了 A 型、B 型两种梁型，A 型梁必须先施工，同时为给后施工的 B 型梁留出千斤顶张拉空间，A 型梁端腹板之间的混凝土在 B 型梁张拉完毕后再浇筑。B 型梁两后浇段之间的中间梁段可与 A 型梁同时施工，但与 A 型梁相邻的梁段必须在 A 型梁预应力钢束张拉完成之后施工。

第五节 桥梁下部结构

一、桥墩构造

（一）主桥桥墩

主桥桥墩采用双柱式变截面圆形桥墩，两柱之间采用横隔板连结，以增强整体横向刚度。墩身及横隔板均为钢筋混凝土结构。17、18 号墩墩顶直径为 3.6 m，墩底直径为 5 m，横隔板厚为 1.5 m，墩高 $H=10$ m；16、19 号墩墩顶直径为 3.3 m，墩底直径为 4.3 m，横隔板厚为 1.5 m，墩高 $H=10$ m；15、20 号墩墩顶直径为 3 m，墩底直径为 3.5 m，横隔板厚为 1.0 m，墩高 $H=10$m。为满足引桥侧支座的摆放，设置了横梁。以上墩身均采用圆曲线顺接，造型优美，宛如宝瓶托起梁体。其中 18 号桥墩结构立面如图 3—5—1 所示。

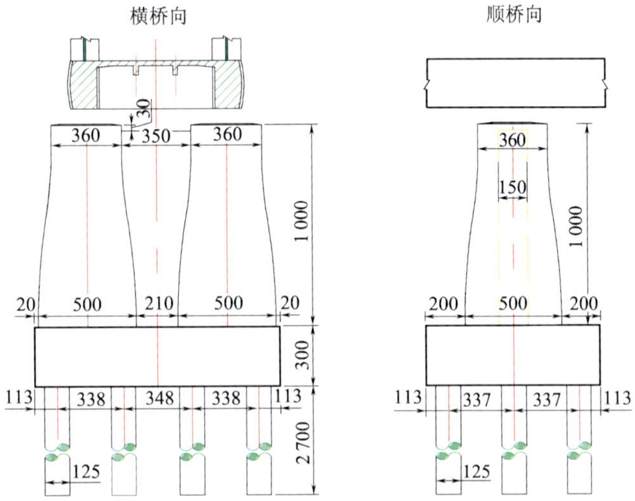

图 3—5—1 主桥 18 号桥墩结构立面（单位：cm）

（二）引桥桥墩

引桥桥墩为圆端形变截面墩身，墩顶分成两半，犹如一株盛开的雪莲，形式别致、新颖、美观，且经济适用。桥墩结构立面图如图 3—5—2 所示，引桥桥墩实景如图 3—5—3 所示。

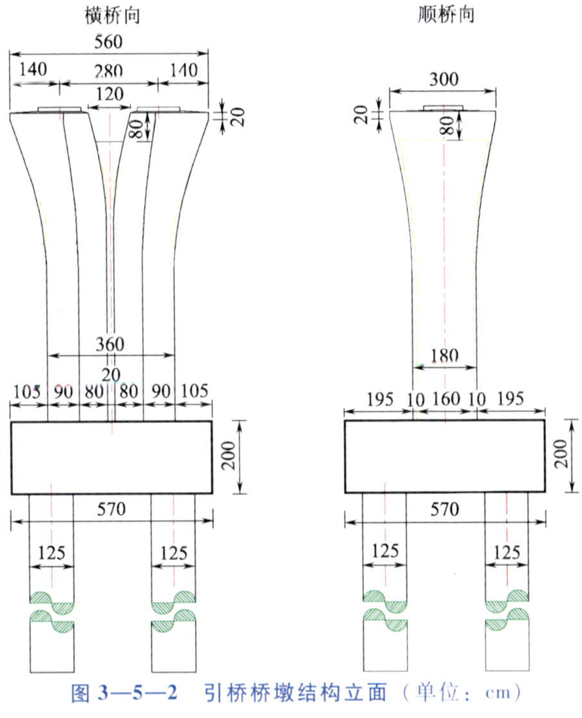

图 3—5—2 引桥桥墩结构立面（单位：cm）

图 3—5—3　引桥桥墩实景

桥墩墩顶圆弧段直径为 3 m，横桥向宽为 5.6 m，墩底圆弧直径为 1.8 m，横桥向宽为 3.6 m，墩高 H = 6.5 ~ 10 m。

二、桥墩设计要点

（一）主桥桥墩制动力取值

主桥五孔连续梁制动力的分配是设计中的难点问题，该桥按两种计算原则进行计算。

（1）考虑计入活动支座的摩阻力作用，将在墩顶纵向水平力作用下不发生滑移的支座按桥墩纵向水平刚度分配制动力，以合理确定制动墩实际承受的制动力值。计算过程中，考虑了墩顶温度水平力的共同作用，按降温 20℃ 计算。假定活动支座静摩阻系数 0.03，滑动摩阻系数 0.01。分配结果为制动墩承受 58% 的纵向水平力，主跨非制动墩为 27.3%，边墩 29.4%，与引桥相接的次边墩不到 10%。

（2）由于主墩与边墩的纵向水平刚度并不悬殊，不滑移的桥墩对纵向水平力的分担，使得制动墩所承担的纵向水平力较大幅度的减小。考虑到支座摩阻系数的不定性以及其他因素的影响，6 个桥墩按理想状态共同工作的计算结果来进行桥墩设计是不安全的。该次设计采用制动墩按 100% 制动力，主跨非制动墩及边墩取 50% 制动力，根据按桥墩纵向水平刚度分配制动力结果，主、引桥相连的次边墩承担的纵向力不及全联的 10%，偏于安全设计取 30% 制动力。

上述两种计算原则的计算结果分析比较，墩身截面强度检算结果为：重载主力组合控制混凝土压应力，截面配筋率为 0.3% 的构造配筋，所以制动力两种取值办法不影响墩身设计。基础计算结果为：两种计算原则下桩长相差在 4% 之内，桩身配筋量相差不大。

（二）荷载计算

设计活载为中—活载。

桥墩计算荷载包括恒载、竖向活载、列车竖向动力、制动力、风力、流水压力，曲线上计入离心力，按《铁路桥涵设计基本规范》（TB 10002.1—99）第 4.1.1 条进行荷载组合。直线上桥墩计算荷载组合为：主力组合、主力 + 纵向附加力组合；曲线上桥墩除含直线上两种计算荷载组合外还增加主力 + 横向附加力组合。其中主桥 18 号墩固定墩的墩底截面外力计算结果见表 3—5—1，引桥曲线上固定墩的墩底截面外力计算结果见表 3—5—2。

表 3—5—1　18 号墩墩底截面外力

荷载组合	竖向力（kN）	纵向水平力（kN）	纵向弯矩（kN·m）
主　力	52579.36		
主力 + 纵向附加力	52579.26	2773.11	30456.01

表 3—5—2　引桥曲线固定墩墩底截面外力

荷载组合	竖向力（kN）	纵向水平力（kN）	纵向弯矩（kN·m）	横向水平力（kN）	横向弯矩（kN·m）
主　力	11 151. 10			595. 97	7 351. 90
主力＋纵向附加力	11 151. 10	631. 6	4 438. 05	595. 97	7 351. 90
主力＋横向附加力	11 151. 10			769. 22	9 026. 12

（三）地震力计算

按《铁路工程抗震设计规范》（GBJ 111—87）采用反应谱理论对桥墩地震力加以计算。水平地震系数 K_h 为 0. 2，为Ⅱ类场地，把墩身简化为多质点体系，桩基础简化为弹簧作用在承台底。计算顺桥向地震力时一联连续梁梁体作为一个大质量的质点作用于固定墩墩顶，考虑桥上无车时的情况；计算横向地震力时考虑一联中各墩共同分担梁体质量，梁体的地震力作用于梁高 1/2 处，计入 50% 活载引起的地震力，作用于轨顶以上 2 m 处。计算结果为：主桥固定墩墩底截面纵向（纵向指顺桥向，下同）地震水平力 P_y = 5 555. 82 kN，弯矩 M_x = 55 250. 57 kN·m，横向（横向指横桥向，下同）地震水平力 P_x = 4688. 73 kN，弯矩 M_y = 46 341. 93 kN·m；引桥曲线固定墩墩底截面纵向地震水平力 P_y = 750. 74 kN，弯矩 M_x = 7 428. 44 kN·m，横向地震水平力 P_x = 453. 92 kN，弯矩 M_y = 4 573. 7 kN·m。

（四）墩身配筋设计

墩身均按偏心受压构件计算配筋，考虑桥墩挠度对墩身偏心距影响的增大系数 η，其中墩身的计算长度 L_0 按一端刚性固定另一段为自由端考虑。根据计算结果，主桥 17、18 号墩柱身主筋采用 152ϕ25 Ⅱ 级钢筋，主筋深入承台内 1 m，箍筋采用 ϕ10 钢筋；引桥各桥墩墩身主筋均采用 88ϕ25 Ⅱ 级钢筋，箍筋采用 ϕ10 钢筋。

三、基础设计

桥墩基础均采用 ϕ125 钻孔灌注桩。主桥 17、18 号主墩各 12 根桩，纵向 3 排、横向 4 排，承台尺寸为 12. 5 m × 9 m × 3 m（横 × 纵 × 厚）；16、19 号墩各 10 根桩，纵向 3 排，成梅花形布置，承台尺寸为 12. 8 m × 8 m × 3 m；15、20 号墩各 6 根桩，顺桥向 2 排，横桥向 3 排，承台尺寸为 11. 1 m × 5. 7 m × 2 m。主桥基础示意如图 3—5—4 所示。

引桥桥墩均采用 4 根桩，纵、横向各 2 排，承台尺寸为 5. 7 m × 5. 7 m × 2 m，如图 3—5—5 所示。

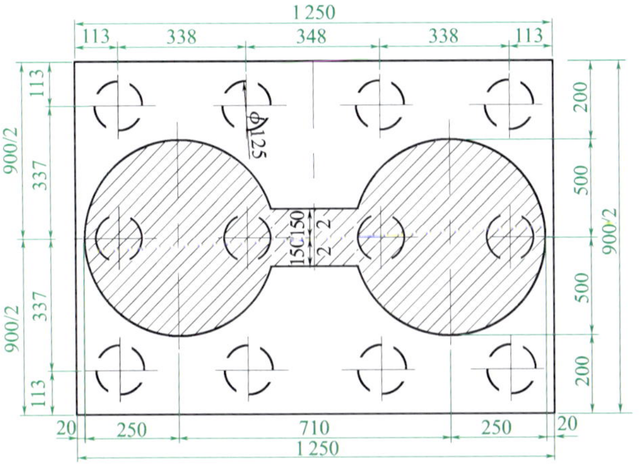

图 3—5—4　主桥基础示意（单位：cm）

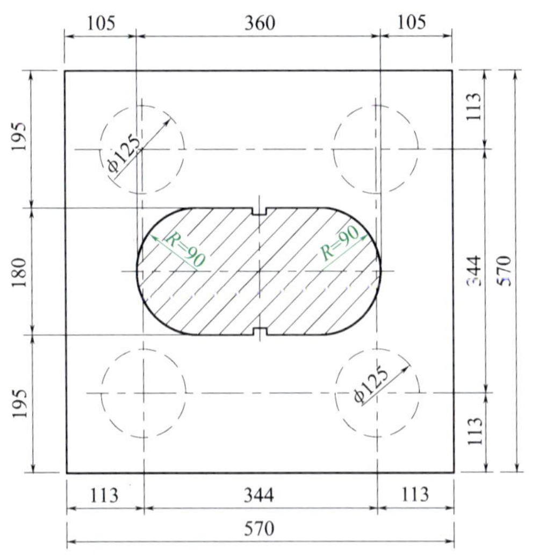

图 3—5—5　引桥基础示意（单位：cm）

桥墩基础主要地质土层为中密、饱和卵石土，地基基本承载力 $\sigma_0 = 600$ kPa。计算结果为：主桥 18 号墩桩长 27 m，17 号墩桩长 25 m，16、19 号墩桩长 22 m，15、20 号墩桩长 23 m；引桥桥墩桩长 20～23 m。

四、附属工程

（一）防震落梁措施

为防止在巨大的地震力作用下梁体发生侧移，在桥墩墩顶及相应位置的梁部设置防震落梁措施。主桥 18 号墩墩顶拉萨侧梁横向两侧设置混凝土挡块，其中配设工字轨及钢筋，阻挡梁体的横向移动。梁体内预埋工字钢并伸出梁体至混凝土挡块上的凹槽内，以阻挡梁体的顺桥向移动。详细构造如图 3—5—6所示。引桥上则在每联连续梁的固定墩上设置防震落梁措施，主要采用角钢拼制而成。墩内预埋立柱角钢，并焊接斜向角钢连接构成平面结构，横桥向梁侧角钢上栓接垫木，具体结构如图 3—5—7 所示。

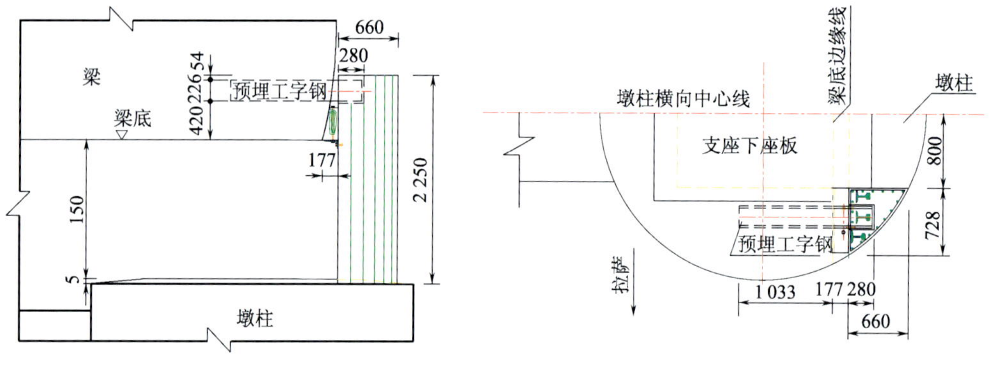

（a）横桥向立面　　（b）平面

图 3—5—6　主桥 18 号墩顶防震落梁构造（单位：cm）

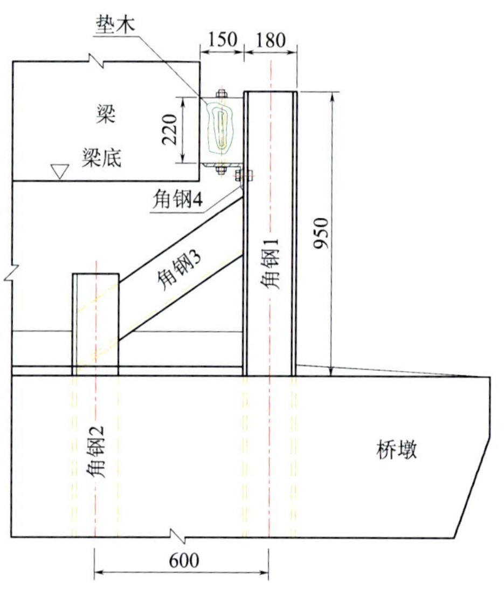

图 3—5—7　引桥固定墩防震落梁构造（单位：cm）

（二）检查设备

为便于梁部及支座的检查及维修工作，在梁底设置活动检查车，为此在沿桥长的桥面板及横梁上预埋 U 形螺栓，以用于设置检查车轨道。此外主桥墩顶外缘设钢筋混凝土围墙，墩柱横隔板顶采用直径 $\phi 20$ 钢筋作围栏，引桥桥墩墩顶也采用 $\phi 20$ 钢筋作围栏。

第六节　地震反应分析及工程抗震措施

一、计算模型

动力特性计算及抗震分析通过全桥空间模型用有限元方法计算。拱肋、桥墩、主梁、横撑等用空间梁单元模拟，吊杆用空间杆单元模拟。动力特性用子空间迭代法计算，地震荷载按反应谱法及动力时程法分别计算。图3—6—1～图3—6—3是全桥杆系空间有限元计算模型。

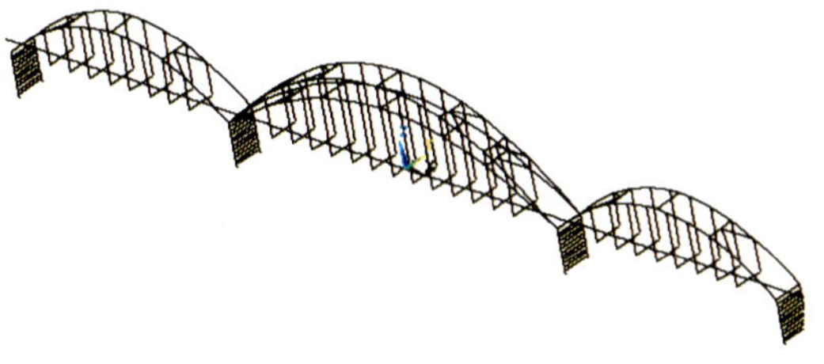

图3—6—1　主桥全桥空间有限元计算模型

图3—6—2　主桥空间有限元计算模型边拱部分

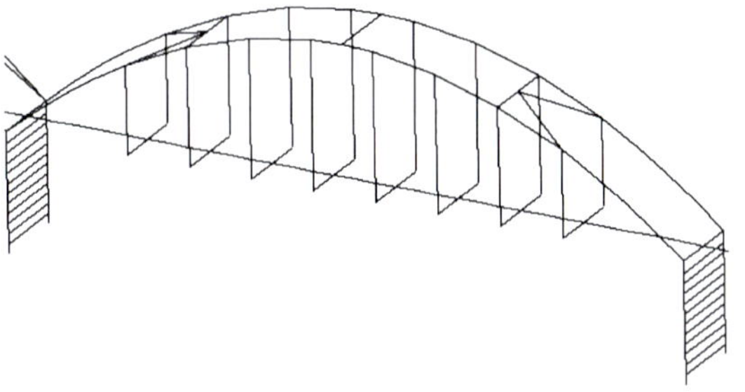

图3—6—3　主桥空间有限元计算模型中拱部分

计算模型的有关假设、计算方法及主要参数取值如下：

（1）主桥部分在3号墩上设置一个固定支座（桥墩编号从拉萨方向起，依次为1、2、3、4、5、6），其他各墩上的支座均为单向活动支座。地基按弹性处理，墩底弹簧刚度用m法计算；

（2）主梁每米的平均重量为210 kN；

（3）拱肋钢管内全部填充混凝土，横撑钢管内不填充混凝土，中跨上下层拱肋间通过空钢管连接；

（4）场地类别按Ⅱ类考虑，地震加速度峰值取为0.2 g；

（5）由于铁路工程抗震设计规范目前正处于修订之中，从征求意见稿来看，其反应谱的有关规定与目前的《公路工程抗震设计规范》较为接近，因此用反应谱计算时，分别按《铁路工程抗震设计规范》及《公路工程抗震设计规范》中的Ⅱ类场地反应谱进行了计算；

（6）用反应谱法计算时，分三种情况进行了计算：一是反应谱沿顺桥向输入；其次是反应谱沿横桥向输入，三是反应谱沿竖向输入。竖向反应谱和水平方向反应谱形状相同，但竖向反应谱的大小取水平反应谱值的1/2；

（7）用反应谱法计算时，不同振型之间的组合采用CQC法；

（8）计算结果没有考虑规范中的综合影响系数；

（9）计算程序采用ANSYS和SAP2000，两者计算结果一致；

（10）计算结果中给出了恒载结果。恒载结果是按成桥状态计算的，未考虑施工过程。

二、自振特性

根据全桥有限元计算模型，用子空间迭代法计算了全桥的前100阶振型。其中前20阶振型的频率、周期及其主要振型特点见表3—6—1，前10阶振型形状如图3—6—4～图3—6—13所示。从表

3—6—1 的计算结果可以看出，拱肋横桥方向刚度较小，因此前几阶振动主要是拱肋的面外振动。另外，由于全桥顺桥方向只有一个固定支座，因此全桥顺桥向振动频率也较小。

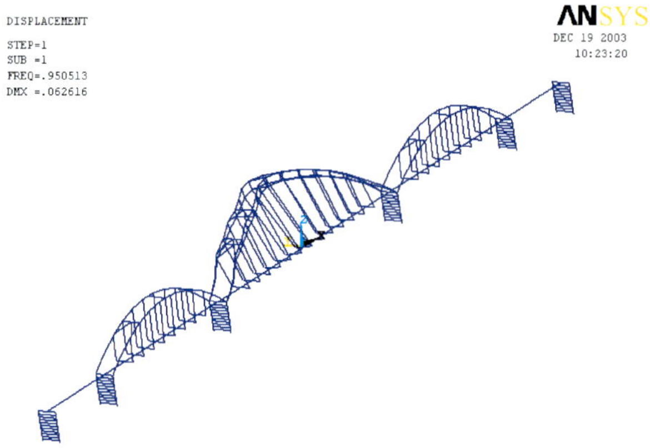

图 3—6—4　主桥 1 阶振型

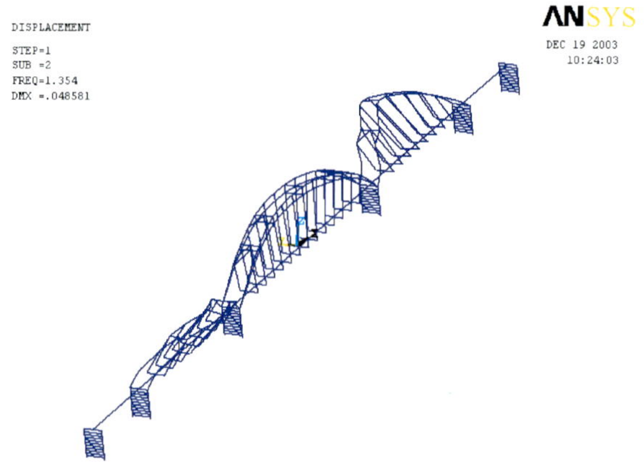

图 3—6—5　主桥 2 阶振型

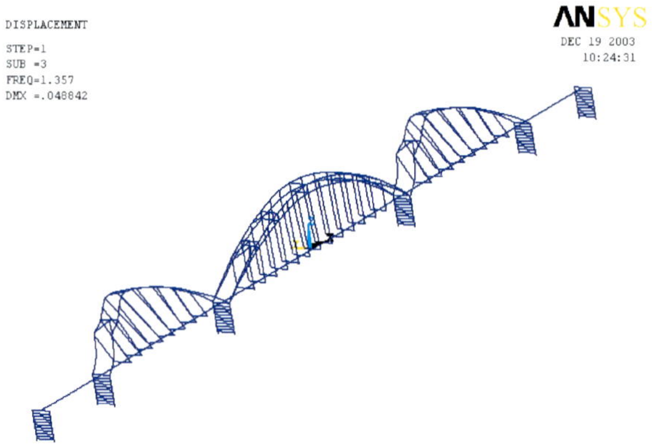

图 3—6—6　主桥 3 阶振型

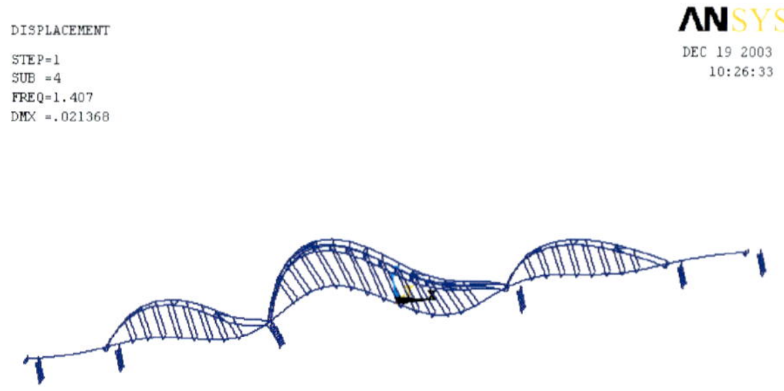

图 3—6—7　主桥 4 阶振型

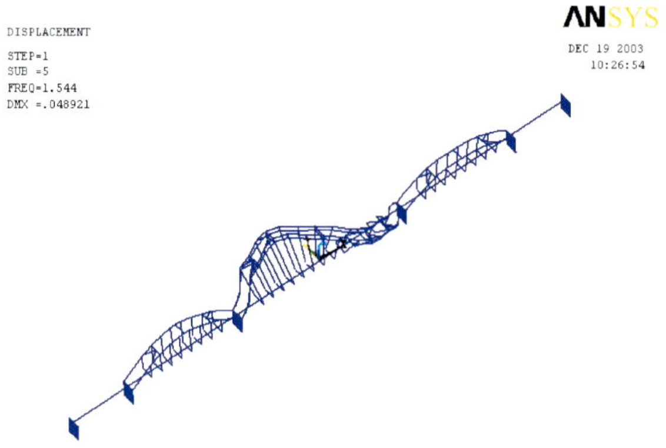

图 3—6—8　主桥 5 阶振型

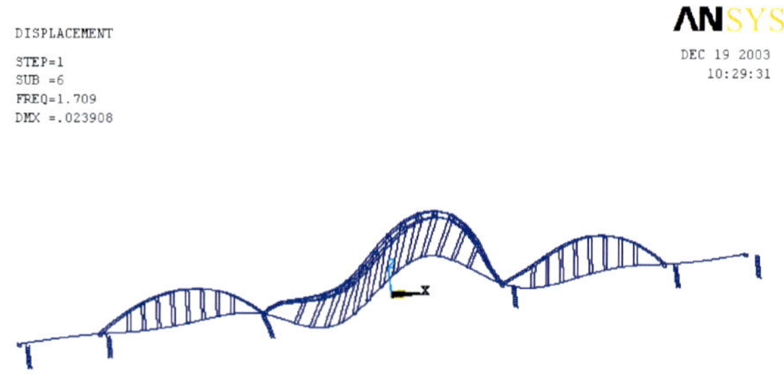

图 3—6—9　主桥 6 阶振型

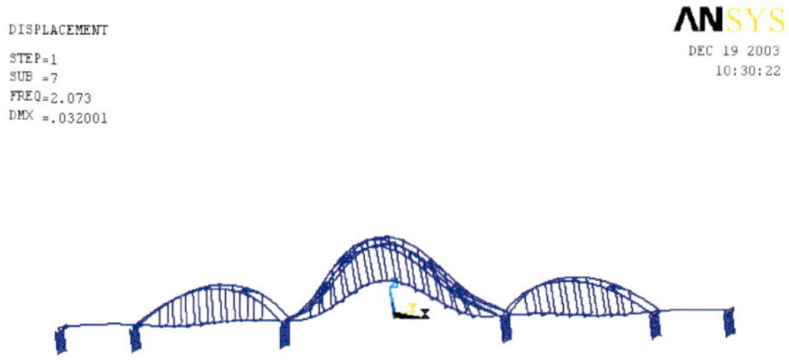

图 3—6—10　主桥 7 阶振型

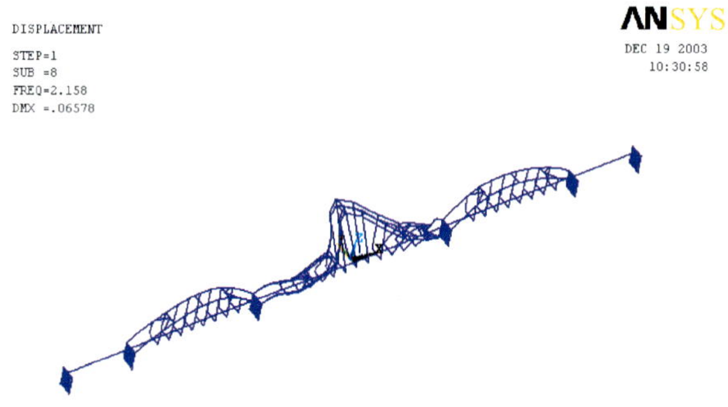

图 3—6—11　主桥 8 阶振型

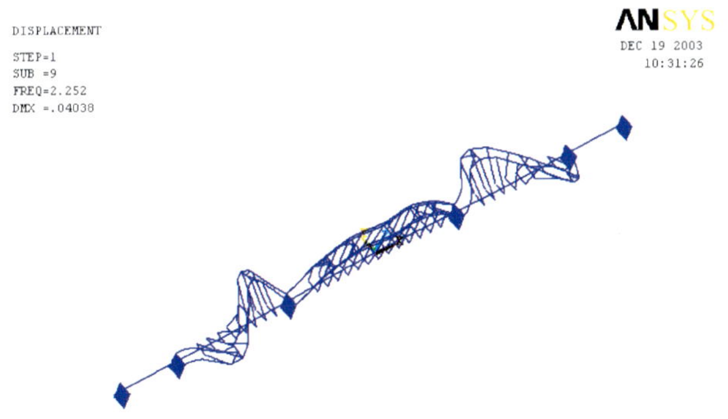

图 3—6—12 主桥 9 阶振型

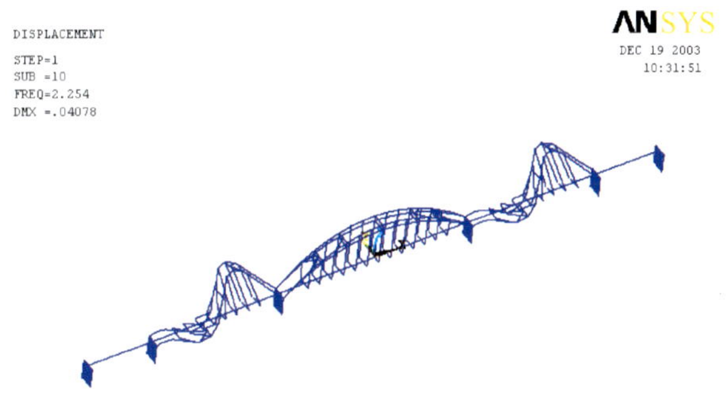

图 3—6—13 主桥 10 阶振型

表 3—6—1 拉萨河大桥前 20 阶频率、周期及振型特点

振型序号	频率（Hz）	周期（s）	振型描述	振型序号	频率（Hz）	周期（s）	振型描述
1	0.9505	1.0520	中跨拱肋面外对称振动	11	2.4327	0.4110	
2	1.3540	0.7385	边跨拱肋面外对称振动	12	2.6117	0.3828	
3	1.3574	0.7367	边跨拱肋面外对称振动	13	2.6137	0.3825	
4	1.4066	0.7109	全桥顺桥向振动	14	2.7949	0.3577	
5	1.5441	0.6476	中跨拱肋面外反对称及全桥顺桥向振动	15	2.9282	0.3415	
6	1.7090	0.5851	中跨竖向反对称振动	16	2.9569	0.3381	
7	2.0728	0.4824	中跨竖向对称振动	17	3.2034	0.3121	
8	2.1577	0.4634	中跨拱肋面外振动	18	3.2313	0.3094	
9	2.2517	0.4441	边跨拱肋面外反对称振动	19	3.2314	0.3094	
10	2.2543	0.4435	边跨拱肋面外反对称振动	20	3.5898	0.2785	

三、反应谱计算

根据全桥计算模型，输入铁路及公路抗震规范Ⅱ类场地反应谱，计算得到全桥各构件地震反应最大值。表 3—6—2 ~ 表 3—6—9 列出了部分关键截面地震作用下的截面内力。为了地震检算方便起见，表中还列出了有关截面恒载作用下的内力。

表 3—6—2 边跨拱肋部分截面地震内力

截面位置	反应谱输入方向	反应谱类型	轴力（kN）	面外结果		面内结果	
				剪力（kN）	弯矩（kN·m）	剪力（kN）	弯矩（kN·m）
拱脚（活动支座处）	反应谱顺桥向输入	铁路谱	1280	5	27	80	835
		公路谱	1299	5	28	81	846
	反应谱横桥向输入	铁路谱	932	291	1342	35	455
		公路谱	946	295	1359	35	459
	恒载结果		-6441	0	-75	-234	1828
1/4 拱肋位置（活动支座侧）	反应谱顺桥向输入	铁路谱	1093	6	24	42	1677
		公路谱	1110	6	24	42	1702
	反应谱横桥向输入	铁路谱	319	180	1218	58	250
		公路谱	320	183	1236	59	248
	恒载结果		-5705	1	12	-276	-232

续上表

截面位置	反应谱输入方向	反应谱类型	轴力（kN）	面外结果		面内结果	
				剪力（kN）	弯矩（kN·m）	剪力（kN）	弯矩（kN·m）
拱顶	反应谱顺桥向输入	铁路谱	944	13	54	152	842
		公路谱	958	13	55	155	855
	反应谱横桥向输入	铁路谱	310	60	919	50	666
		公路谱	312	60	931	50	675
恒载结果			-5 372	2	2	-188	-1 358
1/4 拱肋位置（固定支座侧）	反应谱顺桥向输入	铁路谱	877	7	21	197	1 676
		公路谱	890	7	22	201	1 701
	反应谱横桥向输入	铁路谱	292	307	780	79	219
		公路谱	293	313	793	80	219
恒载结果			-5 803	38	130	76	-105
拱脚（固定支座处）	反应谱顺桥向输入	铁路谱	778	27	215	358	5 689
		公路谱	788	28	219	364	5 786
	反应谱横桥向输入	铁路谱	944	299	1278	122	720
		公路谱	958	304	1 298	124	727
恒载结果			-6 406	-30	157	-280	1 416

表 3—6—3　中跨拱肋上层钢管部分截面地震内力

截面位置	反应谱输入方向	反应谱类型	轴力（kN）	面外结果		面内结果	
				剪力（kN）	弯矩（kN·m）	剪力（kN）	弯矩（kN·m）
拱脚（固定支座处）	反应谱顺桥向输入	铁路谱	1 231	16	115	91	423
		公路谱	1 249	17	117	93	429
	反应谱横桥向输入	铁路谱	661	128	598	24	138
		公路谱	673	131	609	24	137
恒载结果			-5 200	12	5	-116	457
1/4 拱肋位置（固定支座侧）	反应谱顺桥向输入	铁路谱	1 682	15	27	63	263
		公路谱	1707	15	27	64	267
	反应谱横桥向输入	铁路谱	623	200	404	17	75
		公路谱	630	204	411	17	76
恒载结果			-5 845	44	-109	124	171
拱顶	反应谱顺桥向输入	铁路谱	1 283	3	12	117	361
		公路谱	1 297	3	12	119	366
	反应谱横桥向输入	铁路谱	573	28	485	11	50
		公路谱	576	29	492	11	50
恒载结果			-5 875	0	5	-41	-52
1/4 拱肋位置（活动支座侧）	反应谱顺桥向输入	铁路谱	1 769	6	26	26	183
		公路谱	1 792	6	26	26	185
	反应谱横桥向输入	铁路谱	543	134	372	19	56
		公路谱	549	136	378	19	56

续上表

截面位置	反应谱输入方向	反应谱类型	轴　力 (kN)	面外结果		面内结果	
				剪　力 (kN)	弯　矩 (kN·m)	剪　力 (kN)	弯　矩 (kN·m)
恒载结果			-5 725	-18	-96	-7	-126
拱　脚 (活动支座处)	反应谱顺桥向输入	铁路谱	1 012	9	17	91	424
		公路谱	1 024	9	18	93	430
	反应谱横桥向输入	铁路谱	651	139	603	38	124
		公路谱	663	142	614	39	124
恒载结果			-5 200	-12	6	-144	457

表 3—6—4　中跨拱肋下层钢管部分截面地震内力

截面位置	反应谱输入方向	反应谱类型	轴　力 (kN)	面外结果		面内结果	
				剪　力 (kN)	弯　矩 (kN·m)	剪　力 (kN)	弯　矩 (kN·m)
拱　脚 (固定支座处)	反应谱顺桥向输入	铁路谱	1 594	17	118	85	422
		公路谱	1 614	17	120	86	428
	反应谱横桥向输入	铁路谱	896	135	618	25	141
		公路谱	912	138	630	25	141
恒载结果			-6 388	16	13	-130	524
1/4 拱肋位置 (固定支座侧)	反应谱顺桥向输入	铁路谱	1 722	4	16	55	217
		公路谱	1 747	4	16	55	220
	反应谱横桥向输入	铁路谱	401	27	145	21	67
		公路谱	403	27	148	21	68
恒载结果			-4 450	-15	-58	58	177
拱　顶	反应谱顺桥向输入	铁路谱	575	2	12	117	362
		公路谱	582	2	12	119	367
	反应谱横桥向输入	铁路谱	398	35	497	11	50
		公路谱	403	35	503	11	50
恒载结果			-3 794	2	8	-40	-55
1/4 拱肋位置 (活动支座侧)	反应谱顺桥向输入	铁路谱	1 891	7	16	26	162
		公路谱	1 920	7	16	26	164
	反应谱横桥向输入	铁路谱	466	76	126	20	57
		公路谱	469	77	128	20	57
恒载结果			-4 830	-10	-49	-4	-131
拱　脚 (活动支座处)	反应谱顺桥向输入	铁路谱	1 652	9	16	145	349
		公路谱	1 675	9	16	147	354
	反应谱横桥向输入	铁路谱	888	145	624	47	126
		公路谱	904	148	636	47	126
恒载结果			-6 387	-16	13	-173	524

表 3—6—5　部分桥墩墩顶及墩底地震内力

截面位置	反应谱输入方向	反应谱类型	轴力 (kN)	面外结果		面内结果	
				剪力 (kN)	弯矩 (kN·m)	剪力 (kN)	弯矩 (kN·m)
1 号墩墩顶	反应谱顺桥向输入	铁路谱	142	51	170	0	0
		公路谱	143	51	171	0	0
	反应谱横桥向输入	铁路谱	516	959	685	3	0
		公路谱	515	957	683	3	0
	恒载结果		−2 309	743	1 329	0	0
1 号墩墩底	反应谱顺桥向输入	铁路谱	143	5	22	1	3
		公路谱	144	5	22	1	3
	反应谱横桥向输入	铁路谱	2 131	1 067	3 864	80	348
		公路谱	2 125	1 064	3 853	80	346
	恒载结果		−6 440	202	20	0	0
2 号墩墩顶	反应谱顺桥向输入	铁路谱	391	125	421	0	0
		公路谱	394	126	426	0	0
	反应谱横桥向输入	铁路谱	1 805	3 165	2 363	4	1
		公路谱	1 809	3 161	2 369	4	1
	恒载结果		−9 792	1 952	4 204	0	0
2 号墩墩底	反应谱顺桥向输入	铁路谱	392	12	53	16	71
		公路谱	395	12	53	16	71
	反应谱横桥向输入	铁路谱	7 064	3 471	12 654	443	1 934
		公路谱	7 057	3 465	12 631	450	1 963
	恒载结果		−13 927	186	−225	0	1
3 号墩墩顶	反应谱顺桥向输入	铁路谱	1 473	428	1 450	8 446	3
		公路谱	1 490	434	1 470	8 583	3
	反应谱横桥向输入	铁路谱	2 398	3 784	3 164	699	1
		公路谱	2 415	3 787	3 180	705	1
	恒载结果		−16 402	1 720	3 642	−15	−15
3 号墩墩底	反应谱顺桥向输入	铁路谱	1 477	23	111	8 620	85 651
		公路谱	1 494	23	111	8 759	87 038
	反应谱横桥向输入	铁路谱	8 510	4 009	14 185	759	4 330
		公路谱	8 527	4011	14 197	773	4 405
	恒载结果		−20 525	176	−144	−13	−72
4 号墩墩顶	反应谱顺桥向输入	铁路谱	1 567	426	1 441	0	0
		公路谱	1 585	432	1 462	0	0
	反应谱横桥向输入	铁路谱	2 368	3 756	3 134	2	0
		公路谱	2 385	3 759	3 149	2	0
	恒载结果		−16 402	1 720	3 642	0	0
4 号墩墩底	反应谱顺桥向输入	铁路谱	1 568	23	108	15	69
		公路谱	1 586	23	109	15	69
	反应谱横桥向输入	铁路谱	8 454	3 978	14 080	725	3 379
		公路谱	8 470	3 981	14 091	739	3 443
	恒载结果		−20 525	176	−144	13	47

表 3—6—6　反应谱竖向输入时边跨拱肋部分截面地震内力

截面位置	反应谱类型	轴　力 (kN)	面外结果		面内结果	
			剪　力 (kN)	弯　矩 (kN·m)	剪　力 (kN)	弯　矩 (kN·m)
拱　脚 (活动支座处)	铁路谱	1 125	12	46	36	694
	公路谱	1 127	12	46	36	694
1/4 拱肋位置 (活动支座侧)	铁路谱	1 009	12	64	70	551
	公路谱	1 010	12	64	70	552
拱　顶	铁路谱	943	10	58	57	647
	公路谱	945	10	58	57	647
1/4 拱肋位置 (固定支座侧)	铁路谱	1 038	13	33	77	530
	公路谱	1 040	13	33	77	531
拱　脚 (固定支座处)	铁路谱	1 091	13	40	123	960
	公路谱	1 093	13	40	123	965

表 3—6—7　反应谱竖向输入时中跨拱肋上层钢管部分截面地震内力

截面位置	反应谱类型	轴　力 (kN)	面外结果		面内结果	
			剪　力 (kN)	弯　矩 (kN·m)	剪　力 (kN)	弯　矩 (kN·m)
拱　脚 (固定支座处)	铁路谱	487	4	21	34	182
	公路谱	490	4	21	34	183
1/4 拱肋位置 (固定支座侧)	铁路谱	710	7	18	28	121
	公路谱	716	7	18	28	121
拱　顶	铁路谱	742	5	24	18	102
	公路谱	749	5	24	18	102
1/4 拱肋位置 (活动支座侧)	铁路谱	606	4	16	22	52
	公路谱	610	4	16	22	52
拱　脚 (活动支座处)	铁路谱	500	10	18	40	160
	公路谱	503	10	18	40	161

表 3—6—8　反应谱竖向输入时中跨拱肋下层钢管部分截面地震内力

截面位置	反应谱类型	轴　力 (kN)	面外结果		面内结果	
			剪　力 (kN)	弯　矩 (kN·m)	剪　力 (kN)	弯　矩 (kN·m)
拱　脚 (固定支座处)	铁路谱	812	5	20	37	199
	公路谱	820	5	20	37	200
1/4 拱肋位置 (固定支座侧)	铁路谱	432	2	11	26	118
	公路谱	436	2	11	26	118
拱　顶	铁路谱	496	5	23	18	103
	公路谱	497	5	23	18	103
1/4 拱肋位置 (活动支座侧)	铁路谱	612	3	12	23	53
	公路谱	617	3	12	23	53
拱　脚 (活动支座处)	铁路谱	762	10	16	53	164
	公路谱	769	10	16	53	164

表 3—6—9　反应谱竖向输入时部分桥墩墩顶及墩底地震内力

截面位置	反应谱类型	轴　力（kN）	面外结果		面内结果	
			剪　力（kN）	弯　矩（kN·m）	剪　力（kN）	弯　矩（kN·m）
1 号墩墩顶	铁路谱	263	103	321	0	0
	公路谱	263	103	321	0	0
1 号墩墩底	铁路谱	276	23	87	2	9
	公路谱	276	23	87	2	9
2 号墩墩顶	铁路谱	775	166	558	1	0
	公路谱	776	166	558	1	0
2 号墩墩底	铁路谱	782	34	181	88	383
	公路谱	783	34	181	88	383
3 号墩墩顶	铁路谱	1 099	198	725	990	1
	公路谱	1 104	198	725	999	1
3 号墩墩底	铁路谱	1 120	85	365	1031	10 093
	公路谱	1 125	85	365	1 041	10 193
4 号墩墩顶	铁路谱	1 081	216	777	0	0
	公路谱	1 084	216	777	0	0
4 号墩墩底	铁路谱	1 094	79	324	59	273
	公路谱	1 097	79	324	59	274

从表 3—6—2 ~ 表 3—6—9 的结果可以看出，输入铁路反应谱和公路反应谱时，计算结果很接近。这与结构的自振特性及两种反应谱的特点是一致的。因为Ⅱ类场地铁路反应谱和公路反应谱的差别主要在于高频段（周期小于 0.1 s）和低频段（周期大于 1.5 s），在中频段，两者差别较小。而该桥对地震反应贡献较大的前 20 阶振型的周期位于 0.28 ~ 1.05 s 范围内，因此输入铁路反应谱和公路反应谱计算时，计算结果基本一致。

从反应谱计算结果可以看出，地震荷载较大的主要截面及其方向是：

（1） 边跨拱肋活动支座端拱脚处面外方向；

（2） 边跨拱肋固定支座端拱脚处面内方向；

（3） 中跨拱肋固定支座处下层钢管拱脚面外方向；

（4） 2 号墩墩底横桥方向；

（5） 3 号墩墩底顺桥方向。

四、时程反应计算

对于拉萨河大桥这样的复杂大跨结构，在抗震分析时，用动力时程法对其进行抗震验算也是必须的。由于场地资料较少，难以选择合适的地震记录，同时也为了与反应谱计算结果比较，在动力时程分析中，选择了两条人工地震波进行计算。人工地震波是以《铁路工程抗震设计规范》Ⅱ类场地反应谱为目标谱，用三角级数法合成的。图 3—6—14 和图 3—6—15 是时程分析中所采用的两条人工地震波。人工地震波的峰值为 2.0 m/s^2。关于人工地震波有以下两点需要说明：

（1）从图 3—6—14 和图 3—6—15 的时程曲线图可以看出，人工地震波具有较多的高频成分及明显的低频成分，这与合成人工地震波时所选用的目标谱有关。由于《铁路抗震设计规范》中的设计谱在高频段及低频段有两个与实际情况不完全相符的平台，导致合成的人工地震波既有明显的高频成分，又有明显的低频成分。

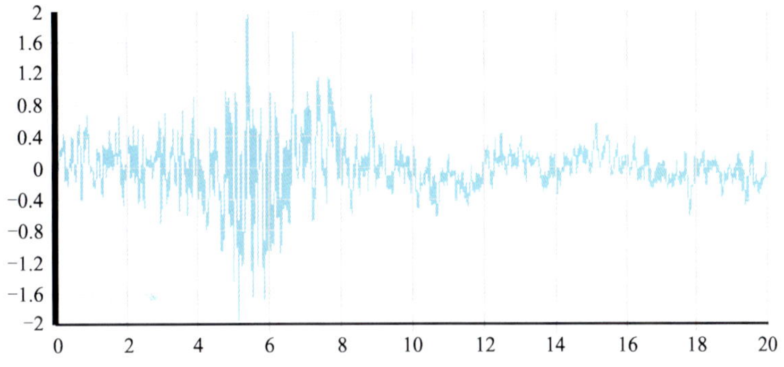

图 3—6—14 人工地震波 1（纵轴单位：m/s²）

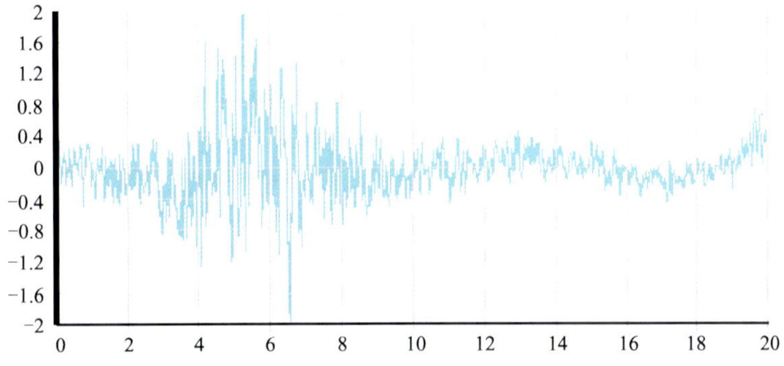

图 3—6—15 人工地震波 2（纵轴单位：m/s²）

（2）尽管合成的人工地震波中已有明显的低频成分，但比较人工地震波反应谱与目标反应谱可以发现，人工地震波反应谱在长周期段的谱值依然小于目标谱。在短周期段人工波反应谱值的误差也较大。

图 3—6—16 ~ 图 3—6—39 是部分截面的内力时程曲线和部分点的位移时程曲线。图中坐标横轴表示时间，单位均为秒。表 3—6—10 ~ 表 3—6—13 是部分截面时程分析结果最大值。从这些结果可以看出：多数情况下，时程分析结果小于反应谱结果。

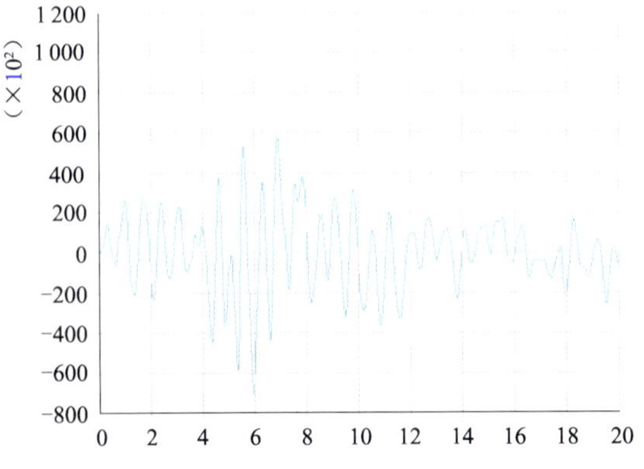

图 3—6—16 3 号墩墩底面内弯矩时程曲线
（地震波 1 顺桥向输入，纵轴单位：kN·m）

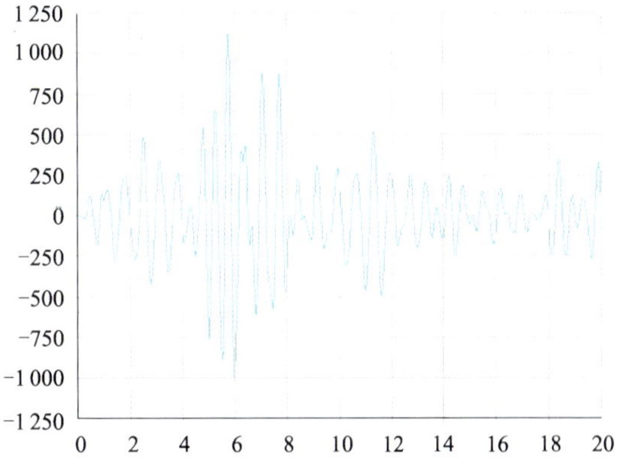

图 3—6—17 3 号墩墩顶轴力时程曲线
（地震波 1 顺桥向输入，纵轴单位：kN）

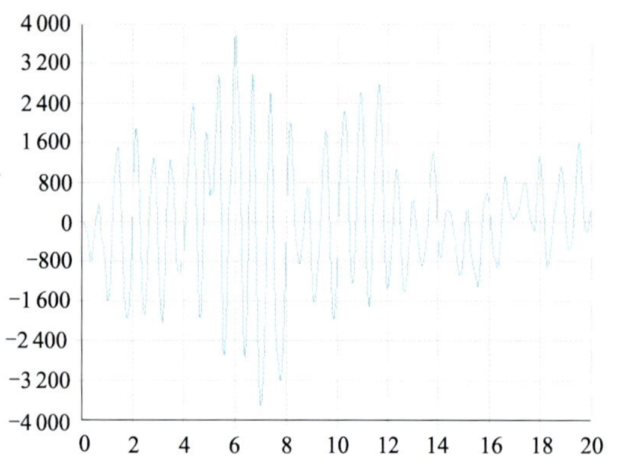

图 3—6—18　边拱拱脚（固定支座处）面内弯矩时程曲线
（地震波 1 顺桥向输入，纵轴单位：kN·m）

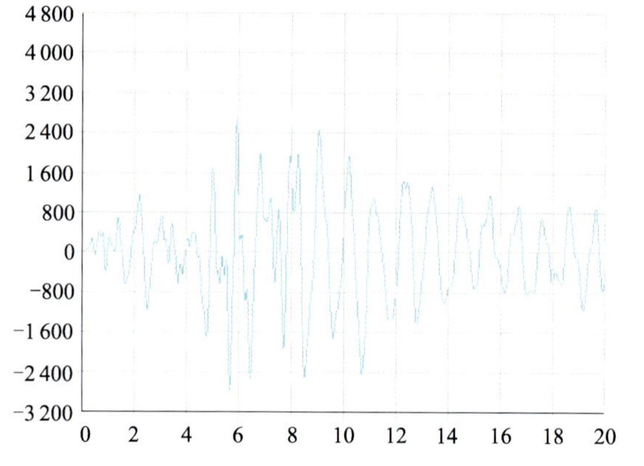

图 3—6—19　3 号墩墩底面内弯矩时程曲线
（地震波 1 横桥向输入，纵轴单位：kN·m）

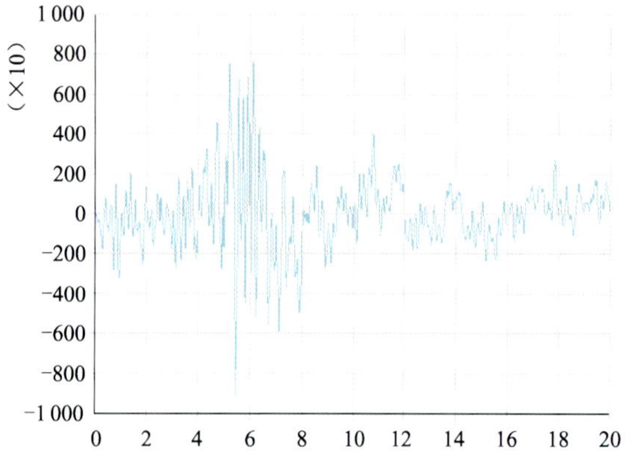

图 3—6—20　3 号墩墩底面外弯矩时程曲线
（地震波 1 横桥向输入，纵轴单位：kN·m）

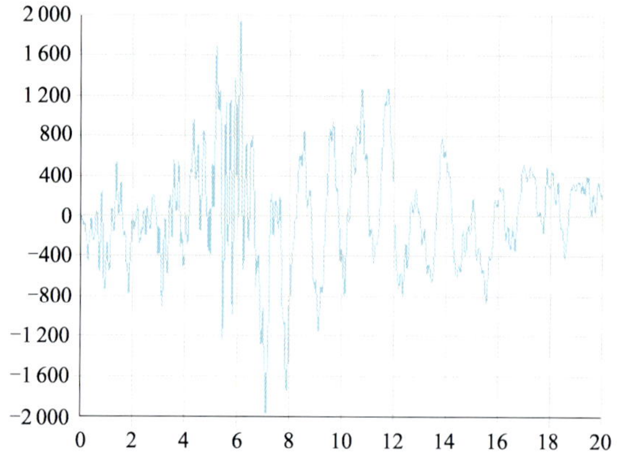

图 3—6—21　3 号墩墩顶轴力时程曲线
（地震波 1 横桥向输入，纵轴单位：kN）

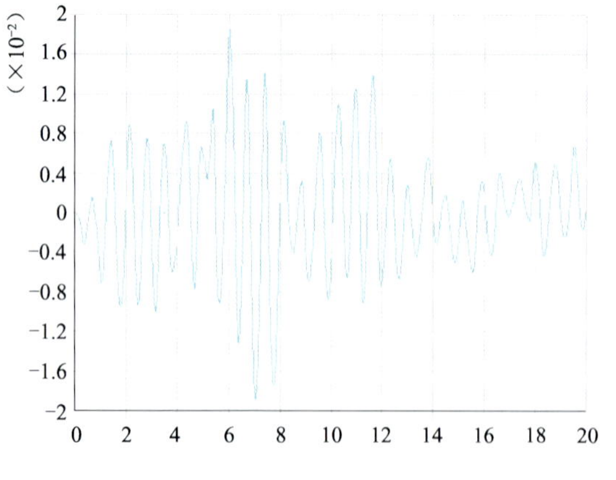

图 3—6—22　中拱拱顶顺桥向位移时程曲线
（地震波 1 顺桥向输入，纵轴单位：m）

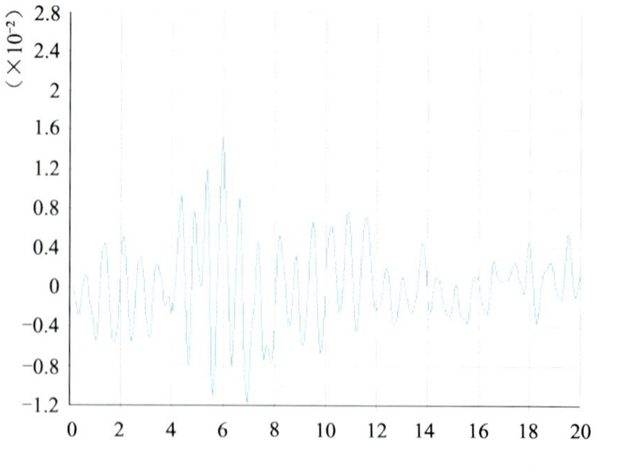

图 3—6—23　中跨跨中顺桥向位移时程曲线
（地震波 1 顺桥向输入，纵轴单位：m）

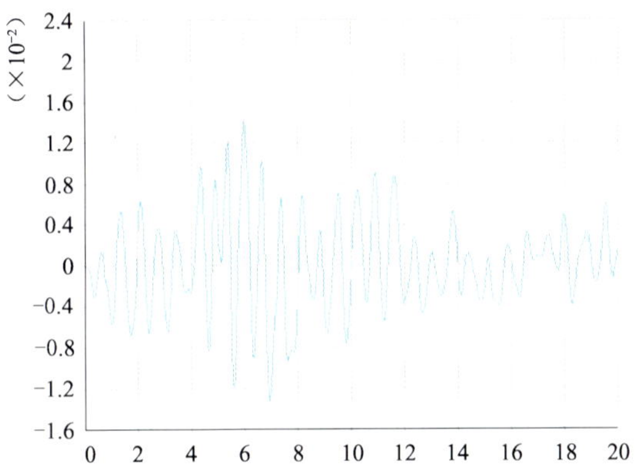

图 3—6—24　边拱拱顶顺桥向位移时程曲线
（地震波 1 顺桥向输入，纵轴单位：m）

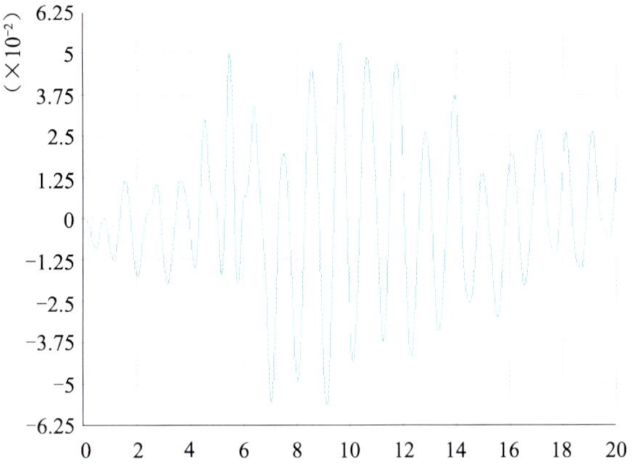

图 3—6—25　中拱拱顶横向位移时程曲线
（地震波 1 横桥向输入，纵轴单位：m）

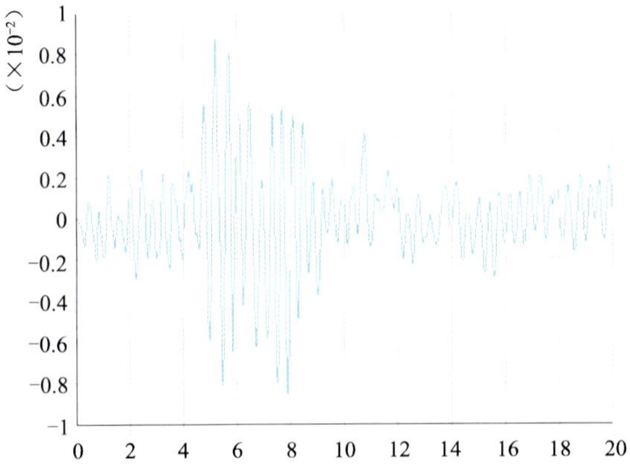

图 3—6—26　中跨跨中横向位移时程曲线
（地震波 1 横桥向输入，纵轴单位：m）

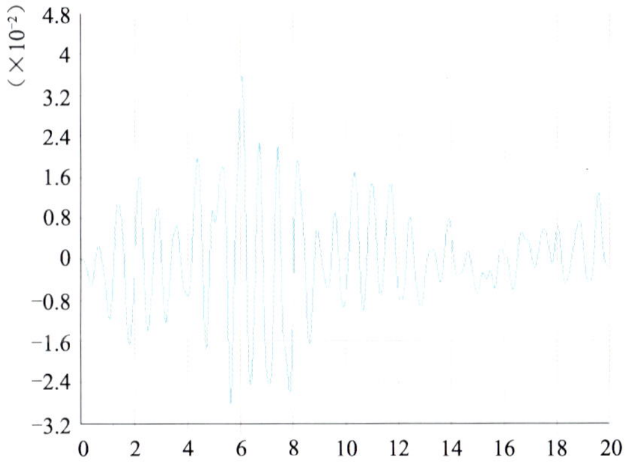

图 3—6—27　边拱拱顶横向位移时程曲线
（地震波 1 横桥向输入，纵轴单位：m）

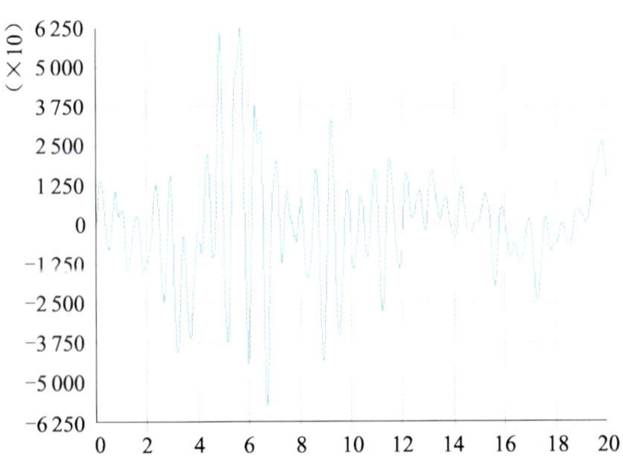

图 3—6—28　3 号墩墩底面内弯矩时程曲线
（地震波 2 顺桥向输入，纵轴单位：kN·m）

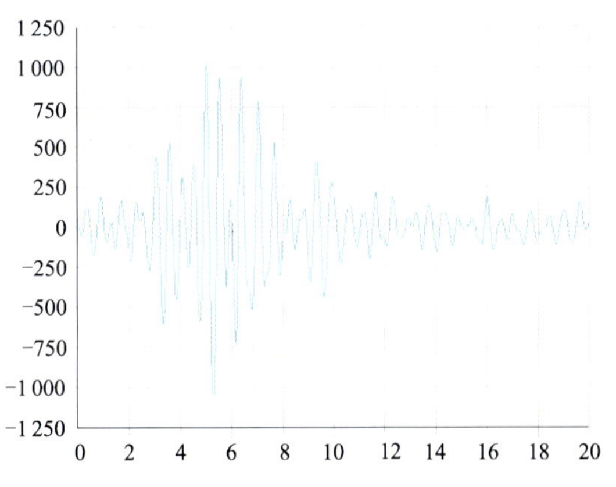

图 3—6—29　3 号墩墩顶轴力时程曲线
（地震波 2 顺桥向输入，纵轴单位：kN）

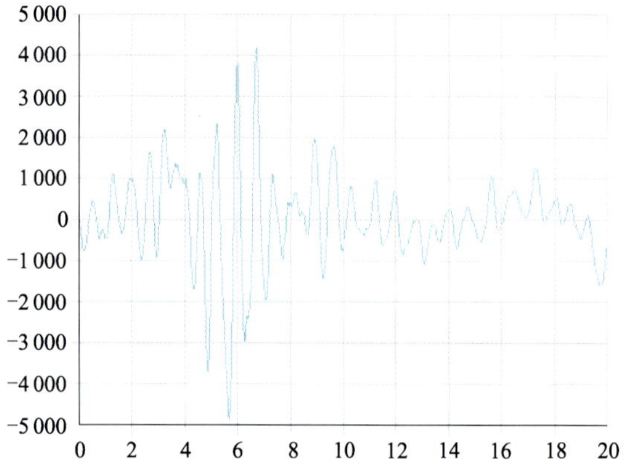

图 3—6—30　边拱拱脚（固定支座处）面内弯矩时程曲线
（地震波 2 顺桥向输入，纵轴单位：kN·m）

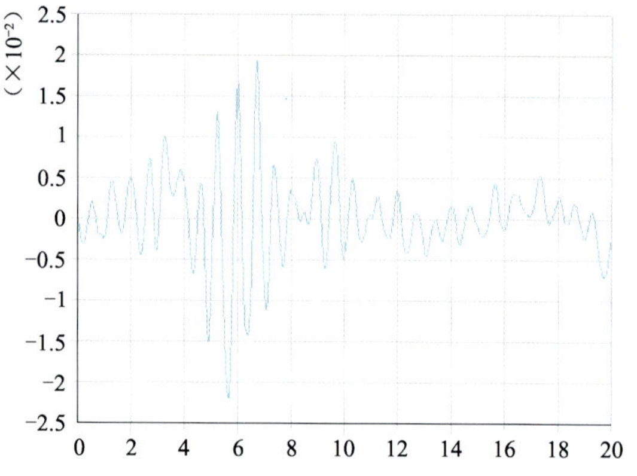

图 3—6—31　中拱拱顶顺桥向位移时程曲线
（地震波 2 顺桥向输入，纵轴单位：m）

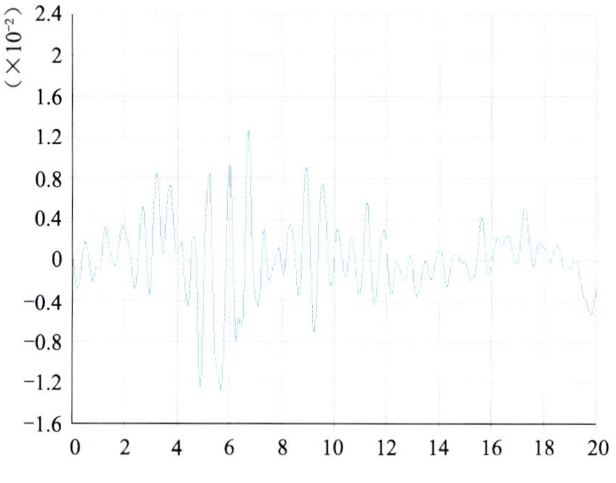

图 3—6—32　中跨跨中顺桥向位移时程曲线
（地震波 2 顺桥向输入，纵轴单位：m）

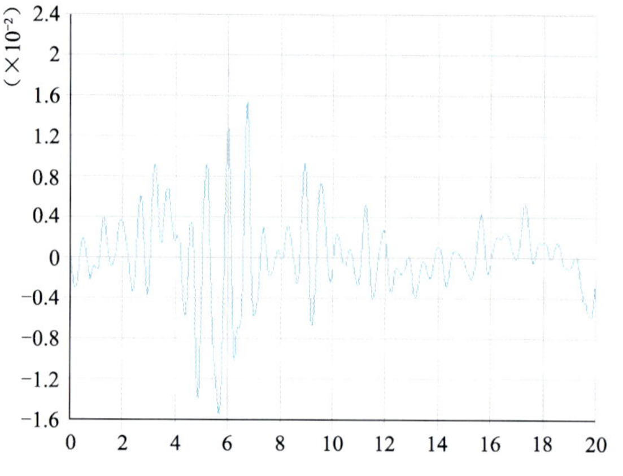

图 3—6—33　边拱拱顶顺桥向位移时程曲线
（地震波 2 顺桥向输入，纵轴单位：m）

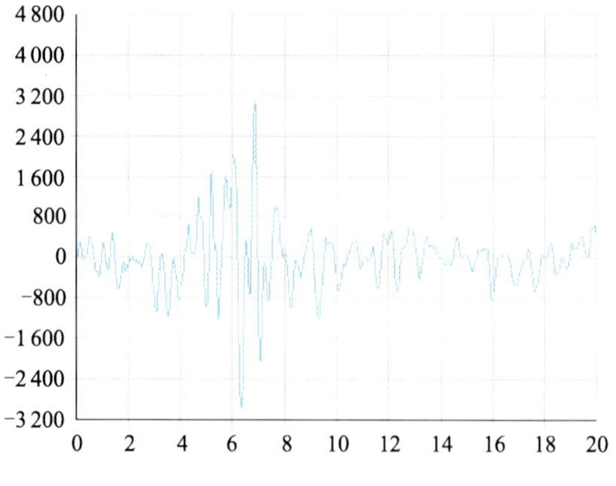

图 3—6—34　3 号墩墩底面内弯矩时程曲线
（地震波 2 横桥向输入，纵轴单位：kN·m）

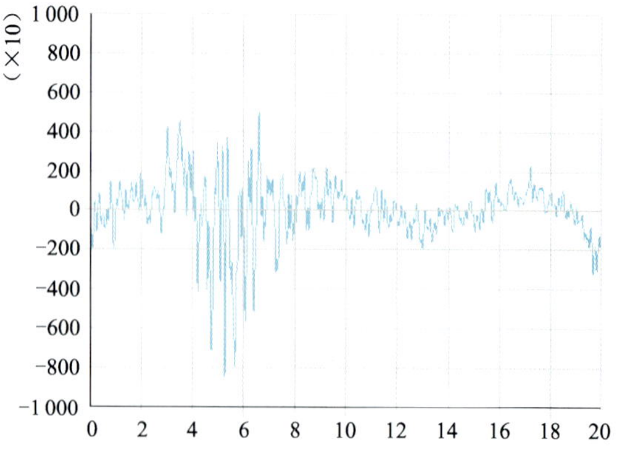

图 3—6—35　3 号墩墩底面外弯矩时程曲线
（地震波 2 横桥向输入，纵轴单位：kN·m）

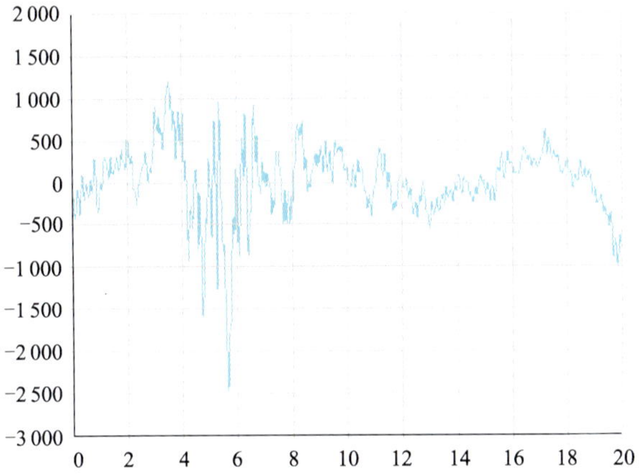

图 3—6—36　3 号墩墩顶轴力时程曲线
（地震波 2 横桥向输入，纵轴单位：kN）

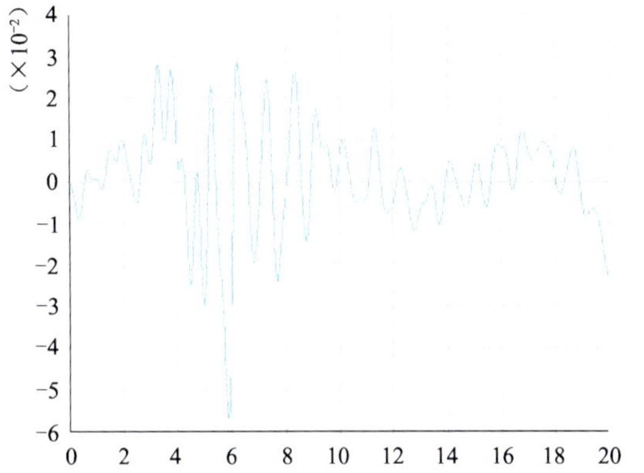

图 3—6—37　中拱拱顶横向位移时程曲线
（地震波 2 横桥向输入，纵轴单位：m）

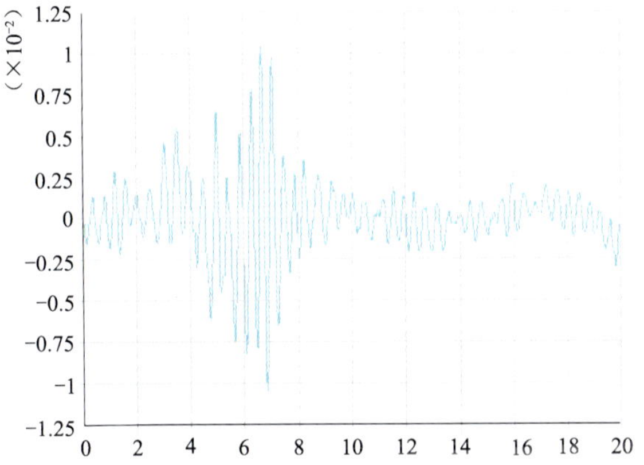

图 3—6—38　中跨跨中横向位移时程曲线
（地震波 2 横桥向输入，纵轴单位：m）

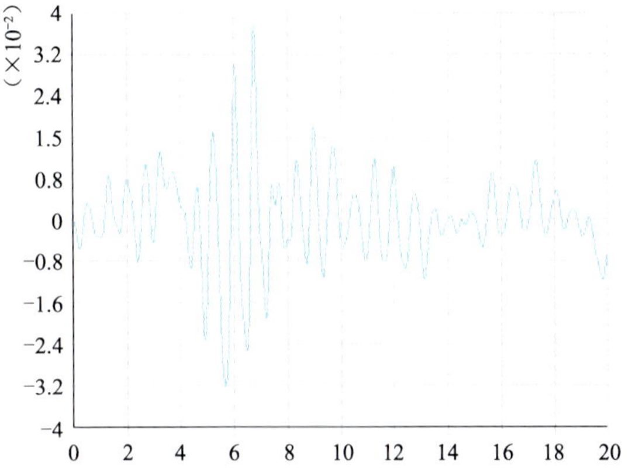

图 3—6—39　边拱拱顶横向位移时程曲线
（地震波 2 横桥向输入，纵轴单位：m）

表 3—6—10　边跨拱肋部分截面地震内力

截面位置	地震波输入方向	地震波类型	轴　力（kN）	面外结果		面内结果	
				剪　力（kN）	弯　矩（kN·m）	剪　力（kN）	弯　矩（kN·m）
拱　脚（活动支座处）	顺桥向输入	地震波 1	818	2	18	63	576
		地震波 2	1 052	2	23	65	757
	横桥向输入	地震波 1	729	282	1 275	25	339
		地震波 2	666	231	1 002	30	309
1/4 拱肋位置（活动支座侧）	顺桥向输入	地震波 1	702	3	12	36	1 113
		地震波 2	880	2	13	40	1 421
	横桥向输入	地震波 1	176	163	1 028	45	118
		地震波 2	158	163	1 191	52	103
拱　顶	顺桥向输入	地震波 1	614	7	27	103	584
		地震波 2	739	6	24	128	687
	横桥向输入	地震波 1	167	35	825	30	530
		地震波 2	177	39	880	31	602

续上表

截面位置	地震波输入方向	地震波类型	轴力(kN)	面外结果		面内结果	
				剪力(kN)	弯矩(kN·m)	剪力(kN)	弯矩(kN·m)
1/4 拱肋位置(固定支座侧)	顺桥向输入	地震波 1	609	7	12	151	1 123
		地震波 2	664	5	14	182	1 454
	横桥向输入	地震波 1	134	265	622	46	114
		地震波 2	139	249	691	56	99
拱脚(固定支座处)	顺桥向输入	地震波 1	601	25	208	291	3 891
		地震波 2	531	21	164	327	4 875
	横桥向输入	地震波 1	709	298	1187	97	476
		地震波 2	723	277	1 098	108	528

表 3—6—11　中跨拱肋上层钢管部分截面地震内力

截面位置	地震波输入方向	地震波类型	轴力(kN)	面外结果		面内结果	
				剪力(kN)	弯矩(kN·m)	剪力(kN)	弯矩(kN·m)
拱脚(活动支座处)	顺桥向输入	地震波 1	1 004	14	106	74	374
		地震波 2	975	13	86	56	287
	横桥向输入	地震波 1	473	97	461	9	51
		地震波 2	512	137	614	7	44
1/4 拱肋位置(固定支座侧)	顺桥向输入	地震波 1	1 260	11	23	43	181
		地震波 2	1 267	10	21	42	171
	横桥向输入	地震波 1	319	156	324	4	60
		地震波 2	310	159	314	4	59
拱顶	顺桥向输入	地震波 1	1 198	1	3	85	266
		地震波 2	918	0	3	64	208
	横桥向输入	地震波 1	124	27	455	6	34
		地震波 2	118	28	414	5	32
1/4 拱肋位置(活动支座侧)	顺桥向输入	地震波 1	1 101	5	16	23	112
		地震波 2	980	4	13	18	92
	横桥向输入	地震波 1	263	105	296	5	18
		地震波 2	256	103	284	5	17
拱脚(活动支座处)	顺桥向输入	地震波 1	738	1	21	62	276
		地震波 2	566	1	16	65	175
	横桥向输入	地震波 1	476	106	460	26	40
		地震波 2	509	154	611	28	36

表 3—6—12　中跨拱肋下层钢管部分截面地震内力

截面位置	地震波输入方向	地震波类型	轴　力 (kN)	面外结果		面内结果	
				剪　力 (kN)	弯　矩 (kN·m)	剪　力 (kN)	弯　矩 (kN·m)
拱　脚 (固定支座处)	顺桥向输入	地震波 1	1 204	14	108	76	393
		地震波 2	1 442	14	90	55	324
	横桥向输入	地震波 1	655	104	473	10	59
		地震波 2	689	144	638	8	49
1/4 拱肋位置 (固定支座侧)	顺桥向输入	地震波 1	1 055	3	13	41	150
		地震波 2	1 095	3	11	33	148
	横桥向输入	地震波 1	87	20	121	12	49
		地震波 2	99	17	123	10	48
拱　顶	顺桥向输入	地震波 1	516	0	3	86	267
		地震波 2	487	0	2	64	208
	横桥向输入	地震波 1	224	31	464	6	34
		地震波 2	233	32	417	5	32
1/4 拱肋位置 (活动支座侧)	顺桥向输入	地震波 1	1 263	4	8	24	100
		地震波 2	1 292	3	7	20	81
	横桥向输入	地震波 1	147	62	100	7	25
		地震波 2	117	65	109	6	21
拱　脚 (活动支座处)	顺桥向输入	地震波 1	1 438	2	20	98	237
		地震波 2	1 336	2	14	94	159
	横桥向输入	地震波 1	647	112	472	31	46
		地震波 2	683	161	637	34	40

表 3—6—13　部分桥墩墩顶及墩底地震内力

截面位置	地震波输入方向	地震波类型	轴　力 (kN)	面外结果		面内结果	
				剪　力 (kN)	弯　矩 (kN·m)	剪　力 (kN)	弯　矩 (kN·m)
1 号墩墩顶	顺桥向输入	地震波 1	109	38	130	50	0
		地震波 2	122	43	146	44	0
	横桥向输入	地震波 1	406	658	742	2	0
		地震波 2	410	725	643	2	0
1 号墩墩底	顺桥向输入	地震波 1	109	1	8	1 091	5 144
		地震波 2	123	1	9	913	4 268
	横桥向输入	地震波 1	1 945	1 430	2 882	52	173
		地震波 2	1 844	1 140	2 545	54	180
2 号墩墩顶	顺桥向输入	地震波 1	275	73	246	50	0
		地震波 2	287	89	299	44	0
	横桥向输入	地震波 1	1 737	2 667	2 524	2	0
		地震波 2	1 288	2 336	2 252	2	0

续上表

截面位置	地震波输入方向	地震波类型	轴力(kN)	面外结果		面内结果	
				剪力(kN)	弯矩(kN·m)	剪力(kN)	弯矩(kN·m)
2号墩墩底	顺桥向输入	地震波1	275	1	16	1091	5 143
		地震波2	288	1	18	913	4 268
	横桥向输入	地震波1	6 405	3 161	8 136	385	1 292
		地震波2	5 028	2 883	7 046	337	1 130
3号墩墩顶	顺桥向输入	地震波1	1 121	303	1 024	7 791	0
		地震波2	1 053	203	687	6 822	0
	横桥向输入	地震波1	1 978	3 240	2 853	614	0
		地震波2	2 458	3 007	2 506	704	0
3号墩墩底	顺桥向输入	地震波1	1 118	6	57	8 061	71 214
		地震波2	1 051	5	41	7 082	62 486
	横桥向输入	地震波1	6 829	3 904	9 129	544	2 765
		地震波2	7 374	3 529	8 423	632	3 089
4号墩墩顶	顺桥向输入	地震波1	1 245	308	1 040	44	0
		地震波2	886	223	752	40	0
	横桥向输入	地震波1	1 978	3 235	2 855	1	0
		地震波2	2 454	3 003	2 507	1	0
4号墩墩底	顺桥向输入	地震波1	1 244	6	59	1 083	5 037
		地震波2	885	4	44	963	4 583
	横桥向输入	地震波1	6 814	3 899	9 113	528	1 931
		地震波2	7 357	3 524	8 413	620	2 266

五、关键截面地震内力及抗震措施

反应谱分析中得到的地震内力较大的六个截面见表3—6—14。表中恒载是按成桥状态计算的，没有考虑施工过程。

表3—6—14　关键截面内力

截面位置及方向	地震荷载		恒载	
	轴力(kN)	弯矩(kN·m)	轴力(kN)	弯矩(kN·m)
边跨拱脚(活动支座处)面外方向	946	1 359	6 441	0
边跨拱脚(固定支座处)面内方向	788	5 786	6 406	1 416
中跨拱脚下层钢管(固定支座处)面外方向	912	630	6 388	13
2号墩横桥向	7 064	12 654	13 927	225
3号墩顺桥向	1 494	87 038	20 525	0

需要说明的是，表中地震荷载结果没有考虑综合影响系数。按《公路工程抗震设计规范》，桥墩的综合影响系数取0.3，拱肋的综合影响系数取0.35，则实际地震荷载仅为表中结果的30%～35%。

由于拱肋为钢管混凝土，且地震荷载折减后较小，地震不控制设计，故可以不检算。2号墩横桥向地震力较小，不控制设计。

3号墩顺桥向的墩底弯矩较大，下面只对3号墩墩底的合力偏心进行检算。综合影响系数参考《公路工程抗震设计规范》取0.3，则折减后的墩底弯矩为26 111.4 kN·m。地震作用下的墩底轴力较小，可以不考虑，恒载所产生的墩底轴力为 20 525 kN，则墩底的合力偏心为：26 111.4/20 525 = 1.27。桥墩在顺桥向可以简化为两个圆形墩，墩底的直径为 5 m，按照《铁路工程抗震设计规范》，允许偏心距为 1.75。墩底截面合力偏心距未超出允许值，因此可以不进行配筋设计，只需设护面钢筋。

但由于拉萨河大桥为青藏铁路线上的重点工程，为防止遭遇罕遇大震时结构倒塌，作为抗震措施还应注意桥墩的延性设计。从地震荷载可以看出，桥墩潜在的塑性铰区位于墩底，参考国内外公路规范，塑性铰区的长度一般可取为 max(b_{max}，h_c/6，500 mm)，其中，b_{max} 是横截面的最大尺寸，h_c 是桥墩净高。

对塑性铰区的箍筋应注意加密。加密区段的箍筋配置及箍筋接头可按《公路工程抗震设计规范》第 4.4.19 条规定采用。

国外有些规范规定，纵向钢筋的配筋率一般介于 1% ~4% 之间。我国桥梁抗震规范对纵向钢筋的配筋率没有明确规定，但按照我国《混凝土结构设计规范》，纵向钢筋的全截面配筋率的低限可取 0.5% ~0.6% 之间，纵筋之间的最大间距不超过 20 cm。

第七节　拉萨河大桥动力特性及行车性能分析

一、车辆（机车）空间振动分析模型

车辆（机车）空间振动分析模型如图 3—7—1 所示，分析中采用以下假定：

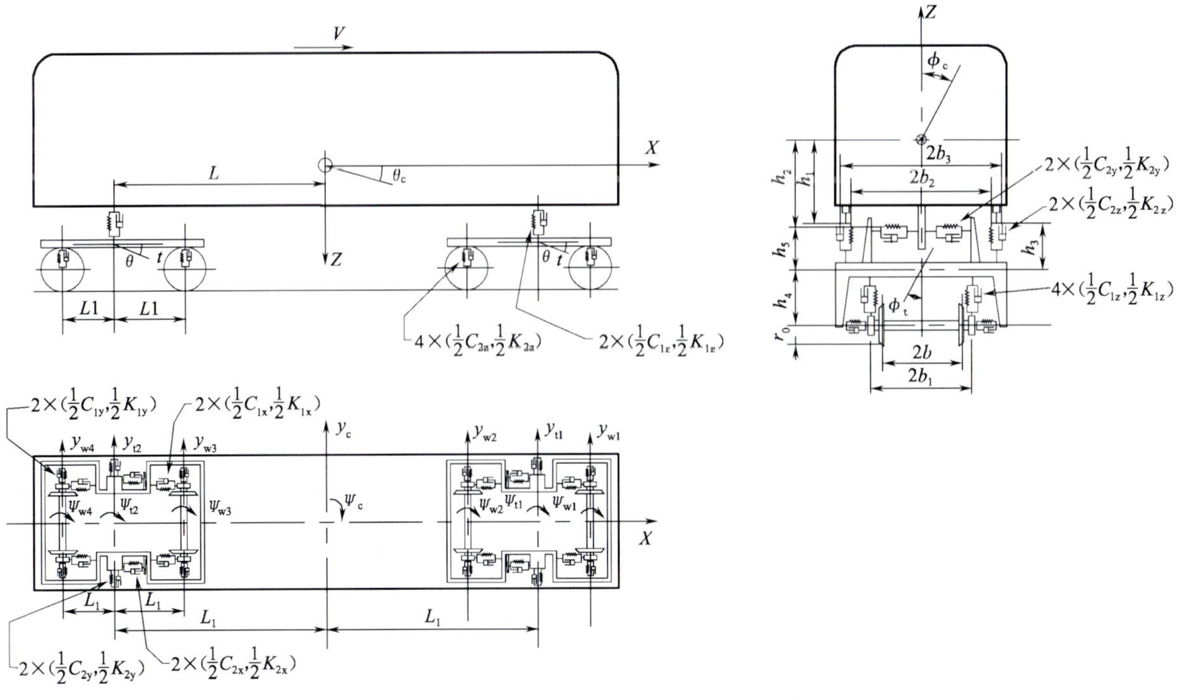

图 3—7—1　车辆（机车）空间振动分析模型

（1）车体、转向架和轮对均假设为刚体；

（2）不考虑机车、车辆纵向振动及其对桥梁振动与行车速度的影响；

（3）轮对、转向架和车体均作微振动；

（4）所有弹簧均为线性，所有阻尼按黏滞阻尼计算，蠕滑力按线性计算；

（5）沿铅垂方向，轮对与钢轨密贴，即轮对与钢轨的竖向位移相同；

（6）忽略构架点头运动及轮对侧滚和摇头运动。

这样，车体空间振动有侧摆、侧滚、摇头、点头、浮沉等 5 个自由度；每个构架有侧摆、侧滚、摇头、点头、浮沉 5 个自由度；每个轮对有侧摆、摇头等 2 个自由度，故每辆四轴车辆共有 23 个自由度，每辆六轴机车共有 27 个自由度。

二、桥梁空间振动分析模型

对于主梁采用梁段有限元法建模，对于钢桥采用桁段有限元法建模，梁、墩、桩结构均采用空间梁元建模。桥梁有限单元划分示意图分别如图 3—7—2 和图 3—7—3 所示。分析模型确定后，就可由动力学势能驻值原理及形成矩阵的“对号入座”法则，建立桥梁刚度、质量、阻尼矩阵。

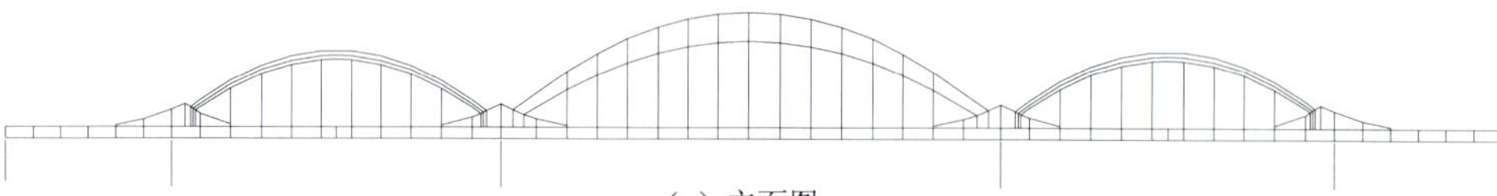

（a）立面图

（b）平面图

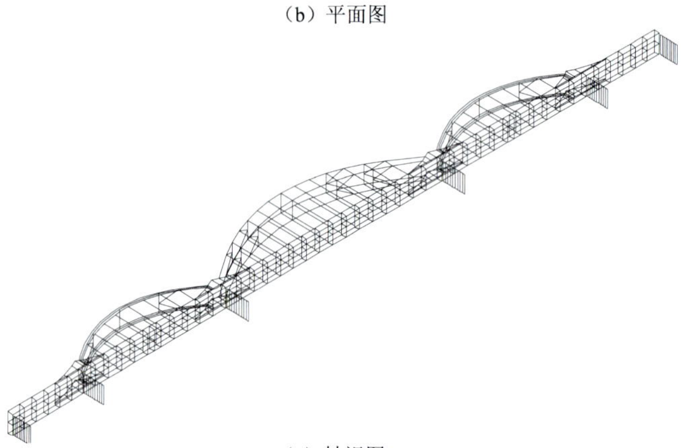

（c）轴视图

图 3—7—2　单箱双室箱梁方案桥梁有限单元划分示意

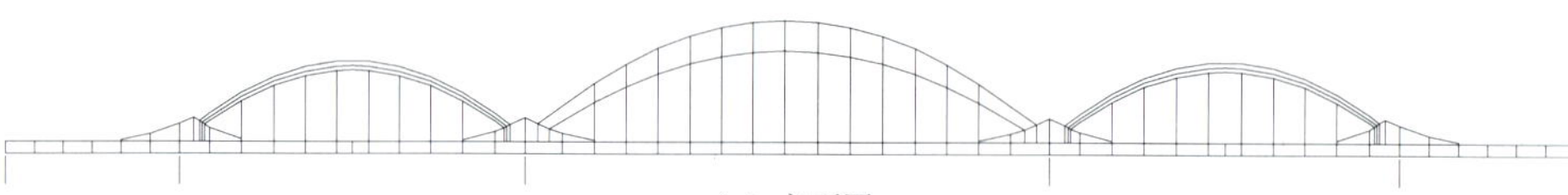

（a）立面图

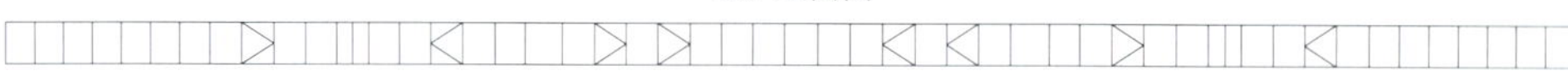

（b）平面图

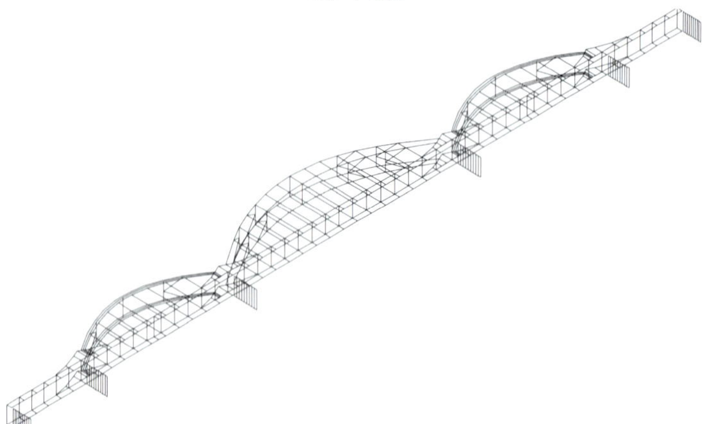

（c）轴视图

图 3—7—3　双纵梁方案桥梁有限单元划分示意

三、列车安全、舒适和平稳运行的评估标准

列车安全运行系指车轮不脱轨。舒适和平稳运行则表明车辆（包括机车）振动不太激剧，不会引起乘客和司机的不安全感，车辆弹簧变形不致太大，装载的货物具有运输安全性。车辆振动的平稳性与舒适性是有区别的。平稳性指标是判定车辆本身的振动情况，舒适度则表明车辆机械振动对司机、旅客感觉影响的评价。判别列车是否安全、舒适、平稳运行，是个非常困难的问题，国内外尚未有满意解决这个问题的办法。根据长期实践经验，一般以脱轨系数 Q/P 及轮压减载率 $\Delta P/P$ 的大小来评估脱轨安全度。对此，各国规定不一样。我国车辆科研部门建议的脱轨系数安全指标为 $Q/P=1.2$（危险限度）及 $Q/P=1.0$（允许限度）；建议的轮压减载率安全指标为 $\Delta P/P=0.65$（危险限度）及 $\Delta P/P=0.60$（允许限度）。日本在计算地震引起的车辆横向振动响应时，假定脱轨系数 $Q/P=2.0$ 时便发生脱轨，日本在铁路轨道上进行原型车辆振动试验时，采取的脱轨系数和轮压减载率的允许极限值都为0.8，车轮横向摇摆力的允许极限值为58.8 kN。

判别列车是否舒适（对机车、客车而言）和平稳（对货车而言）运行没有统一标准。日本用杰奈威（Janeway）舒适度系数 $J=1\sim1.5$ 来判定，其舒适度分级见表3—7—1。J 是频率和加速度的函数，$J=1$ 时的允许最大加速度为0.2g。由此可知，日本规定客车车体允许最大加速度为0.2g，是对 $J=1$ 而定的，是要求有非常良好的舒适度的允许最大车体加速度。

表3—7—1　杰奈威舒适度

舒适度系数 J	舒适度	分　级
1以下	非常良好	①
1～1.5	良好	②
1.5～2.0	一般	③
2.0～3.0	不好	④
3.0以上	非常不好	⑤

我国、德国等国采用斯佩林（Sperling）舒适度、平稳性指标 W_z（表3—7—2、表3—7—3）来评定车辆舒适度和平稳性。各国根据科学技术发展情况及铁路车辆运用经验，客车舒适度指标的最大允许值 W_{zmax} 约在2.5～3.25之间，车辆平稳性指标 W_z 的合格标准为4～4.25。我国铁道机车动力学性能试验鉴定方法及评定标准（TB/T2360—93）规定：机车运行平稳性（指司机的舒适度）等级见表3—7—4。我国铁道车辆动力学性能评定和试验鉴定规范（GB 5599—85）规定：（1）客车运行平稳性（旅客乘坐的舒适性）分别按平稳性指标和平均最大振动加速度评定；（2）货车运行平稳性等级见表3—7—5；（3）货车允许最大振动加速度为0.7g（垂向）和0.5g（横向）；货车运行平稳性（确定运送货物的完整性）分别按平稳性指标、最大振动加速度和平均最大振动加速度评定。

表3—7—2　车辆舒适度评定标准

W_z	舒适度（人对振动的感觉）
1	感觉有振动
2	感觉明显振动
2.5	明确地感到振动、感觉舒服
3	振动强烈而不规则，但能够忍受
3.25	振动非常不规则，感觉不舒服
3.5	振动极端不规则，时间长则不能忍受
4	极端不舒适，时间长则对人体有害

表3—7—3　车辆平稳性评价标准

W_z	振动平稳特性（车辆）
1	优
2	良好
3	可以满足
4	允许运行
4.5	不允许运行
5	危险

表3—7—4　机车平稳性评定等级

	A_{max}（m/s²）		A_w（m/s²）		W_Z
	垂　向	横　向	垂　向	横　向	
优良	2.45	1.47	0.393	0.273	2.75
良好	2.95	1.96	0.586	0.407	3.10
合格	3.63	2.45	0.840	0.580	3.45

注：表中 A_{max} 为最大振动加速度，A_w 为加权平均加速度。

表 3—7—5　货车运行平稳性等级

平稳性等级	评　定	平稳性指标 W
1 级	优	<3.5
2 级	良好	3.5～4.0
3 级	合格	4.0～4.25

前苏联从线路结构与列车的相互作用出发，编制了判定车辆“运转性能”的准则，根据它确定车辆运行构造速度和最大容许运行速度。按照这个准则，车辆运转情况的指标为：车辆竖向动力系数，车辆车体的竖向振动加速度及线路平滑指标见表 3—7—6。同时指出确定构造速度时，对于旅客车辆推荐相应于“尚可的运转性能”的动力指标来确定，而对于货物列车按相应于“最大容许运转性能”的动力指标来确定；旅客车辆沿桥运行时的动力指标不应离开“良好”的范围，而货物车辆不应离开“尚可的运转性能”的范围。

表 3—7—6　前苏联规定的车辆运转情况指标

运转性状的判定		下列车辆的竖向动力系数和竖向加速度（以 g 计）	
等级	质量的判定	旅客车辆	货物车辆
Ⅰ	优良的	<0.1	<0.20
Ⅱ	良好的	0.10～0.15	0.20～0.35
Ⅲ	尚可的（对于旅客列车是容许的）	0.16～0.20	0.36～0.45
Ⅳ	最大容许的（对于货物车辆）	0.21～0.35	0.46～0.65
Ⅴ	对于正规运行不适宜（按对建筑物、旅客和运营人员的动力作用）	≥0.36	≥0.66
Ⅵ	运行中不安全（按车辆的稳定性和对人体的作用）	≥0.7	≥0.7

前述各国规定的车辆运行舒适度与平稳性评定标准基本接近。其次，对比 GB 5599—85 规定及斯佩林舒适度与平稳性评价标准可知，斯佩林标准较严。再次，前述杰奈威舒适度指标 J 只用来评价乘客的舒适度，不用于评价货车运行的平稳性。另外为保证该桥本身的动力稳定性和耐久性，桥梁本身的振动加速度不宜大于 0.35g。

综上所述，参考以上各种指标对该桥的动力特性和行车性能进行了评判，经分析该桥所采用的列车运行安全性和舒适性评判标准如下：

1. 安全性指标

脱轨系数：≤0.8

轮重减载率：≤0.6

2. 乘坐舒适性（客车车辆）

车体振动加速度：竖向≤0.25g

　　　　　　　　横向≤0.20g（中速）

舒适性评价指标：优：<2.50

　　　　　　　　良：2.50～2.75

　　　　　　　　合格：2.75～3.00

3. 运行平稳性（货车车辆）

车体振动加速度：≤0.70g = 7.0 m/s^2（半峰值，竖向）

　　　　　　　　≤0.50g = 5.0 m/s^2（半峰值，横向）

平稳性评价指标：优：<3.50

良好：3.50～4.00

合格：4.00～4.25

4. 机车运行平稳性

车体振动加速度：≤0.365g=3.65 m/s^2（半峰值，竖向）

≤0.245g=2.45 m/s^2（半峰值，横向）

平稳性评价指标：优：<2.75

良好：2.75～3.10

合格：3.10～3.45

5. 桥梁加速度响应限值

桥梁竖向加速度响应限值<3.5 m/s^2

桥梁横向加速度响应限值<1.5 m/s^2

四、列车—桥梁时变系统空间振动响应计算结果及对结果的分析

根据前述计算模型与计算原理，对该桥进行了列车—桥梁时变系统空间振动响应计算。计算列车分旅客列车和货物列车两种。对旅客列车采用常规编组即1辆DF_{11}内燃机车牵引18辆准高速客车进行计算；对货物列车而言，按布满中跨要求取编组工况为1辆DF_4内燃机车牵引20辆C_{62}货车。现分别按以下各工况计算：

（1）单线货物列车分别以50 km/h、60 km/h、70 km/h、80 km/h通过桥梁；

（2）单线旅客列车分别以80 km/h、100 km/h、120 km/h、140 km/h通过桥梁；

对以上各类工况的车桥系统空间振动响应计算与分析如下：

（一）货物列车过桥时车桥系统空间振动响应计算

1. 单箱双室箱梁方案

货物列车通过桥梁时车桥系统空间振动响应计算结果如下：

（1）桥梁各跨跨中最大位移见表3—7—7；

表3—7—7　货物列车通过单箱双室箱梁方案桥梁时桥梁各跨跨中桥面最大位移（mm）

跨数 \ 车速（km/h）		50	60	70	80	最大值
桥面横向	第1跨	0.05	0.05	-0.06	0.05	-0.06
	第2跨	-0.05	0.14	-0.17	-0.14	-0.17
	第3跨	0.10	0.55	-0.69	0.60	-0.69
	第4跨	0.04	0.18	0.17	0.16	0.18
	第5跨	-0.01	0.05	-0.05	-0.05	-0.05
桥面竖向	第1跨	2.97	2.91	2.96	2.97	2.97
	第2跨	5.18	5.29	5.28	5.31	5.31
	第3跨	13.64	13.61	13.63	14.73	14.73
	第4跨	5.18	5.49	5.28	5.60	5.60
	第5跨	3.30	3.53	3.39	3.36	3.53
最大挠度冲击系数		1.02	1.01	1.02	1.10	1.10

（2）桥梁各跨跨中最大加速度见表3—7—8；

表 3—7—8 货物列车通过单箱双室箱梁方案桥梁时桥梁各跨跨中桥面最大加速度（m/s^2）

跨数 \ 车速（km/h）		50	60	70	80	最大值
桥面横向	第 1 跨	0.20	−0.21	0.25	0.20	0.25
	第 2 跨	−0.07	−0.09	0.07	0.08	−0.09
	第 3 跨	0.02	−0.03	0.04	−0.06	−0.06
	第 4 跨	0.06	−0.07	−0.07	0.07	−0.07
	第 5 跨	−0.06	−0.07	0.09	−0.09	−0.09
桥面竖向	第 1 跨	0.14	−0.29	0.62	0.24	0.62
	第 2 跨	0.08	0.28	0.18	−0.13	0.28
	第 3 跨	−0.10	0.14	0.22	−0.23	−0.23
	第 4 跨	0.10	−0.27	0.26	−0.11	−0.27
	第 5 跨	0.13	−0.26	−0.38	−0.21	−0.38

（3）列车运行安全性和平稳性计算结果见表 3—7—9。

表 3—7—9 货物列车通过单箱双室箱梁方案桥梁时列车运行安全性和平稳性计算结果

速度（km/h）	机车动力响应							车辆动力响应						
	脱轨系数 Q/P	轮重减载率 $\Delta P/P$	摇摆力（kN）	竖向加速度（m/s^2）	横向加速度（m/s^2）	Sperling 舒适度指标 竖向	Sperling 舒适度指标 横向	脱轨系数 Q/P	轮重减载率 $\Delta P/P$	摇摆力（kN）	竖向加速度（m/s^2）	横向加速度（m/s^2）	Sperling 平稳性 竖向	Sperling 平稳性 横向
50	0.20	0.25	20.31	1.19	1.67	2.76	2.15	0.19	0.12	15.46	0.93	0.59	2.20	2.75
60	0.21	0.20	24.41	2.32	1.97	2.99	2.31	0.21	0.36	21.85	1.06	1.03	2.81	2.39
70	0.28	0.31	23.35	2.70	1.92	3.05	2.33	0.29	0.34	23.84	1.49	1.12	2.98	3.13
80	0.37	0.28	26.66	2.94	1.92	3.08	2.69	0.45	0.48	28.33	2.64	1.30	3.27	2.96
最大值	0.37	0.31	26.66	2.94	1.97	3.08	2.69	0.45	0.48	28.33	2.64	1.30	3.27	3.13
评定标准	<0.8	<0.6	<78.4	优：<2.45 良：<2.95 合格：<3.63	优：<1.47 良：<1.96 合格：<2.45	优：<2.75 良：<3.10 合格：<3.45		<0.8	<0.6	<58.5	<7.0	<5.0	优：<3.5 良：<4.0 合格：<4.25	

由上述计算结果可知：

桥梁各跨跨中横向最大动位移为 0.69 mm，竖向最大动位移为 14.73 mm；

横向最大加速度为 0.25 m/s^2，竖向最大加速度为 0.62 m/s^2，远小于 3.5 m/s^2；

列车行车安全性：列车最大脱轨系数 0.45 <0.8，列车最大轮压减载率 0.48 <0.6，故行车安全性可以得到保证；

列车行车平稳性/舒适性：货车车辆横向平稳性指标为 3.13，竖向平稳性指标为 3.27，均达到“优”。机车司机台处横向舒适度指标为 2.69，达到“优”，竖向舒适度指标为 3.08，达到“良好”。

2. 双纵梁方案

货物列车通过桥梁时车桥系统空间振动响应计算结果如下：

（1）桥梁各跨跨中最大位移见表 3—7—10；

表 3—7—10　货物列车通过双纵梁方案桥梁时桥梁各跨跨中桥面最大位移（mm）

跨数 \ 车速（km/h）		50	60	70	80	最大值
桥面横向	第 1 跨	0.05	-0.06	-0.06	-0.06	-0.06
	第 2 跨	-0.05	0.10	0.13	0.12	0.13
	第 3 跨	-0.09	0.48	0.62	0.54	0.62
	第 4 跨	-0.05	0.17	0.16	0.16	0.17
	第 5 跨	-0.01	0.04	-0.05	0.04	-0.05
桥面竖向	第 1 跨	3.32	3.26	3.32	3.33	3.33
	第 2 跨	5.04	5.30	5.11	5.14	5.30
	第 3 跨	14.00	14.09	14.04	15.26	15.26
	第 4 跨	4.97	5.20	4.99	5.23	5.23
	第 5 跨	3.74	3.89	3.77	3.80	3.89
最大挠度冲击系数		1.01	1.02	1.02	1.10	1.10

（2）桥梁各跨跨中最大加速度见表 3—7—11；

表 3—7—11　货物列车通过双纵梁方案桥梁时桥梁各跨跨中桥面最大加速度（m/s^2）

跨数 \ 车速（km/h）		50	60	70	80	最大值
桥面横向	第 1 跨	0.20	0.22	0.26	0.21	0.26
	第 2 跨	-0.06	-0.09	0.08	0.09	-0.09
	第 3 跨	-0.04	-0.04	0.05	0.06	0.06
	第 4 跨	0.05	-0.05	-0.03	0.04	0.05
	第 5 跨	0.07	0.09	-0.13	-0.11	-0.13
桥面竖向	第 1 跨	0.13	-0.25	-0.28	0.19	-0.28
	第 2 跨	0.10	0.25	0.29	0.13	0.29
	第 3 跨	-0.11	-0.10	-0.17	-0.24	-0.24
	第 4 跨	-0.14	-0.26	0.24	-0.17	-0.26
	第 5 跨	0.14	-0.26	-0.34	0.24	-0.34

（3）列车运行安全性和平稳性计算结果见表 3—7—12。

表 3—7—12　货物列车通过双纵梁方案桥梁时列车运行安全性和平稳性计算结果

速度（km/h）	机车动力响应							车辆动力响应						
	脱轨系数 Q/P	轮重减载率 $\Delta P/P$	摇摆力（kN）	竖向加速度（m/s^2）	横向加速度（m/s^2）	Sperling 舒适度指标		脱轨系数 Q/P	轮重减载率 $\Delta P/P$	摇摆力（kN）	竖向加速度（m/s^2）	横向加速度（m/s^2）	Sperling 平稳性	
						竖向	横向						竖向	横向
50	0.20	0.25	21.03	1.24	1.71	2.77	2.39	0.19	0.12	15.54	0.94	0.62	2.28	2.83
60	0.22	0.21	25.02	2.33	2.01	3.00	2.50	0.22	0.37	22.52	1.06	1.03	2.88	2.42
70	0.28	0.32	24.23	2.77	2.00	3.05	2.62	0.30	0.35	24.19	1.58	1.15	3.13	3.20

续上表

速度(km/h)	机车动力响应							车辆动力响应						
	脱轨系数 Q/P	轮重减载率 $\Delta P/P$	摇摆力(kN)	竖向加速度(m/s^2)	横向加速度(m/s^2)	Sperling 舒适度指标		脱轨系数 Q/P	轮重减载率 $\Delta P/P$	摇摆力(kN)	竖向加速度(m/s^2)	横向加速度(m/s^2)	Sperling 平稳性	
						竖向	横向						竖向	横向
80	0.38	0.29	27.30	2.99	1.98	3.11	2.74	0.47	0.50	28.86	2.69	1.34	3.32	3.10
最大值	0.38	0.32	27.30	2.99	2.01	3.11	2.74	0.47	0.50	28.86	2.69	1.34	3.32	3.20
评定标准	0.8	0.6	78.4	优：<2.45 良：<2.95 合格：<3.63	优：<1.47 良：<1.96 合格：<2.45	优：<2.75 良：<3.10 合格：<3.45		0.8	0.6	58.5	7.0	5.0	优：<3.5 良：<4.0 合格：<4.25	

由上述计算结果可知：

桥梁各跨跨中横向最大动位移为0.62 mm，竖向最大动位移为15.26 mm；

横向最大加速度为0.26 m/s^2，竖向最大加速度为0.34 m/s^2，远小于3.5 m/s^2；

列车行车安全性：列车最大脱轨系数0.47<0.8，列车最大轮压减载率0.50<0.6，故行车安全性可以得到保证；

列车行车平稳性/舒适性：货车车辆横向平稳性指标为3.20，竖向平稳性指标为3.32，均达到“优”。机车司机台处横向舒适度指标为2.74，均达到“优”，竖向舒适度指标为3.11，接近“良好”。

（二）旅客列车过桥时车桥系统空间振动响应计算

1. 单箱双室箱梁方案

旅客列车通过桥梁时车桥系统空间振动响应计算结果如下：

（1）桥梁各跨跨中最大位移见表3—7—13；

表3—7—13　旅客列车通过单箱双室箱梁方案桥梁时桥梁各跨跨中桥面最大位移（mm）

跨数 \ 车速(km/h)		80	100	120	140	最大值
桥面横向	第1跨	-0.01	0.00	0.01	-0.01	-0.01
	第2跨	-0.04	-0.03	-0.03	0.04	-0.04
	第3跨	-0.14	-0.08	0.13	0.08	-0.14
	第4跨	0.04	-0.02	0.04	-0.04	-0.04
	第5跨	0.01	0.01	0.01	-0.01	-0.01
桥面竖向	第1跨	2.95	2.96	2.95	2.93	2.96
	第2跨	3.62	3.67	3.66	3.63	3.67
	第3跨	8.05	8.24	8.31	8.38	8.38
	第4跨	3.62	3.64	3.69	3.62	3.69
	第5跨	2.45	2.46	2.50	2.64	2.64
最大挠度冲击系数		1.00	1.03	1.03	1.04	1.04

（2）桥梁各跨跨中最大加速度见表3—7—14；

表 3—7—14 旅客列车通过单箱双室箱梁方案桥梁时桥梁各跨跨中桥面最大加速度（m/s^2）

跨数 \ 车速（km/h）		80	100	120	140	最大值
桥面横向	第 1 跨	0.02	0.02	-0.02	0.03	0.03
	第 2 跨	0.03	0.02	-0.02	0.04	0.04
	第 3 跨	-0.05	0.03	0.04	-0.05	-0.05
	第 4 跨	0.03	-0.03	-0.04	-0.08	-0.08
	第 5 跨	0.02	-0.02	-0.03	0.02	-0.03
桥面竖向	第 1 跨	-0.08	-0.14	-0.14	-0.12	-0.14
	第 2 跨	0.06	-0.15	-0.15	-0.13	-0.15
	第 3 跨	0.12	0.14	-0.11	-0.15	-0.15
	第 4 跨	-0.06	-0.15	-0.11	-0.13	-0.15
	第 5 跨	0.13	0.12	0.14	-0.16	-0.16

（3）列车运行安全性和平稳性计算结果见表 3—7—15。

表 3—7—15 旅客列车通过单箱双室箱梁方案桥梁时列车运行安全性和平稳性计算结果

速度（km/h）	机车动力响应							车辆动力响应						
	脱轨系数 Q/P	轮重减载率 $\Delta P/P$	摇摆力（kN）	竖向加速度（m/s^2）	横向加速度（m/s^2）	Sperling舒适度指标 竖向	Sperling舒适度指标 横向	脱轨系数 Q/P	轮重减载率 $\Delta P/P$	摇摆力（kN）	竖向加速度（m/s^2）	横向加速度（m/s^2）	Sperling平稳性 竖向	Sperling平稳性 横向
80	0.18	0.12	16.81	0.67	0.83	2.14	2.22	0.14	0.18	9.24	0.43	0.34	2.20	1.97
100	0.22	0.19	18.78	0.68	0.93	2.25	2.32	0.17	0.21	8.83	0.48	0.38	2.24	2.21
120	0.26	0.22	20.84	0.74	0.99	2.34	2.39	0.21	0.27	9.71	0.53	0.54	2.32	2.32
140	0.30	0.26	21.85	0.82	1.07	2.35	2.40	0.25	0.32	11.09	0.56	0.70	2.43	2.48
最大值	0.30	0.26	21.85	0.82	1.07	2.35	2.40	0.25	0.32	11.09	0.56	0.70	2.43	2.48
评定标准	0.8	0.6	78.4	优：<2.45 良：<2.95 合格<3.63	优：<1.47 良：<1.96 合格<2.45	优：<2.75 良：<3.10 合格：<3.45		0.8	0.6	28.5	1.3	1.0	优：<2.5 良：<2.75 合格：<3.0	

由上述计算结果可知：

桥梁各跨跨中横向最大动位移为 0.14 mm，竖向最大动位移为 8.38 mm；

横向最大加速度为 0.08 m/s^2，竖向最大加速度为 0.16 m/s^2，远小于 3.5 m/s^2；

列车行车安全性：列车最大脱轨系数 0.30 <0.8，列车最大轮压减载率 0.32 <0.6，故行车安全性可以得到保证；

列车行车舒适性：客车横向舒适度指标为 2.48，接近“优”，竖向舒适度指标为 2.43，达到“优”。机车司机台处横向舒适度指标为 2.40，竖向舒适度指标为 2.35，均达到“优”。

2. 双纵梁方案

旅客列车通过桥梁时车桥系统空间振动响应计算结果如下：

（1）桥梁各跨跨中最大位移见表 3—7—16；

表 3—7—16　旅客列车通过双纵梁方案桥梁时桥梁各跨跨中桥面最大位移（mm）

跨数 \ 车速（km/h）		80	100	120	140	最大值
桥面横向	第 1 跨	-0.01	0.00	0.00	-0.01	-0.01
	第 2 跨	0.02	-0.02	-0.02	0.03	0.03
	第 3 跨	-0.09	-0.08	-0.09	0.07	-0.09
	第 4 跨	0.02	0.02	0.03	-0.04	-0.04
	第 5 跨	0.01	0.01	0.01	-0.01	-0.01
桥面竖向	第 1 跨	3.32	3.34	3.30	3.37	3.37
	第 2 跨	3.59	3.64	3.62	3.59	3.64
	第 3 跨	8.77	8.96	8.99	9.04	9.04
	第 4 跨	3.64	3.65	3.68	3.62	3.68
	第 5 跨	2.78	2.76	2.86	2.90	2.90
最大挠度冲击系数		1.01	1.03	1.03	1.04	1.04

（2）桥梁各跨跨中最大加速度见表 3—7—17；

表 3—7—17　旅客列车通过双纵梁方案桥梁时桥梁各跨跨中桥面最大加速度（m/s^2）

跨数 \ 车速（km/h）		80	100	120	140	最大值
桥面横向	第 1 跨	-0.02	0.02	-0.02	0.05	0.05
	第 2 跨	0.02	0.02	-0.03	-0.04	-0.04
	第 3 跨	-0.03	0.04	0.05	-0.06	-0.06
	第 4 跨	-0.02	-0.03	-0.06	-0.09	-0.09
	第 5 跨	-0.02	-0.02	-0.03	0.04	0.04
桥面竖向	第 1 跨	0.09	-0.13	0.12	-0.18	-0.18
	第 2 跨	0.08	0.10	0.11	0.15	0.15
	第 3 跨	0.12	0.13	-0.11	-0.16	-0.16
	第 4 跨	0.13	-0.11	-0.12	-0.14	-0.14
	第 5 跨	-0.13	0.10	0.17	0.17	0.17

（3）列车运行安全性和平稳性计算结果见表 3—7—18。

表 3—7—18　旅客列车通过双纵梁方案桥梁时列车运行安全性和平稳性计算结果

速度（km/h）	机车动力响应							车辆动力响应						
	脱轨系数 Q/P	轮重减载率 $\Delta P/P$	摇摆力（kN）	竖向加速度（m/s^2）	横向加速度（m/s^2）	Sperling 舒适度指标 竖向	Sperling 舒适度指标 横向	脱轨系数 Q/P	轮重减载率 $\Delta P/P$	摇摆力（kN）	竖向加速度（m/s^2）	横向加速度（m/s^2）	Sperling 平稳性 竖向	Sperling 平稳性 横向
80	0.19	0.13	17.63	0.70	0.88	2.27	2.33	0.15	0.19	9.94	0.45	0.37	2.24	2.05
100	0.23	0.20	20.11	0.71	0.96	2.32	2.47	0.18	0.22	9.18	0.50	0.40	2.28	2.25
120	0.28	0.24	21.90	0.79	1.03	2.50	2.46	0.23	0.28	10.46	0.57	0.58	2.45	2.41

续上表

速度(km/h)	机车动力响应							车辆动力响应						
	脱轨系数 Q/P	轮重减载率 $\Delta P/P$	摇摆力(kN)	竖向加速度(m/s^2)	横向加速度(m/s^2)	Sperling舒适度指标		脱轨系数 Q/P	轮重减载率 $\Delta P/P$	摇摆力(kN)	竖向加速度(m/s^2)	横向加速度(m/s^2)	Sperling平稳性	
						竖向	横向						竖向	横向
140	0.31	0.27	23.06	0.88	1.14	2.47	2.54	0.26	0.34	11.81	0.58	0.74	2.53	2.56
最大值	0.31	0.27	23.06	0.88	1.14	2.50	2.54	0.26	0.34	11.81	0.58	0.74	2.53	2.56
评定标准	0.8	0.6	78.4	优：<2.45 良：<2.95 合格：<3.63	优：<1.47 良：<1.96 合格：<2.45	优：<2.75 良：<3.10 合格：<3.45		0.8	0.6	28.5	1.3	1.0	优：<2.5 良：<2.75 合格：<3.0	

由上述计算结果可知：

桥梁各跨跨中横向最大动位移为0.09 mm，竖向最大动位移为9.04 mm；

横向最大加速度为0.09 m/s^2，竖向最大加速度为0.18 m/s^2，远小于3.5 m/s^2；

列车行车安全性：列车最大脱轨系数0.31 <0.8，列车最大轮压减载率0.34 <0.6，故行车安全性可以得到保证；

列车行车舒适性：客车横向舒适度指标为2.56，竖向舒适度指标为2.53，均达到“良好”。机车司机台处横向舒适度指标为2.54，竖向舒适度指标为2.50，均达到“优”。

五、分析结论

由以上分析结果得出：

（一）单箱双室箱梁方案桥梁列车走行性分析结论

（1）货车（车速80 km/h以下）通过该桥时：列车行车的安全性有保证；车辆横、竖向平稳性指标均达到“优”；机车司机台处横、竖向舒适度指标也均在“良好”和“优”之间。

（2）客车（车速140 km/h以下；单、双线行车）通过该桥时：列车行车的安全性有保证；车辆横、竖向舒适度指标均达到“优”；机车司机台处横、竖向舒适度指标也均达到“优”。

（二）双纵梁方案桥梁列车走行性分析结论

（1）货车（车速80 km/h以下）通过该桥时：列车行车的安全性有保证；车辆横、竖向平稳性指标均达到“优”；机车司机台处横、竖向舒适度指标也达到或接近“良好”标准。

（2）客车（车速140 km/h以下；单、双线行车）通过该桥时：列车行车的安全性有保证；车辆横、竖向舒适度指标均在“良好”和“优”之间；机车司机台处横、竖向舒适度指标均达到“优”。

综上分析，拉萨河大桥单箱双室箱梁方案和双纵梁方案均具有良好的动力特性和列车走行性，单箱双室箱梁方案略优于双纵梁方案。

第八节　铰轴滑板钢支座设计

根据《关于新建铁路青藏线格尔木至拉萨段布强格至拉萨站前工程及全段站后工程初步设计的批复》(铁鉴函〔2003〕59号文）审查意见，拉萨河大桥全桥采用铰轴钢支座。根据铁道部科技研究开发计划项目“青藏铁路拉萨河大桥关键技术试验研究”项目合同（合同编号2003 G020）的要求，在拉萨河大桥施工图设计阶段对铰轴滑板钢支座进行了深入的设计、支座模型试验研究，同时为便于推广采用，对该支座拟用于高速铁路进行了系列化设计研究。

青藏铁路是单线铁路，考虑到该桥位的特殊气候条件及抗震要求，固定支座采用铰轴式钢支座，活动支座选用铰轴滑板式钢支座。支座的吨位分别为25 000 kN、17 500 kN、6 000 kN、3 000 kN。由于梁体的横向变位很小，活动支座不考虑预留横向位移量，仅以施工安装间隙及构造间隙满足梁体横向变位的要求。其中，铰轴滑板式钢支座是在克服传统辊轴钢支座运营病害较多的基础上，并参考国内外钢支座资料后提出的一种新型支座结构形式。它具有结构紧凑，传力途径明确，主要传力部件之间采用面接触，接触应力小，便于维护，具有良好的滑动、转动性能等优点。

一、基础资料

（一）设计依据

依据《关于新建铁路青藏线格尔木至拉萨段布强格至拉萨站前工程及全段站后工程初步设计的批复》（铁鉴函〔2003〕59号文）中关于“同意全桥采用铰轴滑板钢支座设计”的审查意见。

（二）采用规范及规定

（1）《铁路桥涵设计基本规范》（TB 10002.1—99）；

（2）《铁路桥涵钢结构设计规范》（TB 10002.2—99）；

（3）《钢桥、混凝土桥及结合桥》（BS 5400）；

（4）《铁路桥梁铸钢支座技术条件》（TB 1853—86）；

（5）《铁路桥涵钢筋混凝土和预应力混凝土结构设计规范》（TB 10002.3—99）；

（6）《铁路工程抗震设计规范》（GBJ 111—87）。

（三）材料及主要技术标准

1. 材　　料

（1）为提高强度、硬度，支座上、下摆及座板均采用ZG35Ⅱ，技术条件应符合《碳素铸钢件分类及技术条件》（GB 979—67）的有关规定；

（2）铰轴采用35号锻钢，技术条件应符合《优质碳素结构钢钢号及一般技术条件》（GB 669—65）的有关规定；

（3）精轧不锈钢板应符合GB 3280的有关规定；

（4）聚四氟乙烯板应符合GJB 3206—97的有关规定；

（5）5201硅脂应符合HG/T 2502—93的有关规定；

（6）上摆螺栓、支座锚栓采用45号钢，技术条件应符合GB 699的有关规定。

2. 主要技术标准

（1）各种钢材的基本容许应力按照《铁路桥涵钢结构设计规范》表3.2.1采用；聚四氟乙烯板设计容许压应力24 MPa，填充硅脂后取30 MPa。设计梁部混凝土等级不小于C50，支承垫石混凝土等级C30；

（2）活动支座设计纵向位移量按照《铁路桥涵钢结构设计规范》第10.0.2条的规定计算；

（3）支座构造应符合《铁路桥涵钢结构设计规范》第10.0.4条的规定；

（4）地震烈度：八度；

（5）支座制造应符合《铁路桥梁铸钢支座技术条件》（TB 1853—86）的有关规定。

二、铰轴滑板钢支座的结构特点及工作原理

（一）支座组成及结构特点

1. 支座组成

拉萨河大桥铰轴滑板钢支座是在佳木斯松花江特大桥铰轴滑板钢支座和传统辊轴支座的基础上，结合该桥特殊的地理位置和少维护、便于维护的使用要求，在结构上加以改进后提出的。活动支座由上摆、铰轴、下摆、衬板及镶嵌于衬板的聚四氟乙烯板和栓焊于座板的精轧不锈钢板组成的摩擦副、横向限位挡块、支座座板等组成，如图3—8—1所示。固定支座的上、下摆之间也采用铰轴连接。

2. 结构特点

与传统的辊轴支座和佳木斯松花江大桥支座相比，拉萨河大桥铰轴滑板钢支座在结构上有以下几个特点：

（1）上摆与下摆之间由辊轴支座的平面～弧面线接触改为通过铰轴连接的弧面～弧面面接触形式，支座接触应力小、转动灵活；

（2）取消了辊轴支座下摆与座板之间的辊轴，用聚四氟乙烯板与不锈钢板组成的摩擦副代替，降低了接触应力，同时保证了支座滑动灵活；

（3）由于主要传力部件之间采用面接触传力，解决了由于接触应力大、材料强度及硬度不足而引起的钢支座运营病害，从而达到少维护的目的；

（4）在佳木斯松花江大桥支座的基础上改进了摩擦副和横向限位形式，采用可更换的摩擦副形式，横向限位块采用与座板栓接形式，从而达到便于维护的目的；

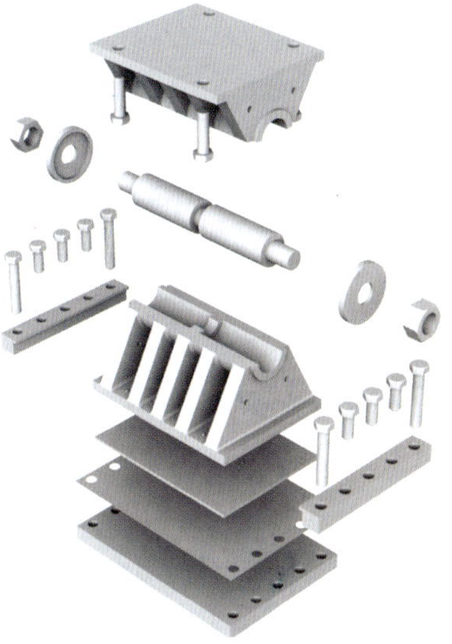

图 3—8—1　拉萨河大桥铰轴滑板钢支座组成

（5）由于取消了辊轴，支座高度大大降低，尺寸减小，使支座设计结构紧凑，有利于桥梁上部结构与下部结构之间力的传递。

（二）工作原理

如图 3—8—1 所示，铰轴滑板钢支座活动支座承受竖向荷载时的传力途径为上摆→铰轴→下摆→衬板→聚四氟乙烯板→不锈钢板→座板→桥墩支承垫石；在承受横向水平荷载时的传力途径为上摆螺栓→上摆→铰轴→下摆→横向限位挡块→下摆螺栓→桥墩支承垫石，传力途径明确，传力均匀。

在适应梁部变位方面，以上、下摆相对于铰轴的转动来满足转角位移，以聚四氟乙烯板与不锈钢板之间的滑动来适应纵向位移。

三、铰轴滑板钢支座设计检算

（一）设计荷载及位移量

活动支座的设计荷载及设计位移量见表 3—8—1，固定支座的设计荷载见表 3—8—2。

表 3—8—1　纵向活动支座设计荷载及位移量

序　号	型　号	竖向荷载（kN）	水平荷载		设计位移量（mm）
			纵向摩阻力（kN）	横向地震力（kN）	
1	3 000kN—ZX	3 000	150	600	±100，±150
2	6 000kN—ZX	6 000	300	1 200	±50
3	17 500kN—ZX	17 500	875	3 500	±150
4	25 000kN—ZX	25 000	1 250	5 000	±100

表 3—8—2　固定支座的设计荷载

序　号	型　号	竖向荷载（kN）	水平荷载	
			制动力（kN）	纵、横向地震力（kN）
1	6 000 kN—GD	6 000	600	1 200
2	25 000 kN—GD	25 000	2 500	5 000

（二） 支座尺寸拟定

支座尺寸按照以下原则拟定：

（1） 支座应满足传递竖向力、水平力、适应梁部滑动和转动功能的要求，同时应考虑加工工艺要求和经济性原则；

（2） 支座各部件除应满足受力要求外，构造上应使传力匀顺，避免应力集中；

（3） 支座上摆应能满足桥梁荷载从梁部到支座的传力要求；

（4） 铰轴设计应满足传递竖向荷载和灵活转动要求，同时铰轴和上、下摆之间采用紧配合；

（5） 为使活动支座的聚四氟乙烯板受力均匀，支座下摆尚应具有良好的刚度；

（6） 考虑灵活滑动和四氟板使用耐久性的要求，四氟板设计应力分布应均匀，平均应力不宜过高或过低；

（7） 支座座板应满足桥梁荷载从支座到桥墩的均匀传递以及活动支座满足纵向位移的要求；

（8） 支座应满足横向限位和适应横向位移的要求。

（三） 支座设计检算

设计中对铰轴滑板钢支座进行了全面的检算，包括梁部承压检算、上摆强度检算、铰轴承压检算、铰轴缩径处承压检算、下摆强度检算、聚四氟乙烯板承压检算、座板强度检算、锚栓抗剪检算以及支承垫石承压检算等，各项检算在各种工况下均可满足设计要求。限于篇幅，下面仅将梁部承压检算，铰轴承压检算、四氟板承压检算、支座座板强度检算、横向限位块锚栓强度检算以及支承垫石承压检算的主要检算结果简述如下：

1. 梁部承压检算

梁部承压检算结果见表 3—8—3。

表 3—8—3 梁部承压检算结果

序号	支座型号	上顶板平面尺寸		控制工况	计算压应力（MPa）	容许压应力（MPa）
		纵宽（mm）	横宽（mm）			
1	3 000 kN—ZX	410	560	主力	14.7	17.7
2	6 000 kN—ZX	580	780	主力	15.0	16.8
3	17 500 kN—ZX	1 020	1 300	主力	14.9	15.9
4	25 000 kN—ZX	1 260	1 500	主力	14.9	15.7
5	6 000 kN—GD	580	780	主力 + 制动力	16.6	18.8
6	25 000 kN—GD	1 260	1 500	主力 + 地震力	19.9	23.5

2. 铰轴承压检算

铰轴径向承压检算结果见表 3—8—4。

表 3—8—4 铰轴径向承压检算结果

序号	支座型号	铰轴尺寸		控制工况	径向压应力（MN/m）	容许压应力（MN/m）
		直径（mm）	长度（mm）			
1	3 000 kN—ZX	100	560	主力	5.8	7.7
2	6 000 kN—ZX	140	820	主力	8.3	10.8
3	17 500 kN—ZX	240	1 360	主力	14.6	18.5
4	25 000 kN—ZX	300	1 580	主力	18.0	23.1
5	6 000 kN—GD	140	820	主力	8.3	10.8
6	25 000 kN—GD	300	1 580	主力	18.0	23.1

3. 四氟板承压检算

四氟板承压检算结果见表 3—8—5。从表中可以看出，设计需要的四氟板面积较小，因此在设计中将四氟板横向分块。

表 3—8—5　四氟板承压检算结果

序　号	支座型号	四氟板尺寸			控制工况	计算压应力（MPa）	容许压应力（MPa）
		纵　宽（mm）	横　宽（mm）	厚　度（mm）			
1	3 000 kN—ZX	350	460	6	主力	23. 0	30
2	6 000 kN—ZX	520	620	6	主力	22. 7	30
3	17 500 kN—ZX	960	960	8	主力	22. 9	30
4	25 000 kN—ZX	1 200	1 100	8	主力	22. 8	30

4. 支座座板强度检算

支座座板强度检算结果见表 3—8—6。

表 3—8—6　支座座板强度检算结果

序　号	支座型号	座板尺寸			控制工况	计算应力（MPa）	容许应力（MPa）
		纵　宽（mm）	横　宽（mm）	厚　度（mm）			
1	3 000 kN—ZX	590（690）	770	50	主力	27. 6	150
2	6 000 kN—ZX	660	1 020	70	主力	28. 8	150
3	17 500 kN—ZX	1 320	1 880	115	主力	25. 2	150
4	25 000 kN—ZX	1 460	2 090	150	主力	25. 9	150

5. 横向限位块锚栓强度检算

横向限位块锚栓强度检算结果见表 3—8—7。

表 3—8—7　横向限位块锚栓强度检算结果

序　号	支座型号	锚栓直径（mm）	锚栓个数（一侧）	控制工况	计算应力（MPa）	容许应力（MPa）
1	3 000 kN—ZX	42	3	地震力	144. 4	180
2	6 000 kN—ZX	52	4	地震力	141. 3	180
3	17 500 kN—ZX	80	5	地震力	139. 3	180
4	25 000 kN—ZX	100	5	地震力	127. 3	180

6. 支承垫石承压检算

支承垫石设计采用 C30 钢筋混凝土。支承垫石承压检算结果见表 3—8—8。

表 3—8—8　支承垫石承压检算结果

序　号	支座型号	承压尺寸		控制工况	计算压应力（MPa）	容许压应力（MPa）
		纵　宽（mm）	横　宽（mm）			
1	3 000 kN—ZX	423	620	主力	14. 1	17. 2
2	6 000 kN—ZX	613	880	主力	13. 6	13. 8
3	17 500 kN—ZX	1 109	1 710	主力	11. 2	12. 3
4	25 000 kN—ZX	1 384	1 970	主力	11. 1	11. 2
5	6 000 kN—GD	680	900	主力 + 地震力	17. 6	18. 7
6	25 000 kN—GD	1 600	1 900	主力 + 地震力	14. 2	15. 8

四、铰轴滑板钢支座有限元分析

为确切掌握铰轴滑板钢支座应力分布状态，设计中用 ANSYS 程序对纵向活动支座下摆和四氟板进行了有限元分析，并根据应力分布情况对支座尺寸进行了优化，下面列出尺寸优化后的 25 000 kN—ZX 支座的分析情况。

（一）支座有限元分析

1. 有限元计算模型的建立

1）模型几何与受力图

根据模型的几何和受力的对称性，取支座下摆的 1/4 作为分析对象。计算坐标系原点位于铰轴中心，水平为 X 轴，垂直向上为 Y 轴，Z 轴沿铰轴轴向，如图 3—8—2 所示。

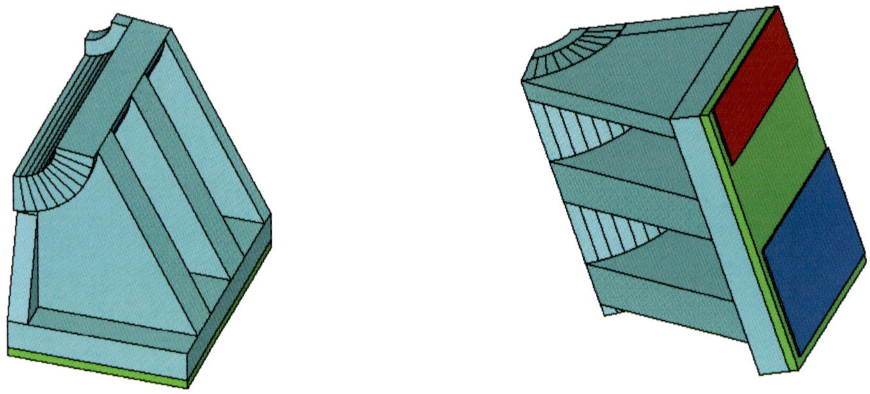

图 3—8—2　有限元计算模型

2）边界条件

在其两个纵向对称面上有对称位移约束条件：$X=0$，$U_x=0$；$Z=0$，$U_z=0$；支座底部聚四氟乙烯板底部相应的位移约束条件：$Y=-811.5$ mm，$U_y=0$。

3）材料特性

钢材：$E=210$ GPa，$\mu=0.3$；聚四氟乙烯板：$E=1\,200$ MPa，$\mu=0.4$。

4）载荷的施加

支座的设计载荷 $P=25\,000$ kN。由于上摆所受力是通过中间的铰轴传递到下摆，铰轴与下摆的接触圆周面的接触压应力按正弦规律计算，可以得到压应力的计算公式 $p=72.3\sin\varphi$（MPa），根据其在每一点的应力，等效地加在事先划分好的接触面的微分面上（认为在每一小微分面上是均布压力），如图 3—8—3 所示。

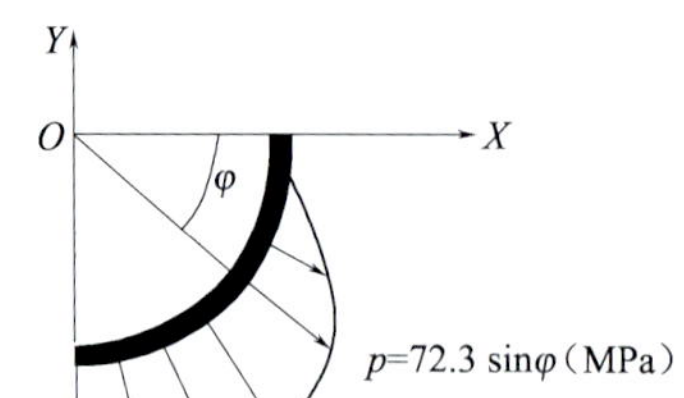

图 3—8—3　铰轴接触压力分布

5）有限元模型的单元划分

将钢支座、衬板和聚四氟乙烯板在其交接面上粘接，采用 SOLID45 三维等参单元计算，单元总数为 16 471，节点总数为 26 887。模型的有限元网格图如图 3—8—4 所示。

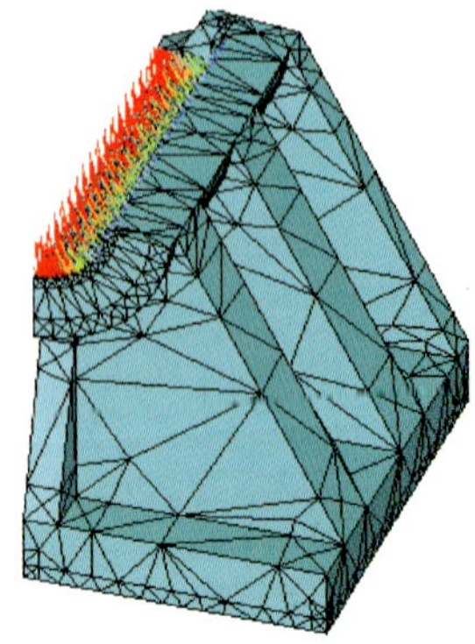

图 3—8—4　模型的有限元网格

2. 支座下摆的变形和应力分布

支座下摆 Y 向变形 U_y 如图 3—8—5 所示，最大值在铰轴瓦肋之间的瓦面上，$U_y=-0.19$ mm。支座下摆 Y 向应力 S_y 如图 3—8—6 所示，最大拉应力在铰轴瓦中心凸台根部，$S_y=122.8$ MPa，最大压应力在铰轴瓦外伸凸台下部。支座下摆 von Mises 相当应力 SEQV 如图 3—8—7 所示，在铰轴瓦中心凸台根部、铰轴瓦外伸凸台下部和横桥向三角形肋板上部 von Mises 相当应力 SEQV 较大。

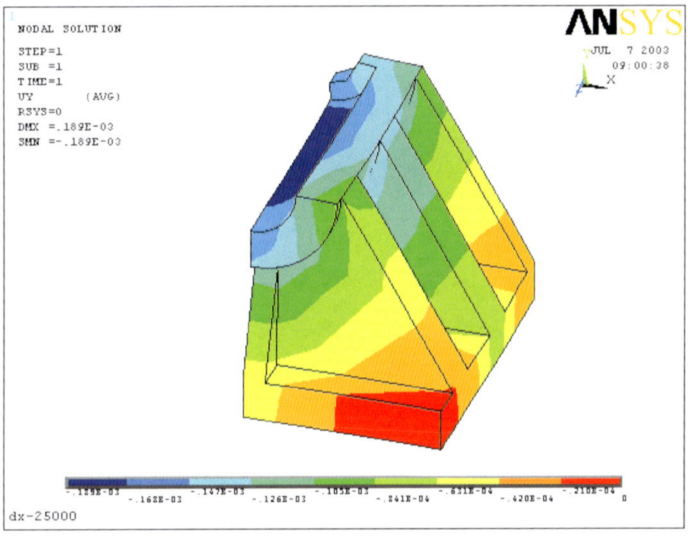

图 3—8—5　支座下摆 Y 向变形 U_y

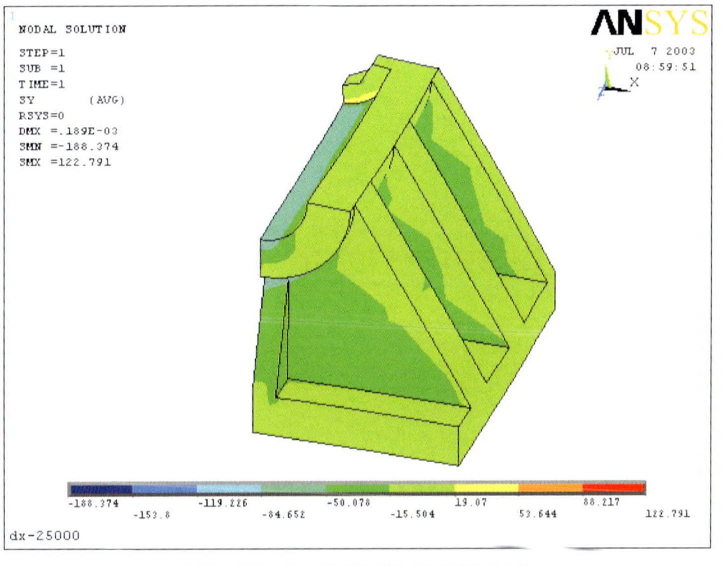

图 3—8—6　支座下摆 Y 向应力 S_y

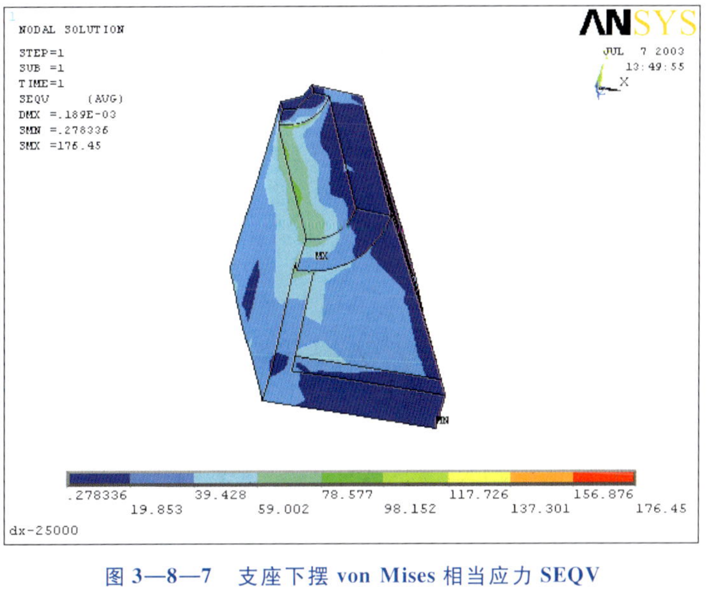

图 3—8—7　支座下摆 von Mises 相当应力 SEQV

从整体看，在铰轴瓦中心凸台根部、铰轴瓦外伸凸台下部、三角形肋板上部是变形、应力较为集中的区域，应在构造上采取圆弧过渡。

3. 支座衬板的变形和应力分布

支座衬板 Y 向变形 U_y 如图 3—8—8 所示，最大值在两块四氟板之间板中心上表面，U_{ymax} = −0.103 mm。支座下水平板 Y 向压应力 S_y 如图 3—8—9 所示。

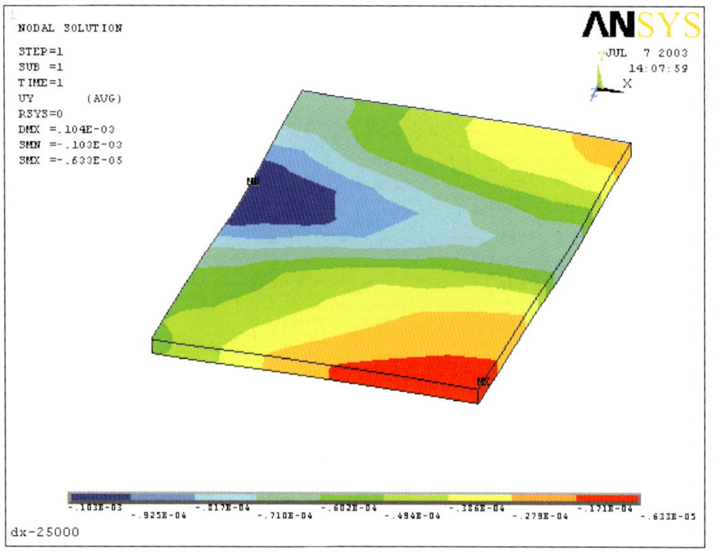

图 3—8—8　支座衬板 Y 向变形 U_y

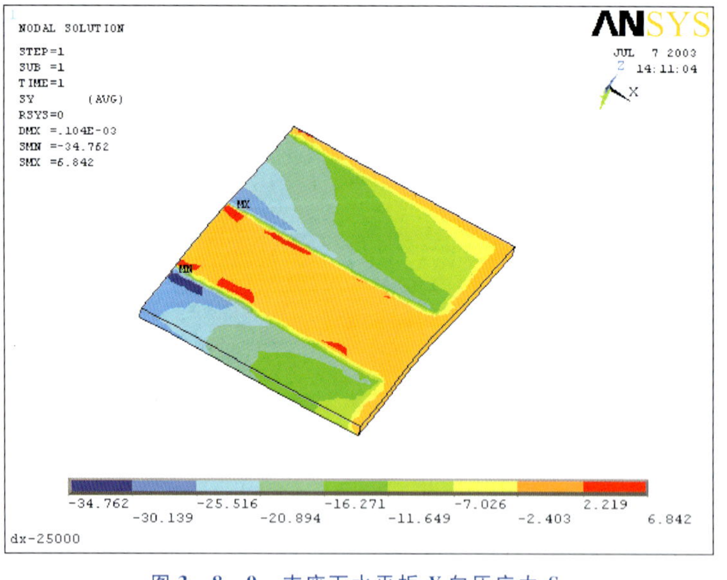

图 3—8—9　支座下水平板 Y 向压应力 S_y

4. 聚四氟乙烯板的变形和应力分布

聚四氟乙烯板 Y 向变形 U_y 如图 3—8—10 所示，最大值在支座下板中心，U_{ymax} = −0.0814 mm。聚四氟乙烯板 Y 向压应力 S_y 的分布如图 3—8—11 所示，最大压应力在支座中心处，约 −31 MPa；最小压应力约 −5 MPa。

（二）有限元分析结论及设计优化

在设计载荷 25 000 kN 作用下，支座下摆的应力分布总体上看是比较均匀的，但在铰轴瓦中心凸台根部、铰轴瓦外伸凸台下部有拉应力集中现象；横桥向三角形肋板上部有应力集中，但应力值不高；聚四氟乙烯板压应力较为均匀，绝大部分区域 Y 向压应力值 S_y 在 −13 ~ 28 MPa 之间，计算中铰轴与下摆之间接触应力采用正弦分布规律使对应铰轴附近的聚四氟乙烯板压应力较实际偏高；若再考虑摩阻力对应力分布的影响，实际使用中聚四氟乙烯板压应力总体上是均匀的，满足设计、使用要求。

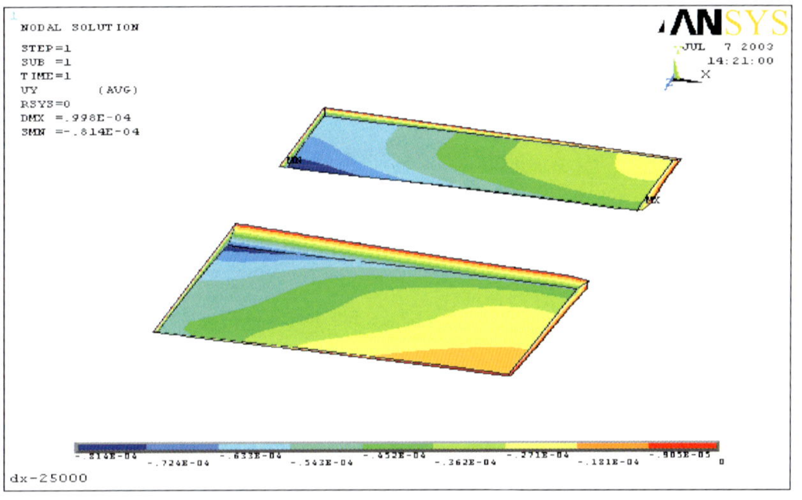

图 3—8—10　聚四氟乙烯板 *Y* 向变形 U_y

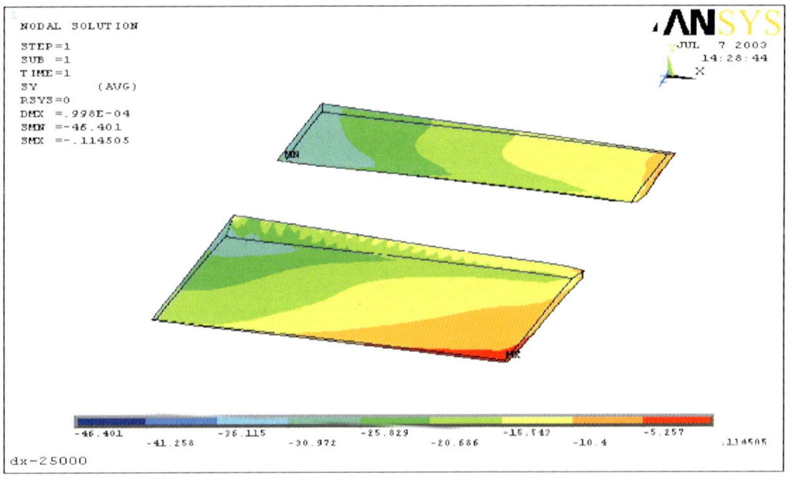

图 3—8—11　聚四氟乙烯板 *Y* 向压应力 S_y 的分布

针对支座下摆几个部位出现应力集中的现象，设计中对支座的构造进行了优化。铰轴瓦中心凸台根部、铰轴瓦外伸凸台下部均采用圆弧过渡，以解决应力集中问题；鉴于横桥向三角形肋板对支座本身刚度影响不大，故最后取消。

第九节　桥面系构造及养护维修设计

一、桥面系构造

（一）道 砟 槽

桥面挡砟墙外缘宽度为 4.2 m，位于线路直线及曲线内侧挡砟墙高度为 30 cm，曲线外侧挡砟墙加高至 44 cm。由于桥台台顶平置，格尔木方桥台胸墙处台顶道砟厚 69 cm。为适应台顶道砟高度变化，挡砟墙采用变高。

主桥梁端和引桥每一联连续梁梁端设端墙，其高度为 15 cm，格尔木方台顶端墙高 24 cm，拉方台顶端墙高 17 cm。

（二）桥面排水及铺装

挡砟墙以内桥面铺装采用横坡为 3.0% 、纵坡为 1% 的人字坡，泄水管设在挡砟墙下部，将道砟槽内的雨水和污水横、纵向集水至泄水管，同时在对应泄水管位置的挡砟墙外侧设从桥面下穿的雨水管，使排除的水流至桥下。挡砟墙外侧设 2.0% 横坡使水向桥面内侧流，同样通过雨水管排到桥面以下。桥面防水层采用 TQF-Ⅰ型，按《铁路混凝土桥梁桥面 TQF-Ⅰ型防水技术条件》(TB/T 2965—99）规定办理。

（三）栏　　杆

桥面横向两侧设置钢管栏杆扶手，栏杆高度为 1.1 m，主梁顶设宽 24 cm、高 10 cm 的混凝土基座，拱脚栏杆立柱设 24 cm × 24 cm × 10 cm 的基座，主桥栏杆立柱标准间距为 2.2 m；引桥栏杆立柱标准间距为 2.25 m，栏杆立柱的布置在桥墩处为青藏线将来的铁路电气化改造预留了条件。

（四）电缆槽设置

桥面挡砟墙外左侧设置通信电缆槽，右侧设置电力电缆槽，电缆槽搁置在混凝土垫块上，以不影响桥面排水，垫块高为 10 cm。

（五）接触网支柱

青藏铁路牵引类型初期为内燃机车，远期将进行电气化改造，因此，该桥设计考虑预留铁路电气化条件。接触网支柱按主桥主纵梁顶和拱肋横撑上双侧对称设置接触网一般支柱；引桥桥墩和桥台在面对拉萨线路左侧设置接触网一般支柱和锚柱。

中孔、边孔钢管拱部分每孔设两处接触网吊柱，不设预埋件，远期电气化时可通过抱箍横撑来实现吊柱的悬挂。在主跨跨中及边跨主梁上纵向设置五处接触网支柱，设计中考虑了在主梁预埋支柱预留锚栓。

引桥在桥墩和桥台相应接触网支架预埋角钢和锚环的位置预埋原木，作为接触网支架角钢和锚环的预留孔。

（六）避雷装置

为防止雷击对桥梁结构的损坏，该桥在 17、18 号墩设置避雷装置。

二、养护维修设计

针对高原铁路的特殊性要求，为了尽可能减少使用期的养护维修工作，经过仔细分析研究，从结构构造措施、钢结构涂装、检查设备等方面对设计进行了优化和创新。

（一）减少和易于维护的结构构造措施

1. 主桥实体主纵梁

主桥上部为连续梁钢管混凝土拱组合体系，设计时对设于拱肋下的预应力混凝土主纵梁采用矩形实体双主纵梁和单箱双室整体箱形两种形式进行计算比较分析，比选结果两种截面形式从结构受力角度均能满足要求。考虑到主纵梁截面较小，采用箱形截面一方面由于箱体小施工不便，另一方面箱体内在运营期的养护维修上存在空间不足的缺陷，人为地加大截面会造成工程的不经济，所以设计最终采用了易于施工、免养护的实体矩形截面主纵梁。

2. 吊杆锚箱构造

吊杆钢索均采用 PE 双护层防护，为防止紫外线侵害，PE 护层外设不锈钢护套。吊杆上下端均采用冷铸镦头锚进行锚固。

为了更好地保证桥梁的整体建筑效果，便于运营期间吊杆锚箱的检查和吊索的更换，该桥吊杆锚固体系未采取传统的将吊索分别穿过拱肋和梁部锚固于拱肋顶及梁部下端的方式，而采用预埋钢锚箱在拱肋和主纵梁上，吊索锚具与钢锚箱连接的方式。由于预埋钢锚箱构造复杂，设计中对相关预埋连接件均进行了详细的检算。同时针对这种锚固体系在铁路桥梁上首次使用，开展了吊杆锚固体系静动载试验，试验结果满足设计要求。

3. 引桥箱梁检查孔设置

引桥采用六联 3×32.7 m 预应力混凝土连续箱梁，与主桥相邻的两联位于线路直线段，其余四联位于线路 $R=800$ m 的圆曲线和缓和曲线上，箱梁按曲线线形布置。为保证各联连续梁能同时施工，预应力连续梁采用了 A 型、B 型两种梁型。A 型梁必须先施工，同时为给后施工的 B 型梁留出千斤顶张拉空间，A 型梁端横隔板混凝土在 B 型梁张拉完毕后再浇筑。

为方便运营期间养护人员进入到梁体内部进行检查，设计分别在容易到达的格尔木方和拉萨方桥台处、格尔木侧引桥与主桥相接处、格尔木侧既有河堤和规划河堤附近的箱梁底板各设置进人孔 1 处，全桥共 5 处进人孔。

（二）新型支座的开发应用

由于主桥中支承的大吨位和边支承的大位移要求，目前尚没有定型支座可供套用。另外青藏线少维修圆柱面支座最大吨位（3 000 kN）也不满足引桥连续梁中支座的承载力要求。综合考虑该桥所处的特殊地理气候条件及抗震要求（八度震区），按照少维修和便于维修的设计理念，在克服传统辊轴钢支座运营病害较多的经验教训基础上，参考国内外钢支座最新成果，设计中开展了新型铰轴式支座的设计研究。

1. 该种支座的主要优点

（1）具有结构紧凑，传力途径明确的特点。主要传力部件之间采用面接触，接触应力较小且均匀，从根本上解决了由于接触应力大、材料强度及硬度不足而引起的运营病害，从而达到少维护的目的；

（2）在构造上增设可更换摩擦幅，使摩擦幅抽换方便，达到便于维护的目的；

（3）具有良好的滑动和转动性能，对梁部的变形约束小；

（4）材料用量较传统辊轴钢支座少，制造、运输、安装、养护和维修方便。

2. 主桥支座设置

18 号墩设固定支座，17 号墩设纵向活动支座，支座允许位移量为 ±100 mm，其允许承载力均为 25 000 kN；16、19 号墩设纵向活动支座，支座允许承载力均为 17 500 kN，允许位移量 ±150 mm；15、20 号墩设纵向活动支座，允许承载力均为 3 000 kN，允许位移量 ±150 mm。

3. 引桥支座设置

引桥在 1、4、8、11、14、22 号墩设允许承载力为 6 000 kN 的固定支座；在 2、5、7、10、13、21 号墩设允许承载力为 6 000 kN 的纵向活动支座，支座允许位移量 ±50 mm；在 3、6、9、12 号墩及桥台处设允许承载力为 3 000 kN 的纵向活动支座，支座允许位移量 ±100 mm。

（三）长效涂装体系应用

根据该桥特殊的地理环境条件和景观要求，钢管拱、中孔拱间连杆、横撑、斜撑以及吊杆锚箱的外表面涂装为白色，在涂装材料的选用上需考虑桥梁所处地强紫外线辐射的特点以及高原缺氧地区养护维修作业困难的现实，设计中进行了热喷铝、IC531、氟炭材料等多种涂装体系比选，最终选定经铁道科学研究院金化所试验验证的旭氟龙氟碳涂装配套体系。该涂装体系底层为环氧富锌防锈漆（2 道，40 μm/道），中间层为灰云铁环氧中间漆（2 道，30 μm/道），面层为旭氟龙氟碳涂料面漆（2 道，30 μm/道）。涂装质量检验按《铁路钢梁保护涂装》(TB/T 1527—1995) 规定办理，防腐年限在 25 年以上。

（四）活动检查车设置

长期以来，铁路圬工桥梁缺少性能完善的检修作业设备，桥梁养护手段落后，很多病害不能及时发现和整治，使病害扩延，梁体寿命缩短，更换提前，不但造成浪费，而且圬工梁的病害隐患也威胁着运输安全。该桥设计中考虑全桥设置一台检查车（图3—9—1），检查车横向与主桥主梁等宽，检查车走行轨道主桥范围吊于横梁及桥面板上，引桥范围吊于箱梁底板上。通过将检查车旋转90°并提升的操作，检查车能从桥墩两支座间顺桥向穿过，实现全桥范围的检查作业。检查车不使用时，可以停放在一侧桥台处。

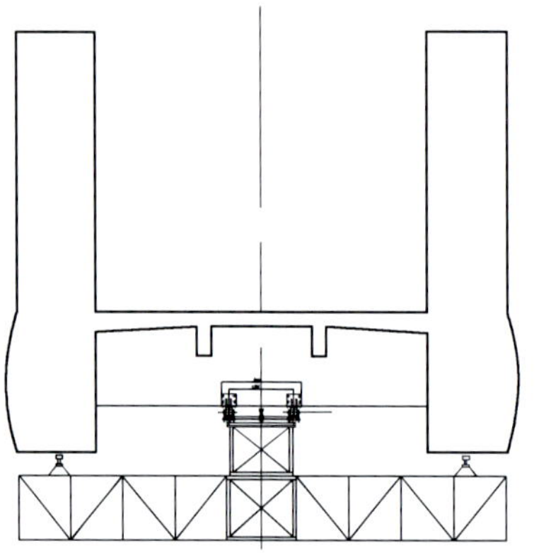

图3—9—1　活动检查车示意

第四章　模型试验及分析

拉萨河大桥是世界首条海拔最高、线路最长、地质情况最复杂的高原铁路——青藏铁路的标志性工程之一，主桥采用（36+72+108+72+36）m五孔三拱大跨度下承式混凝土连续梁钢管拱组合结构，系杆拱宛如洁白的哈达，飘舞在青山碧水间，变截面的连续箱梁仿佛连绵起伏的雪山，托起洁白的哈达。适应了既要体现民族特色又要具有时代气息的特定环境，并填补了国内大跨度下承式混凝土连续梁钢管叠拱组合结构铁路桥梁的空白。结合该桥开展大跨度下承式连续梁钢管拱组合结构桥梁关键技术试验研究工作，通过必要的试验验证设计理论，使结构受力更加合理、构造更加安全可靠、材料经济耐久、最大限度满足高原地区桥梁少维护的建设要求，实现拉萨河大桥必须达到万无一失的目标。同时为今后同类型桥梁设计与施工提供参考和试验数据，尤其对高速铁路和客运专线连续梁拱组合结构桥梁作好技术储备，促进铁路新桥式的推广，推进铁路桥梁的科技水平向前发展具有积极意义。

主要模型试验有：

（1）天津大学承担的拱脚光弹性模型试验及有限元分析；

（2）武汉桥梁科学研究院承担的吊杆锚固体系模型试验；

（3）天津大学承担的铰轴滑板钢支座模型试验及有限元分析。

第一节　拱脚光弹性试验及有限元分析

一、试验目的

拉萨河大桥为单线Ⅰ级铁路桥梁，主桥采用（36+72+108+72+36）m钢管混凝土拱连续梁组合结构。梁部设计为实体双主梁结构，桥面板带有横梁及小纵梁，中孔拱肋采用上下分层的钢管混凝土叠拱，边孔拱肋采用哑铃形截面的钢管混凝土拱。主梁在拱脚处向上加高，梁拱连接构造复杂，为保证结构的稳妥可靠开展了拱脚光弹性试验研究工作。

试验研究了采用三维电测和光弹性模型试验应力分析及有限元计算方法，对拱脚结构在四种加载工况下进行了应力测试和主应力迹线的绘制，并对实桥拱脚结构做了有限元计算，从而为实桥拱脚结构设计和钢筋配置提供重要依据。

二、光弹性模型和电测模型的设计与制造

根据设计需要，考虑到该桥拱脚结构尺寸和复杂承载情况，选取光弹性模型、电测模型与实际结构的尺寸比为1:100。实桥拱脚结构的形状和尺寸如图4—1—1所示。图中N1、N2、N3、N4表示预应力索道孔。

三维拱脚模型使用环氧树脂光弹性材料浇铸而成。为减小材料固化过程中产生的初应力，对光弹性材料的固化采用两次固化方法。用精密机械加工方法制成拱脚模型的外形，电测拱脚模型中的索道孔采用精密铸造成型方法做出。

三、试验方案与加载方法

根据设计要求，实桥拱脚结构考虑在四种加载工况下工作：

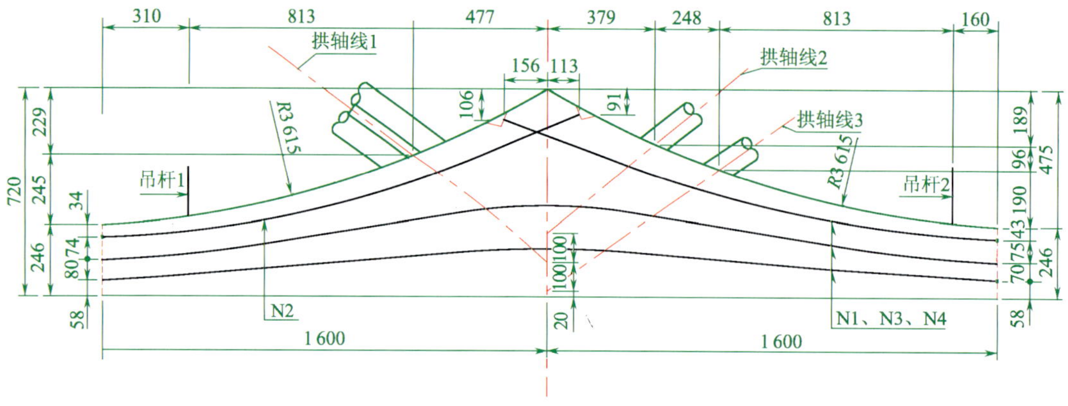

图 4—1—1 实桥拱脚结构的形状和尺寸（单位：cm）

加载工况Ⅰ：结构自重、桥面二期恒载及预应力；

加载工况Ⅱ：在活载作用下，中墩顶主梁产生最大负弯矩；

加载工况Ⅲ：在活载作用下，次主跨拱肋拱脚截面产生最大负弯矩；

加载工况Ⅳ：在活载作用下，主跨上拱肋拱脚截面产生最大轴力。

四种加载工况下，各截面上的轴力 N、剪力 Q 和弯矩 M 值如图 4—1—2 所示。

拱脚结构的每个加载截面上，普遍存在轴力 N、剪力 Q 和弯矩 M，如图 4—1—3(a) 所示。截面上的弯矩 M 可以用两个力组成的力偶 Pa 来代替，如图 4—1—3(b) 所示。所有作用于截面上的轴力 N 和弯矩 $M=P\times a$ 可以用偏心力 N 来代替，即弯矩 $M=N\times d$，如图 4—1—3(c) 所示。拱脚模型上的所有作用力都是通过导向滑轮使用砝码施加。在一个拱脚模型上施加的力有 20 多个。因此，施加力的空间位置、导向的准确性和减小摩擦力是非常关键的技术问题，本试验得到了很好的解决。

拱脚预应力是通过索道孔中的绳索施加的，索力是采用专门研制的张力器圆环式拉力传感器来施加的。实桥索力 $N_1=16\,327$ kN，$N_2=10\,885$ kN，$N_3=9\,895$ kN，$N_4=9\,895$ kN。

拱脚模型的约束边界条件如图 4—1—4 所示，左端为固定铰支座，右端为滚动铰支座。

对四种不同工况，实桥拱脚结构和电测模型载荷比 k_p 分别选为 227 110（工况Ⅰ）、52 250（工况Ⅱ）、37 130（工况Ⅲ）、36 406（工况Ⅳ）。实桥拱脚结构和光弹性模型载荷比 k_p 分别选为 222 657（工况Ⅰ）、51 225（工况Ⅱ）、36 401（工况Ⅲ）、35 692（工况Ⅳ）。

四、电测模型和光弹性模型试验的测试原理

光弹性和电测试验方法各有优缺点。光弹性试验方法不是逐点测量，测量应力集中很有效，可以测绘主应力迹线，这是它的优点。但在施加预应力的三维结构光弹性冻结应力试验时，由于在升温和降温过程中模型材料要产生膨胀和收缩，所以预应力在索孔中的分布会产生很大的误差。如果采用电测试验方法，它是逐点测量，测量应力集中的精度差，不能测绘主应力迹线，这是它的缺点。但通过适当的传感器可以施加准确的预应力。为此，综合光弹性和电测两种试验方法的比较，我们分别采用了两种试验方法，发挥了它们各自的优势。

（一）电测模型试验方法的测试原理

1. 应力测试方法

电测模型的加载装置与加载状态的照片如图 4—1—5 所示。

应力测试采用电阻应变测试方法，应变计电阻值 120Ω，标距为 0.5 mm 和 1 mm 两种，测试仪器是 YJ-22 型静态应变测量处理仪和 YJ-22 型转换箱。该仪器与计算机相连，对测试数据进行自动采集和处理。为了提高测试精度和提高测试数据的稳定性，每个测点单独进行了温度补偿，组成半桥输出方式。测试系统如图 4—1—6 所示。

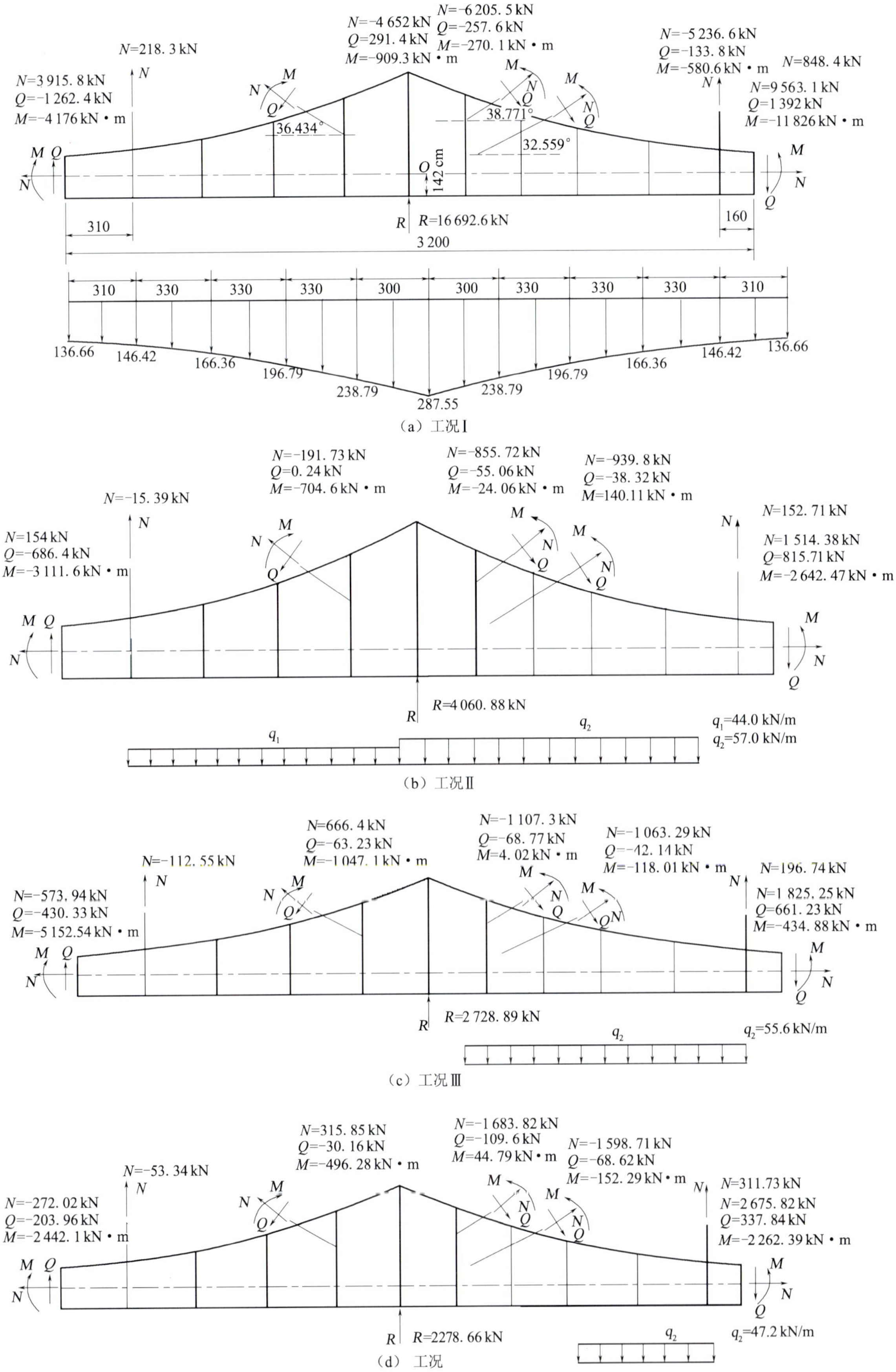

图 4—1—2　实桥拱脚结构加载工况

注：1. 工况Ⅰ拱脚各索道中的钢索张拉力为：N_1 = 16 327 kN、N_2 = 10 885 kN、N_3 = 9 895 kN、N_4 = 9 895 kN；

2. 各力均以图中所示方向为正。

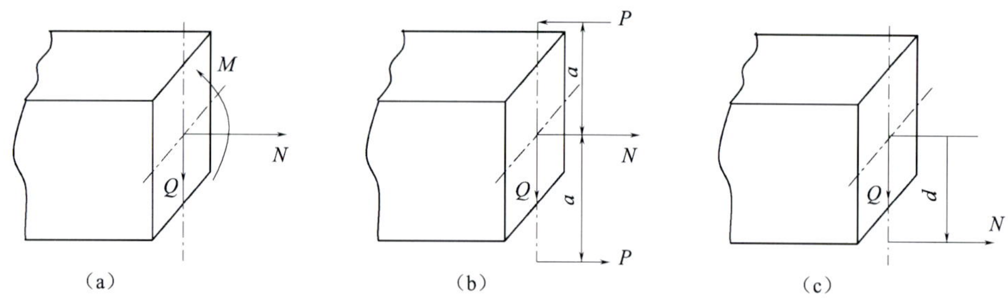

图 4—1—3　轴力 N 和弯矩 M 的合成

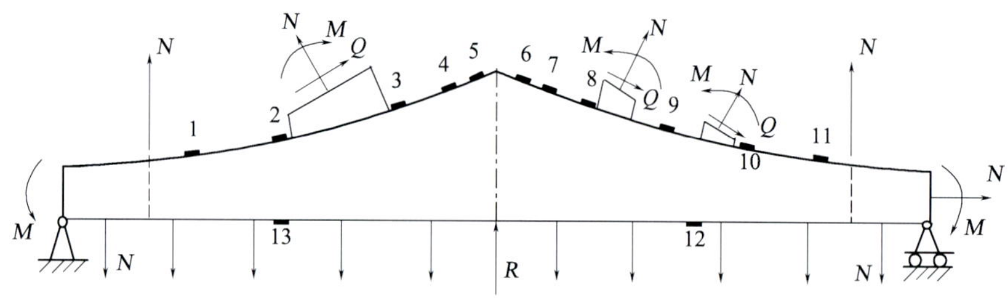

图 4—1—4　约束边界条件和应变计布置

图 4—1—5　电测模型的加载装置与加载状态

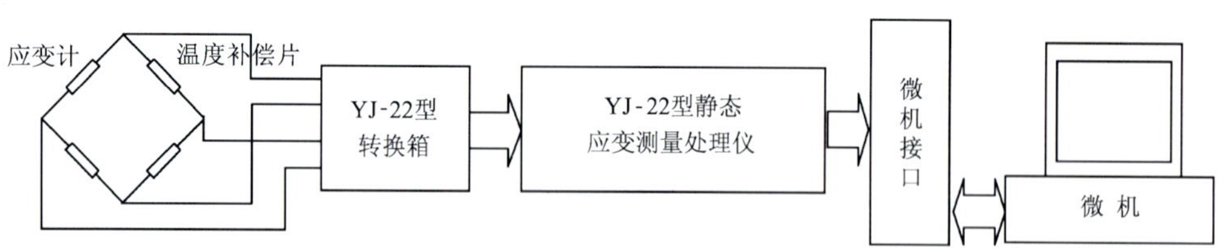

图 4—1—6　测试系统示意

2. 应变计的布置与拱脚边界相切方向垂直应力 σ_t 的确定

应变计布置见图 4—1—4 所示，应变片粘贴在拱脚模型中面 1、2、3、4……等位置。测点的应变 $\varepsilon_{测点}$ 为

$$\varepsilon_{测点} = \varepsilon'_{测点}(K_{应变仪}/K_{应变片}) \qquad (4—1—1)$$

式中　$K_{应变片}$ 为应变片的灵敏系数；$K_{应变仪}$ 为应变仪所设定的灵敏系数，$K_{应变仪}=2.0$；$\varepsilon'_{测点}$ 为应变仪读数。

应变计粘贴在拱脚模型的自由表面上，它处在二向应力状态下，一个主应力 σ_t 的方向与拱脚边界相切，另一个主应力 σ_d 沿模型厚度方向。在二向应力状态下，根据广义虎克定律得知应变与应力

关系为

$$\varepsilon_t' = \frac{\sigma_t'}{E} - \mu\frac{\sigma_d'}{E} \tag{4—1—2}$$

式中　E 和 μ 分别是模型材料的弹性模量和泊松系数，σ_t'是要寻求的应力。根据电测模型的有限元计算，可以求得 σ_d'/σ_t'的比值 η，于是 σ_d'可以用 $\eta\sigma_t'$表达。因此，式（4—1—2）可写为

$$\varepsilon_t' = \frac{\sigma_t'}{E} - \mu\frac{\sigma_t'}{E}\eta = \frac{\sigma_t'}{E}(1-\mu\eta) \tag{4—1—3}$$

式中　ε_t'是由式（4—1—1）测得的应变值，于是，由式（4—1—3）可得到模型被测点与拱脚边界相切方向的垂直应力 σ_t'。

3. 实桥拱脚结构应力的确定

设 P、L、σ 和 P'、L'、σ'分别表示实桥拱脚结构和模型的载荷、尺寸与应力，则实桥结构和模型的载荷和尺寸的相似数为

$$\left.\begin{aligned} k_P &= \frac{P}{P'} \\ k_L &= \frac{L}{L'} \end{aligned}\right\} \tag{4—1—4}$$

在线弹性静力问题中，根据模型实验的相似定律可以求得实物结构与模型应力的相似数为

$$k_\sigma = \frac{\sigma}{\sigma'} = \frac{k_P}{k_L^2} \tag{4—1—5}$$

在此指出，式（4—1—5）是在没考虑实物和模型的弹性模量 E 与泊松比 μ 有区别的情况下得出的，为减小由于这方面产生的实验误差，利用拱脚实物和模型有限元计算结果确定了实物结构与模型应力的相似数 $k_{\sigma'}$。

对于四种加载工况载荷形式，实物拱脚和模型的应力相似数 k_σ 和 $k_{\sigma'}$ 见表 4—1—1。

表 4—1—1　实桥拱脚和模型应力相似数

工　况	k_P	k_L	k_σ	$k_{\sigma'}$	相差（%）
Ⅰ	227 110	100	22.711 0	24.162 5	6.39
Ⅱ	52 250		5.225 0	4.956 2	5.14
Ⅲ	37 130		3.713 0	3.615 3	2.63
Ⅳ	36 406		3.640 6	3.679 2	1.05

则实际拱脚结构的应力由表 4—1—1 和式（4—1—5）得

$$\sigma = \sigma' k_{\sigma'} \tag{4—1—6}$$

（二）光弹性模型试验方法的测试原理

1. 自由边界应力的确定

根据光弹性原理，主应力差与等差线条纹级次的关系为

$$\sigma_1' - \sigma_2' = n\frac{f_\sigma}{d} \tag{4—1—7}$$

式中　σ_1'和 σ_2'是模型被测点的主应力，n 是等差线条纹级次，f_σ 是光弹性材料的条纹值，d 为切片厚度。

对于自由边界点，与边界表面垂直的一个主应力为零，故与边界相切的另一个垂直应力为

$$\sigma_1' \text{或}\ \sigma_2' = \pm n\frac{f_\sigma}{d} \tag{4—1—8}$$

边界应力的正负值（即拉或压）可以使用库克补偿器进行标定。

2. 实桥拱脚结构主应力迹线的绘制

平面偏振光暗场下，拱脚模型切片的光强分布式为

$$I = Ka^2\sin^2 2\theta\sin^2\frac{\alpha}{2} \tag{4—1—9}$$

式中　θ 表示被测点主应力方向的等倾线参数。模型切片上主应力（σ_1 或 σ_2）方向 θ_i 相同的诸点构成一条线，称之为 θ_i 的等倾线。依照 $\theta_i = 0°$，15°，30°，…，85°等多条等倾线可以绘制出 σ_1 和 σ_2 的主应力迹线，主应力迹线上各点的切线方向就是该点的一个主应力方向。

五、光弹性和电测模型试验的结果

（一）光弹性模型试验结果和实际拱脚应力的确定

1. 自由边界上的应力分布

根据加载工况Ⅰ（不包括索力）、Ⅱ、Ⅲ和Ⅳ可以测得模型应力 σ'，由式（4—1—6）得到四种加载工况下实际拱脚与边界相切方向的垂直应力 σ_t 的分布如图 4—1—7 所示。四种加载工况下拱脚模型光弹性等差线条纹图如图 4—1—8 所示。

2. 拱脚主应力迹线

四种加载工况下，由于拱脚 σ_t 分布曲线的变化规律大致是相同的，因此其主应力迹线形状也是相类似的。工况Ⅱ的主应力迹线如图 4—1—9 所示。

（二）电测模型试验结果和实际拱脚应力的确定

根据加载工况Ⅰ、Ⅱ、Ⅲ和Ⅳ可以得到模型被测点的应变 ε_t'，根据式（4—1—3）可得到四种加载工况下实桥拱脚与边界相切方向的垂直应力 σ_t 分布曲线，如图 4—1—10 所示。其中加载工况Ⅰ分解为两个工况Ⅰ(a）和Ⅰ(b)，区别在于Ⅰ(a）是工况Ⅰ中不包括索力、Ⅰ(b）是工况Ⅰ中只保留索力的情况。

六、实桥拱脚结构有限元分析

实桥拱脚结构的形状和尺寸如图 4—1—1 所示，拱脚的约束边界条件如图 4—1—4 所示。

（一）结构的建模及网格的划分

选择拱脚的底面形心作为坐标原点，建立有限元模型如图 4—1—11 所示。结构的索道孔如图 4—1—12 所示。

采用 SOLID92 对模型进行离散化，该单元具有二次的位移模式，非常适合对不规则结构进行网格划分。该单元为四面体单元，节点数为 10 个，每个节点处有 3 个自由度，即 U_x、U_y、U_z。有限元计算的网格图如图 4—1—13 所示，其中工况Ⅰ的模型的单元数为 26 307 个，节点数为 41 501 个；工况Ⅱ、Ⅲ、Ⅳ的单元数为 47 138 个，节点数为 71 558 个。

（二）实桥拱脚结构的有限元分析结果

实桥拱脚的结构参数为：混凝土的弹性模量 $E = 35\,500$ MPa，泊松系数 $\mu = 0.25$。

拱脚结构上的 1、2、3、4、5、6 六条线的位置示意如图 4—1—14 所示，拱脚结构中面上的点 A、B、C、D、E、F 是拱与拱脚的连接部位。

在实桥拱脚结构加载工况Ⅰ、Ⅱ、Ⅲ、Ⅳ中，将工况Ⅰ的载荷分为两部分，单独进行有限元计算。其中Ⅰ(a）表示结构自重和桥面二期恒载，Ⅰ(b）表示仅施加索力即预应力。实桥拱脚结构上的主应力分布分别如图 4—1—15 ~ 4—1—19 所示。

七、分析与建议

在四种加载工况下，实桥拱脚结构有限元计算与电测、光弹性模型两种试验方法得到 σ_t 结果的比较，如图 4—1—7 和图 4—1—10 所示。三者 σ_t 的分布规律是一致的。

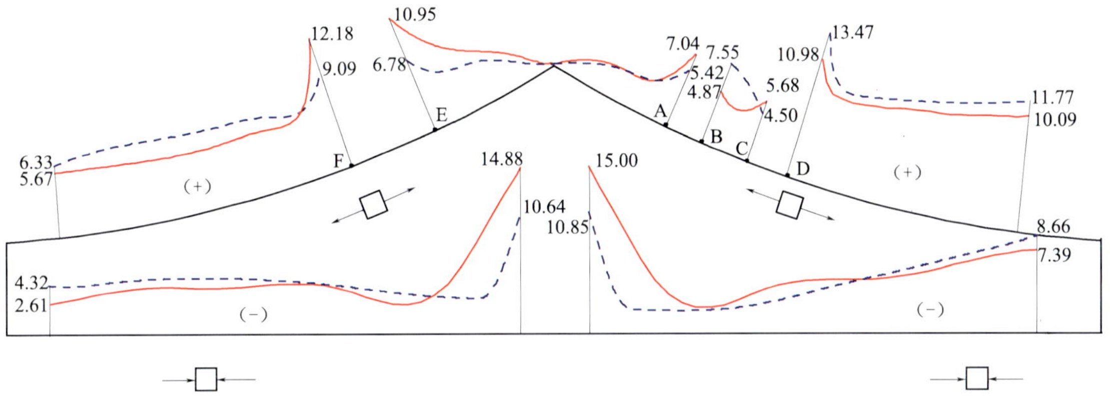

（a）在工况Ⅰ载荷(不包括索力)作用下拱脚边界应力分布曲线

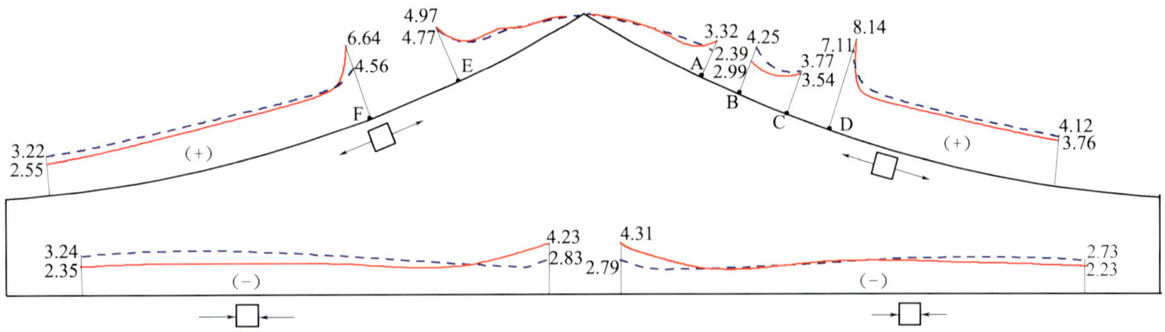

（b） 在工况Ⅱ载荷作用下拱脚边界应力分布曲线

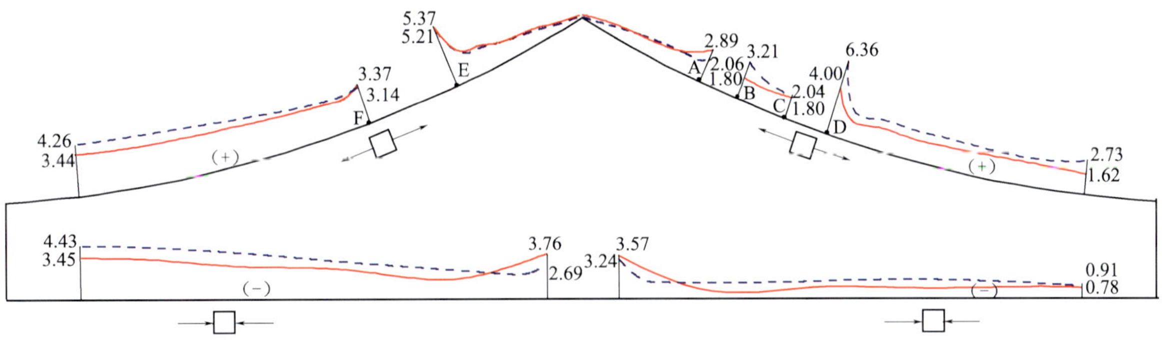

（c）在工况Ⅲ载荷作用下拱脚边界应力分布曲线

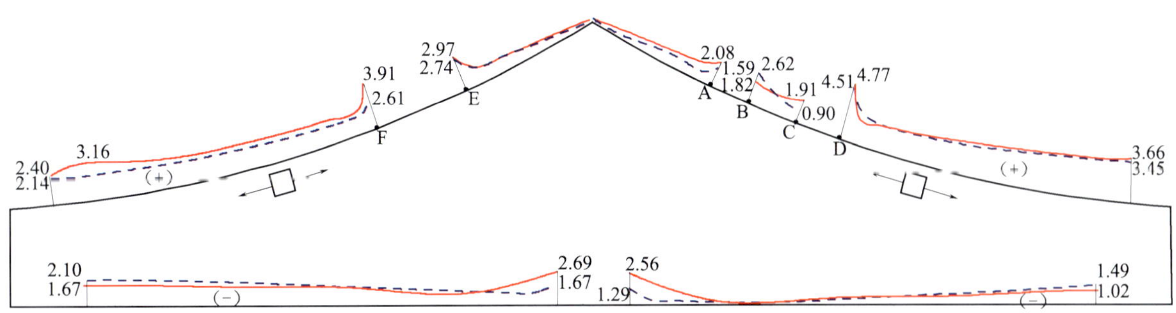

（d）在工况Ⅳ载荷作用下拱脚边界应力分布曲线

图 4—1—7 光弹性模型实验值和有限元计算值比较（单位：MPa）

注：-------计算值 ———实验值

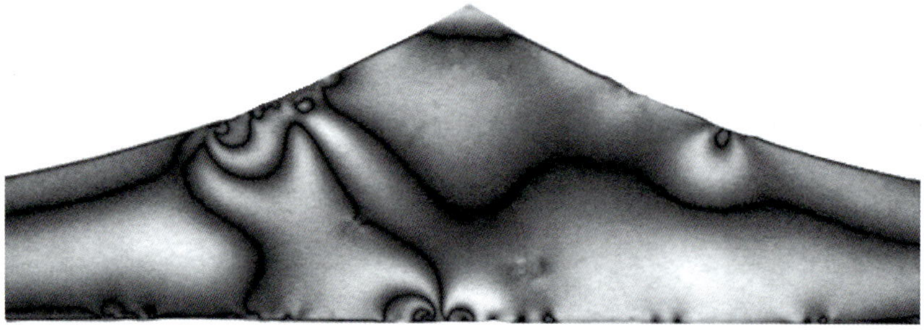

（a）工况Ⅰ等差线条纹

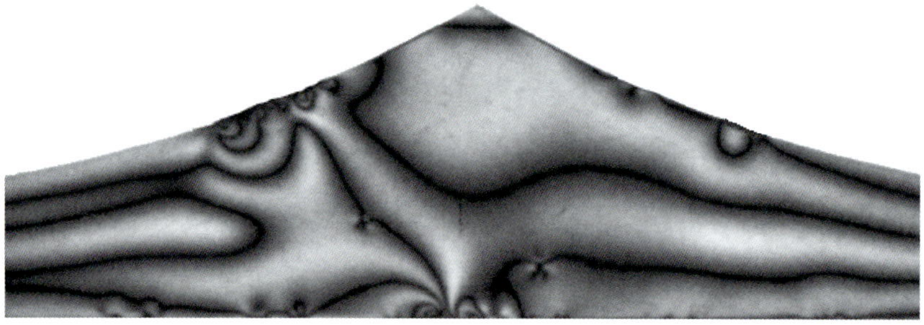

（b）工况Ⅱ等差线条纹

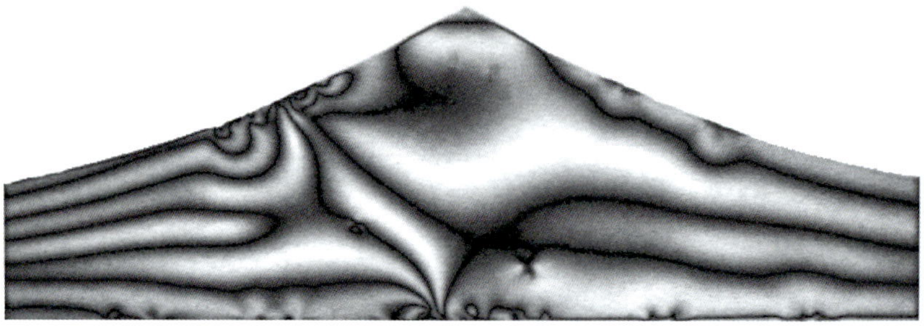

（c） 工况Ⅲ等差线条纹

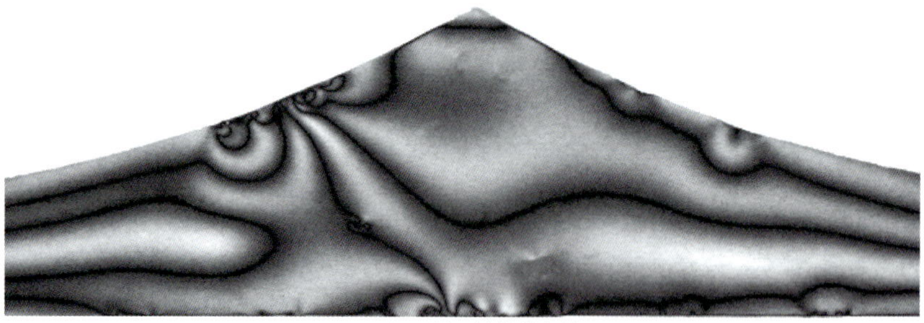

（d）工况Ⅳ等差线条纹

图 4—1—8　光弹性模型等差线条纹

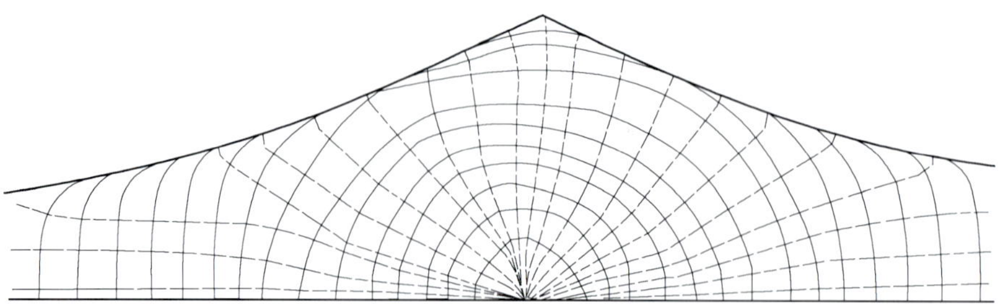

图 4—1—9　加载工况Ⅱ拱脚主应力迹线

注：图中实线为 σ_1 方向，虚线为 σ_2 方向

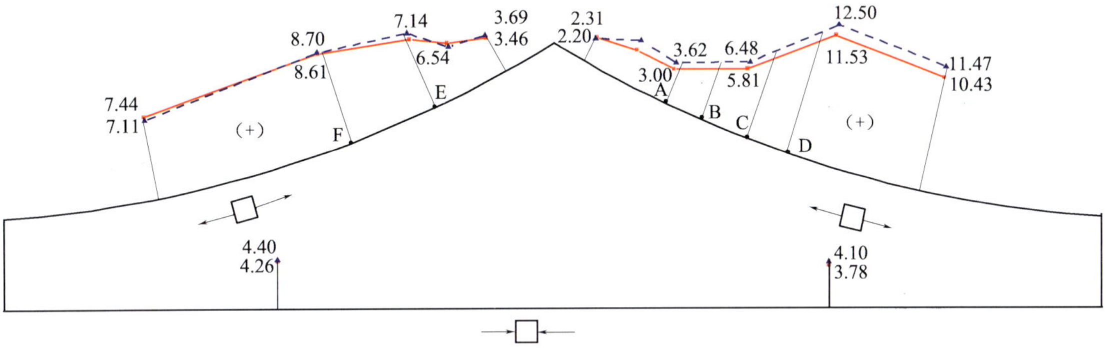

(a) 在工况 I(a)载荷(不包括索力)作用下电测实验值与有限元计算值比较曲线

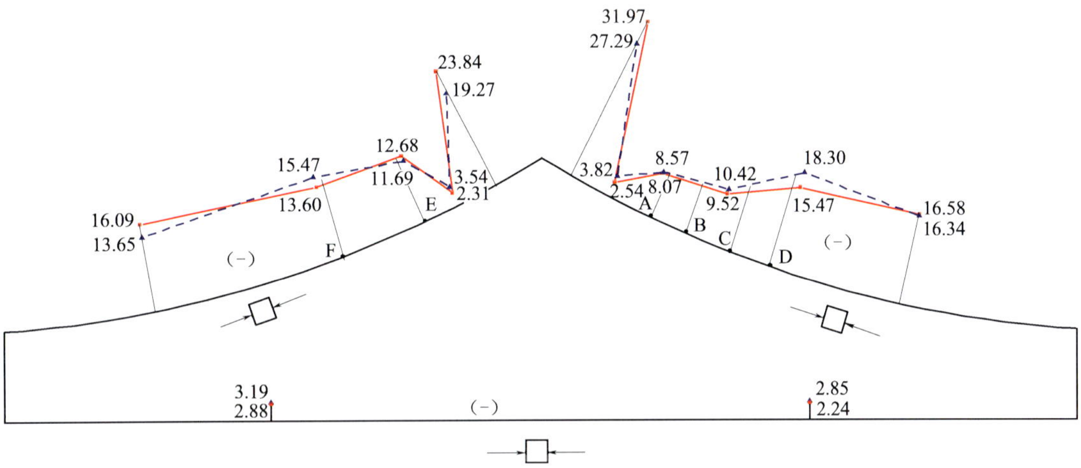

(b) 在工况 I(b)载荷(只保留索力)作用下电测实验值与有限元计算值比较曲线

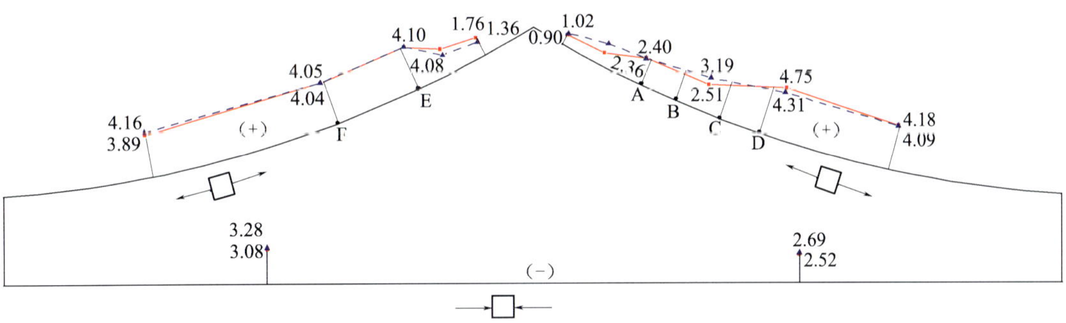

(c) 在工况Ⅱ载荷作用下电测实验值与有限元计算值比较曲线

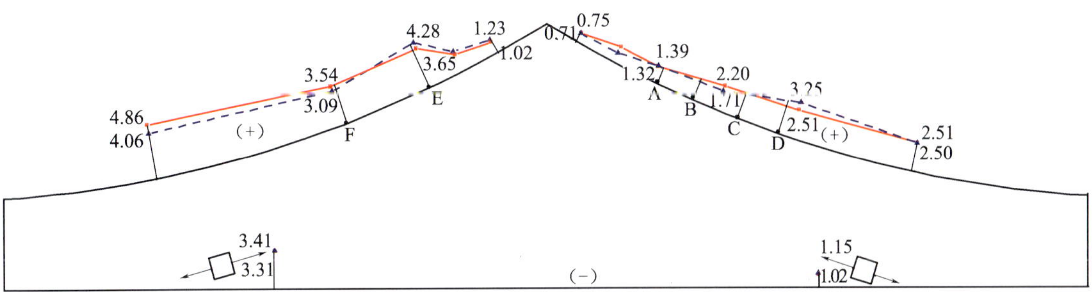

(d) 在工况Ⅲ载荷作用下电测实验值与有限元计算值比较曲线

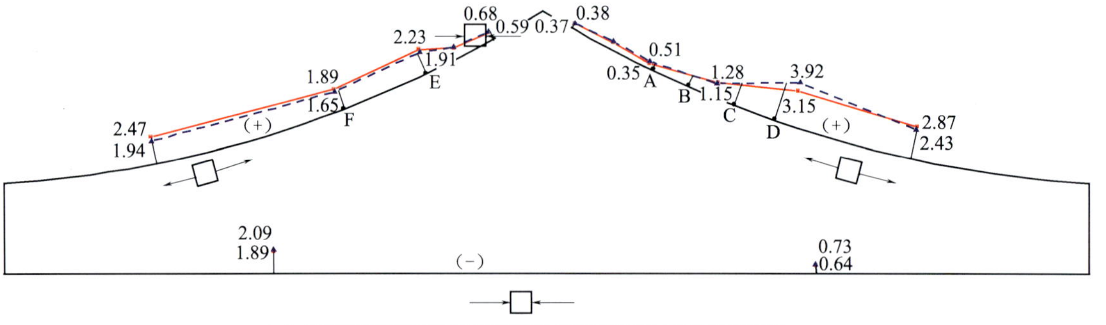

(e) 在工况Ⅳ载荷作用下电测实验值与有限元计算值比较曲线

图 4—1—10　电测实验值和有限元计算值比较（单位：MPa）

注：- -▲- -计算值　　—▪—实验值

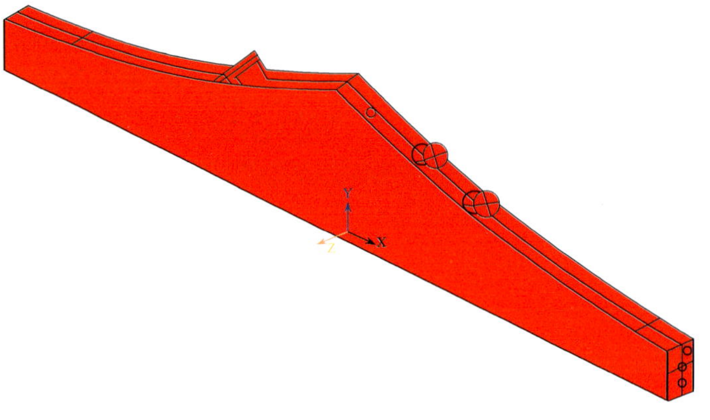

图 4—1—11　拱脚结构的有限元计算模型

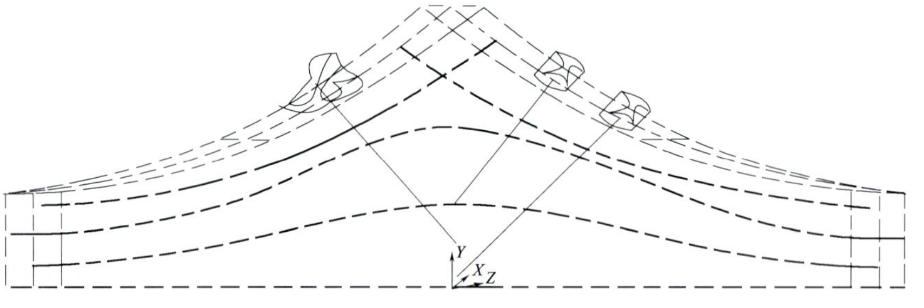

图 4—1—12　拱脚结构的索道孔

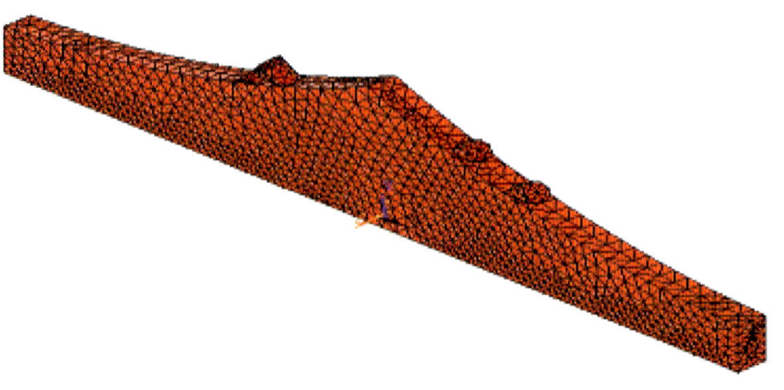

图 4—1—13　计算模型的网格划分

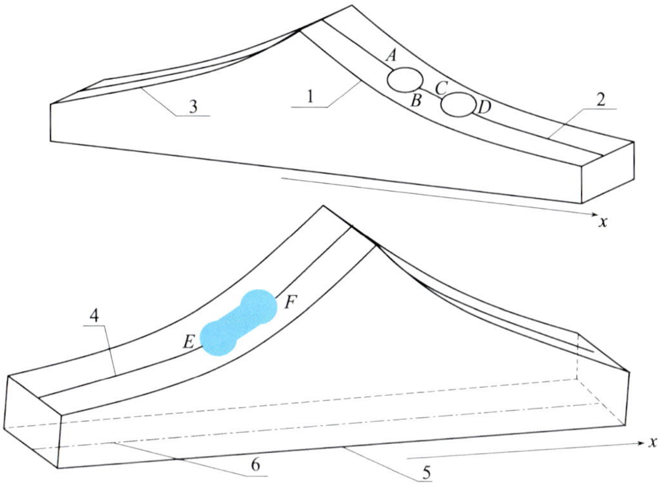

图 4—1—14　1、2、3、4、5、6 六条线位置示意

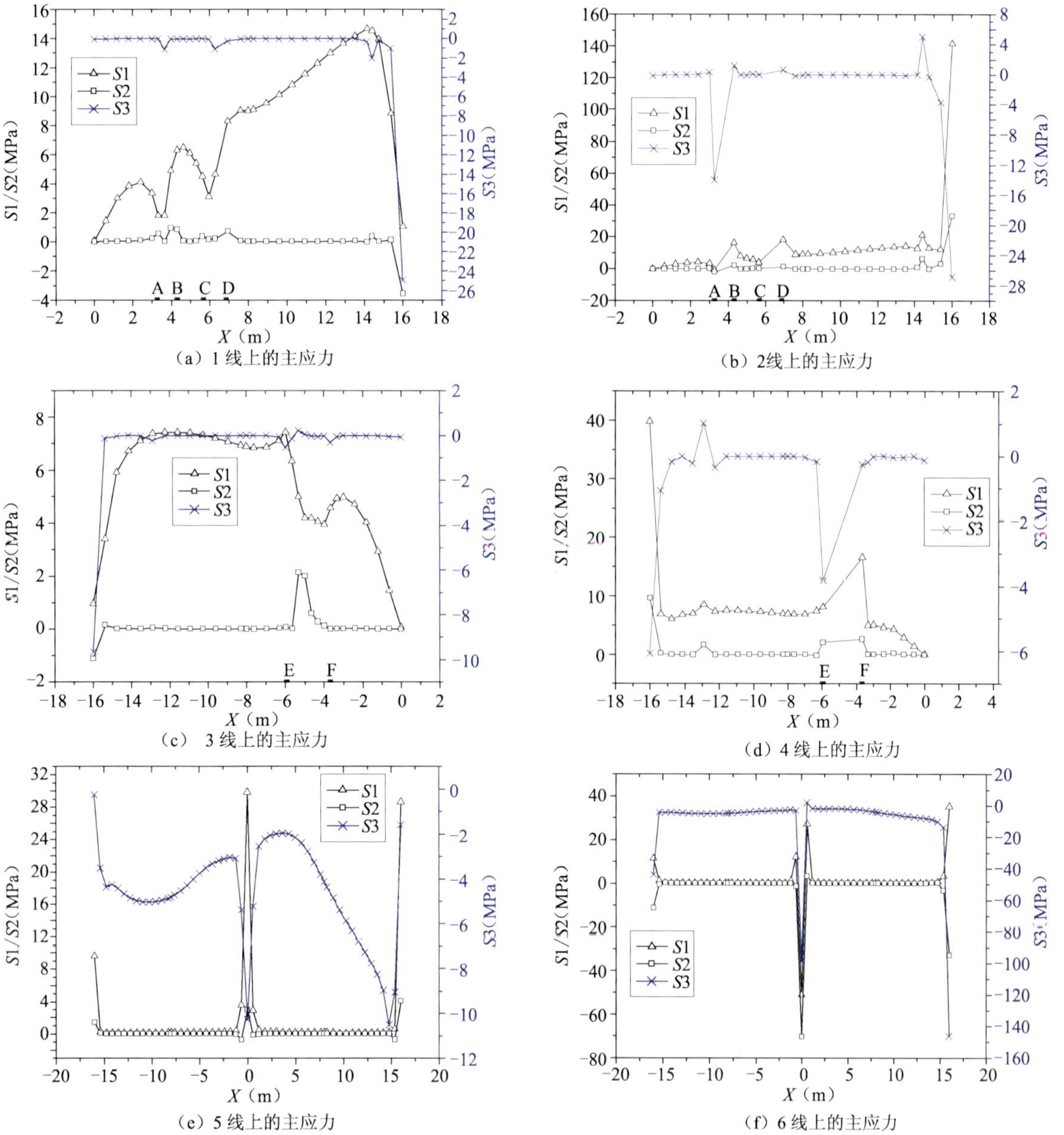

(a) 1 线上的主应力　(b) 2线上的主应力　(c) 3 线上的主应力　(d) 4 线上的主应力　(e) 5 线上的主应力　(f) 6 线上的主应力

图 4—1—15　在工况 1 (a)(不包括索力) 载荷作用下有限元计算结果

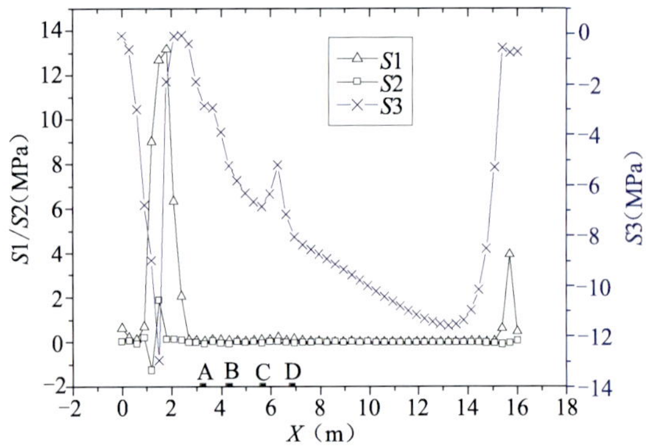

(a) 1 线上的主应力

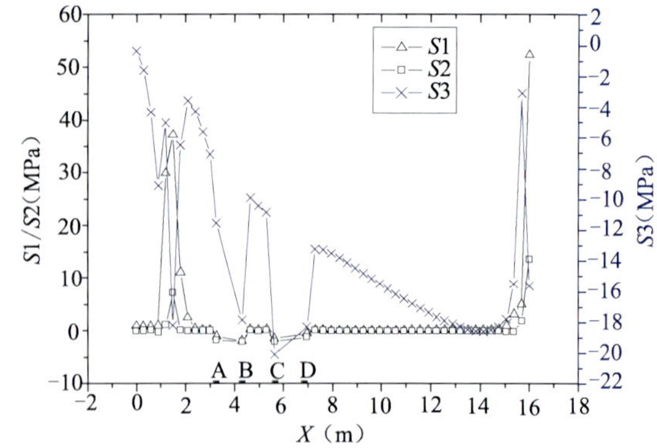

(b) 2 线上的主应力

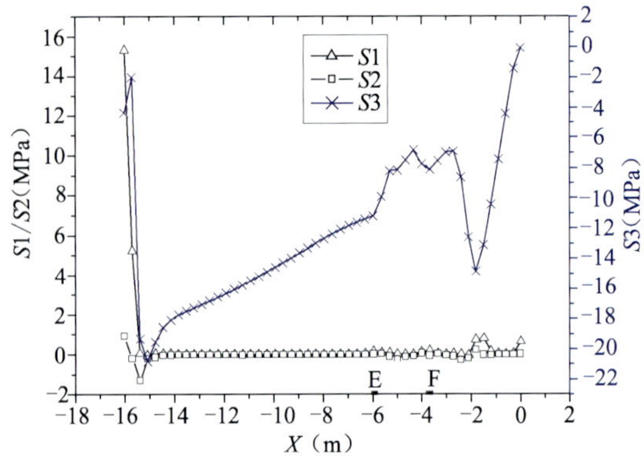

(c) 3 线上的主应力

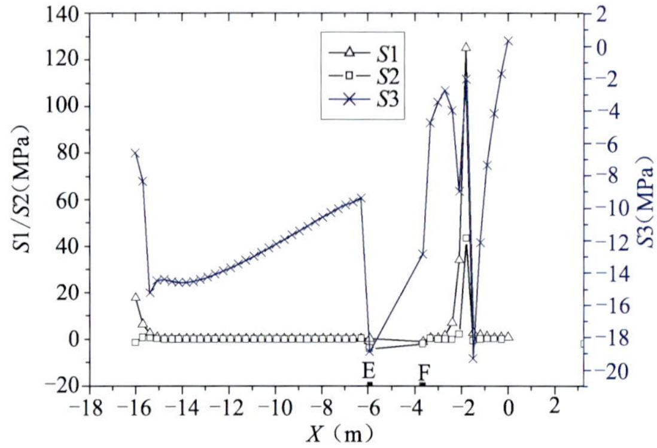

(d) 4 线上的主应力

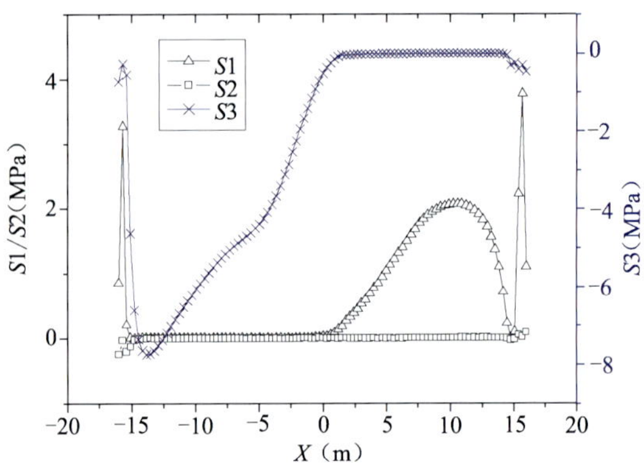

(e) 5 线上的主应力

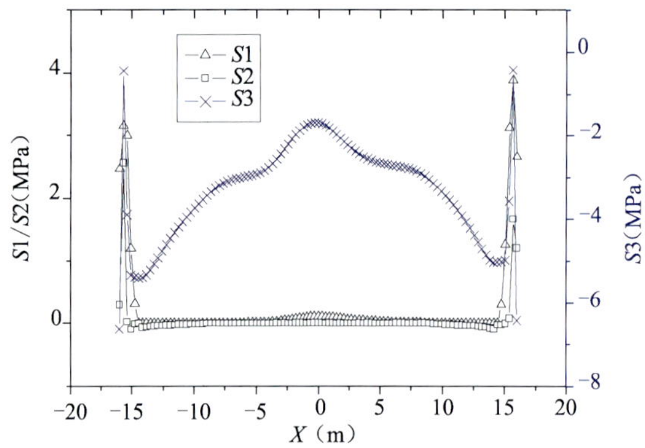

(f) 6 线上的主应力

图 4—1—16　在工况 I (b)(仅保留索力) 载荷作用下有限元计算结果

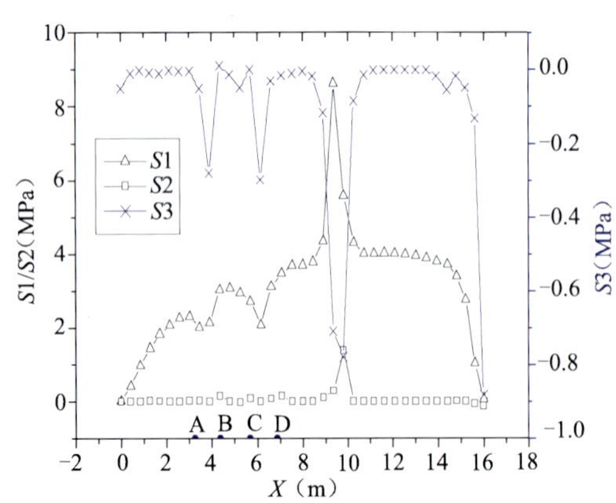

(a) 1 线上的主应力

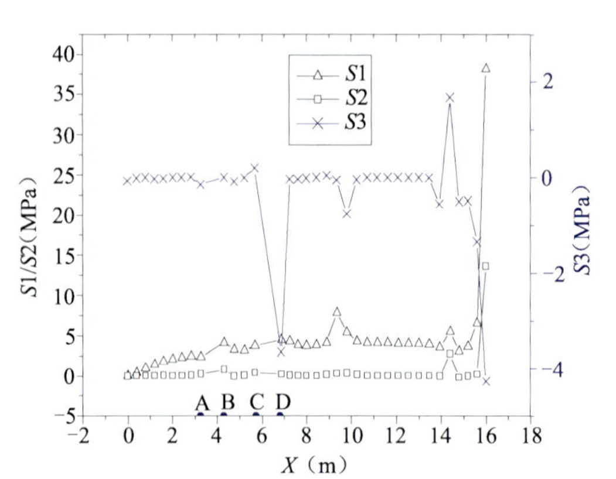

(b) 2 线上的主应力

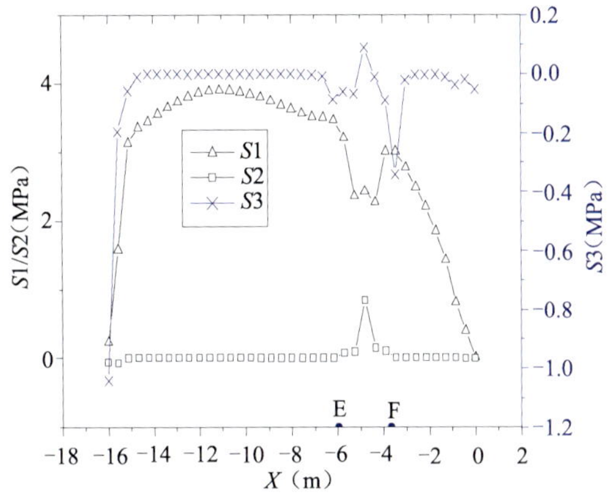

(c) 3 线上的主应力

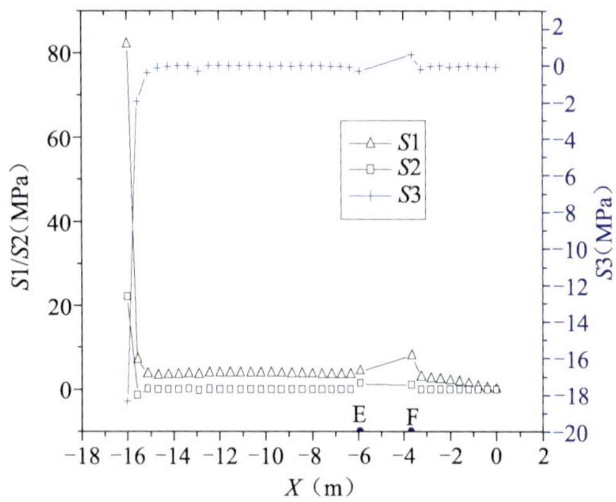

(d)　4 线上的主应力

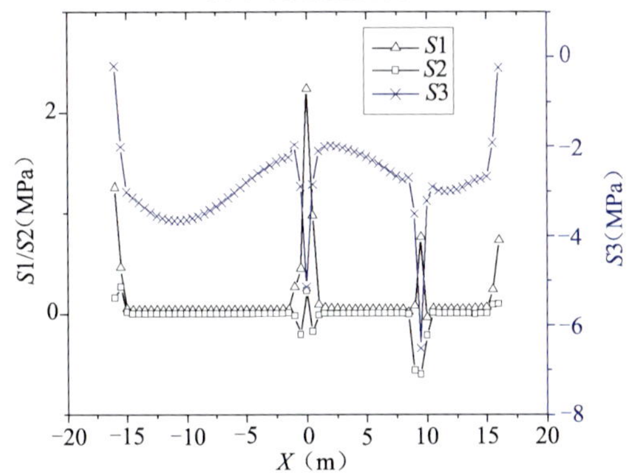

(e) 5 线上的主应力

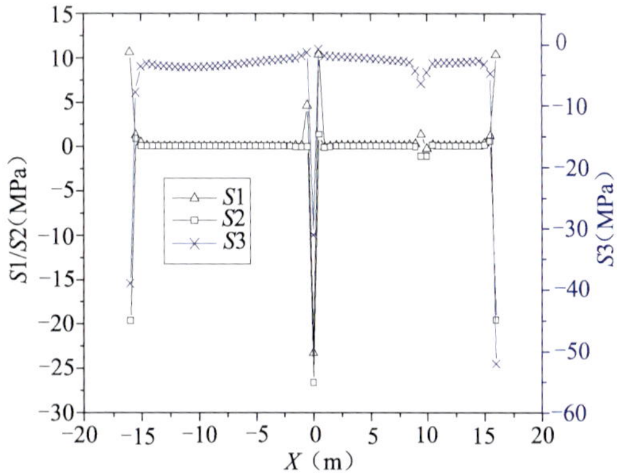

(f) 6 线上的主应力

图 4—1—17　在工况 Ⅱ 载荷作用下有限元计算结果

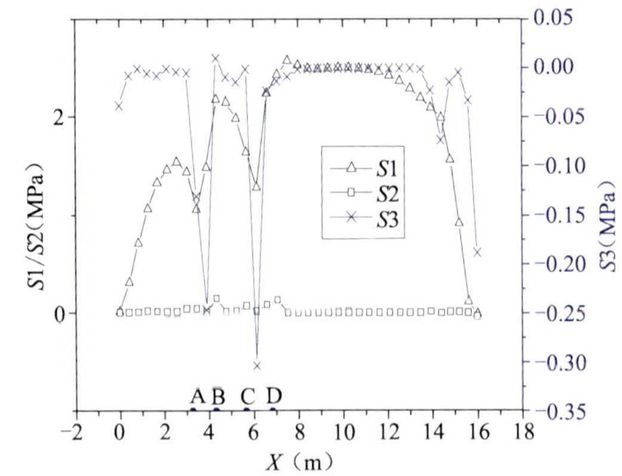

(a)　1 线上的主应力

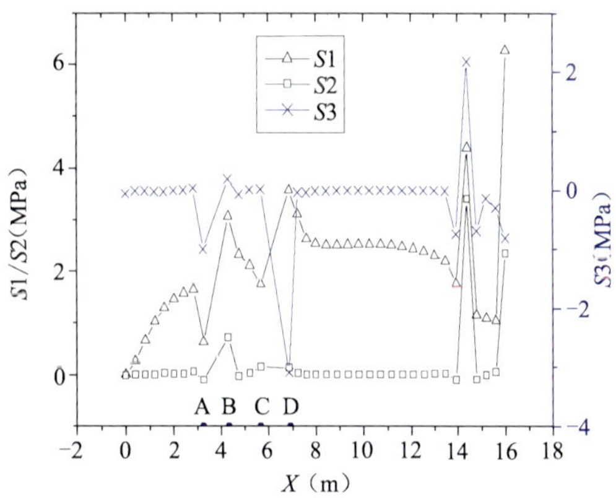

(b) 2 线上的主应力

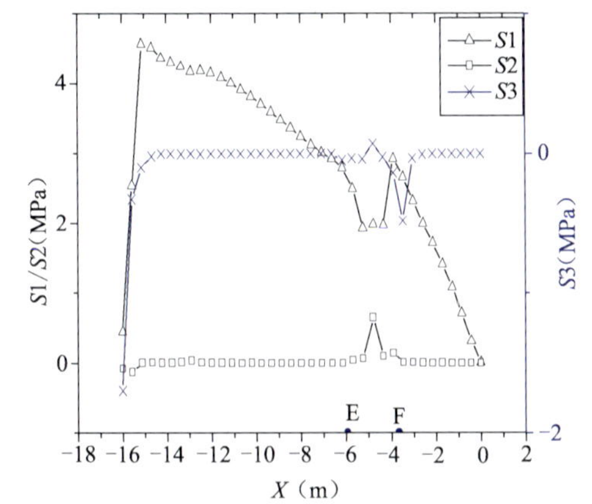

(c) 3 线上的主应力

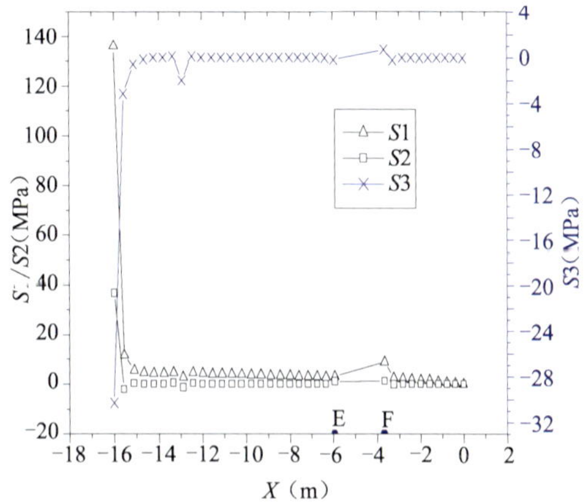

(d) 4 线上的主应力

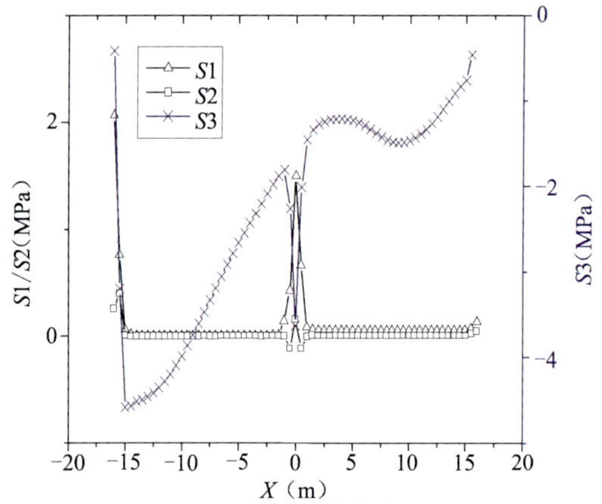

（e）5 线上的主应力

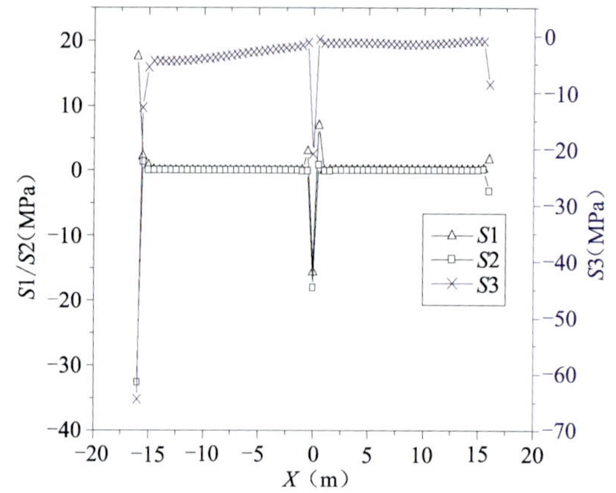

（f）6 线上的主应力

图 4—1—18　在工况Ⅲ载荷作用下有限元计算结果

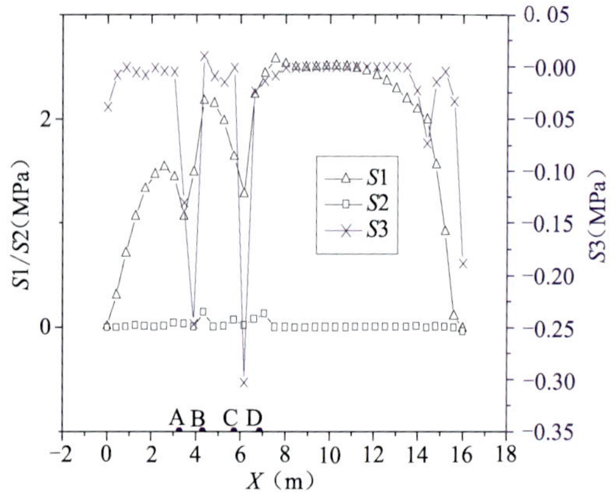

（a）1 线上的主应力

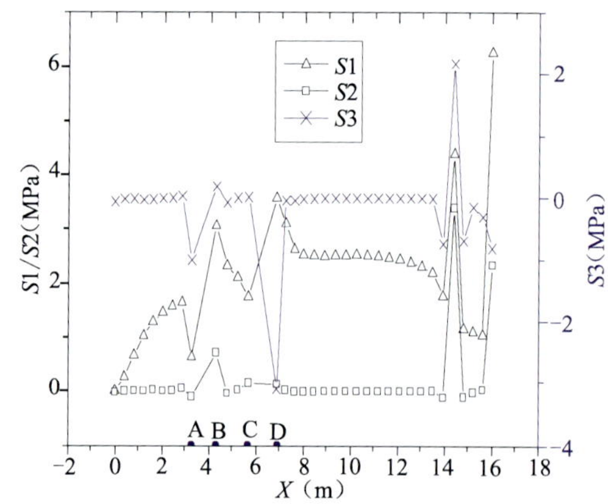

（b） 2 线上的主应力

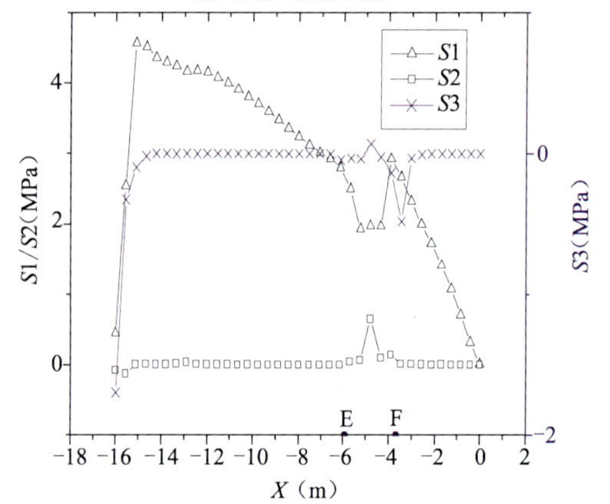

（c）3 线上的主应力

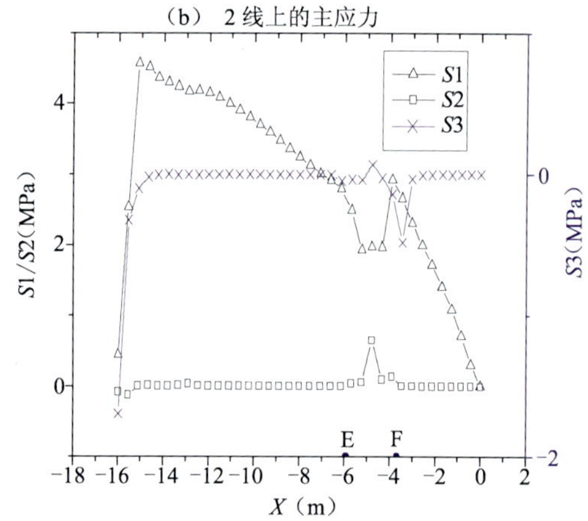

（d）4 线上的主应力

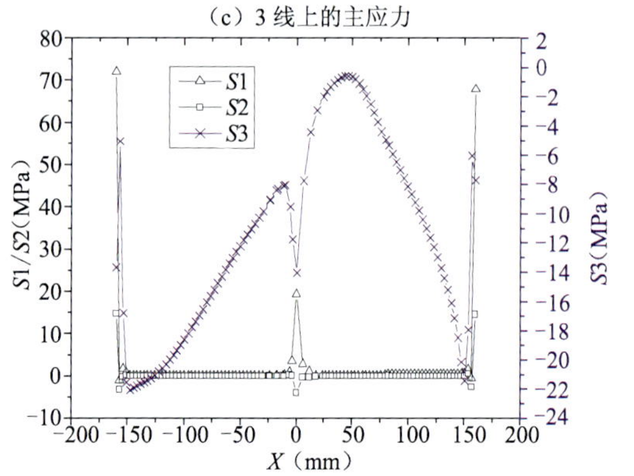

（e）5 线上的主应力

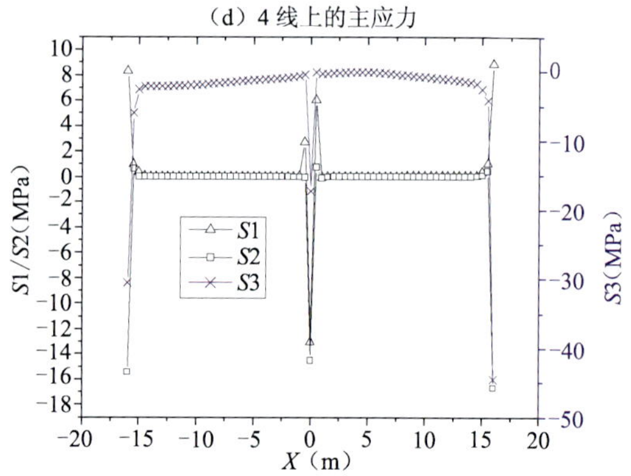

（f）6 线上的主应力

图 4—1—19　在工况Ⅳ载荷作用下有限元计算结果

（1）针对实桥拱脚结构有限元计算而言，拱脚加载工况Ⅰ中包括自重、桥面二期恒载及预应力。其中预应力是通过拱脚索道孔中的缆索施加的。在施加索力时，在一个索道孔中，究竟钢索哪些部位与索道孔壁接触、哪些部位不接触以及接触力的分布如何，都是未知的，但进行拱脚有限元计算时需要知道这种接触力的边界条件，如果这些参数确定得不合理，则拱脚有限元计算就不能反映真实情况。为此，在对电测模型施加索力后，测量出每根索与索道孔壁的接触位置和接触长度，以及索与索道孔壁不接触的部分，然后再根据力的分析确定索与索道孔壁接触压力的分布规律。通过这种方法得到拱脚应力的有限元计算值和电测模型试验结果是非常接近的，如图 4—1—10(b) 所示。这种处理方法对于预应力工程结构设计是有重要参考价值的。

（2）实桥拱脚结构加载工况分为四种，其中工况Ⅰ的载荷包括结构自重、桥面二期恒载及预应力，对于拱脚电测模型试验，由于拱脚预应力是通过缆索在索道孔中施加的，为了单独考查索道孔中的接触力模拟的准确性，将拱脚加载工况Ⅰ分解为两种状态：Ⅰ(a) 表示仅施加结构自重和桥面二期恒载，Ⅰ(b) 仅施加索力即预应力。对拱脚电测模型试验和有限元计算结果进行比较，对应拱脚加载工况Ⅰ(a)、Ⅰ(b)、Ⅱ、Ⅲ和Ⅳ的拱脚应力分布如图 4—1—10(a)、(b)、(c)、(d) 和 (c) 所示。根据电测模型试验和有限元计算结果得出的实桥拱脚应力 σ_t 的分布规律是一致的，在拱与拱脚的连接局部位置 A、B、C、D 和 E、F 产生应力集中。建议拱脚与拱的连接部位，即钢管混凝土的圆截面拱、哑铃形截面拱与拱脚结构的连接区增加一个圆锥形的过渡区，并增加钢筋的布置密度，以缓和应力集中。

（3）对应拱脚电测模型仅施加索力工况Ⅰ(b) 的拱脚应力 σ_t 的分布曲线如图 4—1—10(b) 所示，在拱脚顶部两个索孔的边缘附近有较大的应力，这是由于施加索力时较小的接触面传力造成的，建议在索道的两端头周围增加钢筋的布置密度以分散局部过大的局部应力。

（4）由仅施加索力Ⅰ(b) 加载工况的拱脚 σ_t 应力分布曲线图可以看出，拱脚顶部产生较大的压应力。而对于拱脚在单独加载工况Ⅰ(a)、Ⅱ、Ⅲ、Ⅳ下，拱脚顶部都产生较大的拉应力。在预应力加载工况Ⅰ(a) 和加载工况Ⅱ（或Ⅲ，或Ⅳ）的组合载荷状况下，拱脚顶部只发生较小的应力，这说明施加预应力的效果是良好的。

（5）根据光弹性模型试验得出拱脚 σ_t 应力分布的实验值，其与有限元计算值的比较见图 4—1—7，两者是比较接近的。拱脚结构主应力迹线如图 4—1—9 所示，这些参数为拱脚钢筋的配置提供了重要依据。

八、针对试验结果的设计改进

（1）试验中反映出在拱与拱脚的连接局部位置产生应力集中现象，且以中孔双层叠拱一侧更为明显。设计中针对试验结果在中孔双层拱底部与主梁加高段的连接部位，即与主梁结构的连接区增加一个圆锥形的过渡区，以缓和应力集中。中孔拱梁连接部位过渡区构造改进如图 4—1—20 所示。

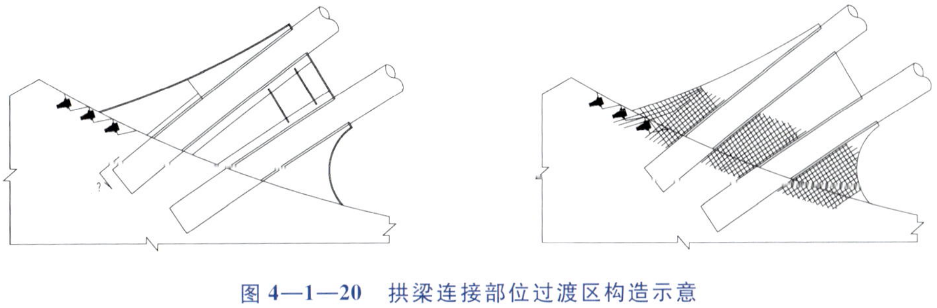

图 4—1—20　拱梁连接部位过渡区构造示意

（2）在拱脚顶部两个索孔的边缘附近有较大的应力，经分析是由于施加索力时较小的接触面传力造成的。根据试验结果设计中对拱脚处特别是在锚头下设置钢筋网片，并加强锚固端头周围钢筋的布置密度，以分散预应力锚固端过大的局部应力。拱梁连接部位钢筋布置示意如图 4—1—21 所示。

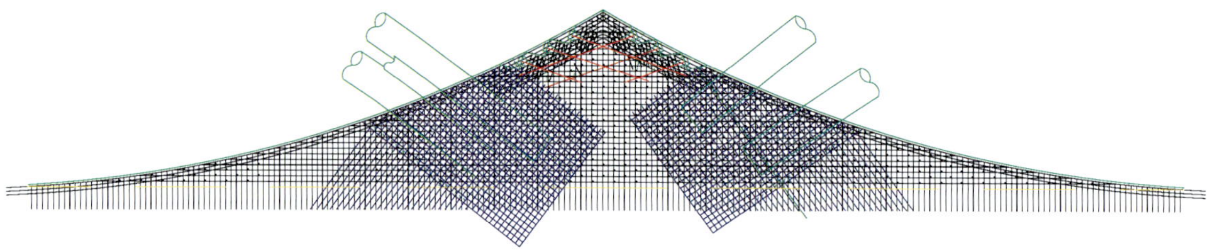

图 4—1—21　拱梁连接部位钢筋布置示意

第二节　吊索锚固体系静动载试验

一、试验目的及内容

(一) 试验目的

拉萨河大桥采用拱梁组合体系，其吊杆是重要的受力构件。在列车动荷载作用下，吊杆中的活载应力变动幅度较大，其疲劳现象不容忽视。一般说来，吊杆截面本身的疲劳问题不太突出，而锚头等连接部件的疲劳往往是产生疲劳破坏的关键因素。拉萨河大桥采用钢管混凝土五跨三连拱连续梁系杆拱组合体系以及双层叠拱结构，是一种新型的组合结构，目前可以借鉴的经验不多，因此对其构造及连接细节的设计都应慎重处理。

为了体现青藏线少维修和便于维修养护的设计理念，同时考虑该桥的整体景观性要求，吊索锚固采用特殊设计的承拉式锚箱结构。不同于以往的承压式结构，这种结构的锚头及吊索端部均外露，有利于通风，便于检查维护，如图 4—2—1 所示。但是，承拉式锚箱结构在钢管混凝土拱肋和混凝土梁内的锚固以及焊接锚箱本身，其静力和抗疲劳性能方面，国内外采用较少，可资借鉴的资料不多。因此，对该桥拟采用的吊索锚固体系进行相关性能的试验研究是十分必要的。

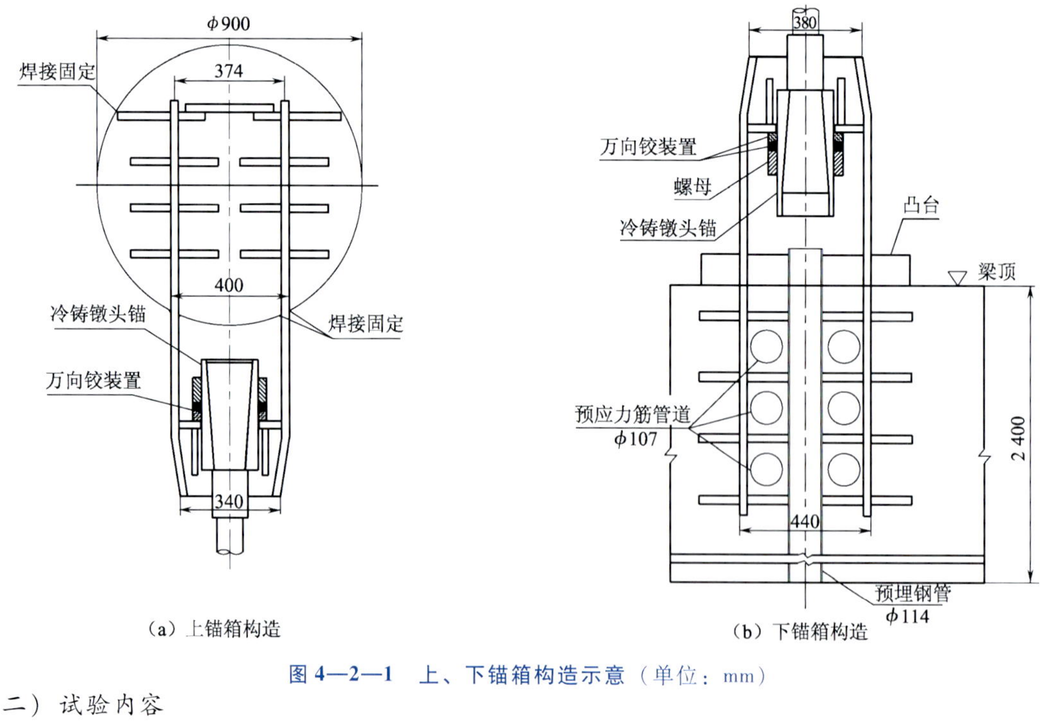

图 4—2—1　上、下锚箱构造示意（单位：mm）

(二) 试验内容

(1) 静载试验：通过静载试验，检验吊索锚固体系，包括锚箱锚固构造、焊接锚箱、吊索三部分的承载能力是否满足设计要求。

(2) 疲劳试验：通过疲劳试验，检验吊索锚固体系，包括锚箱锚固构造、焊接锚箱、吊索三部分的抗疲劳性能是否满足设计要求。

（3）通过试验研究对吊索锚固构造进行评价，并提出改进意见或建议。

二、模型及加载系统

（一）模　　型

试验采用足尺模型进行。

实桥吊索锚固体系中，上锚箱锚固于钢管混凝土拱肋内，下锚箱锚固于预应力混凝土系梁内；上下锚箱相比，焊接锚箱构造基本相同，而下锚箱锚固处存在普通钢筋及预应力。若取上下锚箱及吊索组成试件同时试验，则试件与试验机的连接需特殊设计，将大大增加试验的难度和费用。因此，在模型设计中采取了对上下锚箱分别进行试验的方案。

模型的设计基于仅进行吊索锚固体系本身的力学性能试验，即只考察锚箱与混凝土梁或钢管混凝土的锚固性能。因此，模型设计不考虑其他边界条件的影响。根据既有试验条件，制作 T1、T2 试件进行试验。

图 4—2—2　上锚箱 T1 试件

1. 上锚箱试件

取一段钢管混凝土拱肋（长 1.46 m）、吊索（索长 4.0 m）及冷铸锚头（配合试验夹具）组成试件 T1。T1 试件如图 4—2—2 所示，T1 试件加载布置如图 4—2—3 所示。

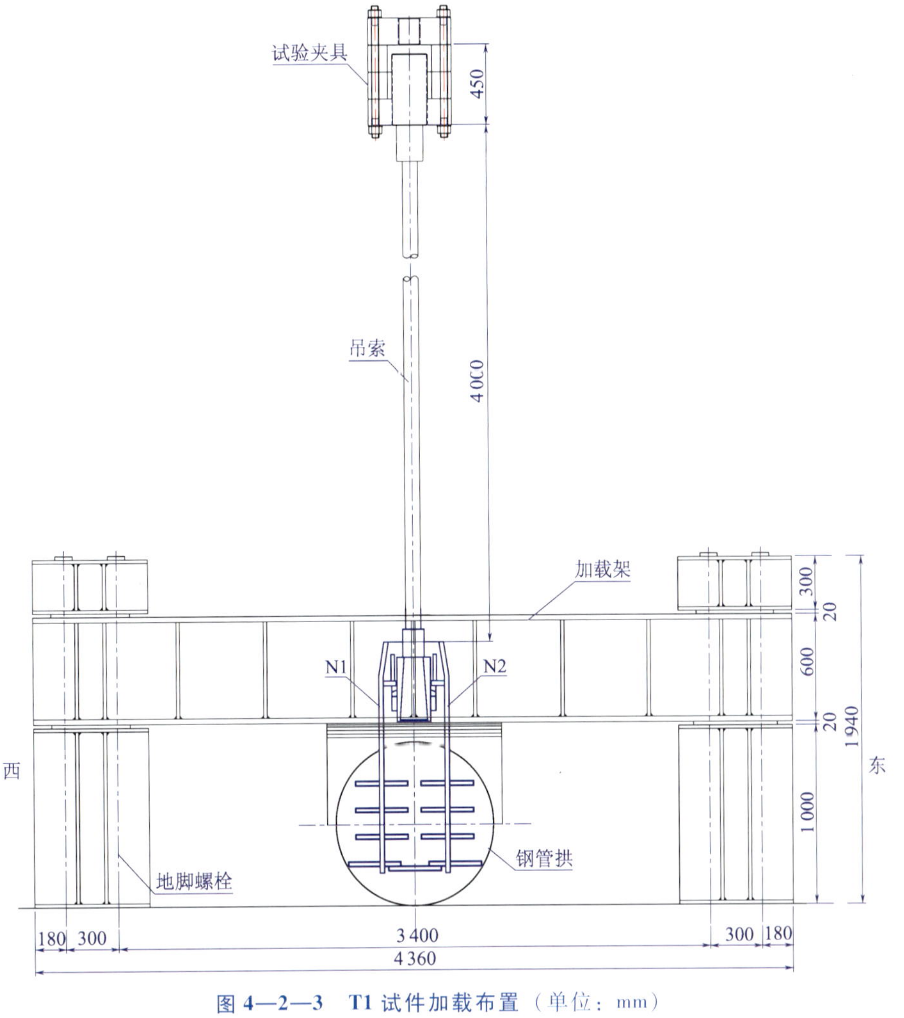

图 4—2—3　T1 试件加载布置（单位：mm）

2. 下锚箱试件

取一段混凝土梁（长×宽×高＝1.46 m×1.20 m×1.60 m，不考虑预应力）、吊索（索长4.0 m）及冷铸锚头（配合试验夹具）组成试件T2。T2试件如图4—2—4所示，T2试件加载布置如图4—2—5所示。

图4—2—4　下锚箱T2试件

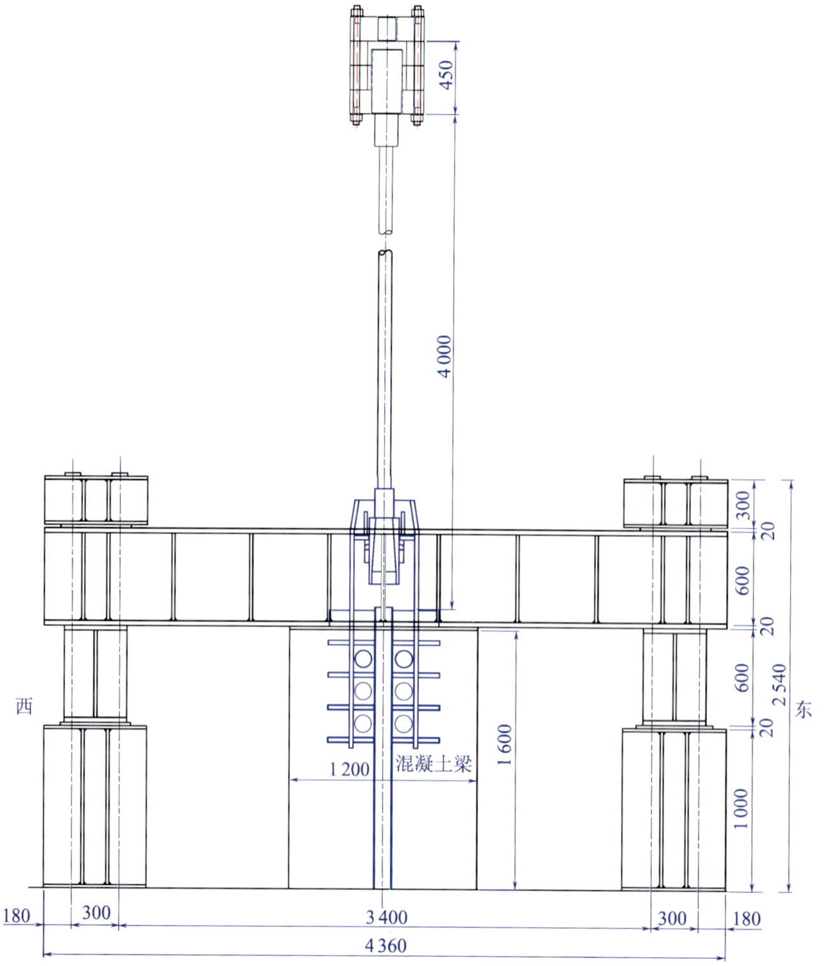

图4—2—5　T2试件加载布置（单位：mm）

（二）加载系统

试验采用 MTS6000 kN 试验机加载。

试验机额定荷载：静拉 4 400 kN，静压 6 000 kN，疲劳 ±2 200 kN、疲劳加载频率上限 1 Hz。

试验机荷载精度：静载 ±0.5%，动载 ±1.0%。

三、试验内容及测点布置

（一）试验内容

1. 疲劳试验前静载试验

为研究锚固构造及锚箱结构应力传递途径、应力分布及焊接构造局部关键部位应力，首先对模型进行疲劳试验前的静载试验。为保证模型不致破坏，静载试验的加载荷载定为疲劳荷载的上、下限值，即荷载等级按 1 295 kN、1 750 kN 分级施加。

2. 疲劳试验

试验吊索采用 61ϕ7 mm 高强钢丝成品索，钢丝极限强度 1 670 MPa。疲劳试验按吊索极限强度的 0.45 倍作为应力上限、疲劳应力幅值 200 MPa，即疲劳荷载上限 1764.2 kN、荷载幅值 469.5 kN、荷载下限 1 294.7 kN，200 万次脉冲加载。

疲劳试验过程中，在随时检查加载系统工作状态的同时，增加加载系统动位移及体系总位移量的测试，以确保加载系统的安全。加载纵梁的动位移采用 DT-20 型电子百分表测量。测点布置如图 4—2—6。体系总位移量的测量由试验机自动监测。

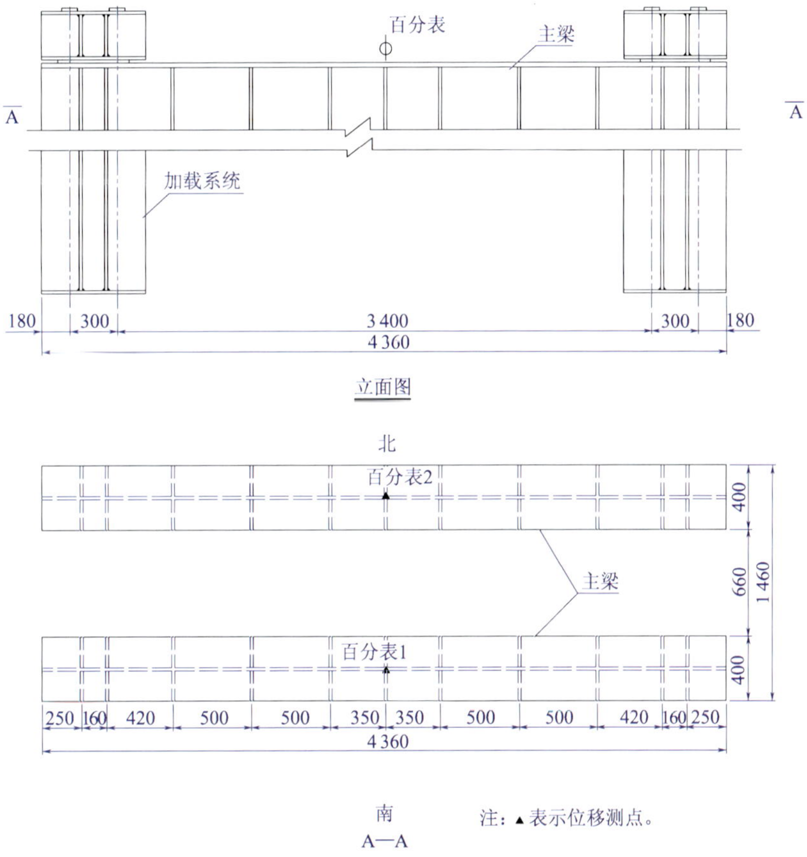

图 4—2—6　加载系统位移测点布置（单位：mm）

3. 疲劳试验后静载试验

疲劳试验完成后，如果试件仍未破坏，即进行疲劳试验后的静载试验。静载试验按三倍的设计承载力、即 3000 kN 加载，荷载按照 600 kN、1 200 kN、1 800 kN、2 400 kN、2 700 kN、3 000 kN 分级施加。

4. 万向铰受力均匀性测试

静载试验过程中，同步进行万向铰在分级荷载作用下的受力均匀性试验。以万向铰中心为圆心，每 90°方向在万向铰侧面布置一个应力测点。

（二）测点布置

上锚箱 T1 试件静载应力测点布置如图 4—2—7 所示，上锚箱 T1 试件静载补充应力测点布置如图 4—2—8 所示；下锚箱 T2 试件静载应力测点布置如图 4—2—9 所示，下锚箱 T2 试件静载补充应力测点布置如图 4—2—10 所示。

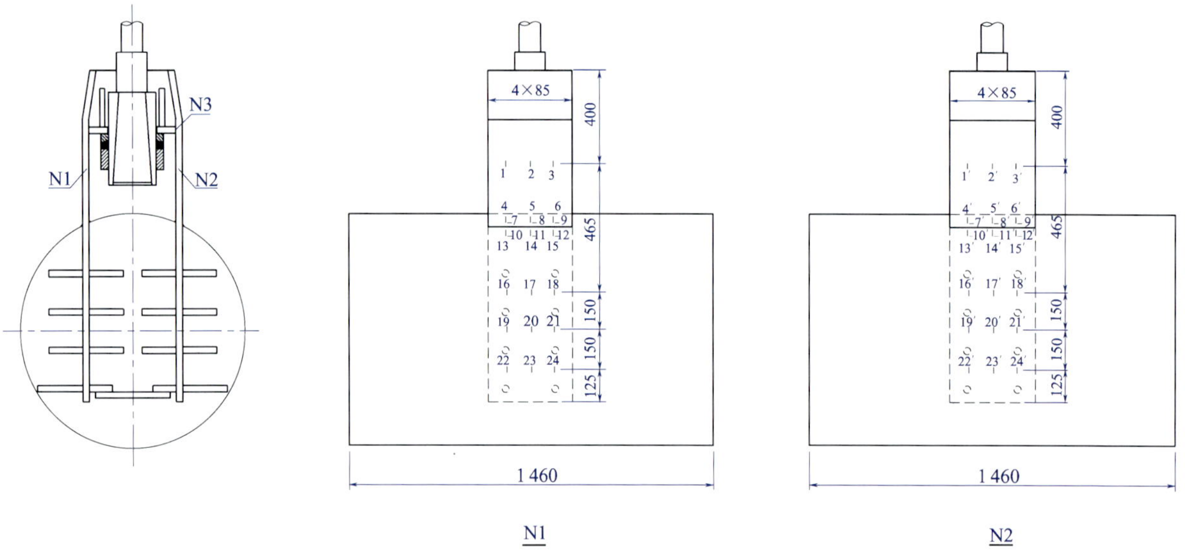

图 4—2—7　上锚箱 T1 试件静载应力测点布置（单位：mm）

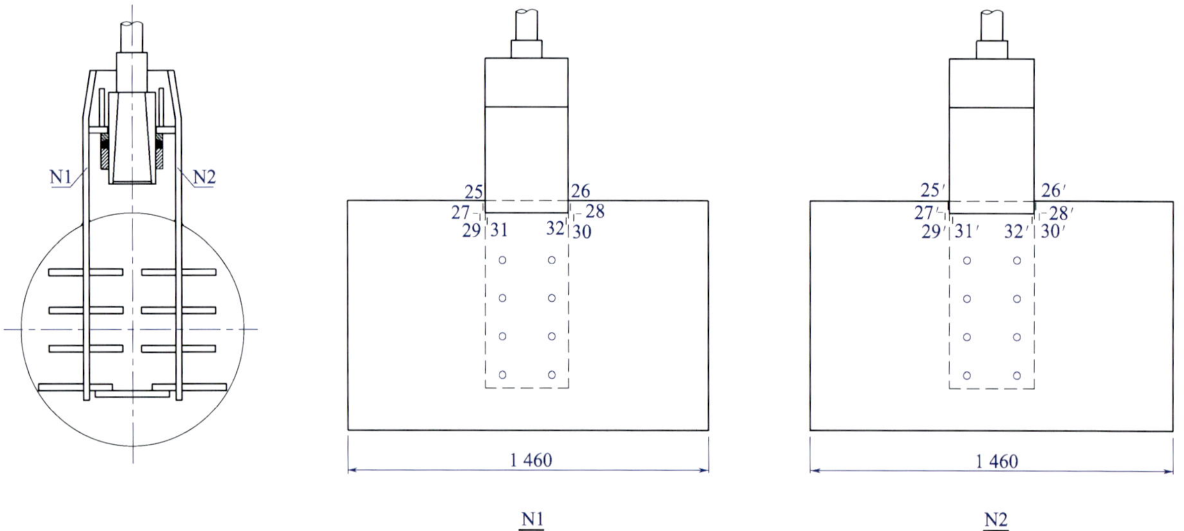

图 4—2—8　上锚箱 T1 试件静载补充应力测点布置（单位：mm）

四、T1 试件试验结果及分析

（一）静载试验的有限元分析

为了解模型的应力分布及指导试验的测点布置工作，对 T1 试件的静载试验采用通用有限元分析软件进行理论分析计算。有限元计算模型如图 4—2—11 所示。

有限元分析中锚箱、钢管及混凝土均采用实体单元模拟，计算边界条件按实际静载试验的边界条件施加；模型加载按 1 295 kN、1 750 kN 及 600 kN、1 200 kN、1 800 kN、2 400 kN、2 700 kN、3 000 kN 两组荷载分别逐级施加。

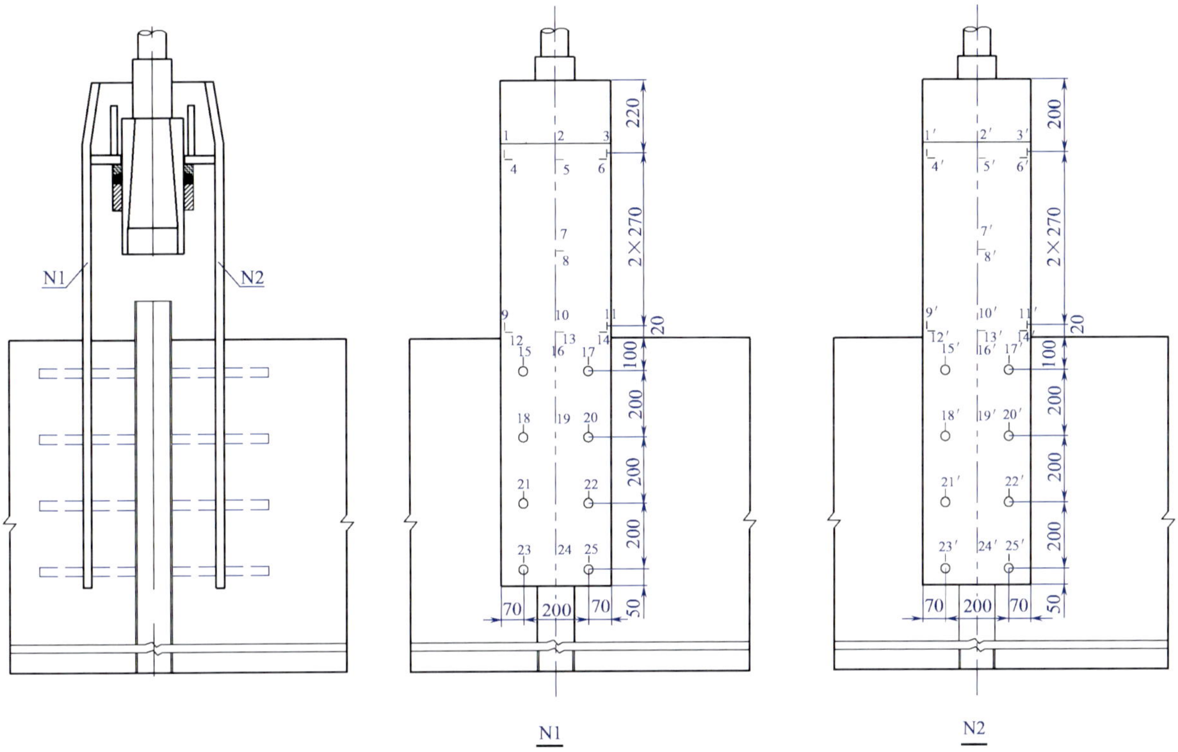

图 4—2—9　下锚箱 T2 试件静载应力测点布置（单位：mm）

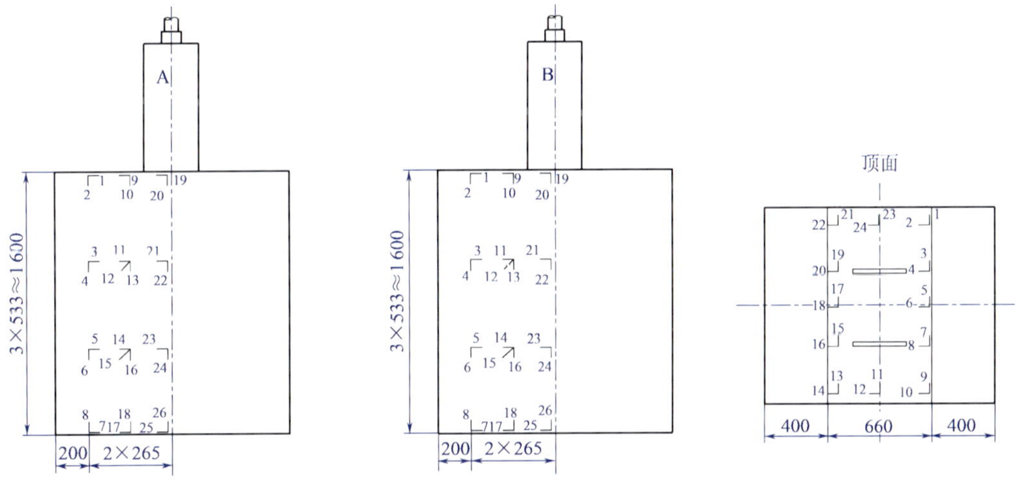

图 4—2—10　下锚箱 T2 试件静载补充应力测点布置（单位：mm）

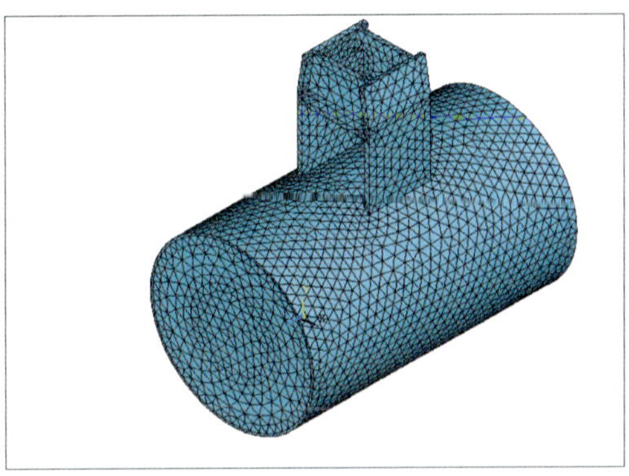

图 4—2—11　T1 试件有限元计算模型

理论计算分析结果见各实测应力表中的理论计算值。3 000 kN 级加载理论计算应力分布如图 4—2—12 和图 4—2—13 所示（模型尺寸单位：cm，力单位：kN，应力单位：10 MPa）。

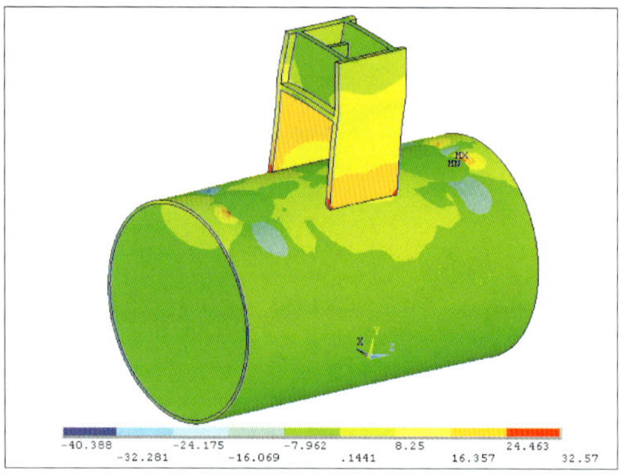

图 4—2—12　T1 试件加载 3 000 kN 理论计算 σ_y 分布

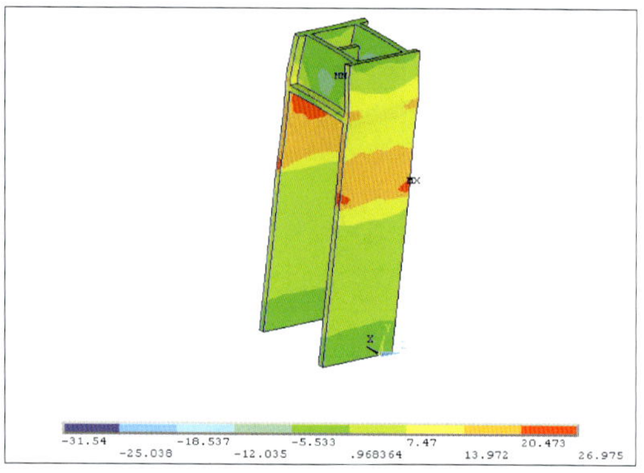

图 4—2—13　T1 试件加载 3 000 kN 锚箱 σ_y 分布

（二）疲劳前静载试验结果

对 T1 试件进行的静载试验，荷载等级按 1 295 kN、1 750 kN 分级施加。测试结果见表 4—2—1 和表 4—2—2，N1 和 N2 板实测和理论计算应力分布图如图 4—2—14 所示。

表 4—2—1　T1 试件疲劳试验前静载试验 N1 板应力测试结果

荷载 / 点号	1 295 kN					1 750 kN				
	实测应变（με）			实测应力（MPa）	计算应力（MPa）	实测应变（με）			实测应力（MPa）	计算应力（MPa）
	①	②	平均值			①	②	平均值		
1	296	309	302	63.42	64.44	400	417	408	85.68	87.07
2	298	310	304	63.84	64.62	410	424	417	87.57	87.32
3	317	325	321	67.41	63.86	433	444	439	92.19	86.80
4	267	281	274	57.54	84.03	368	385	376	78.96	113.55
5	/	/	/	/	76.93	/	/	/	/	103.96
6	327	340	333	69.93	82.94	452	468	460	96.60	112.07
7	33	35	34	7.14	20.72	49	50	49	10.29	28.00
8	/	/	/	/	19.46	/	/	/	/	26.30
9	55	62	59	12.39	19.29	78	87	82	17.22	26.07
10	45	42	44	9.24	12.10	56	66	61	12.81	16.35

注：表中仅列 10 测点以内的数据，应力数据依据 E_g = 210 GPa 计算而得，下同。

表 4—2—2　T1 试件疲劳试验前静载试验 N2 板应力测试结果

荷载 / 点号	1 295 kN					1 750 kN				
	实测应变（με）			实测应力（MPa）	计算应力（MPa）	实测应变（με）			实测应力（MPa）	计算应力（MPa）
	①	②	平均值			①	②	平均值		
1′	297	308	302	63.42	64.44	405	419	412	86.52	87.07
2′	312	321	317	66.57	64.62	425	436	431	90.51	87.32
3′	322	333	327	68.67	63.86	434	448	441	92.61	86.80
4′	596	614	605	127.05	84.03	796	817	807	169.47	113.55
5′	584	601	593	124.53	76.93	783	801	792	166.32	103.96
6′	550	567	558	117.18	82.94	735	755	745	156.45	112.07
7′	145	161	153	32.13	20.72	202	206	204	42.84	28.00

续上表

荷载 点号	1 295 kN					1 750 kN				
	实测应变（με）			实测应力（MPa）	计算应力（MPa）	实测应变（με）			实测应力（MPa）	计算应力（MPa）
	①	②	平均值			①	②	平均值		
8′	130	150	140	29.40	19.46	180	194	187	39.27	26.30
9′	111	131	121	25.41	19.29	150	180	165	34.65	26.07
10′	79	87	82	17.22	12.10	99	105	102	21.42	16.35

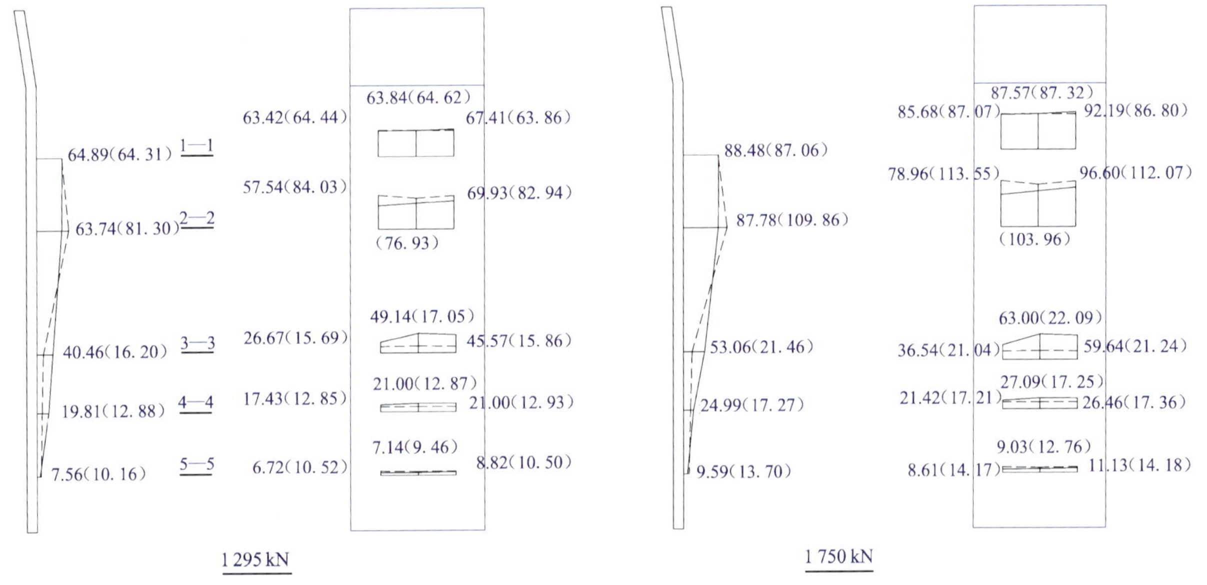

（a）N1 板

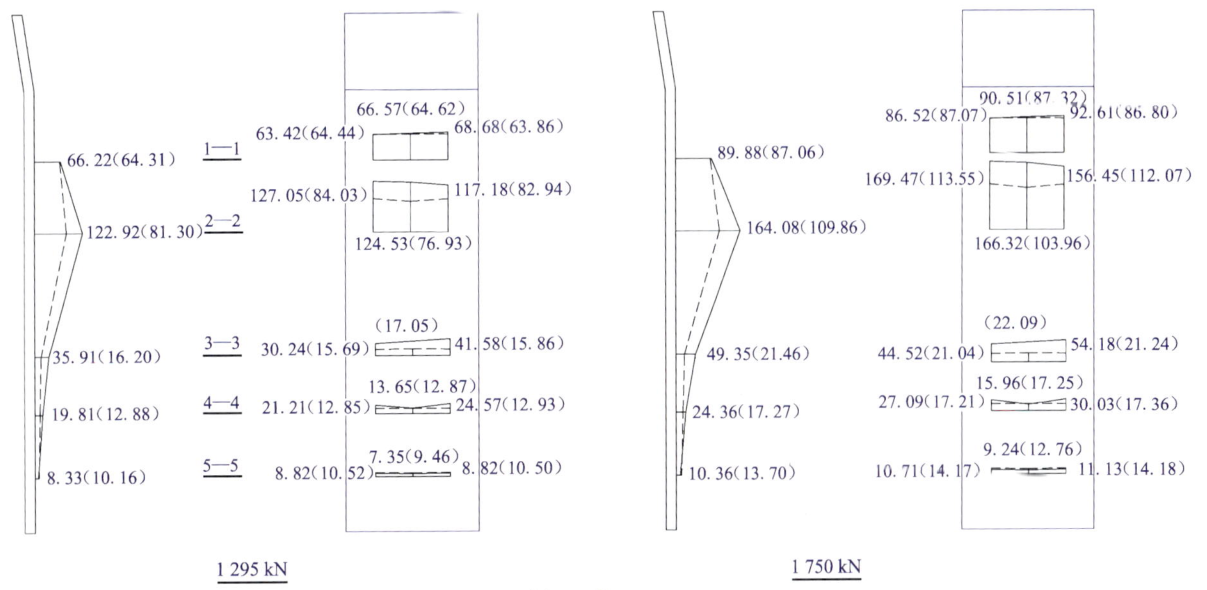

（b）N2 板

图 4—2—14 N1 和 N2 板实测和理论计算应力分布（单位：MPa）

注：1—虚线为理论计算应力分布；2—实线为实测应力分布；3—括号内的数字为计算应力值

根据测试结果分析：

（1）两次加载过程中，N1 板 1～3 号测点及 N2 板 1′～3′号测点相同测点的应变差值较其平均值的偏差均在 4.3% 以内，表明两次加载重复性较好；N1 板 1～3 号测点及 N2 板 1′～3′号测点两次加载过程中，对应测点的应变差值较其平均值的偏差均在 4.5% 以内，各测点实测应力较理论计算结果的偏差均在 9.5% 以内，表明 N1、N2 板受力较均匀。但从 N1、N2 板对应测点的应变差值较其平均值的偏差方向可以看出（表 4—2—3 和图 4—2—14、图 4—2—15），N2 板受力稍大，表明 T1 试件在 N1→N2 方向上加载存在微弱偏心；同时，从实测应力与理论计算结果偏差的分布规律看，N1、N2 板在 1→3（1′→3′）号测点方向上，1（1′）测点实测应力最小、2（2′）测点次之、3（3′）最大，表明 N1、N2 板在 1→3（1′→3′）方向上的加载也存在微弱偏心。

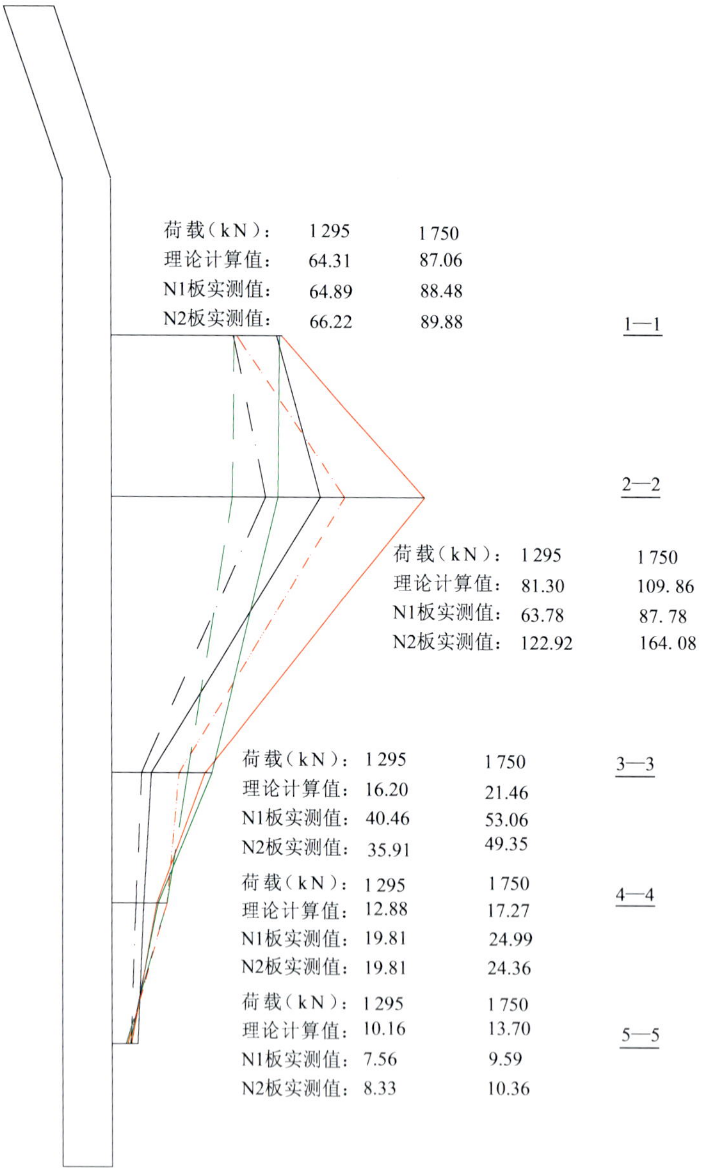

图 4—2—15　T1 试件疲劳前 N1、N2 实测应力分布与理论计算结果的对比分析

注：1. 虚线—1 295 kN，实线—1 750 kN；
2. 绿色线—N1 板，红色线—N2 板；
3. 黑色线—理论计算结果，单位：MPa；
4. 板件 1—1 断面名义应力：1 295 kN，σ_v = 1 295/2/0.12 = 53.96 MPa；1 750 kN，σ_v = 72.92 MPa

表 4—2—3 T1 试件疲劳前 N1 板 1 ~ 3 号测点及 N2 板 1′ ~ 3′号测点测试结果对比分析

荷载等级（kN）	测点	实测应变（με） ①	②	平均值 Γ	差值 Δ=②-①	$\Delta/\Gamma \times 100\%$	$2(\Gamma_{i'}-\Gamma_i)/(\Gamma_i+\Gamma_{i'})\times 100\%$	实测应力 $\sigma_{①}$（MPa）	实测应力 $\sigma_{②}$（MPa）	计算应力 σ_j（MPa）	应力差值 $\Delta\sigma_{①}$（MPa）	应力差值 $\Delta\sigma_{②}$（MPa）	$\Delta\sigma_{①}/\sigma_j \times 100\%$	$\Delta\sigma_{②}/\sigma_j \times 100\%$
1 295	1	296	309	302	13	4.3	1—1′：0.0 2—2′：4.2 3—3′：1.8	62.16	64.89	64.44	-2.28	0.45	-3.5	0.7
	2	298	310	304	12	3.9		62.58	65.1	64.62	-2.04	0.48	-3.2	0.7
	3	317	325	321	8	2.5		66.57	68.25	63.86	2.71	4.39	4.2	6.9
	1′	297	308	302	11	3.6		62.37	64.68	64.44	-2.07	0.24	-3.2	0.4
	2′	312	321	317	9	2.8		65.52	67.41	64.62	0.9	2.79	1.4	4.3
	3′	322	333	327	11	3.4		67.62	69.93	63.86	3.76	6.07	5.9	9.5
1 750	1	400	417	408	17	4.2	1—1′：1.0 2—2′：3.3 3—3′：0.5	84.00	87.57	87.07	-3.07	0.50	-3.5	0.6
	2	410	424	417	14	3.4		86.10	89.04	87.32	-1.22	1.72	-1.4	2.0
	3	433	444	439	11	2.5		90.93	93.24	86.80	4.13	6.44	4.8	7.4
	1′	405	419	412	14	3.4		85.05	87.99	87.07	-2.02	0.92	-2.3	1.1
	2′	425	436	431	11	2.6		89.25	91.56	87.32	1.93	4.24	2.2	4.9
	3′	434	448	441	14	3.2		91.14	94.08	86.80	4.34	7.28	5.0	8.4

注：表中应力差值 $\Delta\sigma_{①}=\sigma_{①}-\sigma_j$，其他以此类推。

（2）对比 N1、N2 板其他测点竖向应力的实测结果，除部分测点存在一定差异外其余基本一致。实测应力差别较大的点均位于焊缝附近，分析其主要原因如下：

① N2 板焊缝处的测点在布置时更靠近焊缝，是造成 N2 板上这些点的应力较 N1 板相应测点应力偏大的主要原因；

② 焊缝处的应力集中；

③ 偏心加载。当荷载值增大到 1 750 kN 时，N2 板 4 号测点应力值达到 169.47 MPa，较 N1 板相同位置测点应力大 90.51 MPa，但并未超出材料的容许应力值。

（3）锚箱 N1、N2 板竖向应力分布规律的理论计算结果表明：1—1 断面上 N1、N2 板因局部弯曲变形，内外侧表面应力存在差异，其中外表面应力约为断面名义应力 σ_v 的 1.2 倍；在 N1、N2 板与钢管拱焊接周围局部范围内（2—2 断面），因局部应力集中及板的局部弯曲变形，其外表面应力约为断面名义应力 σ_v 的 1.5 倍；在钢管混凝土拱肋内，2—2 ~ 3—3 断面间应力传递系数 0.2（3—3 断面实测应力均值与 2—2 断面实测应力均值的比值，下同），3—3 ~ 5—5 断面间应力变化相对较小，应力传递系数 0.8。分析可知，加载至 1 750 kN 时，锚箱 N1、N2 板竖向应力主要传递到第一排剪力钉（3—3 断面）处。

（4）锚箱 N1、N2 板竖向应力分布规律的实测结果与理论计算结果的对比分析分析可知：在 1—1 断面，N1、N2 板实测应力与理论计算结果基本一致；2—2 断面，实测 N2 板外侧表面应力是断面名义应力 σ_v 的 2.2 ~ 2.3；3—3 断面 N1、N2 板实测应力值基本一致，2—2 ~ 3—3 断面间应力传递系数 0.3，较理论计算结果稍大；3—3 ~ 5—5 断面，锚箱 N1、N2 板实测应力基本一致，实测应力传递系数 3—3 ~ 4—4 断面间约 0.5、4—4 ~ 5—5 断面间 0.4，较理论计算结果小。总体而言，实测 N1、N2 板应力分布规律与理论计算结果基本一致。

（5）静载试验过程中，试件未发生异常现象。静载试验完成后，经对试件的仔细检查，结构外观完好，表面未发现可见微裂纹。静载试验结果表明：上锚箱吊索锚固体系，包括锚箱锚固构造、焊接锚箱、吊索三部分的工作状态正常。

（三）疲劳试验结果

T1 试件疲劳试验从 2004 年 1 月 31 日晚开始到 2004 年 3 月 7 日凌晨 200 万次脉冲加载完成，疲劳上下限荷载分别为 1 764.2 kN、1 294.7 kN，实际加载频率 0.6 ~ 0.8 Hz。

（1）疲劳试验过程中，试件未发生异常现象。疲劳试验完成后，经对试件的仔细检查，结构外观完好，表面未发现可见微裂纹。

（2）位移监测结果：在疲劳荷载作用下两片加载纵梁的动位移约为 0.6 mm，加载架刚度满足试验要求；试验过程中体系总位移量始终保持在约 6.5 mm 范围内，结构未出现异常。

（3）疲劳试验试验结果表明：该吊索锚固体系，包括锚箱锚固构造、焊接锚箱、吊索三部分的抗疲劳性能满足设计要求。

（四）疲劳后静载试验结果

疲劳试验后，为详细了解 N1、N2 与钢管焊缝周围局部的应力集中效应，在焊缝周围及两块板的侧面共增加了 16 个测点，疲劳后的静载试验测试结果见表 4—2—4 和表 4—2—5，加载至 3 000 kN 时 N1、N2 板实测及理论计算应力分布如图 4—2—16 所示。

表 4—2—4 T1 试件疲劳试验后静载试验 N1 板应力测试结果

荷载 \ 点号	600 kN					1 200 kN				
	实测应变（με）			实测应力（MPa）	计算应力（MPa）	实测应变（με）			实测应力（MPa）	计算应力（MPa）
	①	②	平均值			①	②	平均值		
1	129	131	130	27.30	29.86	283	282	282	59.22	59.71
2	132	131	131	27.51	29.94	283	280	281	59.01	59.88
3	146	138	142	29.82	29.59	297	286	292	61.32	59.18

续上表

荷载 / 点号	600 kN					1 200 kN				
	实测应变（με）			实测应力（MPa）	计算应力（MPa）	实测应变（με）			实测应力（MPa）	计算应力（MPa）
	①	②	平均值			①	②	平均值		
4	123	121	122	25. 62	38. 93	264	258	261	54. 81	77. 87
5	/	/	/	/	35. 64	/	/	/	/	71. 29
6	143	141	142	29. 82	38. 43	307	305	306	64. 26	76. 86
7	13	17	15	3. 15	9. 60	48	46	47	9. 87	19. 20
8	/	/	/	/	9. 02	/	/	/	/	18. 03
9	25	25	25	5. 25	8. 94	60	70	65	13. 65	17. 87
10	1	9	5	1. 05	5. 61	49	45	47	9. 87	11. 21

荷载 / 点号	1 800 kN					2 400 kN				
	实测应变（με）			实测应力（MPa）	计算应力（MPa）	实测应变（με）			实测应力（MPa）	计算应力（MPa）
	①	②	平均值			①	②	平均值		
1	435	441	438	91. 98	89. 57	592	578	585	122. 85	119. 43
2	430	433	431	90. 51	89. 82	584	569	576	120. 96	119. 76
3	439	440	439	92. 19	88. 76	588	573	580	121. 80	118. 35
4	406	405	405	85. 05	116. 80	553	537	545	114. 45	155. 73
5	/	/	/	/	106. 93	/	/	/	/	142. 57
6	468	467	467	98. 07	115. 28	641	619	630	132. 30	153. 71
7	80	94	87	18. 27	28. 80	110	120	115	24. 15	38. 40
8	/	/	/	/	27. 05	/	/	/	/	36. 06
9	111	105	108	22. 68	26. 81	135	149	142	29. 82	35. 75
10	105	109	107	22. 47	16. 82	146	146	146	30. 66	22. 42

荷载 / 点号	2 700 kN					3 000 kN				
	实测应变（με）			实测应力（MPa）	计算应力（MPa）	实测应变（με）			实测应力（MPa）	计算应力（MPa）
	①	②	平均值			①	②	平均值		
1	668	673	670	140. 70	134. 35	745	761	753	158. 13	149. 28
2	656	656	656	137. 76	134. 73	731	743	737	154. 77	149. 70
3	656	656	656	137. 76	133. 14	726	738	732	153. 72	147. 94
4	623	624	623	130. 83	175. 20	696	712	704	147. 84	194. 66
5	/	/	/	/	160. 39	/	/	/	/	178. 22
6	718	711	714	149. 94	172. 93	797	803	800	168. 00	192. 14
7	132	146	139	29. 19	43. 20	160	176	168	35. 28	48. 00
8	/	/	/	/	40. 57	/	/	/	/	45. 08
9	158	176	167	35. 07	40. 22	199	185	192	40. 32	44. 69
10	176	178	177	37. 17	25. 23	199	215	207	43. 47	28. 03

表 4—2—5　T1 试件疲劳试验后静载试验 N2 板应力测试结果

荷载 / 点号	600 kN					1 200 kN				
	实测应变（με）			实测应力（MPa）	计算应力（MPa）	实测应变（με）			实测应力（MPa）	计算应力（MPa）
	①	②	平均值			①	②	平均值		
1′	156	146	151	31.71	29.86	316	307	311	65.31	59.71
2′	148	140	144	30.24	29.94	308	297	303	63.63	59.88
3′	136	131	133	27.93	29.59	288	278	283	59.43	59.18
4′	274	268	271	56.91	38.93	551	538	544	114.24	77.87
5′	277	272	274	57.54	35.64	555	548	551	115.71	71.29
6′	273	263	268	56.28	38.43	544	533	538	112.98	76.86
7′	70	66	68	14.28	9.60	153	133	143	30.03	19.20
8′	78	44	61	12.81	9.02	140	122	131	27.51	18.03
9′	60	54	57	11.97	8.94	129	113	121	25.41	17.87
10′	35	31	33	6.93	5.61	89	75	82	17.22	11.21
荷载 / 点号	1 800 kN					2 400 kN				
	实测应变（με）			实测应力（MPa）	计算应力（MPa）	实测应变（με）			实测应力（MPa）	计算应力（MPa）
	①	②	平均值			①	②	平均值		
1′	467	466	467	98.07	89.57	620	628	624	131.04	119.43
2′	458	457	457	95.97	89.82	618	621	620	130.20	119.76
3′	434	430	432	90.72	88.76	586	586	586	123.06	118.35
4′	802	797	799	167.79	116.80	1055	1057	1056	221.76	155.73
5′	808	809	808	169.68	106.93	1063	1067	1065	223.65	142.57
6′	788	786	787	165.27	115.28	1034	1037	1035	217.35	153.71
7′	220	216	218	45.78	28.80	287	303	295	61.95	38.40
8′	202	200	201	42.21	27.05	269	275	272	57.12	36.06
9′	179	195	187	39.27	26.81	245	261	253	53.13	35.75
10′	120	150	135	28.35	16.82	146	158	152	31.92	22.42
荷载 / 点号	2 700 kN					3 000 kN				
	实测应变（με）			实测应力（MPa）	计算应力（MPa）	实测应变（με）			实测应力（MPa）	计算应力（MPa）
	①	②	平均值			①	②	平均值		
1′	692	695	693	145.53	134.35	767	784	776	162.96	149.28
2′	688	687	687	144.27	134.73	760	774	767	161.07	149.70
3′	654	650	652	136.92	133.14	728	735	731	153.51	147.94
4′	1168	1168	1168	245.28	175.20	1285	1300	1292	271.32	194.66
5′	1182	1177	1179	247.59	160.39	1302	1306	1304	273.84	178.22
6′	1150	1146	1148	241.08	172.93	1263	1270	1267	266.07	192.14
7′	322	314	318	66.78	43.20	350	368	359	75.39	48.00
8′	346	314	330	69.30	40.57	325	339	332	69.72	45.08
9′	275	279	277	58.17	40.22	299	321	310	65.10	44.69
10′	203	207	205	43.05	25.23	222	242	232	48.72	28.03

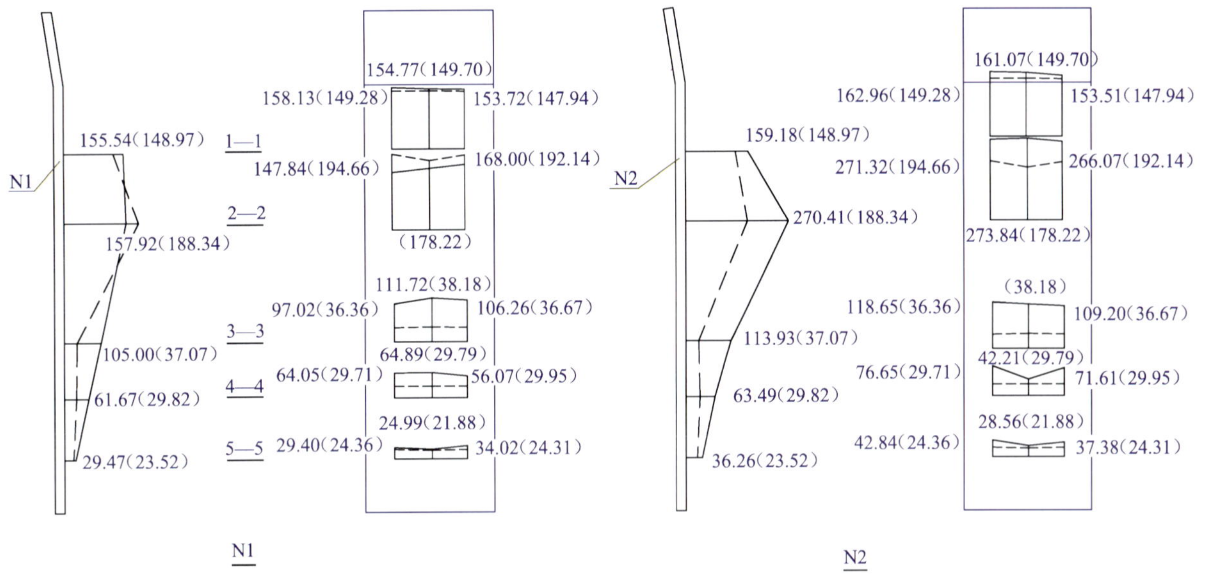

图 4—2—16　T1 试件疲劳试验后加载 3 000 kN 时 N1、N2 板竖向应力分布

注：虚线表示计算应力分布，括号内的数字为计算应力值

根据测试结果分析：

(1) N1 板 1～3 号测点及 N2 板 1′～3′号测点测试结果的对比分析（表 4—2—6）。两次加载过程中，N1 板 1～3 号测点及 N2 板 1′～3′号测点同一测点的应变差值较其平均值的偏差均在 6.6% 以内，表明两次加载重复性较好；两次加载过程中，总体而言 N2 板受力稍大，表明 T1 试件在 N1→N2 方向上加载存在偏心，但两个板件 1—1 断面两次加载平均应变的差值较其平均值的偏差均在 6.0% 以内，表明 N1、N2 板受力较均匀；随着荷载等级的提高，偏心程度呈减弱趋势，表明万向铰的调节功能逐步发挥。

(2) N1、N2 板各主要测试断面在不同等级荷载作用下的断面竖向应变平均值的变化过程分析结果见表 4—2—7 和表 4—2—8。由应变—荷载变化关系曲线可知，各断面竖向应力均值与荷载基本呈线性变化，表明板件处于弹性工作状态。

(3) 对比 N1、N2 板各测点竖向应力的实测结果，除部分测点存在一定差异外其余基本一致。实测应力差别较大的点的位置与疲劳前静载试验结果相一致，均位于焊缝附近。当荷载值增大到 3 000 kN 时，N2 板上 4 号、5 号测点应力值分别达到 271.32 MPa 和 273.84 MPa，较 N1 板上 4 号点大 123.48 MPa，但并未超出材料的容许应力值。

(4) 锚箱 N1、N2 板竖向应力分布规律的理论计算结果见表 4—2—9 及图 4—2—17、图 4—2—18。计算结果表明，1—1 断面上 N1、N2 板因局部弯曲变形，内外侧表面应力存在差异，其中外表面应力约为断面名义应力 σ_v 的 1.2 倍；在 N1、N2 板与钢管拱焊接周围局部范围内（2—2 断面），因局部应力集中及板的局部弯曲变形，其外表面应力约为断面名义应力 σ_v 的 1.5 倍；在钢管混凝土拱肋内，2—2～3—3 断面间应力传递系数为 0.2，3—3～5—5 断面间应力变化相对较小，应力传递系数为 0.8。

(5) 锚箱 N1、N2 板竖向应力分布规律的实测结果与理论计算结果的对比分析见表 4—2—9 及图 4—2—17。分析可知，在 1—1 断面，N1 板实测应力均值与理论计算结果均值最大相差 6.57 MPa（加载至 3000 kN），N2 板实测应力均值与理论计算结果均值最大相差 10.21 MPa（加载至 3000 kN），实测应力与理论计算基本结果一致；2—2 断面，实测 N2 板外表面应力约为断面名义应力 σ_v 的 2.2～2.3 倍，较理论计算结果偏大；3—3 断面 N1、N2 板实测断面应力均值基本一致（加载至 2 400 kN 时，二者相差9.77 MPa），2—2～3—3 断面应力传递系数为 0.4，较理论计算结果大；3—3～5—5 断面，锚箱 N1、N2 板实测应力基本一致，实测 N1 板应力传递系数 3—3～4—4 断面间为 0.6、4—4～5—5 断面间为 0.5，实测 N2 板应力传递系数 3—3～4—4 断面间为 0.6、4—4～5—5 断面间为 0.6，较理论计算结果偏小。但总体而言，实测 N1、N2 板应力分布规律与理论计算结果基本一致。

表 4—2—6　T1 试件疲劳试验后静载试验 N1 板 1 ~ 3 号测点及 N2 板 1′ ~ 3′号测点测试结果对比分析

板件	荷载	600 kN						1 200 kN						1 800 kN					
	测试结果	实测应变（με）				(②-①)/平均值×100%	断面均值偏差百分率	实测应变（με）				(②-①)/平均值×100%	断面均值偏差百分率	实测应变（με）				(②-①)/平均值×100%	断面均值偏差百分率
	测点	①	②	平均值	断面均值			①	②	平均值	断面均值			①	②	平均值	断面均值		
N1（1—1 断面）	1	129	131	130	134	1.5	6.0	283	282	282	285	-0.4	4.8	435	441	438	436	1.4	3.6
	2	132	131	131		-0.8		283	280	281		-1.1		430	433	431		0.7	
	3	146	138	142		-5.6		297	286	292		-3.8		439	440	439		0.2	
N2（1—1 断面）	1′	156	146	151	143	-6.6		316	307	311	299	-2.9		467	466	467	452	-0.2	
	2′	148	140	144		-5.6		308	297	303		-3.6		458	457	457		-0.2	
	3′	136	131	133		-3.8		288	278	283		-3.5		434	430	432		-0.9	

板件	荷载	2 400 kN						2 700 kN						3 000 kN					
	测试结果	实测应变（με）				(②-①)/平均值×100%	断面均值偏差百分率	实测应变（με）				(②-①)/平均值×100%	断面均值偏差百分率	实测应变（με）				(②-①)/平均值×100%	断面均值偏差百分率
	测点	①	②	平均值	断面均值			①	②	平均值	断面均值			①	②	平均值	断面均值		
N1（1—1 断面）	1	592	578	585	580	-2.4	5.0	668	673	670	661	0.7	2.5	745	761	753	741	2.1	2.3
	2	584	569	576		-2.6		656	656	656		0.0		731	743	737		1.6	
	3	588	573	580		-2.6		656	656	656		0.0		726	738	732		1.6	
N2（1—1 断面）	1′	620	628	624	610	1.3		692	695	693	677	0.4		767	784	776	758	2.2	
	2′	618	621	620		0.5		688	687	687		-0.1		760	774	767		1.8	
	3′	586	586	586		0.0		654	650	652		-0.6		728	735	731		1.0	

注：表中，断面均值偏差百分率 = 2 × 100% ×（N2 断面均值 - N1 断面均值）/（N2 断面均值 + N1 断面均值）。

表 4—2—7 T1 试件疲劳试验后 N1 板实测竖向应力变化（单位：MPa）

荷载（kN） 点 号	600	1 200	1 800	2 400	2 700	3 000
1	27.30	59.22	91.98	122.85	140.70	158.13
2	27.51	59.01	90.51	120.96	137.76	154.77
3	29.82	61.32	92.19	121.80	137.76	153.72
1—1 断面平均应力	28.21	59.85	91.56	121.87	138.74	155.54
4	25.62	54.81	85.05	114.45	130.83	147.84
5	/	/	/	/	/	/
6	29.82	64.26	98.07	132.20	149.94	168.00
2—2 断面平均应力	27.72	59.54	91.56	123.33	140.39	157.92
16	18.69	42.42	60.06	76.23	87.57	97.02
17	22.47	48.09	70.14	89.67	101.01	111.72
18	22.05	45.15	65.73	85.47	95.76	106.26
3—3 断面平均应力	21.07	45.22	65.31	83.79	94.78	105.00
19	11.97	28.35	41.37	52.29	57.17	64.05
20	12.18	26.67	39.48	51.87	59.59	64.89
21	10.08	23.52	35.28	44.52	50.61	56.07
4—4 断面平均应力	11.41	26.18	38.71	49.56	55.79	61.67
22	5.04	11.97	18.27	23.10	26.25	29.40
23	5.46	10.29	14.91	18.90	22.05	24.99
24	7.98	16.59	22.47	27.51	30.66	34.02
5—5 断面平均应力	6.16	12.95	18.55	23.17	26.32	29.47
25	43.89	98.28	152.88	208.95	236.88	264.81
26	40.11	84.21	127.68	173.04	195.30	217.56
6—6 断面平均应力	42.00	91.25	140.28	191.00	216.09	241.19

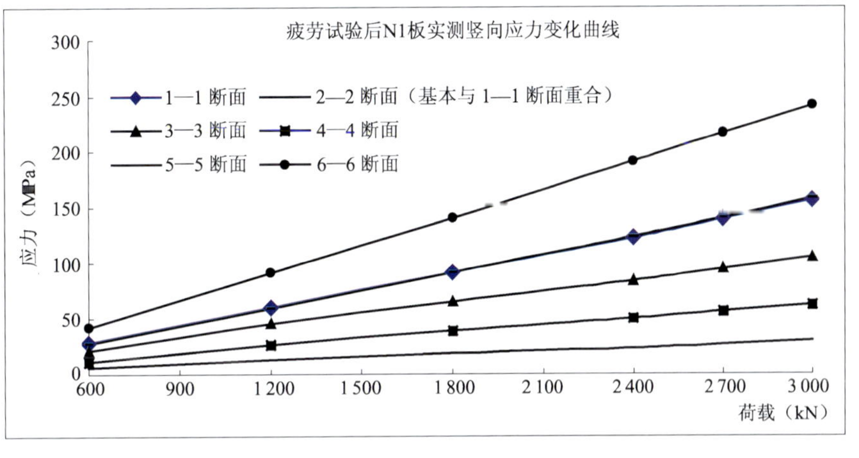

表 4—2—8　T1 试件疲劳试验后 N2 板实测竖向应力变化（单位：MPa）

点号 \ 荷载（kN）	600	1 200	1 800	2 400	2 700	3 000
1′	31.71	65.31	98.07	131.04	145.53	162.96
2′	30.24	63.63	95.97	130.20	144.27	161.07
3′	27.93	59.43	90.72	123.06	136.92	153.51
1—1 断面平均应力	29.96	62.79	94.92	128.10	142.24	159.18
4′	56.91	114.24	167.79	221.76	245.28	271.32
5′	57.54	115.71	169.68	223.65	247.59	273.84
6′	56.28	112.98	165.27	217.35	241.08	266.07
2—2 断面平均应力	56.91	114.31	167.58	220.92	244.65	270.41
16′	25.20	51.87	74.34	97.02	107.31	118.65
17′	/	/	/	/	/	/
18′	22.05	46.41	68.04	90.09	98.91	109.20
3—3 断面平均应力	23.63	49.14	71.19	93.56	103.11	113.93
19′	17.22	36.54	50.61	64.26	69.72	76.65
20′	10.29	21.00	28.14	36.33	38.43	42.21
21′	17.43	33.81	46.62	59.22	65.10	71.61
4—4 断面平均应力	14.98	30.45	41.79	53.27	57.75	63.49
22′	9.66	21.63	29.40	36.75	39.06	42.84
23′	4.62	10.08	16.59	23.31	24.99	28.56
24′	6.72	15.75	23.10	30.24	32.76	37.38
5—5 断面平均应力	7.00	15.82	23.03	30.10	32.27	36.26
25′	46.20	97.23	146.37	196.14	220.08	264.81
26′	42.00	89.25	136.50	185.64	208.74	253.52
6—6 断面平均应力	44.10	93.24	141.44	190.89	214.41	259.17

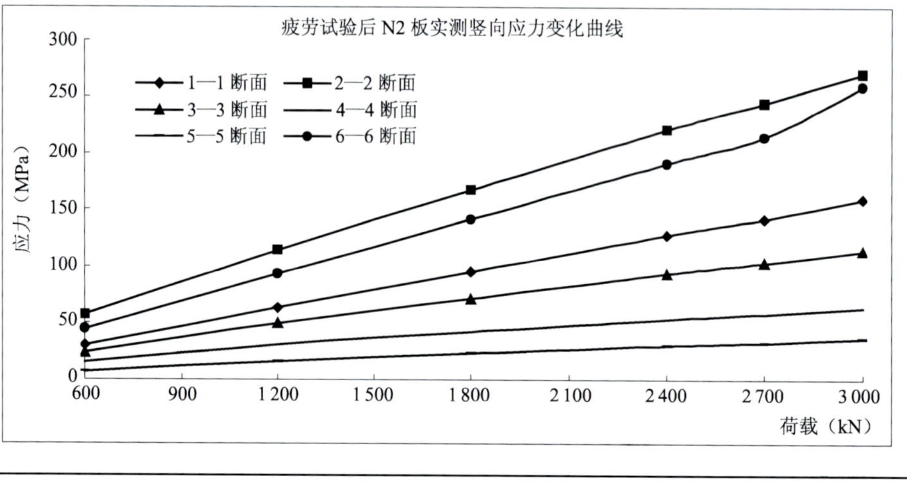

表 4—2—9　T1 试件疲劳试验后实测断面应力均值、计算断面应力均值及断面平均应力的对比分析（单位：MPa）

板件	荷载	600 kN						1 200 kN						1 800 kN					
	测试断面	实测断面平均值 σ_c	计算断面平均值 σ_j	1—1 断面名义应力 σ_v	σ_c/σ_v σ_j/σ_v	$\sigma_{c2\text{-}2断面}/\sigma_v$	应力传递系数	实测断面平均值 σ_c	计算断面平均值 σ_j	1—1 断面名义应力 σ_v	σ_c/σ_v σ_j/σ_v	$\sigma_{c2\text{-}2断面}/\sigma_v$	应力传递系数	实测断面平均值 σ_c	计算断面平均值 σ_j	1—1 断面名义应力 σ_v	σ_c/σ_v σ_j/σ_v	$\sigma_{c2\text{-}2断面}/\sigma_v$	应力传递系数
N1	1—1	28.21	29.80	25.00	1.1/1.2			59.85	59.59	50.00	1.2/1.2			91.56	89.38	75.00	1.2/1.2		
	2—2	27.72	37.67			1.1/1.5		59.54	75.34			1.2/1.5		91.56	113.00			1.2/1.5	
							0.8/0.2						0.8/0.2						0.7/0.2
	3—3	21.07	7.41					45.22	14.68					65.31	22.24				
							0.5/0.8						0.6/0.8						0.6/0.8
	4—4	11.41	5.38					26.18	11.77					38.71	17.89				
							0.5/0.8						0.5/0.8						0.5/0.8
	5—5	6.16	4.71					12.95	9.34					18.55	14.10				
N2	1—1	29.96	29.80	25.00	1.2/1.2			62.79	59.59	50.00	1.3/1.2			94.92	89.38	75.00	1.3/1.2		
	2—2	56.91	37.67			2.3/1.5		114.31	75.34			2.3/1.5		167.58	113.00			2.2/1.5	
							0.4/0.2						0.4/0.2						0.4/0.2
	3—3	23.63	7.41					49.14	14.68					71.19	22.24				
							0.6/0.8						0.6/0.8						0.6/0.8
	4—4	14.98	5.88					30.45	11.77					41.79	17.89				
							0.5/0.8						0.5/0.8						0.6/0.8
	5—5	7.00	4.71					15.82	9.34					23.03	14.10				

板件	荷载	2 400 kN						2 700 kN						3 000 kN					
	测试断面	实测断面平均值 σ_c	计算断面平均值 σ_j	1—1 断面名义应力 σ_v	σ_c/σ_v σ_j/σ_v	$\sigma_{c2\text{-}2断面}/\sigma_v$	应力传递系数	实测断面平均值 σ_c	计算断面平均值 σ_j	1—1 断面名义应力 σ_v	σ_c/σ_v σ_j/σ_v	$\sigma_{c2\text{-}2断面}/\sigma_v$	应力传递系数	实测断面平均值 σ_c	计算断面平均值 σ_j	1—1 断面名义应力 σ_v	σ_c/σ_v σ_j/σ_v	$\sigma_{c2\text{-}2断面}/\sigma_v$	应力传递系数
N1	1—1	121.87	119.18	100.00	1.2/1.2			138.74	134.07	112.50	1.2/1.2			155.54	148.97	125.00	1.2/1.2		
	2—2	123.38	150.67			1.2/1.5		140.39	169.51			1.2/1.5		157.92	188.34			1.3/1.5	
							0.7/0.2						0.7/0.2						0.7/0.2
	3—3	83.79	29.71					94.78	33.38					105.00	37.07				
							0.6/0.8						0.6/0.8						0.6/0.8
	4—4	49.56	23.87					55.79	26.85					61.67	29.82				
							0.5/0.8						0.5/0.8						0.5/0.8
	5—5	23.17	18.82					26.32	21.17					29.47	23.52				
N2	1—1	128.10	119.18	100.00	1.3/1.2			142.24	134.07	112.50	1.3/1.2			159.18	148.97	125.00	1.3/1.2		
	2—2	220.92	150.67			2.2/1.5		244.65	169.51			2.2/1.5		270.41	188.34			2.2/1.5	
							0.4/0.2						0.4/0.2						0.4/0.2
	3—3	93.56	29.71					103.11	33.38					113.93	37.07				
							0.6/0.8						0.6/0.8						0.6/0.8
	4—4	53.27	23.87					57.75	26.85					63.49	29.82				
							0.6/0.8						0.6/0.8						0.6/0.8
	5—5	30.10	18.82					32.27	21.17					36.26	23.52				

注：1. 1—1 断面名义应力 σ_v = 荷载/1—1 断面钢板总面积；

2. $\sigma_{c2\text{—}2断面}/\sigma_v$ = 1.1/1.5，1.1 = 27.72/25.00（实测），1.5 = 37.67/25.00（计算），其他依此类推；

3. 应力传递系数 0.8/0.2，0.8 = 21.07/27.72（实测 2—2 ~ 3—3 断面间应力传递系数），0.2 = 7.41/37.67（计算 2—2 ~ 3—3 断面间应力传递系数），其他依此类推。

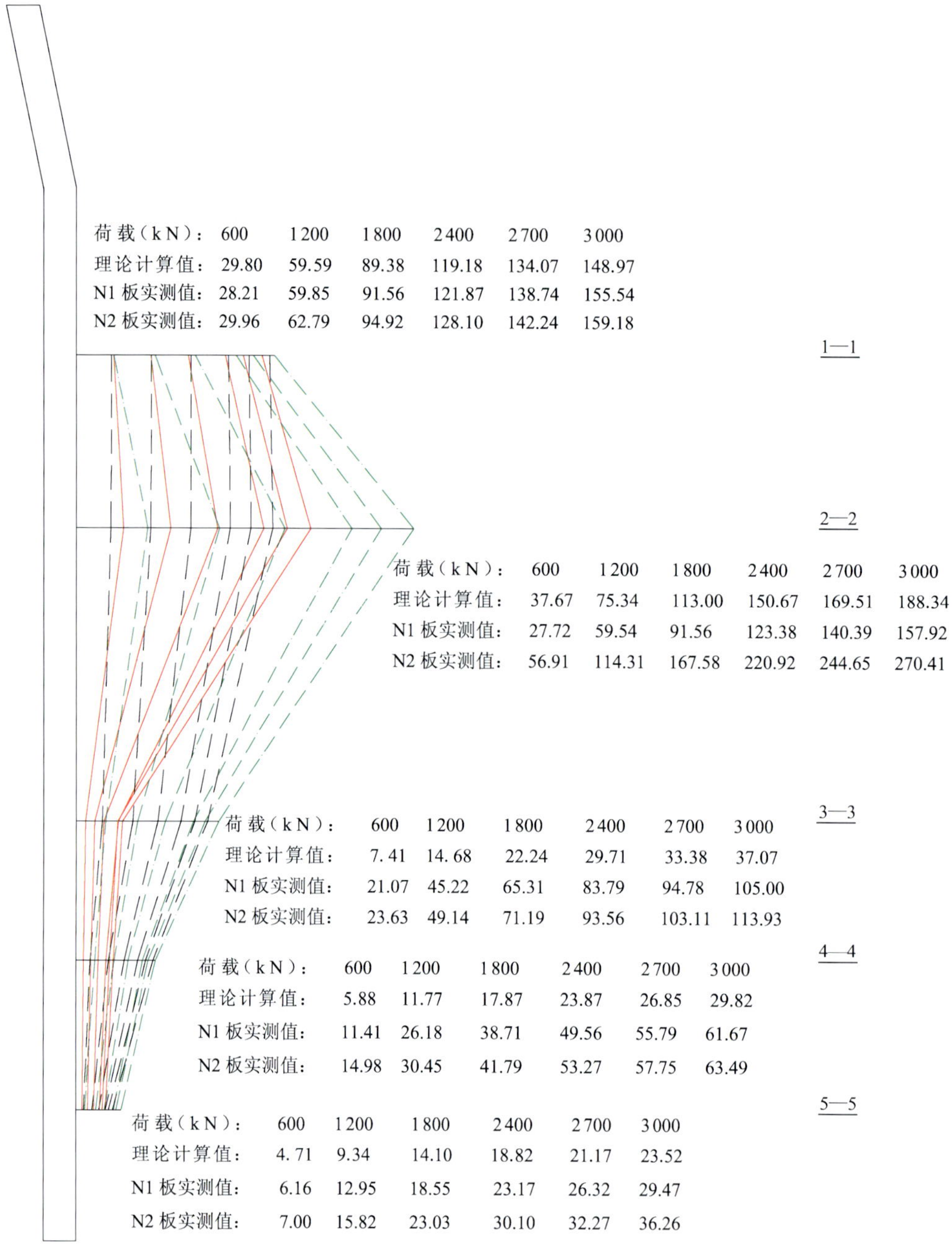

图 4—2—17　T1 试件疲劳试验后 N1、N2 实测应力分布与理论计算结果的对比分析

注：黑色线—N1 板，绿色线—N2 板，红色线—理论计算结果，单位：MPa

（6）N1 板焊缝周围局部应力测试结果分析如图 4—2—18 所示。由图 4—2—18 可以看出，在锚箱 N1 板与钢管焊缝周围存在应力集中，板沿焊缝长度方向，板边应力较中部应力大，分析其主要原因是由于交角几何突变及焊缝而造成应力集中。可以预见，交角处的应力还要远高于测点 25、26 的应力实测值；在钢管拱上也存在相似的应力集中现象。而有限元分析结果也证实了相似的应力集中现象。因此，在焊缝施工时，应注意焊缝的圆顺过渡，尽可能减少截面突变带来的应力集中程度。

（7）对比疲劳试验前后的静载试验结果，N1、N2 板的应力分布规律及应力传播途径基本一致。但比较疲劳试验前后板件竖向应力的传递系数：2—2 ~ 3—3 断面间由 0.3 增加到 0.4（N2 板），3—3 ~ 4—4 断面间由 0.5 增加到 0.6，4—4 ~ 5—5 断面间由 0.4 增加到 0.6/0.5，说明疲劳试验后混凝土和锚箱 N1、N2 板之间的粘结受到一定削弱。

（8）静载试验过程中，试件未发生异常现象。静载试验完成后，经对试件的仔细检查，结构外观完好，表面未发现可见微裂纹。

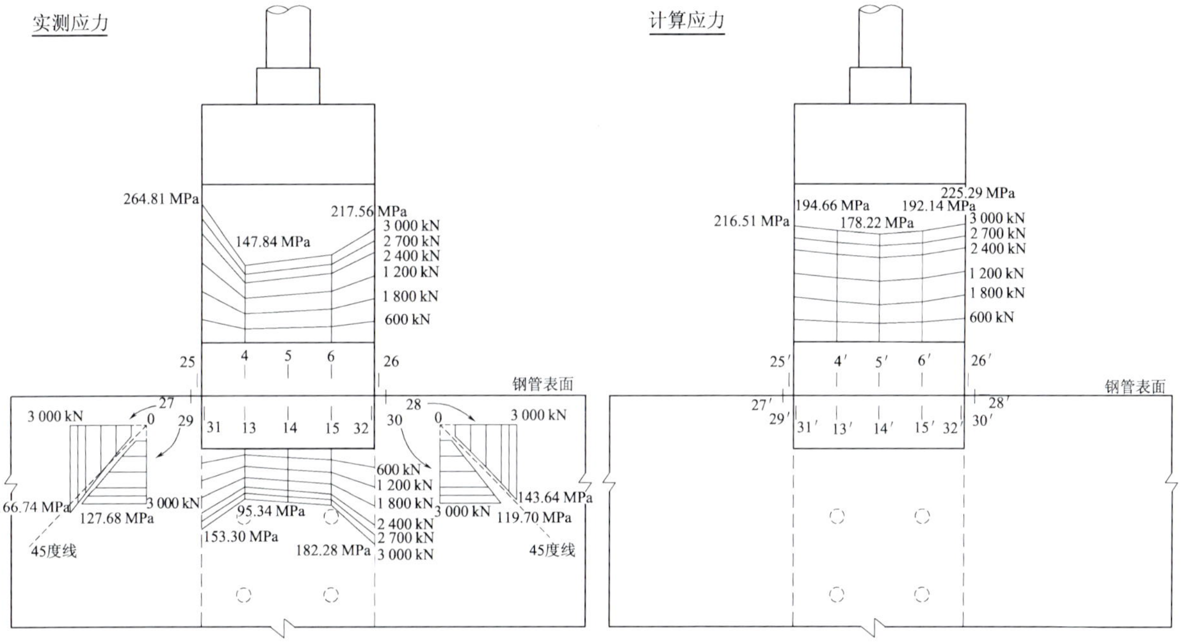

图 4—2—18　T1 试件 N1 板疲劳试验后焊缝周围局部应力测试结果

(9) 静载试验结果表明：上锚箱吊索锚固体系，包括锚箱锚固构造、焊接锚箱、吊索三部分的承载能力能够满足设计要求。

（五）静载试验位移测试结果

静载试验的位移测试结果见表 4—2—10。从测试结果来看，当荷载达到 3 000 kN 时加载架两侧纵梁的竖向位移分别为 2.79 mm、3.86 mm，位移量较小，加载纵梁刚度满足试验要求。

表 4—2—10　加载架竖向位移测试结果（单位：mm）

测点	荷载（kN）					
	600	1 200	1 800	2 400	2 700	3 000
1	0.07	0.22	0.97	1.87	2.39	2.79
2	0.09	0.60	1.59	2.70	3.34	3.86

（六）万向铰受力均匀性试验结果

万向铰受力均匀性试验与静载试验同步进行，试验测试结果见表 4—2—11，测点布置如图 4—2—19 所示。

表 4—2—11　万向铰应力测试结果（单位：MPa）

测点 / 荷载（kN）	1	2	3	4	平均值 σ_v	测点间应力最大差值	截面名义应力 σ_j	σ_j/σ_v
600	-20.16	-10.71	1.35	-101.33	-32.71	102.68	-59.20	1.8
1 200	-46.04	-18.74	-1.18	-160.82	-56.70	159.64	-118.40	2.1
1 800	-75.54	-25.99	-4.54	-202.19	-77.07	197.65	-177.60	2.3
2 400	-91.98	-32.21	-8.63	-240.62	-93.36	231.99	-236.80	2.5
2 700	-98.07	-34.07	-10.21	-258.10	-100.11	247.89	-266.40	2.7
3 000	-104.26	-35.86	-11.68	-274.37	-106.54	262.69	-296.00	2.8

静载试验加载到 3 000 kN 时，实测万向铰最大错位约 2 mm。

从测试结果可以看出，万向铰四个方向受力不均匀，经对比和锚箱 N1、N2 板的不均匀受力情况一致。从 600 kN 加载至 3 000 kN 的过程中，万向铰截面名义应力是实测平均应力的 1. 8 ~2. 8 倍，并随着荷载等级的增加而增大；3、4 号测点之间的实测应力差值最大，极差从 102. 68 MPa 变化到 262. 69 MPa。从试验完成后实拍的万向铰压痕照片（图 4—2—20）也可以看出，其表面压痕深浅不一，表明万向铰错位发生后受力不均匀。

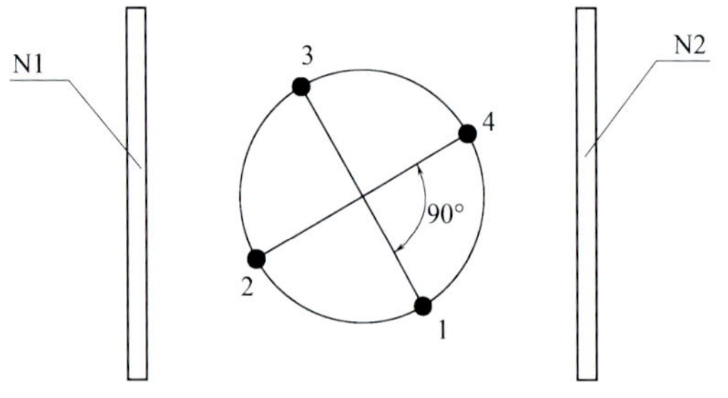

图 4—2—19 万向铰应力测点布置

图 4—2—20 万向铰压痕

五、T2 试件试验结果及分析

（一）疲劳试验前静载试验结果

为研究锚固构造及锚箱结构应力传递途径、应力分布及焊接构造局部关键部位应力，在进行疲劳试验前，对 T2 试件进行了疲劳上限的静载试验，荷载等级按 1 295 kN、1 764 kN 分级施加，测试结果见表 4—2—12 和表 4—2—13，N1、N2 板实测应力分布如图 4—2—21 所示。

表 4—2—12 T2 试件疲劳试验前 N1 板应力测试结果

点号 \ 荷载	1 295 kN		1 764 kN	
	实测应变（με）	实测应力（MPa）	实测应变（με）	实测应力（MPa）
1	473	99. 26	640	134. 39
2	500	104. 93	683	143. 44
3	711	149. 35	964	202. 51
4	-141	-29. 69	-192	-40. 34
5	-150	-31. 50	-205	-43. 01
6	-214	-44. 87	-289	-60. 71
7	336	70. 48	456	95. 70
8	-4	-0. 91	-10	-2. 06
9	383	80. 45	520	109. 28
10	374	78. 64	514	107. 84

表 4—2—13 T2 试件疲劳试验前 N2 板应力测试结果

点号 \ 荷载	1 295 kN		1 764 kN	
	实测应变（με）	实测应力（MPa）	实测应变（με）	实测应力（MPa）
1	427	89. 74	575	120. 80
2	487	102. 21	662	139. 12
3	500	104. 93	701	147. 15
4	-128	-26. 97	-172	-36. 22

续上表

点号 \ 荷载	1 295 kN		1 764 kN	
	实测应变（με）	实测应力（MPa）	实测应变（με）	实测应力（MPa）
5	-146	-30.59	-199	-41.78
6	-150	-31.50	-211	-44.25
7	295	61.87	410	86.02
8	-21	-4.31	-25	-5.15
9	512	107.42	686	144.06
10	461	96.77	628	131.92

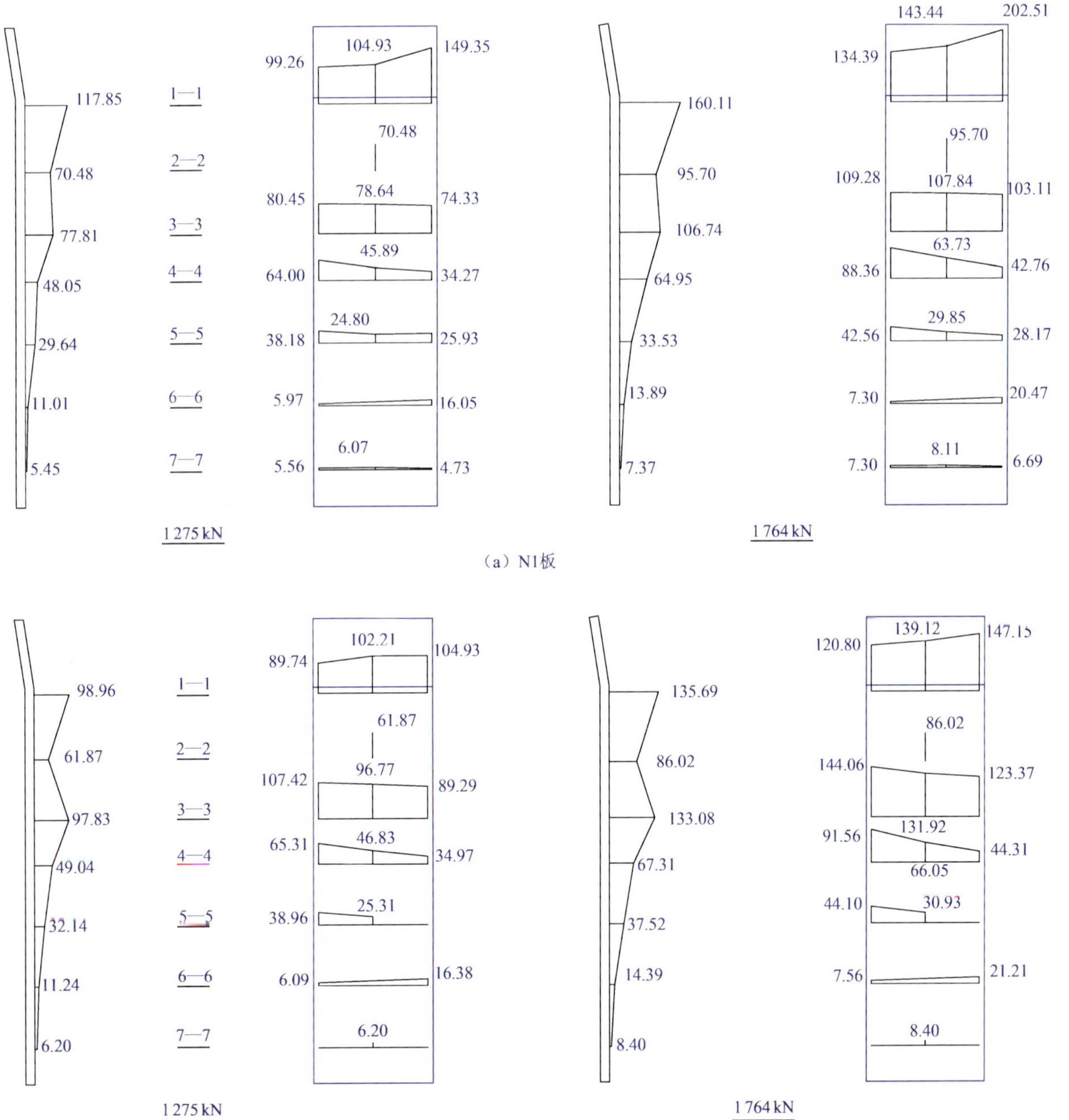

图 4—2—21　T2 试件疲劳试验前 N1、N2 板竖向应力分布（单位：MPa）

1. 锚箱 N1、N2 板应力测试结果分析

（1）疲劳试验前 T2 试件 N1、N2 板加载偏心（2—2 断面）对比分析结果见表 4—2—14。加载 1 295 kN时，N1、N2 板 2—2 断面实测应力偏差 13.0 %；加载 1 764 kN 时，实测应力偏差 10.7%。表明 T2 试件在 N2→N1 方向上加载存在偏心、N1 板受力稍大，但加载偏心程度不大。且随着加载等级的提高，偏心加载程度有所改善，表明万向铰的调节功能得到逐步发挥。

表 4—2—14　T2 试件疲劳试验前 N1、N2 板各断面实测应力均值对比分析（单位：MPa）

荷载		1 295 kN						
断面	测点	实测应力	实测断面平均应力	测点	实测应力	实测断面平均应力	N1、N2 板断面平均应力差值	差值相对于两板断面均值的百分率
1—1	1	99.26	117.85	1′	89.74	98.96	-18.89	-17.4
	2	104.93		2′	102.21			
	3	149.35		3′	104.93			
2—2	7	70.48	70.48	7′	61.87	61.87	-8.61	-13.0
3—3	9	80.45	77.81	9′	107.42	97.83	20.02	22.8
	10	78.64		10′	96.77			
	11	74.33		11′	89.29			
4—4	15	64.00	48.05	15′	65.31	49.04	0.98	2.0
	16	45.89		16′	46.83			
	17	34.27		17′	34.97			
5—5	18	38.18	29.64	18′	38.96	32.14	2.50	8.1
	19	24.80		19′	25.31			
	20	25.93		20′	/			
6—6	21	5.97	11.01	21′	6.09	11.24	0.23	2.0
	22	16.05		22′	16.38			
7—7	23	5.56	5.45	23′	/	6.20	0.75	12.8
	24	6.07		24′	6.20			
	25	4.73		25′	/			
荷载		1 764 kN						
断面	测点	实测应力	实测断面平均应力	测点	实测应力	实测断面平均应力	N1、N2 板断面平均应力差值	差值相对于两板断面均值的百分率
1—1	1	134.39	160.11	1′	120.80	135.69	-24.42	-16.5
	2	143.44		2′	139.12			
	3	202.51		3′	147.15			
2—2	7	95.70	95.70	7′	86.02	86.02	-9.68	-10.7
3—3	9	109.28	106.74	9′	144.06	133.08	26.34	22.0
	10	107.84		10′	131.92			
	11	103.11		11′	123.27			
4—4	15	88.36	64.95	15′	91.56	67.31	2.36	3.6
	16	63.73		16′	66.05			
	17	42.76		17′	44.31			
5—5	18	42.56	33.53	18′	44.10	37.52	3.99	11.2
	19	29.85		19′	30.93			
	20	28.17		20′				
6—6	21	7.30	13.89	21′	7.56	14.39	0.50	3.5
	22	20.47		22′	21.21			
7—7	23	7.30	7.37	23′	/	8.40	1.03	13.1
	24	8.11		24′	8.40			
	25	6.69		25′	/			

（2）N1、N2 板各断面实测应力均值的对比分析见表 4—2—14。由表 4—2—14 分析可知，N1、N2 板除 1—1、3—3 实测断面应力均值存在一定差异外，其余断面基本一致。实测应力均值差异较大的断面为板件转折断面和靠近混凝土梁顶面断面，而且板件 1—1 断面间的差异主要由 3、3′号测点间实测值引起（加载至 1 764 kN 时 3、3′号测点应力差值较其平均值的偏差百分率为 34.9%），3—3 断面间的差异主要由 9、9′号测点间实测值引起（加载至 1 764 kN 时 9、9′号测点应力差值较其平均值的偏差百分率为 28.7%）。分析其原因主要由局部应力集中、板件的局部弯曲变形及偏心加载所引起。加载至 1 764 kN 时，实测最大拉应力值为 202.51 MPa（N1 板 3 号测点）。

（3）锚箱 N1、N2 板竖向应力分布规律的实测结果分析见图 4—2—22 及表 4—2—15。分析可知：实测 N1 板 1—1 断面外表面应力均值是断面名义应力 σ_v 的 2.2 倍，实测 N1 板 2—2 断面外表面应力均值是断面名义应力 σ_v 的 1.3 倍，实测 N2 板 3—3 断面外表面应力均值是断面名义应力 σ_v 的 1.8 倍；在混凝土梁内，实测 3—3 ~ 4—4 断面间板的竖向应力传递系数 N1 板为 0.6、N2 板为 0.5，4—4 ~ 5—5 断面间实测应力传递系数 N1 板为 0.5、N2 板为 0.6，5—5 ~ 6—6 断面间竖向应力传递系数为 0.4，6—6 ~ 7—7 断面间 N1 板为 0.5、N2 板为 0.6。总体而言，实测 N1、N2 板应力分布规律基本一致，锚箱锚固体系工作状态正常。

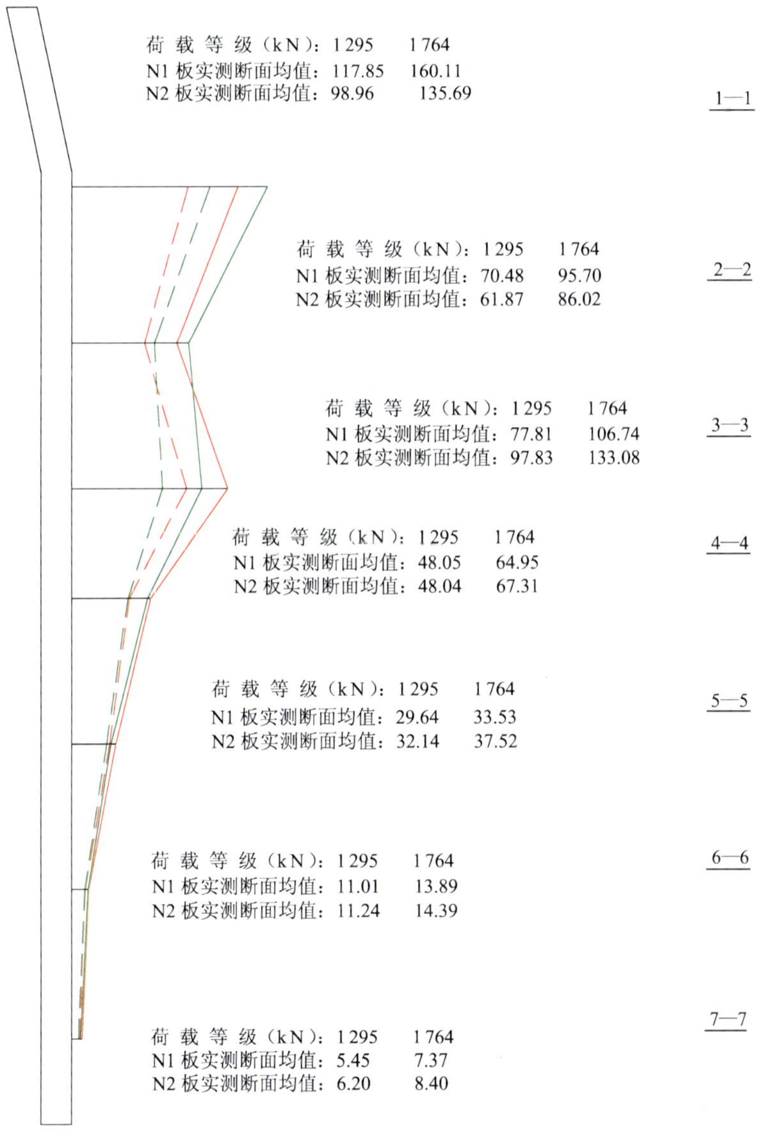

图 4—2—22　T2 试件疲劳试验前 N1、N2 实测应力分布

注：1. 虚线—1 295 kN，实线—1 750 kN；
2. 绿色线—N1 板，红色线—N2 板，单位：MPa；
3. 板件 1—1 ~ 3—3 断面名义应力：1 295 kN，σ_v = 1 295/2/0.12 = 53.96 MPa；1 764 kN，σ_v = 73.50 MPa

表 4—2—15　T2 试件疲劳试验前锚箱 N1、N2 板各断面实测应力对比分析（单位：MPa）

板件	荷载	1 295 kN					1 764 kN				
	断面	实测应力 σ_c	断面名义应力 σ_v	σ_c/σ_v	σ_j/σ_v	实测应力传递系数	实测应力 σ_c	断面名义应力 σ_v	σ_c/σ_v	σ_j/σ_v	实测应力传递系数
N1	1—1	117.85	53.96	2.2	2.0		160.11	73.50	2.2	2.0	
	2—2	70.48		1.3	1.7		95.70		1.3	1.7	
	3—3	77.81		1.4	2.1		106.74		1.5	2.1	
						0.6					0.6
	4—4	48.05					64.95				
						0.6					0.5
	5—5	29.64					33.53				
						0.4					0.4
	6—6	11.01					13.89				
						0.5					0.5
	7—7	5.45					7.37				
板件	荷载	1 295 kN					1 764 kN				
	断面	实测应力 σ_c	断面名义应力 σ_v	σ_c/σ_v	σ_j/σ_v	实测应力传递系数	实测应力 σ_c	断面名义应力 σ_v	σ_c/σ_v	σ_j/σ_v	实测应力传递系数
N2	1—1	98.96	53.96	1.8	2.0		135.69	73.50	1.8	2.0	
	2—2	61.87		1.1	1.7		86.02		1.2	1.7	
	3—3	97.83		1.8	2.1		133.08		1.8	2.1	
						0.5					0.5
	4—4	49.04					67.31				
						0.7					0.6
	5—5	32.14					37.52				
						0.3					0.4
	6—6	11.24					14.39				
						0.6					0.6
	7—7	6.20					8.40				

注：表中，1 295 kN 实测应力传递系数0.6 = 48.05/77.81，其他以此类推。

2. 混凝土梁表面应力测试结果分析

梁体侧面实测应力分布如图 4—2—23 所示，顶面实测应力分布如图 4—2—24 所示。

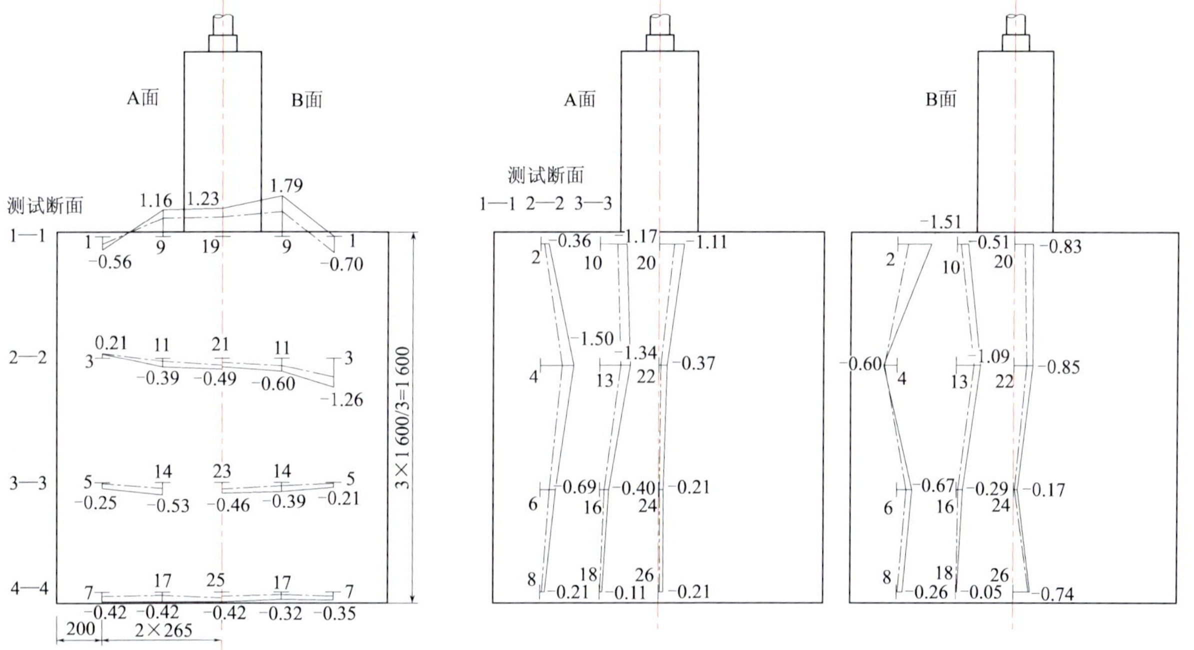

（a）混凝土梁侧面实测纵向应力分布　（b）混凝土梁侧面实测竖向应力分布

图 4—2—23　T2 试件疲劳试验前实测混凝土梁侧面应力分布

注：虚线—1 295 kN，实线—1 764 kN；尺寸单位：mm；应力单位：MPa；正值为拉，负值为压

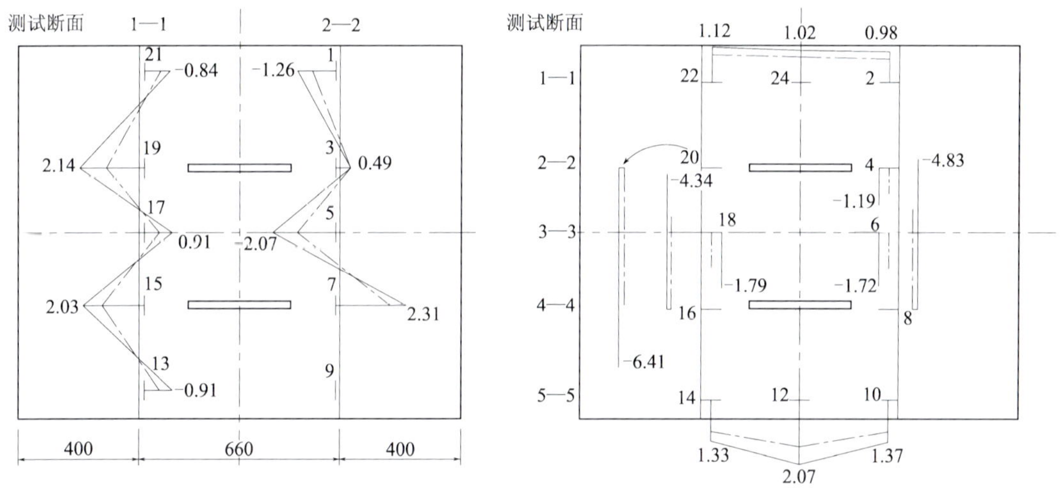

（a）混凝土梁顶面实测横向应力分布　（b）混凝土梁顶面实测纵向应力分布

图 4—2—24　T2 试件疲劳试验前实测混凝土梁顶面应力分布

注：虚线—1 295 kN，实线—1 764 kN；尺寸单位：mm；应力单位：MPa，正值为拉，负值为压

根据实测结果分析：

（1）混凝土梁侧面纵向应力实测结果：对比 A、B 面对应测点实测应力，除 2—2 断面 3 号测点外，其他测点实测应力基本一致；从实测应力的分布规律来看，1—1 断面 9、19 号测点区域表现为受拉特性，其他区域以受压为主；实测 B 面 9 号测点加载至 1 764 kN 时拉应力为 1. 79 MPa，未超过 C50 混凝土抗拉强度值。

（2）混凝土梁侧面竖向应力实测结果：对比 A、B 面对应测点实测应力，除 1—1 断面 4 号测点外，其他测点实测应力基本一致；从实测应力的分布规律来看，混凝土梁侧面竖向应力表现为以受压为主，个别测点（B 面 4 号）出现拉应力；实测 B 面 4 号测点加载至 1 764 kN 时拉应力为 0.60 MPa，小于 C50 混凝土抗拉强度值。

（3）混凝土梁顶面应力实测结果：对比混凝土梁顶面对应测点，相同位置的测点实测应力具有一致性；实测应力的分布基本沿对称轴对称，从图可以看出，在锚箱 N1、N2 板四个角点位置出现较大的局部应力，加载至 1 764 kN 时实测 7 号点横向拉应力为 2.31 MPa、20 号点纵向压应力为 −6.41 MPa，但均未超出 C50 混凝土的强度值。

（4）静载试验过程中，试件未发生异常现象。静载试验完成后，经对混凝土梁的仔细检查，梁体外观完好，表面未发现可见微裂纹。经对锚箱 N1、N2 板的仔细检查，板件与混凝土梁体之间未发现分离现象。

（二）疲劳试验结果

T2 试件疲劳试验从 2004 年 3 月 30 日开始到 2004 年 5 月 3 日 200 万次脉冲加载完成。疲劳上下限荷载分别为 1 764.2 kN、1 294.7 kN，实际加载频率 0.6 ~ 0.8 Hz。

（1）疲劳试验过程中，试件未发生异常现象。疲劳试验完成后，经对试件的仔细检查，除加载纵梁正下方的混凝土梁边局部有轻微破损外，结构外观完好，其他地方未发现可见微裂纹。

（2）位移监测结果：在疲劳荷载作用下两片加载纵梁的动位移约为 0.6 mm，加载架刚度满足试验要求；试验过程中体系总位移量始终保持在约 6 mm 范围内，结构未出现异常。

（3）疲劳试验结果表明：下锚箱吊索锚固体系，包括锚箱锚固构造、焊接锚箱、吊索三部分的抗疲劳性能满足设计要求。

（三）疲劳后静载试验结果

1. 锚箱 N1、N2 板应力测试结果分析

疲劳试验后进行静载试验测试，根据测试结果分析：

（1）疲劳试验后，T2 试件锚箱 N1、N2 板在不同荷载作用下 1—1 ~ 3—3 断面实测应力及其变化曲线分析可知，N1、N2 板 1—1 ~ 3—3 断面在不同荷载作用下的断面平均应力呈线性变化，表明板件处于弹性工作状态。

（2）疲劳试验后锚箱 N1、N2 板偏心加载（2—2 断面）的对比分析结果可以看出，实际加载过程中 T2 试件在 N2→N1 方向上加载存在偏心，N1 板受力稍大，实测两板 2—2 断面最大应力差值 13.37 MPa（加载 3 000 kN），实测最大偏心加载百分率（两板应力差值相对于两板断面应力均值的百分率）13.2%，加载偏心程度不大。且随着加载等级的提高，偏心加载程度明显改善，表明万向铰的调节功能得到逐步发挥。

（3）锚箱 N1、N2 板各断面实测竖向应力的对比分析：加载 1 295 kN、1 764 kN 时，锚箱 N1、N2 板疲劳前后实测 1—1 ~ 3—3 断面的断面平均应力一致，最大差值仅为 0.20 MPa（加载 1 295 kN，2—2 断面），表明板件上部分的受力情况与疲劳前的静载试验结果基本相同。但对比 4—4 ~ 7—7 断面锚箱 N1、N2 板疲劳前后实测断面平均应力，二者存在很大差异；疲劳后锚箱 N1、N2 板 4—4 ~ 7—7 断面实测断面平均应力随着荷载等级的增加呈现非线性；加载 600 kN 时 N1、N2 板各断面测点有压应力出现。据此可判断疲劳试验后 N1、N2 板与混凝土梁之间已发生局部错动，板件应变测点受到损伤；表明锚箱 N1、N2 板与混凝土梁之间的粘结受到削弱。加载至 1 800 kN 后，板件与混凝土梁之间荷载的传递依靠剪力钉维持。

（4）加载至 3 000 kN 时，最大应力出现在 N1 板的 3 号点位置，达到 332.16 MPa，未超出材料的容许应力值。

（5）加载至 3 000 kN 时，锚箱结构工作状态正常，吊索工作状态正常，锚固构造在剪力钉的作用下仍能继续工作。

2. 混凝土梁表面应力测试结果分析

疲劳试验后混凝土梁表面应力测试结果见表 4—2—16 ~ 4—2—18。

表 4—2—16　T2 试件疲劳试验后混凝土梁 A 面应力测试结果

荷载 点号	600 kN		1 200 kN		1 800 kN	
	实测应变 (με)	实测应力 (MPa)	实测应变 (με)	实测应力 (MPa)	实测应变 (με)	实测应力 (MPa)
1	/	/	/	/	/	/
2	/	/	/	/	/	/
3	0	0.00	1	0.04	2	0.08
4	-5	-0.18	-24	-0.85	-43	-1.52
5	3	0.11	-10	-0.35	-16	-0.56
6	0	-0.02	-12	-0.36	-18	-0.54
7	2	0.07	-8	-0.28	-15	-0.53
8	1	0.02	-5	-0.13	-13	-0.37
9	7	0.25	9	0.32	11	0.39
10	1	-0.01	-9	-0.37	-16	-0.62

荷载 点号	2 400 kN		2 700 kN		3 000 kN	
	实测应变 (με)	实测应力 (MPa)	实测应变 (με)	实测应力 (MPa)	实测应变 (με)	实测应力 (MPa)
1	/	/	/	/	/	/
2	/	/	/	/	/	/
3	3	0.11	3	0.11	2	0.07
4	-56	-1.98	-68	-2.40	-87	-3.06
5	-22	-0.77	-18	-0.63	-15	-0.53
6	-23	-0.68	-24	-0.74	-30	-0.96
7	-23	-0.81	-20	-0.70	-17	-0.60
8	-21	-0.60	-15	-0.41	-11	-0.29
9	14	0.49	3	0.11	7	0.25
10	-22	-0.85	-17	-0.61	-22	-0.81

注：表中实测应力数据依据 $E_h=3.5\times10^4$ MPa 计算，竖向应力已扣除泊松效应；正值为拉，负值为压。

表 4—2—17　疲劳试验后 T2 试件混凝土梁 B 面应力测试结果

荷载 点号	600 kN		1 200 kN		1 800 kN	
	实测应变 (με)	实测应力 (MPa)	实测应变 (με)	实测应力 (MPa)	实测应变 (με)	实测应力 (MPa)
1	/	/	/	/	/	/
2	/	/	/	/	/	/
3	-5	-0.18	-21	-0.74	-37	-1.30
4	2	0.10	4	0.26	3	0.32
5	0	0.00	-4	-0.14	-4	-0.14
6	2	0.07	-9	-0.29	-19	-0.64
7	/	/	/	/	/	/
8	/	/	/	/	/	/
9	15	0.53	27	0.95	52	1.82
10	2	-0.02	-7	-0.40	-14	-0.79

续上表

点号 \ 荷载	2 400 kN		2 700 kN		3 000 kN	
	实测应变(με)	实测应力(MPa)	实测应变(με)	实测应力(MPa)	实测应变(με)	实测应力(MPa)
1	/	/	/	/	/	/
2	/	/	/	/	/	/
3	-51	-1.79	-61	-2.14	-77	-2.70
4	7	0.54	10	0.71	-3	0.34
5	-4	-0.14	-2	-0.07	-8	-0.28
6	-23	-0.78	-26	-0.90	-21	-0.69
7	/	/	/	/	/	/
8	/	/	/	/	/	/
9	84	2.94	95	3.33	1 016	35.56
10	-17	-1.09	-18	-1.18	7	-5.68

注：表中实测应力数据依据 $E_h=3.5\times10^4$ MPa 计算，竖向应力已扣除泊松效应；正值为拉、负值为压。

表 4—2—18　疲劳试验后 T2 试件混凝土梁顶面应力测试结果

点号 \ 荷载	600 kN		1 200 kN		1 800 kN	
	实测应变(με)	实测应力(MPa)	实测应变(με)	实测应力(MPa)	实测应变(με)	实测应力(MPa)
1	-1	-0.04	-19	-0.67	-37	-1.30
2	15	0.53	20	0.70	29	1.02
3	9	0.32	8	0.28	8	0.28
4	-2	-0.07	-33	-1.16	-58	-2.03
5	-10	-0.35	-52	-1.82	-92	-3.22
6	5	0.18	-14	-0.49	-34	-1.19
7	13	0.46	16	0.56	27	0.95
8	-14	-0.49	-81	-2.84	-148	-5.18
9	/	/	/	/	/	/
10	14	0.49	17	0.60	27	0.95
点号 \ 荷载	**2 400 kN**		**2 700 kN**		**3 000 kN**	
	实测应变(με)	实测应力(MPa)	实测应变(με)	实测应力(MPa)	实测应变(με)	实测应力(MPa)
1	-40	-1.40	-43	-1.51	-115	-4.03
2	66	2.31	132	4.62	605	21.18
3	11	0.39	24	0.84	788	27.58
4	-101	-3.54	-159	-5.57	453	15.86
5	-122	-4.27	-140	-4.90	-55	-1.93
6	-55	-1.93	-95	-3.33	-66	-2.31
7	39	1.37	38	1.33	22	0.77
8	-208	-7.28	-254	-8.89	-195	-6.83
9	/	/	/	/	/	/
10	43	1.51	46	1.61	97	3.40

注：表中实测应力数据依据 $E_h=3.5\times10^4$ MPa 计算；正值为拉、负值为压。

测试结果分析：

（1）根据疲劳试验后静载试验加载1 200 kN、1 800 kN时混凝土梁表面各测点的实测结果，通过线性内插计算加载1 295 kN、1 764 kN时的各测点相应的应力，并绘制如图4—2—25和4—2—26所示的混凝土梁表面应力分布图。疲劳前后加载1 295 kN、1 764 kN时混凝土梁的表面应力分布规律基本一致，结构整体受力特性未发生大的变化，吊索锚固体系仍能正常工作。但分析可知，疲劳试验前后各测点应力幅值发生了一定变化，在试件构造局部，特别是在混凝土梁顶面，如15号、24测点，应力幅值变化较大，12号测点甚至出现应力反号现象。分析其原因主要是T2试件经疲劳试验后，锚箱N1、N2板与混凝土梁的粘结削弱对试件局部应力状态产生的影响。

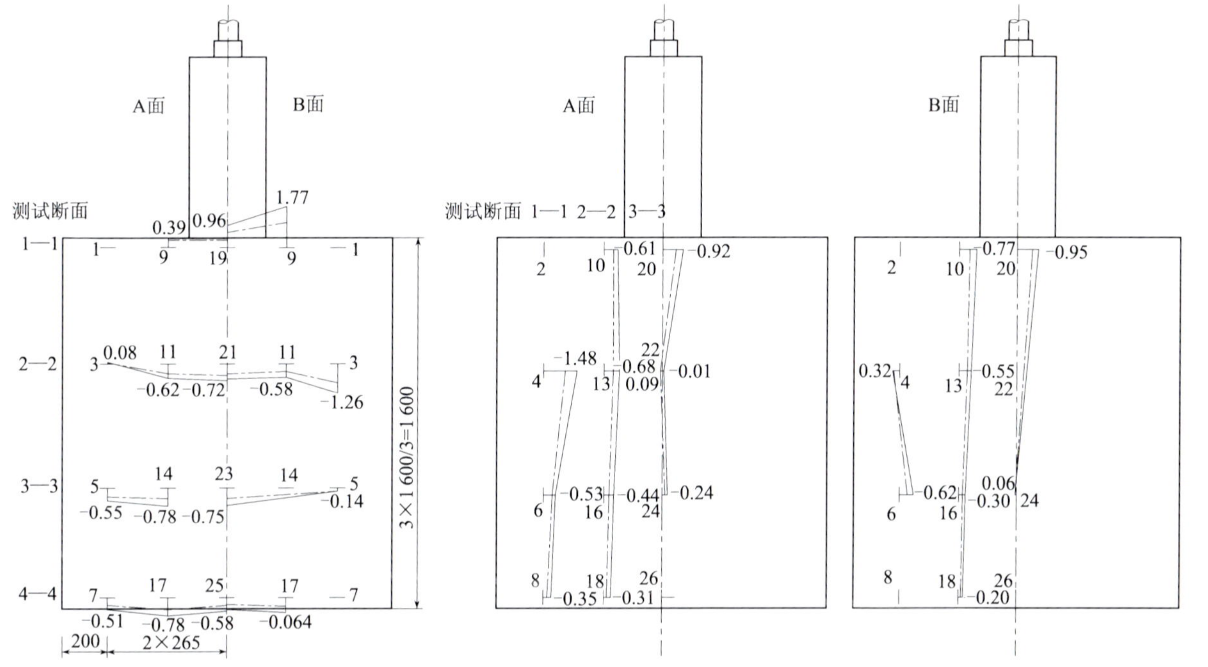

（a）混凝土梁侧面实测纵向应力分布　　（b）混凝土梁侧面实测竖向应力分布

图4—2—25　疲劳试验后T2试件混凝土梁侧面应力分布

注：1. 虚线—1 295 kN、实线—1 764 kN；
2. 尺寸单位mm，应力单位MPa；
3. 1 295 kN、1 764 kN的各测点应力值系根据实际加载1 200 kN、1 800 kN的实测应力值内差计算所得

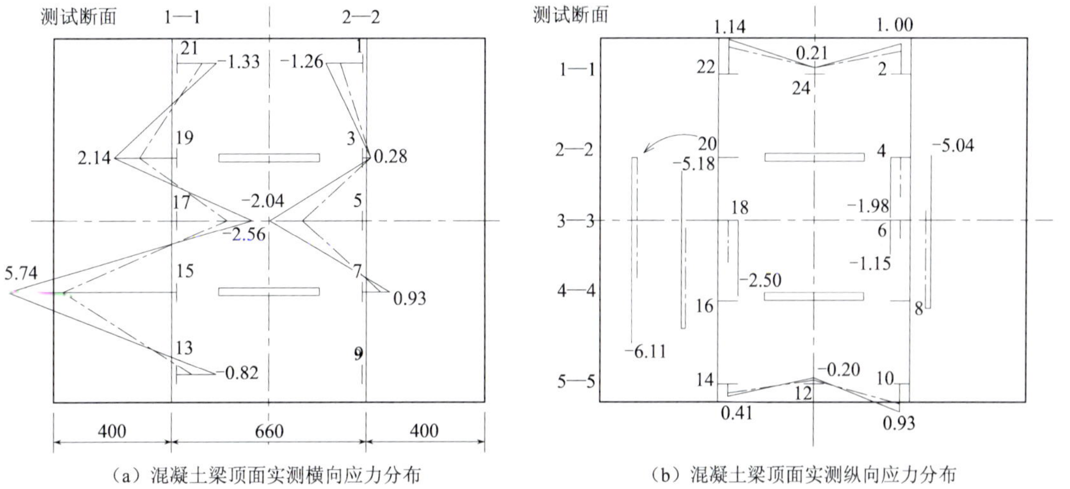

（a）混凝土梁顶面实测横向应力分布　　（b）混凝土梁顶面实测纵向应力分布

图4—2—26　疲劳试验后T2试件混凝土梁顶面应力分布

注：1. 虚线—1 295 kN、实线—1 764 kN；
2. 尺寸单位mm，应力单位MPa；
3. 1 295 kN、1 764 kN的各测点应力值系根据实际加载1 200 kN、1 800 kN的实测应力值内差计算所得

（2）疲劳试验后 T2 试件混凝土梁表面纵向应力变化曲线如图 4—2—27 所示，侧面竖向应力变化曲线如图 4—2—28 所示，顶面横向应力变化曲线见图 4—2—29 所示。从图 4—2—27 ~ 4—2—29 可以看出，当加载到 1 800 kN 时，混凝土梁体顶面锚箱周围局部 15 号测点实测应力达到 5.88 MPa，超出 C50 混凝土抗拉强度，但测点局部混凝土未见开裂；从 600 kN 加载到 2 400 kN 的过程中，各测点应力与荷载的变化关系曲线基本呈线性关系，经仔细检查混凝土梁体完好；加载到 2 700 kN 时，大部分测点实测应力开始出现非线性变化，加载过程中检查发现混凝土梁体表面开始陆续出现微小裂纹；加载 3 000 kN 过程中，微裂纹进一步扩展，加载到 3 000 kN 时各测点实测应力值出现突变，梁体应力出现重分布现象，A 面 13、20、22、24 号测点和 B 面 13、16、18、21 号测点受力拉压反号。混凝土梁顶面裂纹主要出现在锚箱 N1、N2 板角点处、与混凝土梁轴线夹角约 45°方向以及梁长中间位置与锚板垂直方向；混凝土梁侧面裂纹主要出现在梁长中间位置并与顶面梁长中间位置的裂纹贯通。

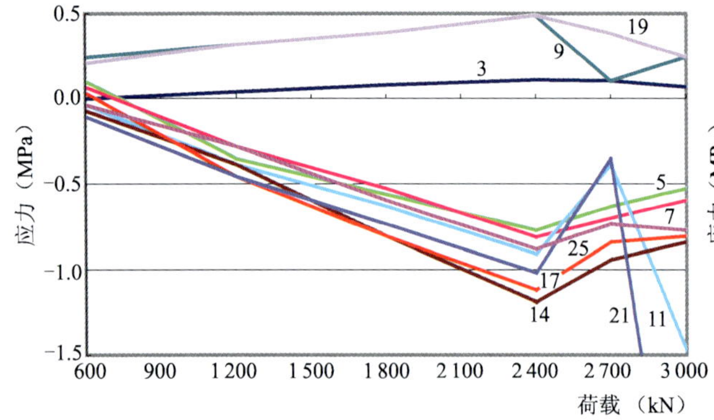

（a）混凝土梁 A 面纵向应力变化曲线

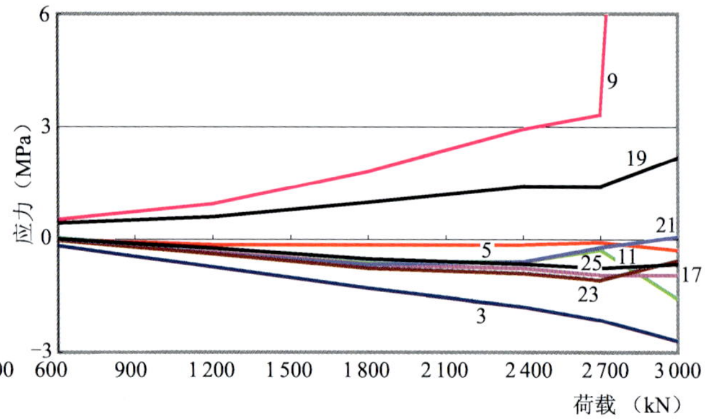

（b）混凝土梁 B 面纵向应力变化曲线

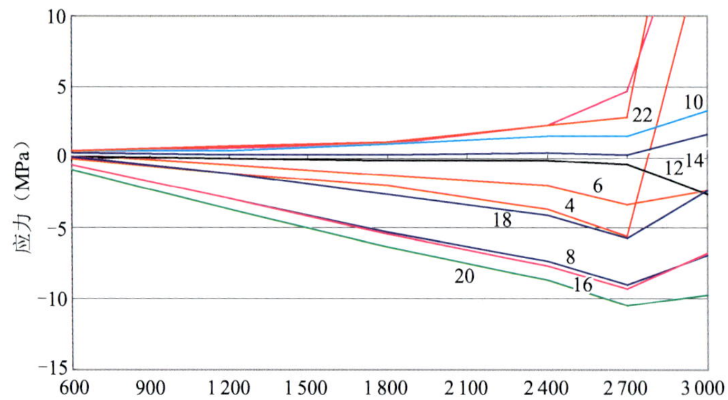

（c）混凝土梁顶面纵向应力变化曲线

图 4—2—27　疲劳试验后 T2 试件混凝土梁表面纵向应力变化曲线

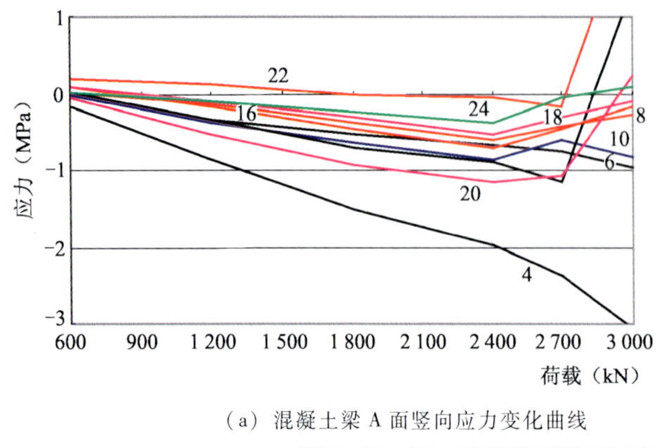

（a）混凝土梁 A 面竖向应力变化曲线

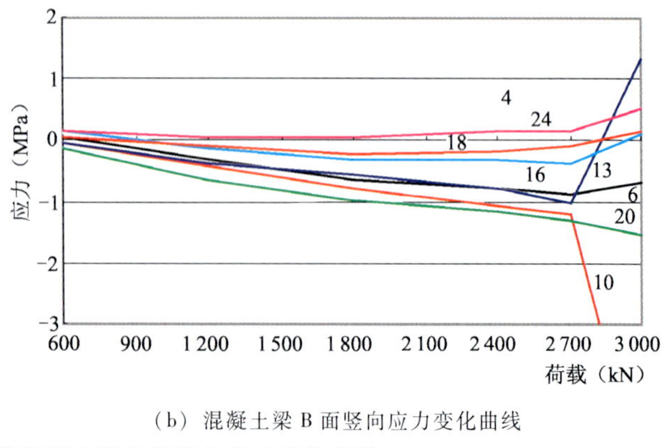

（b）混凝土梁 B 面竖向应力变化曲线

图 4—2—28　疲劳试验后 T2 试件混凝土梁表面竖向应力变化曲线

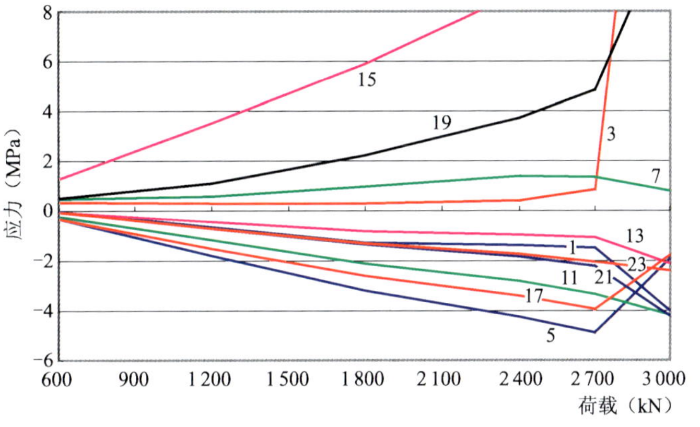

图 4—2—29　疲劳试验后 T2 试件混凝土梁顶面横向应力变化曲线

（3）T2 试件第一次（疲劳后）静载试验完成后，为检验混凝土梁开裂后锚箱锚固系统的工作性能，对 T2 试件进行了第二次静拉试验，并在分级加载到 3 000 kN 后持荷 10 min。结果表明，在 3 000 kN 荷载作用下，试验机的拉力稳定，梁体混凝土裂纹不再扩展。表明 T2 试件混凝土梁体虽然开裂，但锚箱的锚固体系仍能正常工作。

3. 静载试验的位移测试结果

静载试验的位移测试结果见表 4—2—19。从测试结果来看，当荷载达到 3 000 kN 时加载架两侧纵梁的竖向位移分别为 3. 93 mm、4. 67 mm，位移量较小，加载架刚度满足试验要求。

表 4—2—19　加载架位移测试结果（单位：mm）

荷载（kN） 点　号	600	1 200	1 800	2 400	2 700	3 000
1	0. 77	1. 75	2. 72	3. 66	4. 15	4. 67
2	0. 51	1. 34	2. 18	3. 07	3. 51	3. 93

（四）万向铰受力均匀性试验结果

万向铰受力均匀性试验与静载试验同步进行，测点布置如图 4—2—30 所示，试验测试结果见表 4—2—20。

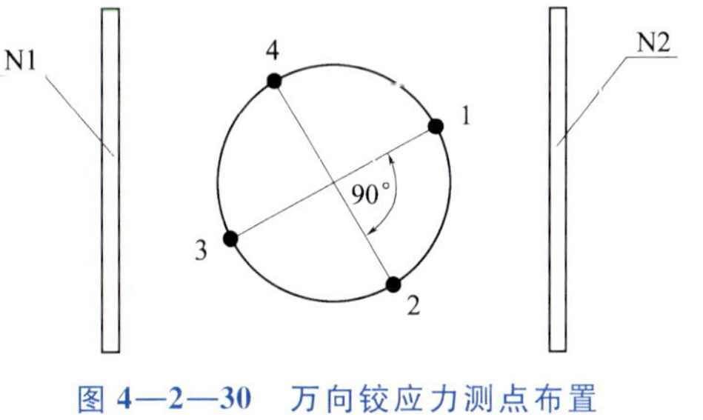

图 4—2—30　万向铰应力测点布置

表 4—2—20　万向铰应力测试结果（单位：MPa）

测　点 荷载（kN）	1	2	3	4	平均值 σ_v	测点间应力最大差值	截面名义应力 σ_j	σ_j/σ_v
600	-1. 37	-7. 67	-74. 55	-47. 36	-32. 74	73. 18	-59. 2	1. 8
1 200	-37. 17	-23. 84	-109. 62	-77. 83	-62. 12	85. 78	-118. 4	1. 9
1 800	-64. 05	-43. 26	-139. 44	-107. 49	-88. 56	96. 18	-177. 6	2. 0
2 400	-89. 25	-63. 32	-155. 61	-123. 80	-107. 99	92. 29	-236. 8	2. 2
2 700	-101. 75	-72. 56	-164. 01	-131. 04	-117. 34	91. 45	-266. 4	2. 3
3 000	-116. 87	-84. 84	-168. 74	-136. 50	-126. 74	83. 90	-296	2. 3

从测试结果可以看出，万向铰四个方向受力不均匀，经对比和锚箱 N1、N2 板的不均匀受力情况基本一致。从 600 kN 加载至 3 000 kN 的过程中，万向铰截面名义应力是实测平均应力的 1.8 ~ 2.3 倍，并随着荷载等级的增加而增大；2、3 号测点之间的实测应力差值最大，加载 3 000 kN 时极差为 83.90 MPa；随着荷载的增大，万向铰调节功能逐步发挥，各方向上的受力趋于均匀，极差有变小趋势。

六、结论及建议

（一）上锚箱试件

（1）疲劳试验结果表明：在试验荷载作用下，吊索锚箱体系，包括锚箱锚固构造、焊接锚箱、吊索三部分的抗疲劳性能满足设计要求。

（2）静载试验结果表明：在三倍于设计承载力的荷载（3 000 kN）作用下，吊索锚箱体系，包括锚箱锚固构造、焊接锚箱、吊索三部分的承载力满足设计要求。

（3）对比疲劳试验前后的静载试验结果，N1、N2 板的应力分布规律及应力传递途径基本一致。但经疲劳试验后，锚箱 N1、N2 板和混凝土之间的粘结受到一定削弱。

（4）试验和有限元分析结果均表明，上锚箱焊缝周围存在较大程度的应力集中现象。

（5）静载及疲劳试验结果表明，上锚箱构造设计合理，满足受力要求。

（二）下锚箱试件

（1）疲劳试验结果表明：在试验荷载作用下，吊索锚箱体系，包括锚箱锚固构造、焊接锚箱、吊索三部分的抗疲劳性能满足设计要求。

（2）静载试验结果表明：在三倍于设计承载力的荷载（3 000 kN）作用下，吊索锚箱体系，包括锚箱锚固构造、焊接锚箱、吊索三部分的承载力满足设计要求。

（3）疲劳试验后的静载结果表明：经疲劳试验后，锚箱 N1、N2 板和混凝土梁之间的粘结受到削弱；2 700 kN的加载过程中混凝土梁体表面局部开始陆续出现微小裂纹，主要出现在锚箱 N1、N2 板角点处局部以及梁长中间位置顶面局部和侧面上方，加载 3 000 kN 过程中，微裂纹进一步扩展；加载至 3 000 kN 时，试件混凝土梁体虽然开裂，但锚箱结构工作状态正常，吊索工作状态正常，锚固构造在剪力钉的作用下仍能继续工作。

（4）锚箱板件与混凝土梁的结合部位存在局部应力集中，混凝土梁在板件四个角点处存在局部应力集中。

（5）尽管疲劳试验后混凝土与埋置钢板之间的粘结受到削弱，但锚固仍是可靠的，此时锚固以剪力钉传力为主。

（三）万向铰受力性能

T1、T2 试件的万向铰受力均匀性试验结果表明：实际承载过程中，万向铰存在程度不同的偏心受力。

七、针对试验结果的设计构造改进

（1）试验表明，上锚箱锚板与钢管拱焊缝局部存在应力集中，要求实桥焊接过程中，应注意焊缝施工质量，并采取相应措施以减小焊缝局部的应力集中程度。由于拱肋混凝土采用顶升法施工，混凝土密实程度相对来说不及梁体混凝土，加之拱肋尺寸有限，致使锚板长度受到限制，因而钢板与拱肋间采用焊接连接，设计对锚箱拉板与拱肋下端焊接固定变更为采用全熔透焊连接；对锚箱拉板与拱肋上端不连接变更为采用坡口焊缝与拱肋上端连接。尽管这样会降低拉板的疲劳强度，但考虑到吊杆实际承载内力不是特别大（小于 100 t），采用焊接来加强两者的连接是可行的。

（2）下锚箱混凝土梁顶面在锚板四个角点处存在较大的应力集中，出于安全考虑，设计对该处做如下加强处理：在下锚箱混凝土梁凸台顶面增设一层环氧砂浆。为保证环氧砂浆与混凝土梁凸台及锚固钢板的紧密粘结，按照有关规范进行配比试验。环氧砂浆厚度 1 ~ 2 cm，顶面形成排水坡，强度达到 C40。

（3）要求钢结构加工厂家在 N1、N2 板制造时要严格按设计图纸要求，并力求一致，以避免 N1、

N2 板受力上的不均匀。

（4）试验表明锚箱 N1、N2 板的应力受吊索对中影响很大，施工单位在实际施工过程中，要严格控制吊索锚固体系的定位精度。

（5）要求施工单位在产品订货时对万向铰装置性能、质量严格审查，在实际施工过程中，对万向铰的工作面作光滑处理并充分润滑，以确保其均匀受力。

第三节　铰轴滑板钢支座模型试验及有限元分析

一、模型试验

（一）钢支座模型及试验内容

1. 试验内容

（1）滑动性能测试：在不同的分级（50 t/级，即 500 kN/级）垂直荷载下，测量临界滑动水平力，分析其滑动性能；

（2）转动性能测试：在不同的分级（50 t/级，即 500 kN/级）垂直荷载下，测量临界转动力矩，分析其转动性能；

（3）压力分布测试：在不同的分级（50 t/级，即 500 kN/级）垂直荷载下和 30 mm、25 mm 两种厚度衬板下，测量支座下摆与四氟板之间的压力分布，为设计支座聚四氟乙烯板尺寸和衬板尺寸提供依据；

（4）上下摆应力分布测试：在不同的分级（50 t/级，即 500 kN/级）垂直荷载下，测量支座上下摆的应力分布，为设计支座座身构造提供依据；

（5）横向限位块性能测试：在不同的分级（50 t/级，即 500 kN/级）垂直荷载下，对应不同的分级（10 t/级，即 100 kN/级）水平荷载下测量横向限位块的应力分布，为支座抗震设计提供依据。

2. 实桥钢支座模型

铰轴滑板钢支座由上摆、下摆、铰轴、座板、衬板、聚四氟乙烯板等构成，其工作原理如图 4—3—1 所示。其上下摆采用铰接方式，因此具有比较灵活的绕铰轴转动的性能。下摆与下座板之间采用聚四氟乙烯滑板——不锈钢板的形式。聚四氟乙烯滑板镶嵌在衬板上，将来可以替换。由于聚四氟乙烯板具有良好的滑动性能，因此钢支座又具有一定的滑动能力。

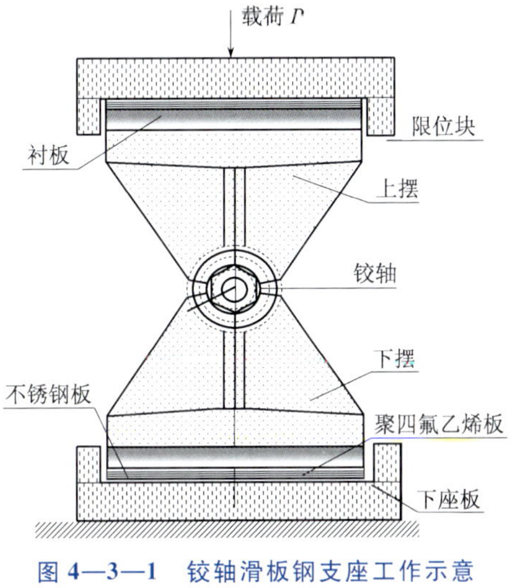

图 4—3—1　铰轴滑板钢支座工作示意

铰轴滑板钢支座的上、下摆、下座板采用铸钢 ZG35 Ⅱ、铰轴采用 35 号锻钢，不锈钢板厚 3 mm，聚四氟乙烯板厚 6 mm，铰轴直径 100 mm。

钢支座模型技术要求：

（1）模型支座采用1∶1比例、与实桥支座相同的材料及加工制作工艺进行制作，模型支座结构如图4—3—2～图4—3—6所示。

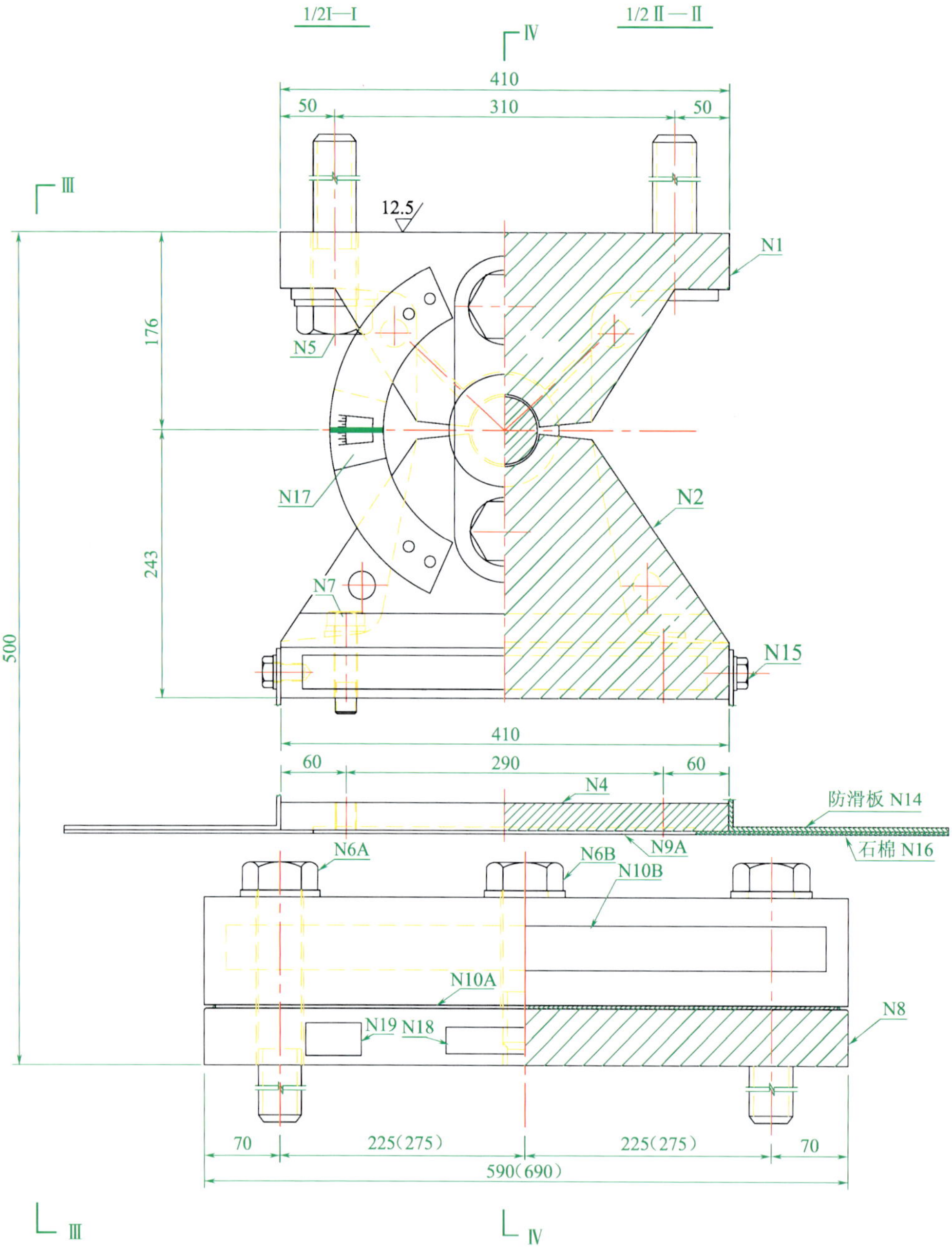

图4—3—2　铰轴滑板钢支座正视（单位：mm）

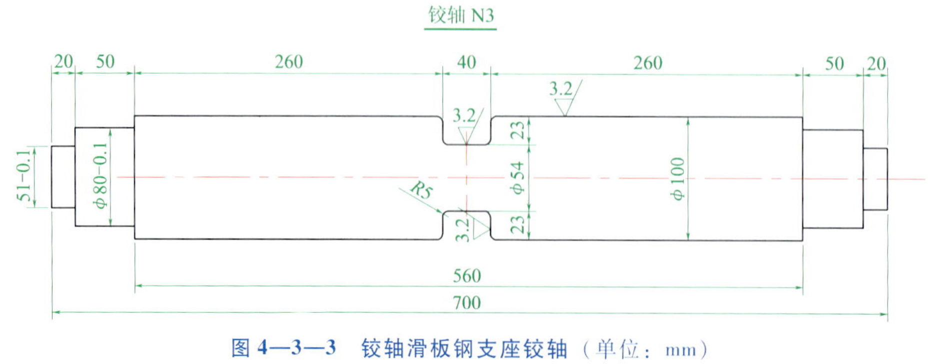

图4—3—3　铰轴滑板钢支座铰轴（单位：mm）

图 4—3—4　铰轴滑板钢支座 1/2 座板（单位：mm）

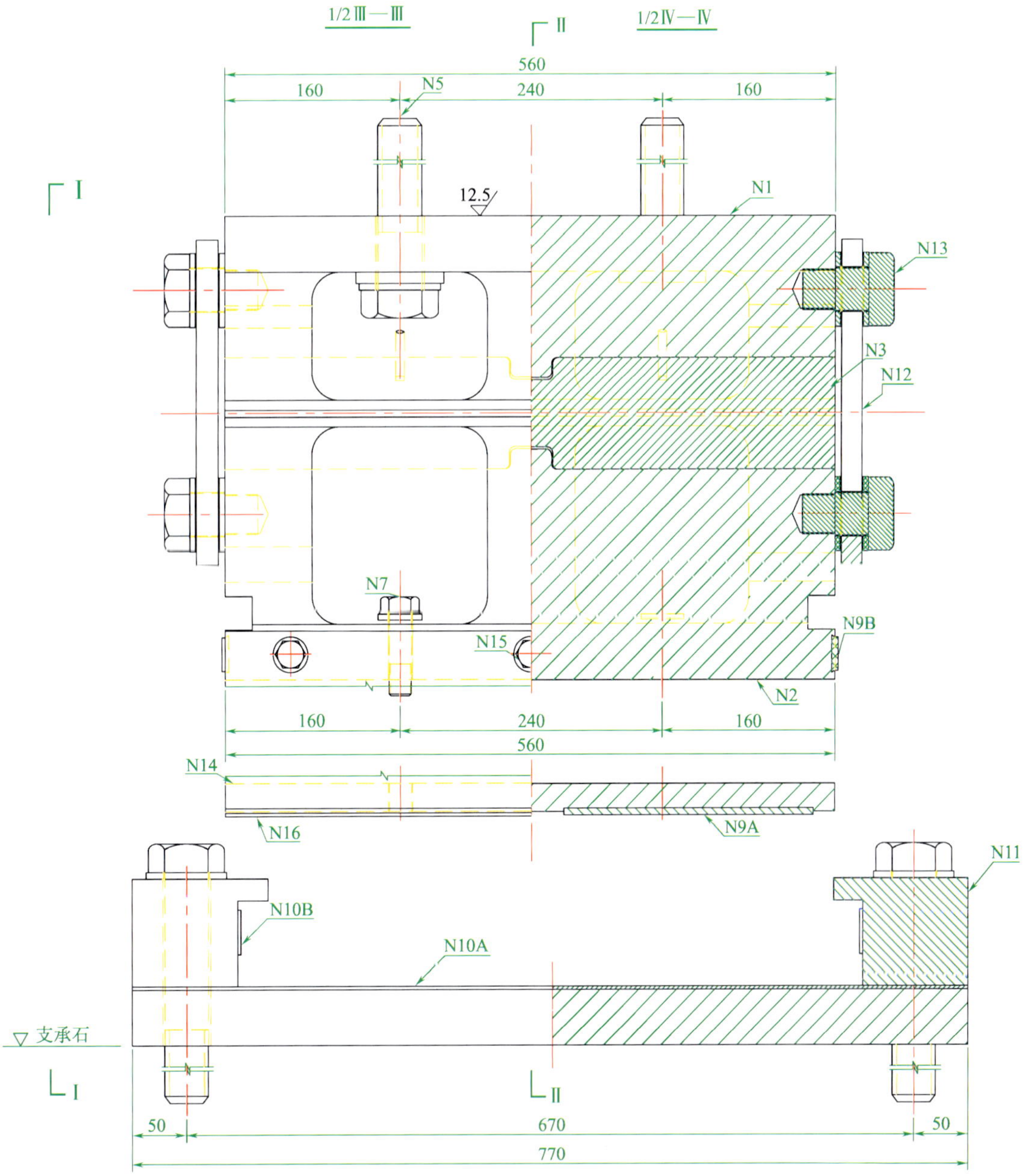

图 4—3—5　铰轴滑板钢支座侧视（单位：mm）

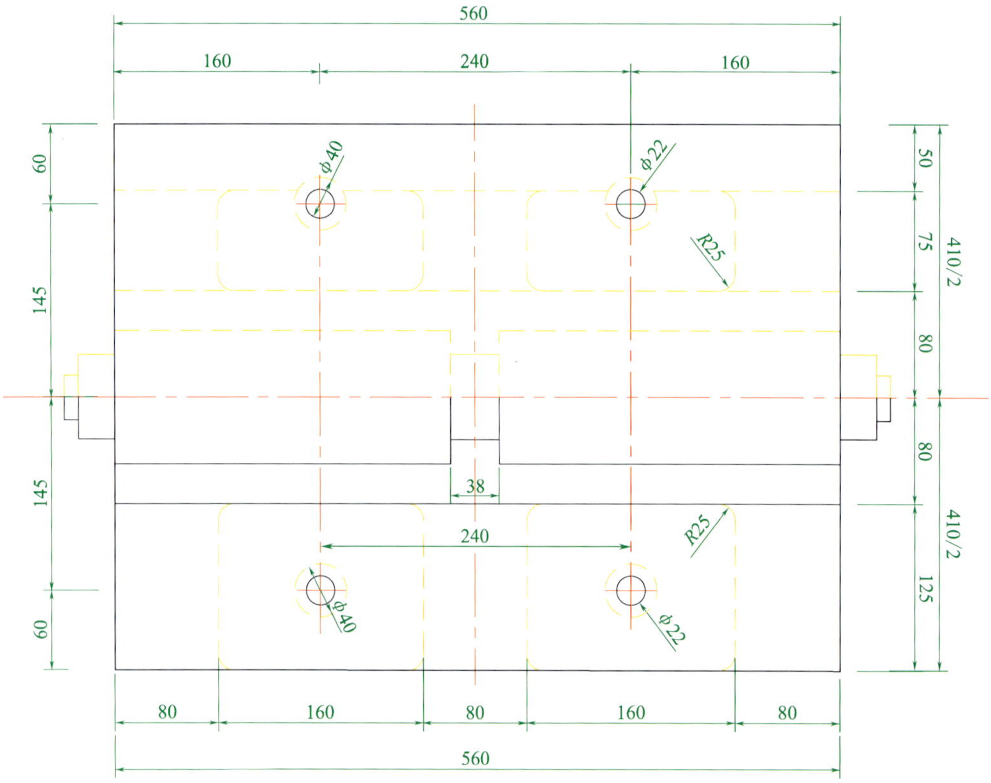

图 4—3—6　铰轴滑板钢支座上下摆（单位：mm）

（2）模型支座包括上摆、上衬板（镶嵌聚四氟乙烯板）、下摆、下衬板（镶嵌聚四氟乙烯板）、铰轴、下座板（焊接不锈钢板）及横向限位块等。

（3）上、下摆、座板采用铸钢 ZG35 Ⅱ；铰轴采用 35 号锻钢，钢材技术要求分别符合 GB979、GB 669 规范。横向限位块采用 Q235 钢，技术要求符合 GB 700 规范。横向限位螺栓采用 45 钢，技术要求符合GB 699规范。

（4）支座制造符合《铁路桥梁铸钢支座技术条件》(TB 1853—86）的要求，详细的公差、光洁度要求见模型支座结构图 4—3—2 ~ 图 4—3—6。为了测试滑动摩擦力，在试验中特别设计了一块楔形推板，结构如图 4—3—7 所示。

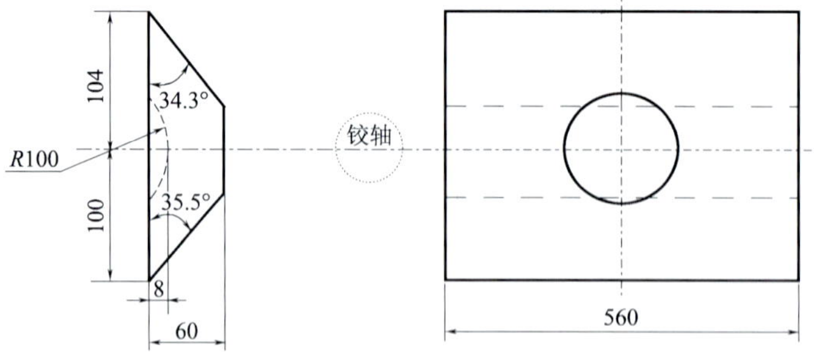

图 4—3—7　模型铰轴滑板钢支座楔形推板（单位：mm）

（二）基本试验测试方案

1. 测试的内容

（1）滑动性能测试：在不同的分级（500 kN/级）垂直荷载下，测量支座临界滑动水平力，分析其滑动性能；最大垂直荷载为 300 t（即 3 000 kN）。

（2）转动性能测试：在不同的分级（500 kN/级）垂直荷载下，测量铰轴临界转动力矩，分析其转动性能；最大垂直荷载为 300 t（即 3 000 kN）。

（3）压力分布测试：在不同的分级（500 kN/级）垂直荷载下，测量支座下摆与座板之间的压力分布，最大垂直荷载为300 t（即3 000 kN）。要求共测量30个点的受力。同时30 mm、25 mm两种厚度衬板分别安放在下摆上，做两次测试。

（4）上下摆应力分布测试：在不同的分级（50 t/级，即500 kN/级）垂直荷载下，测量支座上下摆的应力分布，最大垂直荷载为300 t（即3 000 kN）。

（5）横向限位块性能测试：在不同的分级（50 t/级，即500 kN/级）垂直荷载下，对应不同的分级（10 t/级，即100 kN/级）水平荷载下测量横向限位块的应力分布及大小，最大水平荷载为70 t（即700 kN）。最大垂直荷载为300 t（即3 000 kN）。

2. 测试的技术方案

针对不同的测试内容采用了不同的技术方案。但垂直荷载的施加采用共同的试验平台，使用300 t（即3 000 kN）的门式压力试验机，并采用两个最大可各施200 t（即2 000 kN）的油缸来施加垂直荷载。

（1）完成测试内容（1）和（5）拟采取图4—3—8所示方案，垂直荷载压力P在0～3 000 kN间分为6级，每级500 kN。每级垂直荷载P在施加之后，再用水平千斤顶侧向施加水平推力F，同时用位移计监测支座的水平位移。当位移计有明显变化时，记录下力传感器的力值F，可计算得到摩擦系数$f=F/(2P)$，最后得到P—f曲线。

试验之前，要先对垂直荷载油缸、水平推力传感器和位移计进行标定。

在正式试验之前，先对模型预压三次，预压最大垂直荷载3 000 kN，然后再重复进行三次正式测试。位移计沿水平推力的方向设置了三个，支座与座板间产生滑动的瞬间，记录对应此时的水平推力F。

横向限位块应力测试时，只需要将支座整体水平旋转90°，将水平推力千斤顶通过专用的对心加载圆筒作用在铰轴上。

（2）完成测试内容（2）拟采取图4—3—9所示方案，在铰轴上制作一条延长加载臂，在其臂端设置千斤顶。垂直荷载压力P在0～3 000 kN间分为5级，每级500 kN。每级垂直荷载P在施加之后，再用千斤顶施加转动推力F，在铰轴上产生足够的转动力矩，同时用位移计监测加载臂的垂直位移。当位移计有明显变化时，记录下力传感器的力值F，由$M_1=F\times L$（L为力臂）可以得到临界转动力矩M_1，最后得到P—M_1曲线。

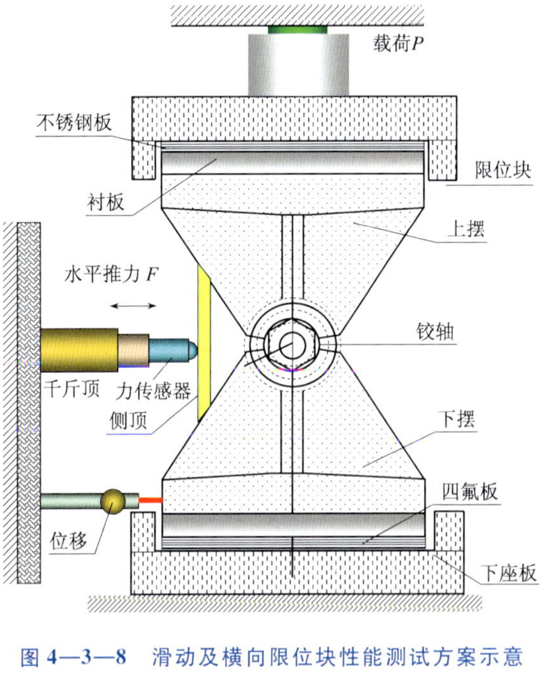

图4—3—8　滑动及横向限位块性能测试方案示意

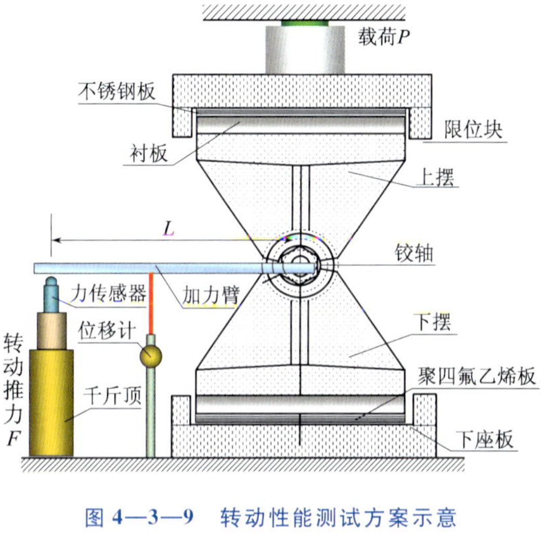

图4—3—9　转动性能测试方案示意

试验之前，要先对垂直荷载油缸、转动推力传感器和位移计进行标定。

在正式试验之前，先对模型预压三次，预压最大垂直荷载 3 000 kN，然后再重复进行三次正式测试。位移计沿垂直于加载臂的方向放置，当铰轴相对于支座产生了转动角位移时，记录对应此时的顶力 F，并计算出临界转动力矩 M_1。

（3）完成测试内容（3）和（4）拟采取图 4—3—10 所示方案，在不同的分级（500 kN/级）垂直载荷下，测量不同衬板尺寸时（衬板厚度分别为 25 mm、30 mm 时），支座下摆所镶嵌的聚四氟乙烯板（两块尺寸同为 350 mm × 230 mm）与座板间接触压力分布，为设计支座的聚四氟乙烯板、衬板尺寸提供依据。

采用电阻应变片式压力传感器测试聚四氟板接触压力。具体方法如下：加工两块面积同为 380 mm × 260 mm、厚度为 40 mm 的钢板，钢板的两面铣平、磨光。将此钢板（称为压力传感板）放置在钢支座下衬板（镶嵌聚四氟乙烯板）与支座座板之间，使此钢板承受钢支座下摆的压力。在图 4—3—11 所示的钢板位置，将 30 个 40 mm × 18 mm × 15 mm 的矩形压力传感器内嵌在承压钢板内，使压力传感器和钢板一起承受钢支座下摆与支座座板间压力，从而测试出钢支座下衬板（镶嵌聚四氟乙烯板）与支座座板间接触压力分布。在进行（4）内容的测试中，按要求贴好应变片，设置不同厚度的衬板进行测试。

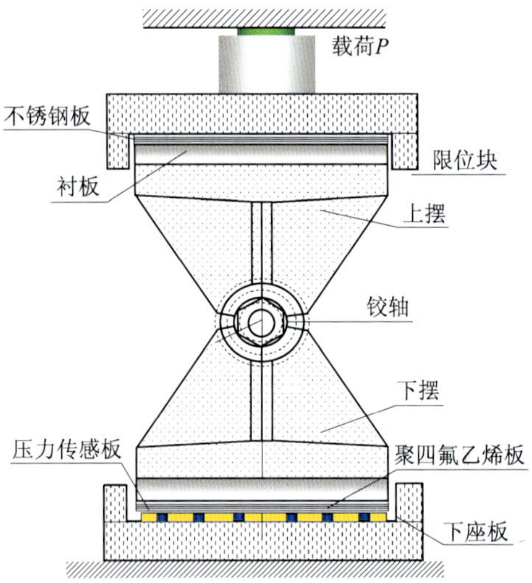

图 4—3—10　压力分布测试方案示意

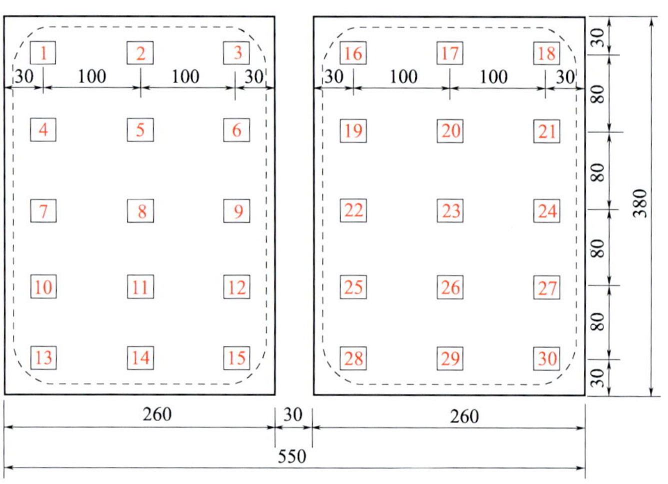

图 4—3—11　压力传感板尺寸及压力传感器的分布与编号（单位：mm）

垂直荷载压力 P 在 0 ~ 3000 kN 间分为 5 级，每级 500 kN。每级垂直荷载 P 在施加之后，记录力传感器的力值 F_i（$i = 1, \cdots, 30$）。由此可以得到每个点所受的力与垂直荷载 P 的变化关系，同时也可以得到每级垂直荷载下钢支座下摆的聚四氟乙烯板与支座座板间接触压力的分布。

（三）传感器的标定

测试中分别使用了两个 1 500 kN 油压千斤顶、一个 700 kN 油压千斤顶和一个 200 kN 油压千斤顶，并使用了 1 000 kN 力传感器、100 kN 力传感器和 30 个应变式压力传感器。在正式试验之前，对以上的油压千斤顶或相连的传感器进行标定。

1. 1 500 kN 油压千斤顶标定

标定仪器为 5 000 kN 液压式压力试验机，标定结果见表 4—3—1。

表 4—3—1　1 500 kN 油压千斤顶标定结果

载荷（kN）	平均油压（MPa）
750	21.5
1 600	41.5

1 500 kN 油压千斤顶所产生的顶力与油压间有很好的线性关系，可以保证试验的精度，并由此确定出施加每级 500 kN 垂直荷载 P 所对应的油压变化量为 7.16 MPa。

2. 横顶 1 000 kN 传感器标定

标定仪器为 1 000 kN 万能试验机和 YJ-22 应变仪（精度 1με），标定结果见表 4—3—2。

表 4—3—2　横顶 1 000 kN 传感器标定结果

加压载荷（kN）	第一次（με）	第二次（με）	平均应变（με）	应变增量（με）
0	0	0	0	
280	593	587	590	590
560	1 150	1 156	1 153	563
840	1 713	1 717	1 715	562

3. 竖顶 100 kN 传感器标定

标定仪器为 600 kN 万能试验机和 YJ-22 应变仪（精度 1με），标定结果见 4—3—3。

表 4—3—3　竖顶 100 kN 传感器标定结果

加压载荷（kN）	第一次（με）	第二次（με）	平均应变（με）	应变增量（με）
0	0	0	0	0
10	-217	-213	-215	-215
20	-434	-435	-435	-220
30	-651	-650	-650	-216
40	-859	-863	-861	-211
50	-1 068	-1 075	-1 071	-210
60	-1 280	-1 278	-1 279	-208
70	-1 492	-1 489	-1 490	-211
80	-1 700	-1 705	-1 702	-212
90	-1 915	-1 909	-1 912	-209

4. 压力传感器标定

为测量支座底部的压力分布，制作 30 个 40 mm × 18 mm × 15 mm 的矩形压力传感器，在每个传感器上粘贴型号为 CH120-2BB 小标距 2 mm 的应变片四枚，纵横粘贴组成全桥输出方式。该种布片和组桥方式可以消除载荷偏心造成的影响，并提高测试灵敏度。测试仪器采用智能型带有微处理器 YJ-22 型静态应变测量处理仪和 YJ-22 型转换箱。该仪器带有接口与微机相连，可对测试数据自动进行测量和储存。测试系统如图 4—3—12 所示。

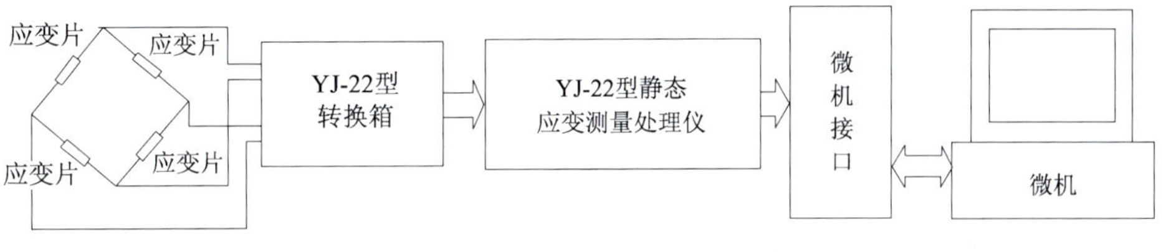

图 4—3—12　应变测试系统示意

在标准压力试验机上，对所制成的应变式压力传感器进行标定，从而得出每个传感器所测应变值与压力之间的关系。由于传感器加工的误差，每个传感器的标定值并不相同。所测应变值与压力关系基本在 0.08 ~ 0.09 MPa/με 之间。

（四）铰轴滑板钢支座滑动性能测试结果

1. 横顶传感器推力变化测试记录及分析

测试之前，先将支座以 300 吨力预压三次，然后在零压力下将支座轻轻顶松后再进行正式测试。铰轴滑板钢支座滑动性能测试设备照片如图 4—3—13 所示，测试的数据见表 4—3—4。

图 4—3—13　铰轴滑板钢支座滑动性能测试设备

表 4—3—4　滑动性能试验横顶推力变化测试记录

垂直加压载荷(kN)	第一次		第二次		第三次	
	应变（με）	载荷（kN）	应变（με）	载荷（kN）	应变（με）	载荷（kN）
0	0	0.0	0	0.0	0	0.0
500	108	50.9	172	81.1	162	76.6
1 000	220	104.0	282	133.1	254	120.0
1 500	290	136.9	308	145.4	334	157.7
2 000	350	165.1	346	163.4	416	196.3
2 500	360	170.0	376	177.4	484	228.6
3 000	378	178.6	388	183.1	506	238.9

2. 摩擦力和摩擦系数分析

第一次试验前，对支座进行了三次预压，为了消除预压的影响，空载荷下先将支座横向推活动。首次测试得到的铰轴滑板钢支座摩擦力和摩擦系数变化情况见表 4—3—5。图 4—3—14 是三次试验对应的摩擦力变化曲线，图 4—3—15 是相应摩擦系数的变化曲线。

表 4—3—5　铰轴滑板钢支座摩擦力和摩擦系数变化情况

垂直加压载荷 P(kN)	第一次				第二次			
	推力 F (kN)	推力增量 (kN)	摩擦系数 $f=F/(2P)$	摩擦系数增量	推力 F (kN)	推力增量 (kN)	摩擦系数 $f=F/(2P)$	摩擦系数增量
0	0.0				0.0			
500	50.9	50.9	0.050 9		81.1	81.1	0.081 1	
1 000	104.0	53.1	0.052 0	-0.001 1	133.1	52.0	0.066 6	-0.014 6
1 500	136.9	32.9	0.045 6	-0.006 4	145.4	12.3	0.048 5	-0.018 1
2 000	165.1	28.3	0.041 3	-0.004 3	163.4	18.0	0.040 9	-0.007 6
2 500	170.0	4.9	0.034 0	-0.007 3	177.4	14.0	0.035 5	-0.005 4
3 000	178.6	8.6	0.029 8	-0.004 2	183.1	5.7	0.030 5	-0.005 0

续上表

垂直加压载荷 P(kN)	第三次				平均			
	推力 F (kN)	推力增量 (kN)	摩擦系数 f=F/(2P)	摩擦系数增量	推力 F (kN)	推力增量 (kN)	摩擦系数 f=F/(2P)	摩擦系数增量
0	0.0				0.0			
500	76.6	76.6	0.0766		69.5	69.5	0.0695	
1000	120.0	43.4	0.0600	-0.0166	119.0	49.5	0.0595	-0.0100
1500	157.7	37.7	0.0526	-0.0074	146.7	27.6	0.0489	-0.0106
2000	196.3	38.6	0.0491	-0.0035	175.0	28.3	0.0437	-0.0052
2500	228.6	32.3	0.0457	-0.0034	192.0	17.0	0.0384	-0.0053
3000	238.9	10.3	0.0398	-0.0059	200.2	8.2	0.0334	-0.0050

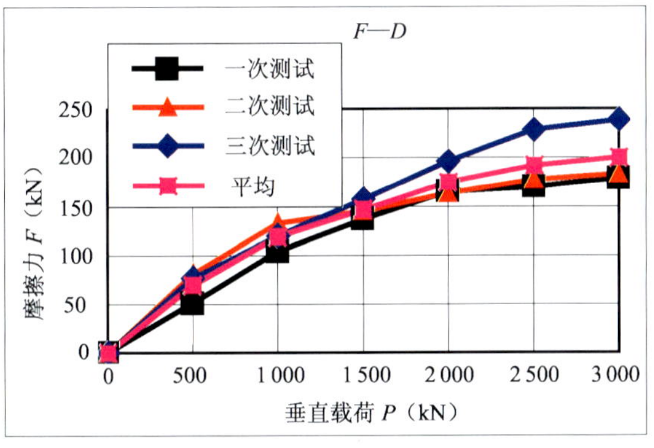

图 4—3—14　三次试验摩擦力 F 的变化曲线

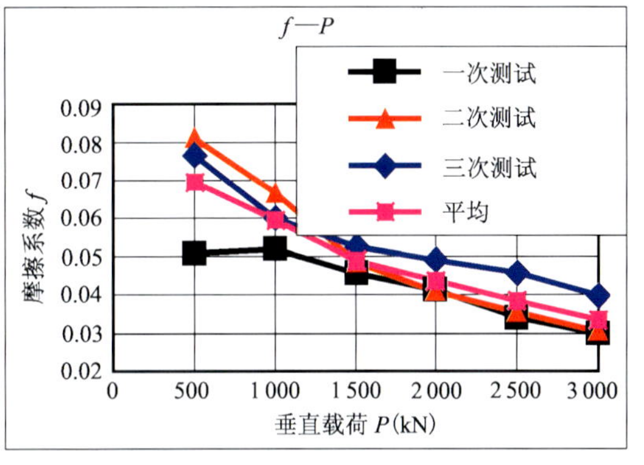

图 4—3—15　三次试验摩擦系数 f 的变化曲线

由表 4—3—6 和图 4—3—14、图 4—3—15 可以看出：三次试验有较好的重复性，摩擦力和摩擦系数随垂直载荷的增大而略有减小。即铰轴滑板钢支座的聚四氟乙烯板和不锈钢板间的摩擦系数随垂直载荷的增大而减小，但减小的趋势会变缓。在所测量的载荷范围，摩擦系数在 0.081～0.03 间变化。

对三次试验取平均值，相应结果见表 4—3—5。图 4—3—16 表示平均摩擦系数及平均摩擦系数变化量随垂直压力变化的曲线。

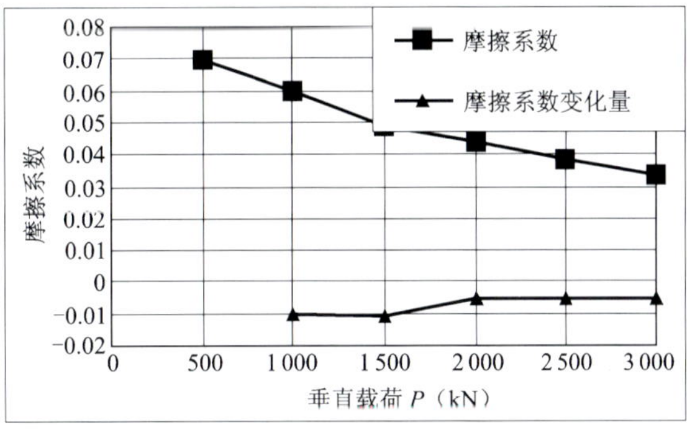

图 4—3—16　平均摩擦系数 f 及增量 Δf 的变化曲线

聚四氟乙烯板和不锈钢板间的摩擦系数随垂直载荷的增大而减小，但减小的趋势会变缓。在聚四氟乙烯板和不锈钢板间涂硅酯润滑的条件下，当垂直载荷接近 3000 kN 时，摩擦系数逐渐接近 0.03。

试验中还同时从支座两侧监测了支座左右两侧相对于座板的位移量和座板相对于基础的位移量。测量表明，每级加载测试中支座左右两侧位移量基本相等，而座板相对于基础没有位移，因此可以断定，支座是被平动推出的，没有绕铅垂轴的转动，而且相对滑动确实发生在聚四氟乙烯板和不锈钢板间。

（五）转动性能测试结果

1. 桥梁支座转动性能测试记录及分析

铰轴滑板钢支座转动性能测试设备照片如图 4—3—17 所示。共进行了三次测试，表 4—3—6 列出测试的转动力数据，图 4—3—18 表示三次测试转动力的变化曲线。

位移控制量：加转动力点 6 mm/级。

图 4—3—17　铰轴滑板钢支座转动性能测试设备

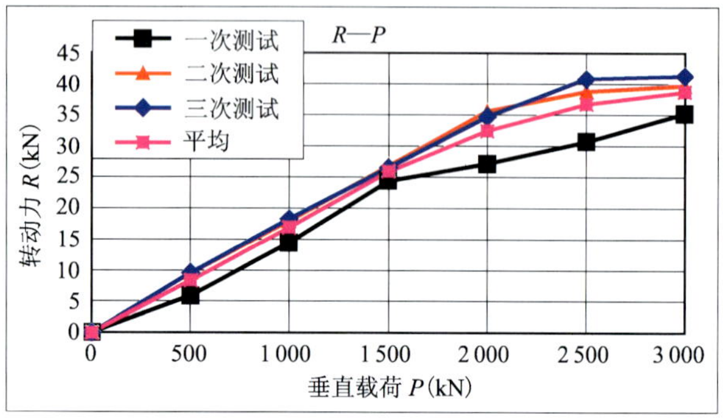

图 4—3—18　三次测试转动力 R 的变化曲线

表 4—3—6　转动性能试验竖顶传感器推力变化测试记录

加压载荷（kN）	第一次		第三次		第三次		平均载荷
	应　变（με）	载　荷（kN）	应　变（με）	载　荷（kN）	应　变（με）	载　荷（kN）	
0	0	0.00	0	0.00	0	0.00	0.00
500	-130	5.87	-213	9.61	-213	9.61	8.37
1 000	-319	14.40	-399	18.01	-405	18.29	16.90
1 500	-540	24.39	-595	26.87	-588	26.56	25.94
2 000	-600	27.10	-790	35.67	-770	34.77	32.51
2 500	-680	30.71	-860	38.84	-905	40.87	36.81
3 000	-780	35.21	-880	39.74	-915	41.33	38.76

由表 4—3—6 可以看出：三次试验的结果基本吻合。转动力随着垂直载荷的增大而增大，但增速缓慢。试验中力臂长 $L=0.55$ m，据此整理的转动力矩变化情况见表 4—3—7。表中的转动力矩是由推力 R 乘以力臂长 L 得到的。图 4—3—19 表示三次测试转动力矩的变化曲线。

表 4—3—7　转动性能试验力矩变化分析

加压载荷（kN）	第一次		第二次		第三次		平均载荷（kN）	载荷增量（kN）	平均转动力矩（kN·m）	转动力矩增量（kN·m）
	载　荷（kN）	转动力矩（kN·m）	载　荷（kN）	转动力矩（kN·m）	载　荷（kN）	转动力矩（kN·m）				
0	0.00	0.00	0.00	0.00	0.00	0.00	0.00		0.00	
500	5.87	3.23	9.61	5.29	9.61	5.29	8.37	8.37	4.60	4.60
1 000	14.40	7.91	18.01	9.91	18.29	10.06	16.90	8.53	9.30	4.70
1 500	24.39	13.41	26.87	14.79	26.56	14.60	25.94	9.04	14.27	4.97
2 000	27.10	14.90	35.67	19.61	34.77	19.13	32.51	6.57	17.89	3.61
2 500	30.71	16.90	38.84	21.36	40.87	22.49	36.81	4.30	20.24	2.36
3 000	35.21	19.37	39.74	21.86	41.33	22.73	38.76	1.96	21.31	1.07

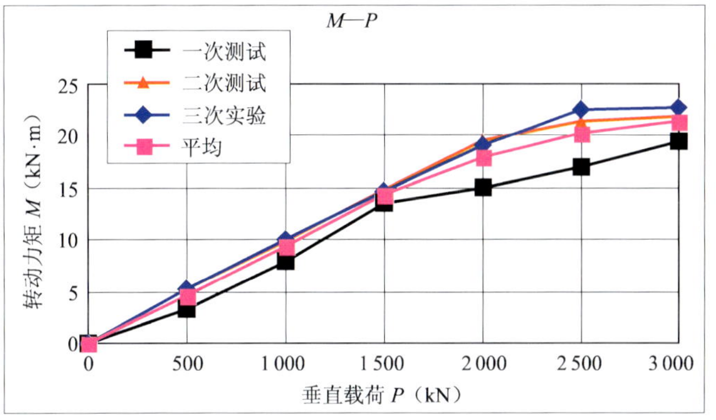

图 4—3—19　三次测试转动力矩 M 的变化曲线

2. 桥梁支座转动力矩变化

由表 4—3—8 和图 4—3—19 可以看出：转动力矩的变化与推力的变化有相同的趋势。转动力矩在垂直载荷小于 2 000 kN 时，几乎成线性增长，在垂直载荷大于 2 000 kN 后，增长趋势逐渐变缓。

3. 铰轴与上下摆之间的摩擦系数的计算

铰轴与上下摆的接触角为 $2\times168.58^\circ=337.16^\circ$，假设铰轴与上下摆间接触力均匀分布，则由摩擦产生的切向力和接触法向力分别为

$$T=\frac{M}{5.88451\times r^2},\quad P=\frac{F}{1.99r}$$

式中　T——切向力（kN/m）；

r——模型铰轴半径（m）；

M——转动力矩（kN·m）；

F——垂直荷载（kN）；

P——法向力（kN/m）。

可计算出转动时铰轴与上下摆的滑动摩擦系数为

$$f=\frac{T}{P}=\frac{M}{2.95704\times F\times r}$$

已知 $r=0.05$ m，根据三次实验的平均结果，各量计算见表 4—3—9。

表 4—3—8　铰轴与上下摆的滑动摩擦系数计算值

加压载荷（kN）	平均载荷（kN）	载荷增量（kN）	平均转动力矩（kN·m）	转动力矩增量（kN·m）	切向分布力 T（kN/m）	切向分布力变化（kN/m）	法向分布力 P（kN/m）	摩擦系数 f	摩擦系数变化
0	0.00		0.00		0.00		0.00		
500	8.37	8.37	4.60	4.60	312.80	312.80	5 025.13	0.062	
1000	16.90	8.53	9.30	4.70	631.83	319.03	10 050.26	0.063	0.000 6
1 500	25.94	9.04	14.27	4.97	969.73	337.90	15 075.37	0.064	0.001 5
2 000	32.51	6.57	17.89	3.61	1 215.59	245.86	20 100.50	0.060	−0.003 8
2 500	36.81	4.30	20.24	2.36	1376.17	160.59	25 125.63	0.055	−0.005 7
3 000	38.76	1.96	21.31	1.07	1 449.16	72.99	30 150.76	0.048	−0.006 7

三次试验取平均值。

由表 4—3—8 和图 4—3—20、图 4—3—21 可以看出，转动力矩随垂直载荷的增大而增加，但增加趋势会减小。在铰轴涂黄油润滑情况下，铰轴与上下摆的转动摩擦系数随垂直载荷的加大而减小，当垂直载荷为 3 000 kN 时，铰轴与上下摆的转动摩擦系数为 0.048。

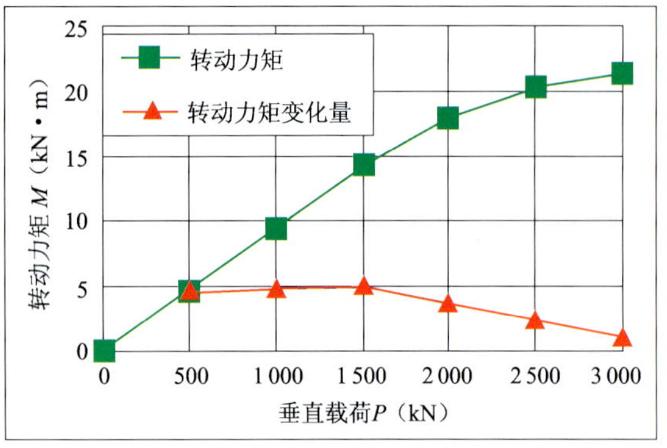

图 4—3—20　转动力矩随垂直载荷的变化曲线

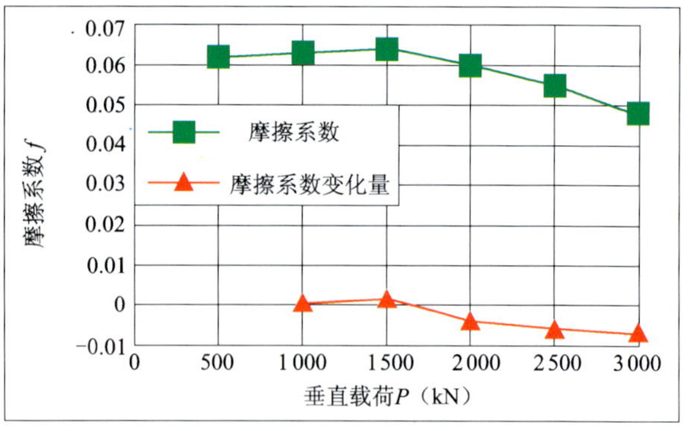

图 4—3—21　摩擦系数随垂直载荷的变化曲线

若假设铰轴与上下摆接触力沿环向按余弦规律分布，则接触法向力为

$$P = P_0 \cos\alpha$$

计算得：

$$P_0 = \frac{F}{1.571r}，即\ P = \frac{F}{1.571r}\cos\alpha$$

铰轴与上下摆的接触角为 $2 \times 168.6° = 337.2°$，由于摩擦产生的切向力为

$$T = T_0 \cos\alpha$$

解得：

$$T_0 = \frac{M}{3.9802r^2}，即\ T = \frac{M}{3.9802r^2}\cos\alpha$$

可计算出转动时铰轴与上下摆的滑动摩擦系数为

$$f = \frac{T}{P} = \frac{M}{2.5335F \times r}$$

按该式计算的摩擦系数结果比表 4—3—8 所列数据大 1.17 倍。

（六）压力分布测试结果

衬板下镶嵌聚四氟乙烯板，试验中选择了两种衬板厚度，分别测量聚四氟乙烯板与座板间接触压力。

1. 厚度为 25 mm 的衬板下镶嵌的聚四氟乙烯板与座板间接触压力分布

采用分级（500 kN/级）加垂直载荷的方式，最大载荷为 3 000 kN。在不同级别垂直载荷作用下，测试现场设备如图 4—3—22 所示。对于衬板厚度为 25 mm 的衬板，30 个压力传感器测试结果见表 4—3—9 所示，3 000 kN 垂直载荷作用时接触压力分布如图 4—3—23 所示。

图 4—3—22　钢支座下摆压力传感板

表 4—3—9　钢支座下摆的 25 mm 厚的衬板上所镶嵌的聚四氟乙烯板与座板间接触压力测试结果（接触压力单位 MPa）

载荷 测点	500 kN	1 000 kN	1 500 kN	2 000 kN	2 500 kN	3 000 kN
1	0.48	1.44	3.12	4.32	5.88	7.41
2	0.12	0.6	1.92	4.44	7.56	10.17
3	0.24	0.6	1.68	4.2	7.92	10.42
4	0.6	2.4	5.4	7.32	10.32	13.05
5	0.48	2.4	4.2	6.0	8.52	11.42

续上表

测点＼载荷	500 kN	1 000 kN	1 500 kN	2 000 kN	2 500 kN	3 000 kN
6	1. 36	2. 96	4. 28	7. 4	9. 36	11. 67
7	0. 12	4. 32	11. 04	17. 28	21. 24	24. 73
8	11. 04	15. 36	19. 68	24. 24	27. 12	32. 38
9	7. 44	14. 64	20. 4	25. 44	32. 16	35. 65
10	1. 44	4. 68	8. 64	13. 8	17. 76	21. 59
11	4. 68	10. 8	15. 84	18. 6	20. 64	23. 35
12	8. 16	15. 72	20. 16	23. 64	26. 64	31. 76
13	0. 12	0. 6	2. 28	3. 36	4. 8	8. 16
14	0. 6	1. 44	2. 28	3. 6	4. 8	6. 65
15	0	0. 12	1. 44	3. 72	10. 32	13. 68
16	0. 12	0. 36	2. 52	7. 32	12. 6	17. 20
17	0. 48	2. 76	5. 64	8. 28	10. 68	12. 80
18	0	0. 48	2. 92	5. 88	8. 28	11. 30
19	4. 68	10. 32	16. 92	22. 2	25. 08	30. 00
20	10. 92	19. 68	23. 4	26. 76	28. 2	31. 25
21	0. 48	1. 92	4. 68	7. 92	11. 04	13. 81
22	7. 08	12. 84	18	22. 8	28. 44	33. 14
23	6. 6	12. 36	18. 6	22. 92	29. 4	35. 90
24	3. 48	8. 04	14. 76	21	25. 68	29. 50
25	4. 2	8. 16	14. 16	19. 32	22. 08	24. 85
26	6. 24	14. 28	18. 84	21. 36	23. 4	26. 11
27	0. 24	2. 04	3. 96	6. 48	8. 64	10. 79
28	0. 12	0. 6	1. 2	2. 28	3. 6	6. 53
29	0. 12	0. 24	0. 6	2. 16	3. 48	6. 15
30	1. 32	3	5. 04	7. 8	9. 72	12. 30

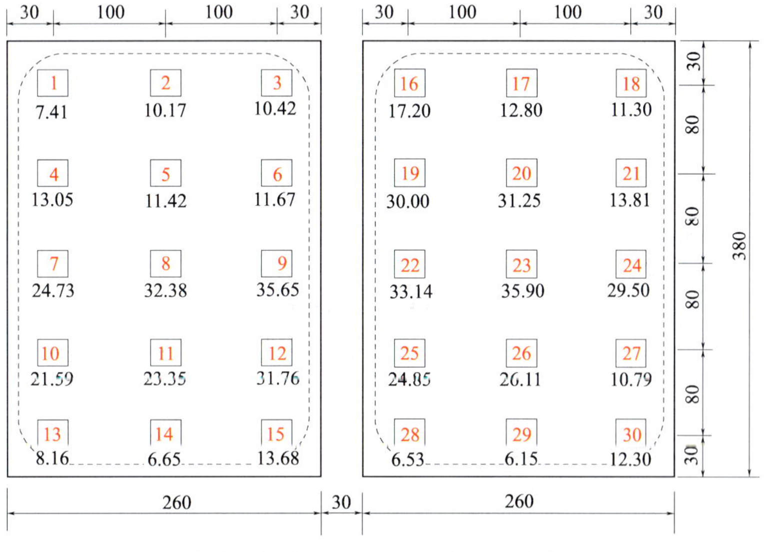

图 4—3—23　钢支座下摆的 25mm 厚的衬板上所镶嵌的聚四氟乙烯板与座板间接触压力测试结果示意（单位：mm）

注：1. 虚线部分为聚四氟乙烯板压在传感器上的位置；

2. 垂直载荷为 3 000 kN，接触压力单位：MPa

从图 4—3—23 可以看出，在对应铰轴中间部位的聚四氟乙烯板的区域上接触压力较大，这和有限元计算的分布规律是一致的。

30 个压力传感器测试接触压力的平均值为

$$p = \sum_{i=1}^{30} p_i / 30 = 18.79\ \text{MPa}$$

3 000 kN 垂直载荷作用在两块面积各为 350 mm × 230 mm 聚四氟乙烯板及支座上，其接触压力的理论计算平均值为

$$p = 3\,000\ \text{kN} / (350\ \text{mm} \times 230\ \text{mm} \times 2) = 18.6\ \text{MPa}$$

接触压力的试验平均值和理论计算平均值基本相同。

2. 厚度为 30 mm 的衬板上镶嵌的聚四氟乙烯板与座板间接触压力分布

对于衬板厚度为 30 mm 的衬板，30 个压力传感器测试结果见表 4—3—10 所示，在 3 000 kN 垂直载荷作用下接触压力分布如图 4—3—24 所示。

表 4—3—10　钢支座下摆的 30 mm 厚的衬板上所镶嵌的聚四氟乙烯板与座板间接触压力测试结果（接触压力单位 MPa）

测点位置＼载荷值	500 kN	1 000 kN	1 500 kN	2 000 kN	2 500 kN	3 000 kN
1	0.84	1.80	2.88	3.96	5.76	7.78
2	0.96	1.92	3.72	5.40	7.08	10.92
3	0.72	2.16	4.56	6.24	8.40	11.17
4	0.48	1.32	3.00	5.16	7.80	10.29
5	2.88	7.32	11.52	15.12	19.20	22.72
6	7.92	14.64	20.40	24.60	28.20	32.01
7	1.56	4.08	7.76	12.96	18.36	23.72
8	8.04	15.12	20.40	25.20	30.12	34.64
9	4.08	9.96	16.92	21.84	24.12	33.51
10	2.04	4.08	8.04	12.36	16.80	20.71
11	1.68	6.96	11.04	15.24	19.32	22.72
12	1.44	5.40	10.44	16.68	23.28	30.25
13	3.48	5.52	10.08	13.68	16.68	19.33
14	1.80	2.76	4.20	7.32	9.12	12.30
15	1.56	2.76	5.04	9.48	13.92	17.70
16	0.36	2.16	3.72	6.12	9.36	13.43
17	0.96	1.20	2.28	3.36	4.68	7.03
18	0.96	1.44	2.88	5.88	9.00	11.42
19	1.68	4.32	9.36	14.52	19.68	23.85
20	4.20	10.44	15.24	18.96	22.68	25.98
21	1.92	3.64	6.96	9.08	13.08	16.95
22	4.44	8.52	13.20	18.24	23.64	28.24
23	6.48	13.80	20.88	25.44	29.52	33.58
24	2.52	6.12	10.44	14.52	18.60	22.22
25	2.64	7.08	9.00	12.24	15.48	19.08
26	5.88	10.08	13.08	15.24	16.44	18.83
27	0.60	2.40	4.92	7.68	10.80	13.43
28	0.12	0.60	1.80	3.48	6.24	8.54
29	0.84	1.56	3.24	5.28	7.32	9.29
30	0.24	0.48	1.56	3.00	4.80	6.28

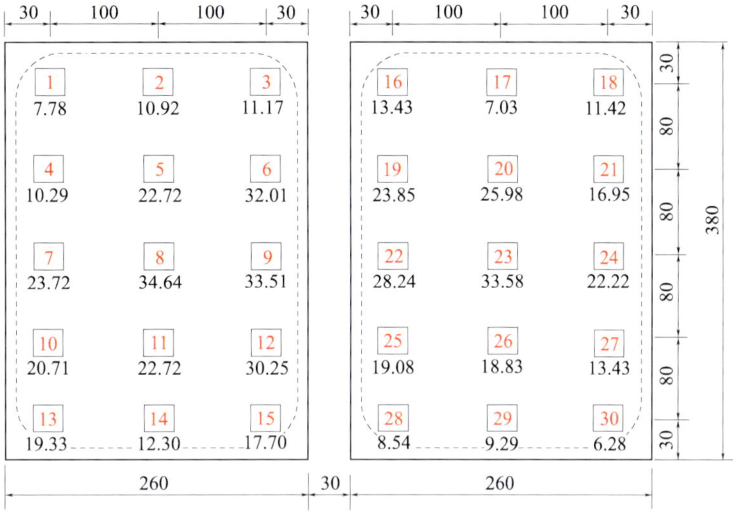

图 4—3—24　钢支座下摆的 30mm 厚的衬板上所镶嵌的聚四氟乙烯板与座板间接触压力测试结果示意（单位：mm）

注：1. 虚线部分为聚四氟乙烯板压在传感器上的位置；

2. 垂直载荷为 3 000 kN，接触压力单位：MPa

30 个压力传感器测试接触压力的平均值为

$$p = \sum_{i=1}^{30} p_i / 30 = 18.93\ \text{MPa}$$

接触压力的试验平均值与理论平均值基本相同。

在此指出：镶嵌聚四氟乙烯板的衬板与座板表面不锈钢贴板之间的接触平整度，以及聚四氟乙烯板镶嵌在衬板上的平行度与平整度，对于聚四氟乙烯板的接触压力分布有直接影响。由于不锈钢板与底板之间粘结的平整度个别地方不好，局部区域产生凸起，此处的接触压力增大。因此，在钢支座的制造工艺中要保证不锈钢板的平整度和平行度，以及镶嵌聚四氟乙烯板表面与衬板表面的平行度。

（七）支座上、下摆的应力测试

1. 支座上、下摆应力测点的布置

支座应力测点如图 4—3—25 和图 4—3—27 所示，支座横向限位块应力测点如图 4—3—26 所示。图中括号中测点号为另一面相对应处的测点号，总共有 41 个应力测点。每个测点应变片纵横贴片，以便通过两向应力状态下由虎克定律计算出每个测点的应力值。

两向应力状态下虎克定律为

$$\sigma_x = \frac{E}{1-\mu^2}(\varepsilon_x + \mu\varepsilon_y)$$

$$\sigma_y = \frac{E}{1-\mu^2}(\varepsilon_y + \mu\varepsilon_x)$$

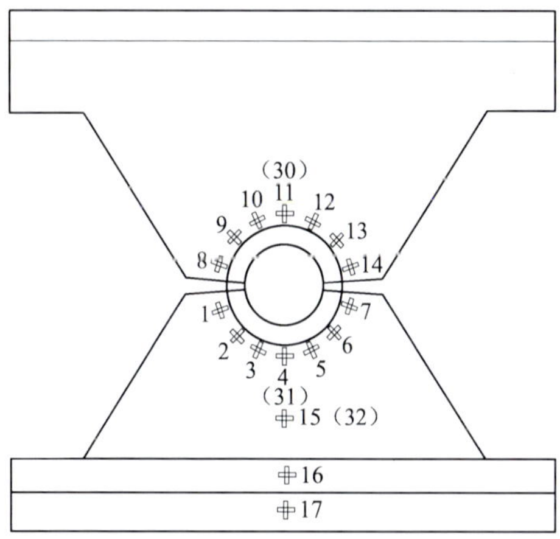

图 4—3—25　支座上下摆铰轴周围应变片位置示意

式中　$E=210$ GPa，$\mu=0.3$，ε_x、ε_y 分别表示沿支座的水平方向和垂直方向的应变，σ_x、σ_y 分别表示沿支座的水平方向和垂直方向的应力。当测试支座铰轴附近的应力时，x、y 用 θ、r 代替，分别表示沿铰轴环向、径向的应变或应力。沿铰轴径向每个测点角度相差 22.5°。

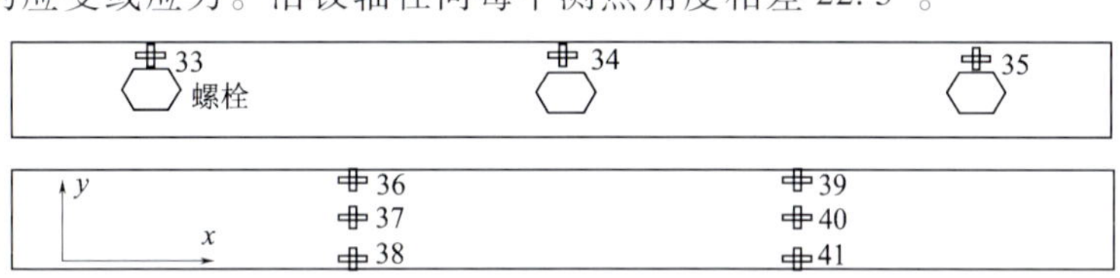

图 4—3—26　支座横向限位块应变片位置示意

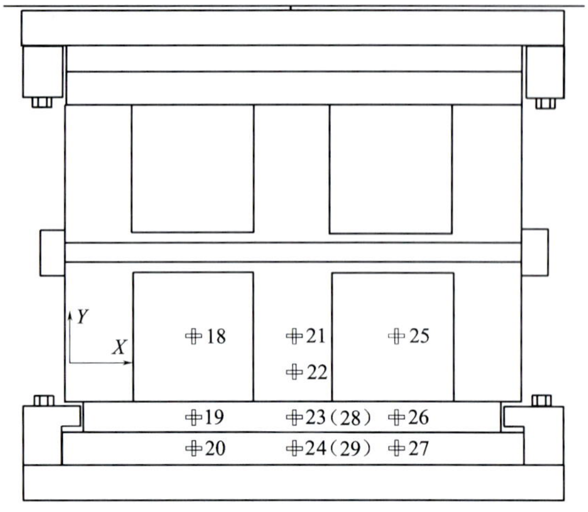

图 4—3—27　支座上、下摆应变片位置示意

2. 支座上、下摆及横向限位块应力测试结果

在不同分级（500 kN/级）垂直载荷作用下，支座上下摆 1～32 号测点应力值见表 4—3—11。在上下摆靠近铰轴的部位，11、12、30、3、4、5、31 等测点应力较大，其中最大应力为 -107.61 MPa，如图 4—3—25 所示。

表 4—3—11　在压力载荷作用下支座上、下摆测点应力值（MPa）

测点 \ 压力		500 kN	1 000 kN	1 500 kN	2 000 kN	2 500 kN	3 000 kN
1	σ_θ	-0.25	0.31	6.61	9.79	11.89	15.63
	σ_r	-2.03	-3.51	-4.02	-4.21	-4.48	-5.11
2	σ_θ	-0.46	-1.88	-1.66	-1.60	-3.07	-7.07
	σ_r	-0.46	-5.43	-23.01	-30.83	-39.42	-58.39
3	σ_θ	-2.74	-7.77	-13.87	-19.30	-22.76	-27.84
	σ_r	-1.46	-4.91	-15.67	-26.25	-32.91	-51.78
4	σ_θ	-1.57	-8.03	-16.25	-28.90	-41.80	-59.18
	σ_r	-1.20	-6.65	-12.02	-23.99	-45.71	-58.67
5	σ_θ	-3.65	-10.41	-16.70	-23.50	-34.01	-47.83
	σ_r	-3.65	-10.15	-16.19	-24.01	-34.52	-56.34
6	σ_θ	-1.42	-3.81	-6.86	-10.36	-15.39	-19.71
	σ_r	-4.41	-10.76	-15.01	-23.31	-31.14	-50.83
7	σ_θ	0.10	0.25	0.61	0.86	1.12	1.70
	σ_r	-0.36	-0.25	-1.15	-1.41	-2.66	-3.22
8	σ_θ	0.41	1.42	1.62	2.33	2.89	3.71
	σ_r	-1.42	-2.69	-3.40	-3.60	-4.42	-5.84
9	σ_θ	-2.13	-6.55	-10.77	-14.73	-19.15	-24.81
	σ_r	-3.61	-7.21	-11.11	-16.26	-24.86	-31.95
11	σ_θ	-3.86	-10.11	-16.82	-23.78	-31.55	-38.23
	σ_r	-10.21	-20.06	-31.74	-43.68	-52.77	-68.66
12	σ_θ	-2.74	-5.84	-10.72	-15.95	-22.25	-30.02
	σ_r	-10.46	-21.01	-32.07	-43.24	-54.71	-65.82

续上表

测点 \ 压力		500 kN	1 000 kN	1 500 kN	2 000 kN	2 500 kN	3 000 kN
13	σ_θ	-0.61	-2.44	-4.27	-5.74	-7.77	-12.22
	σ_r	-3.15	-5.61	-13.07	-21.63	-27.38	-34.51
14	σ_θ	-0.25	-0.97	-1.32	-1.32	-1.42	-2.71
	σ_r	0.25	0.05	-0.05	-1.05	-2.41	-3.11
15	σ_x	-0.10	0.21	0.62	2.19	3.56	8.35
	σ_y	-6.36	-13.86	-17.01	-25.21	-31.13	-37.87
16	σ_x	2.24	4.53	6.67	8.24	9.98	12.14
	σ_y	-5.89	-10.47	-14.43	-19.21	-24.59	-31.73
17	σ_x	-0.31	0.50	0.85	1.24	1.87	2.43
	σ_y	-1.31	-2.76	-3.25	-4.95	-5.75	-6.47
18	σ_x	1.25	2.12	3.87	5.42	7.09	6.87
	σ_y	-0.75	-1.66	-2.67	-4.88	-6.00	-8.31
19	σ_x	0.41	0.35	0.10	-0.76	-1.73	-4.04
	σ_y	-1.42	-2.39	-2.64	-3.05	-3.10	-5.00
20	σ_x	0.17	0.39	0.68	0.97	1.24	1.58
	σ_y	-0.66	-1.06	-1.42	-1.57	-2.23	-2.76
21	σ_x	0.10	0.34	0.81	1.30	1.84	2.12
	σ_y	-0.36	-0.97	-5.13	-8.28	-12.34	-16.37
22	σ_x	-1.37	-2.74	-4.82	-6.44	-8.37	-10.19
	σ_y	-1.37	-2.74	-6.60	-10.00	-14.47	-18.96
23	σ_x	0.51	0.56	0.56	0.66	1.02	2.03
	σ_y	-0.51	-1.47	-3.76	-5.69	-7.87	-9.67
24	σ_x	0.46	0.71	0.81	1.41	1.66	2.31
	σ_y	0.46	0.56	-0.15	-0.86	-1.12	-2.02
25	σ_x	0.81	2.03	4.17	6.56	7.12	8.93
	σ_y	0.56	-2.03	-3.71	-5.64	-7.12	-9.41
26	σ_x	0.05	0.31	-0.05	0.31	-0.15	-1.38
	σ_y	-0.97	-1.22	-1.32	-1.22	-1.68	-2.44
27	σ_x	0.23	0.53	0.83	1.18	1.56	1.84
	σ_y	-0.46	-0.81	-1.01	-2.02	-2.82	-3.75
28	σ_x	0.65	1.33	1.92	2.35	3.08	3.71
	σ_y	-1.30	-2.26	-3.30	-4.58	-6.97	-8.24
29	σ_x	0.81	1.52	1.69	1.88	1.78	1.94
	σ_y	-0.56	-0.76	-0.76	-0.86	-0.51	-0.96
30	σ_θ	-11.02	-16.55	-23.04	-34.49	-40.02	-49.12
	σ_r	-3.14	-9.94	-28.12	-61.44	-81.96	-107.61
31	σ_θ	-5.64	-17.06	-27.56	-40.00	-44.25	-52.45
	σ_r	-2.59	-14.01	-26.80	-41.77	-52.13	-59.36
32	σ_x	1.58	3.36	4.28	4.48	5.56	6.93
	σ_y	-2.49	-6.56	-12.50	-18.65	-25.20	-33.21

注：拉应力为正，压应力为负

支座衬板应力值较小，如图 4—3—25、图 4—3—27 所示的 17、20、24、27、29 等测点，最大应力值 -6.47 MPa。

横向限位块应力测试试验如图 4—3—28 所示。

图 4—3—28　钢支座横向限位块应力测试设施

在不同分级（100 kN/级）推力及相应不同分级（500 kN/级）垂直载荷作用下，支座横向限位块应力值见表 4—3—12，施加的最大垂直载荷为 3 000 kN。测试结果显示最大压应力值为 -38.37 MPa，在横向限位块与螺栓挤压处附近位置。支座横向限位块 36 ~ 41 测点拉应力值均在 100 MPa 左右，其中最大拉应力值为 107.68 MPa。

表 4—3—12　在不同分级（100 kN/级）推力及相应不同分级（500 kN/级）垂直载荷作用下支座横向限位块应力值（MPa）

测点	推力（垂直载荷）	100 kN（500 kN）	200 kN（1 000 kN）	300 kN（1 500 kN）	400 kN（2 000 kN）	500 kN（2 500 kN）	600 kN（3 000 kN）	700 kN（3 000 kN）
33	σ_x	0.77	1.43	2.31	3.32	4.25	5.01	6.69
	σ_y	-8.06	-14.49	-19.10	-22.52	-18.09	-19.54	-22.70
34	σ_x	2.02	4.02	6.23	8.34	11.35	15.24	19.44
	σ_y	-3.13	-6.02	-9.25	-15.37	-24.70	-30.80	-38.37
35	σ_x	1.35	1.47	1.87	2.39	3.80	4.86	5.69
	σ_y	-1.69	-9.28	-12.22	-17.75	-19.99	-26.49	-30.96
36	σ_x	10.16	29.36	33.29	42.53	74.77	92.28	107.68
	σ_y	0.50	-0.12	-0.09	-0.51	-0.46	-0.92	-1.27
37	σ_x	19.20	42.74	48.77	59.23	75.86	88.43	104.17
	σ_y	0.90	-1.32	-1.56	-3.81	-7.34	-9.86	-12.50
38	σ_x	27.60	56.29	65.02	79.11	84.26	88.26	103.97
	σ_y	-0.19	-2.69	-1.07	-3.58	-5.38	-12.73	-15.86
39	σ_x	5.55	28.41	30.11	42.53	69.83	87.64	103.25
	σ_y	-0.38	-0.39	-0.57	-0.51	0.52	0.37	0.53

续上表

测点 \ 推力（垂直载荷）		100 kN (500 kN)	200 kN (1 000 kN)	300 kN (1 500 kN)	400 kN (2 000 kN)	500 kN (2 500 kN)	600 kN (3 000 kN)	700 kN (3 000 kN)
40	σ_x	9.89	32.04	36.47	47.28	61.03	74.00	86.54
	σ_y	-0.45	-2.19	-2.67	-5.25	-10.48	-13.10	-15.38
41	σ_x	15.00	37.08	45.07	59.09	65.05	73.35	85.78
	σ_y	-0.08	-0.54	-0.20	1.82	2.86	-0.87	-1.08

注：拉应力为正，压应力为负

比较有限元计算与试验测试的应力结果，两者基本符合良好。在垂直载荷 3 000 kN 作用下铰轴周围部分测点应力值有限元与电测试验结果比较见表 4—3—13。而在垂直载荷 3 000 kN 作用下支座部分测点应力值有限元与电测试验结果比较见表 4—3—14。

表 4—3—13　3 000 kN 载荷下铰轴周围部分测点应力值有限元与电测试验结果比较（MPa）

	测点 2	测点 6	有限元	测点 4	测点 31	有限元
σ_r	-58.39	-50.83	-50.3	-58.67	-59.36	-47.24
	测点 9	测点 13	有限元	测点 11	测点 30	有限元
σ_r	-31.95	-34.51	-32.1	-68.66	-107.61	-52.4
	测点 15	测点 32	有限元			
σ_y	-37.87	-33.21	-27.8			

注：拉应力为正，压应力为负。

表 4—3—14　3 000 kN 载荷下支座部分测点应力值有限元与电测试验结果比较（MPa）

	测点 18	测点 25	有限元	测点 21	有限元	测点 22	有限元
σ_y	-8.31	-9.41	-13.07	-16.37	-11.45	-18.96	-12.59

注：拉应力为正，压应力为负

二、模型有限元分析

（一）上、下摆及铰轴的有限元分析

铰轴滑板钢支座的结构如图 4—3—2 ~ 4—3—6 所示。计算坐标系和有限元网格划分如图4—3—29 所示，支座材料的机械性能见表 4—3—15。

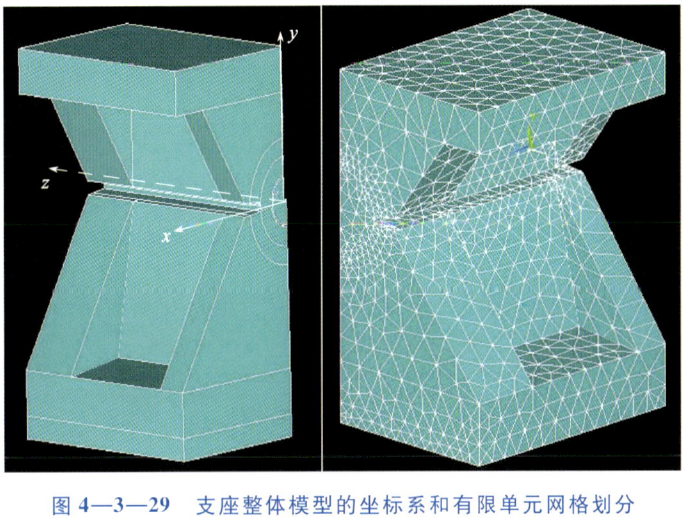

图 4—3—29　支座整体模型的坐标系和有限单元网格划分

表 4—3—15　材料机械性能

材　　料	E（MPa）	μ
钢	210 000	0.3
聚四氟乙烯板	1 400	0.4

由于上、下摆与铰轴分别有两个柱型接触面。假设上、下摆与铰轴接触压力按正弦 $q(\varphi)=p\sin\varphi$ 分布，如图 4—3—30 所示，其中，φ 为柱型接触面一点与轴心连线和 x 轴的夹角，$q(\varphi)$ 为该点的接触压力，p 为铅垂 y 方向的最大接触压力，p 可由分布接触压力在 y 方向合力等于总的 y 向载荷 F_y 来确定，即

$$F_y = \int_S q(\varphi)\sin\varphi \mathrm{d}s = L\int_\alpha^{\frac{\pi}{2}} p\sin^2\varphi \mathrm{d}\varphi$$

在总承载力为 300 t（3 000 kN）时进行计算，$q(\varphi)=73.49\sin\varphi$ MPa。

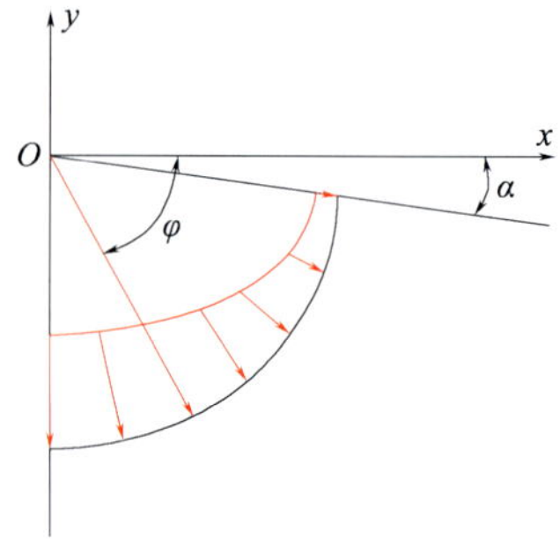

图 4—3—30　接触压力分布

1. 下摆有限元计算结果

计算采用 SOLID45 三维等参单元，单元总数为 42 978，节点总数为 9 175（30 mm 衬板的有限元模型的单元总数为 44 190，节点总数为 9 882）。根据下摆几何形状和载荷的对称性，计算时取下摆的 1/4 部分进行计算，有限单元网格划分如图 4—3—29 所示。

计算边界条件为

$$x=0 \qquad u(0,y,z)=0$$

$$z=0 \qquad w(x,y,0)=0$$

$$y=-263 \qquad v(x,-263,z)=0$$

$$\text{接触面力} \qquad q(50,\varphi,z)=73.49\sin\varphi\text{MPa} \qquad \varphi\in\{\alpha,90^\circ\}$$

下摆竖向位移 U_y 分布如图 4—3—31 所示，下摆的 σ_y 和主应力 σ_1、σ_3 的分布如图 4—3—32、4—3—33、4—3—34 所示。

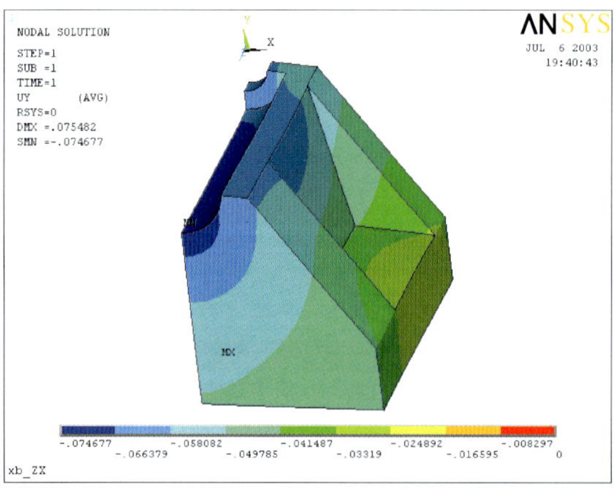

图 4—3—31　下摆竖向位移 U_y 分布

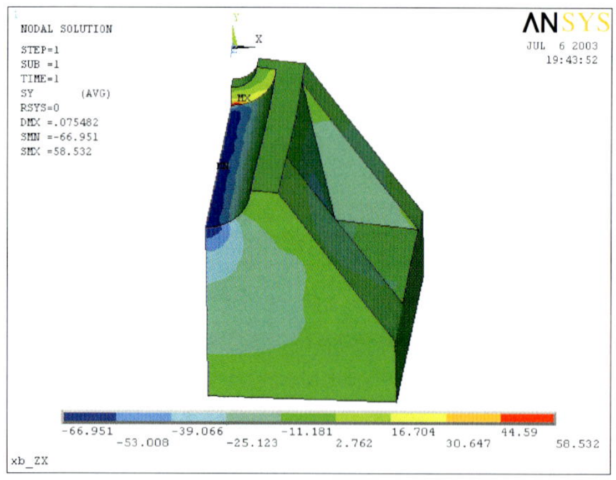

图 4—3—32　下摆的 σ_y 分布

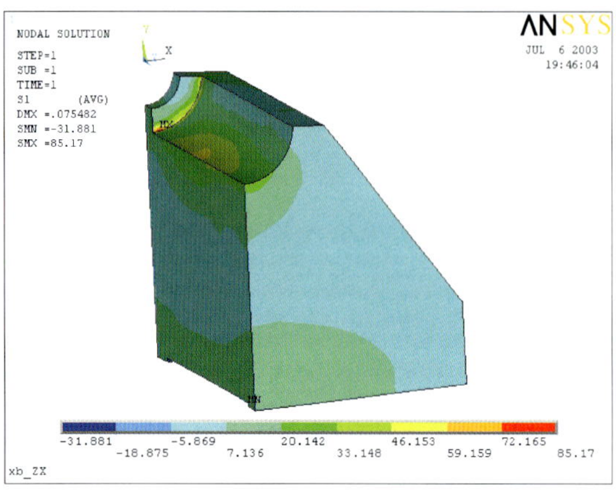

图 4—3—33　下摆的主应力 σ_1 分布

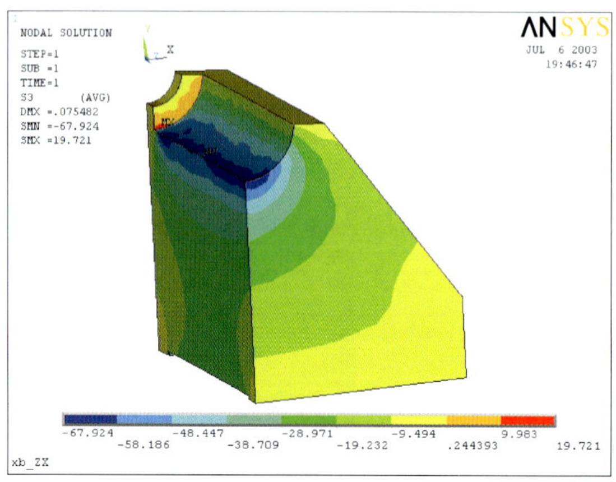

图 4—3—34　下摆的主应力 σ_3 分布

由图 4—3—31 看出，下摆最大竖向位移 $U_y = -0.0747$ mm，位于下摆铰轴瓦的中部。

2. 下衬板 N4 有限元计算结果

下衬板的下方镶嵌聚四氟乙烯板，周边悬空，受力时整个衬板发生微弯曲，周边应力较小。衬板（25 mm）的竖向应力 σ_y 分布如图 4—3—35 所示，衬板（30 mm）的竖向应力 σ_y 分布如图 4—3—36 所示。

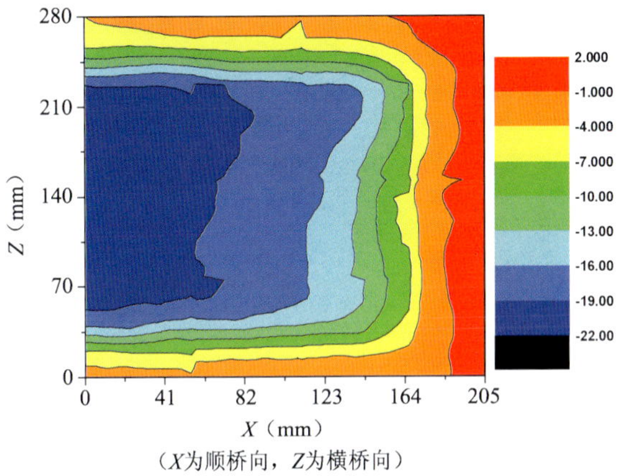

图 4—3—35　1/4 衬板（25 mm）的竖向应力 σ_y 分布

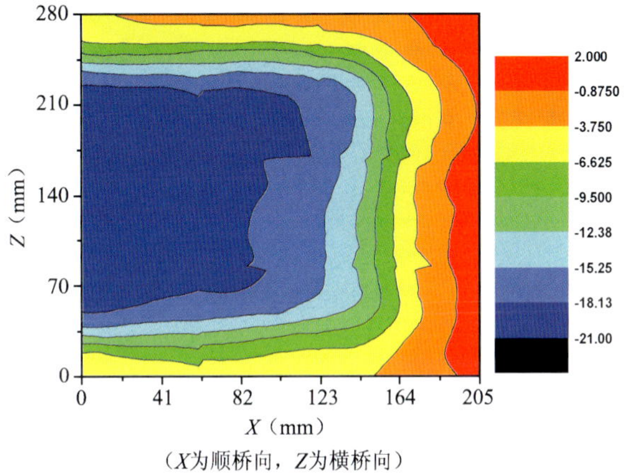

图 4—3—36　1/4 衬板（30 mm）的竖向应力 σ_y 分布

3. 聚四氟乙烯板接触压力有限元计算结果

25 mm 厚衬板下聚四氟乙烯板压力分布如图 4—3—37 所示，30 mm 厚衬板下聚四氟乙烯板压力分布如图 4—3—38 所示。在板中间的衬板凹槽附近有最大压应力。

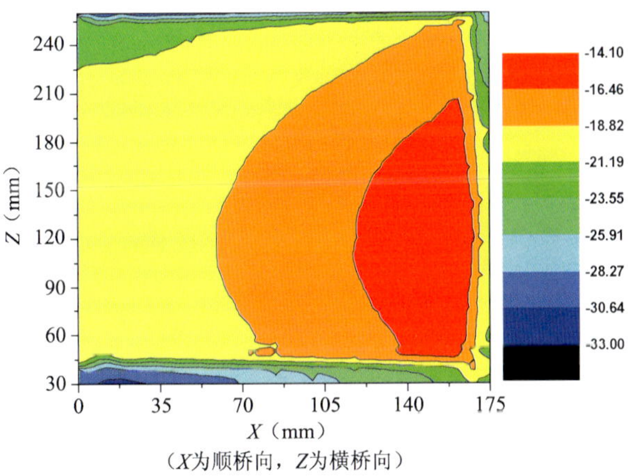

图 4—3—37　1/4 衬板（25 mm）下聚四氟乙烯板压力分布

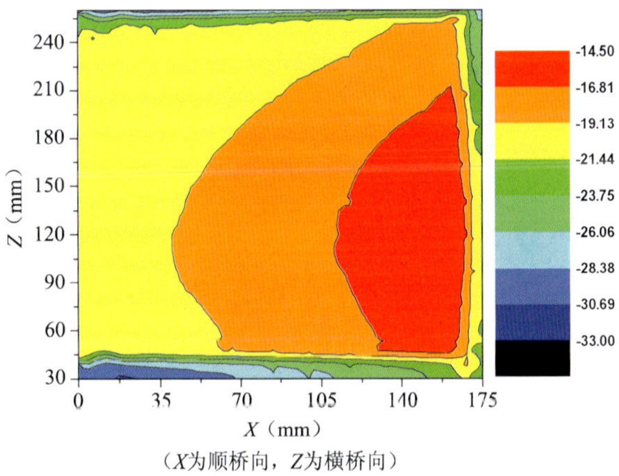

图 4—3—38　1/4 衬板（30 mm）下聚四氟乙烯板压力分布

衬板厚度的影响：由图 4—3—35 ~ 图 4—3—38 可以看出，对于厚度为 25 mm 和 30 mm 的衬板而言，接触应力相差不大。

4. 上摆有限元计算结果

计算采用 SOLID45 三维等参单元，单元总数为 14 869，节点总数为 3 247。根据上摆的对称性，计算时取上摆的 1/4 部分进行计算，有限单元网格划分如图 4—3—29 所示。

计算边界条件为

$$x = 0 \qquad u(0, y, z) = 0$$

$$z = 0 \qquad w(x, y, 0) = 0$$

$$y = 170 \qquad v(x, 170, z) = 0$$

$$\text{接触面力} \qquad q(50, \varphi, z) = 73.49\sin\varphi \text{MPa} \qquad \varphi \in \{\alpha, 90^\circ\}$$

上摆竖向位移 U_y 分布如图 4—3—39 所示，上摆的 σ_y 和主应力 σ_1、σ_3 的分布图分别见图 4—3—40、4—3—41、4—3—42 所示。

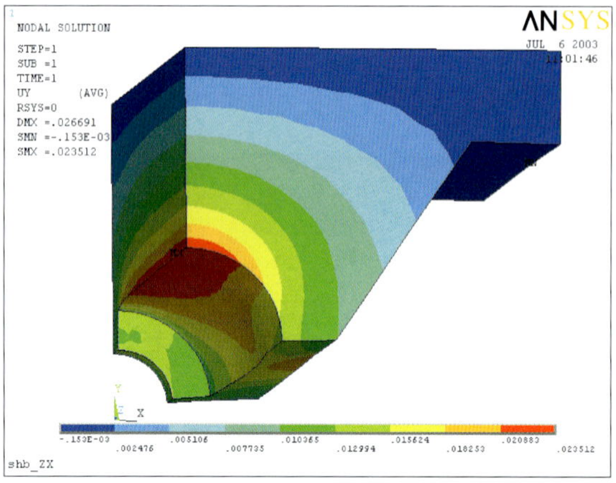

图 4—3—39　上摆竖向位移 U_y 分布

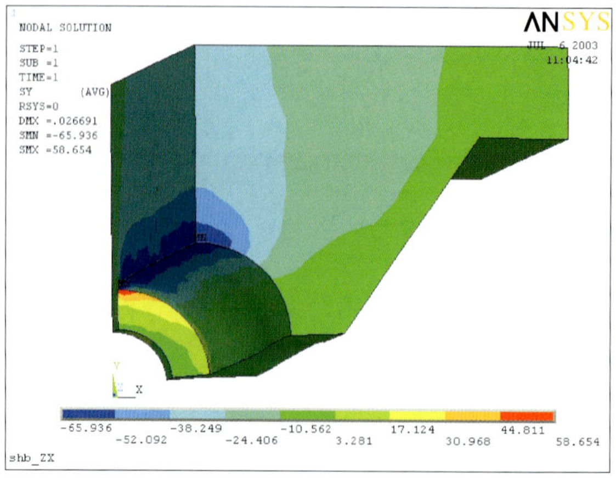

图 4—3—40　上摆的 σ_y

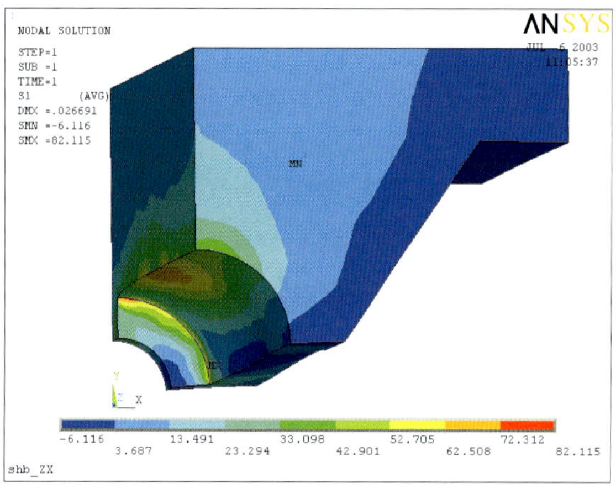

图 4—3—41　上摆主应力 σ_1 分布

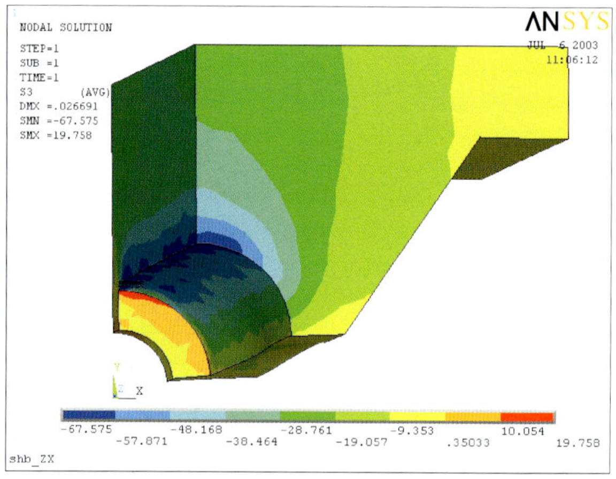

图 4—3—42　上摆身主应力 σ_3 分布

5. 铰轴有限元计算结果

铰轴计算亦采用 SLID45 三维等参单元，单元总数为 30 198，节点总数为 6 696。根据铰轴的对称性，计算时取铰轴的 1/4 部分进行计算，有限单元网格划分如图 4—3—43 所示。

计算边界条件为

$x=0 \qquad u(0,y,z)=0$

$z=0 \qquad w(x,y,0)=0$

接触面力　$q(50,\varphi,z)=73.49\sin\varphi \text{MPa} \qquad \varphi\in\{\alpha,90°\}$ 和 $\varphi\in\{-\alpha,-90°\}$

铰轴的 σ_y 和主应力 σ_1、σ_3 分布如图 4—3—44、4—3—45、4—3—46 所示，最大应力 σ_y，位于铰轴缩颈处根部，约为 −100 MPa。

（二）横向挡块在侧向载荷作用下的接触有限元计算

根据座板与横向挡块整体受力情况，由对称性，计算 1/4 部分。有限元模型、计算坐标系和有限单元网格划分如图 4—3—47 所示。计算采用 SOLID45 三维等参单元，单元总数为 128 219，节点总数为 23 476。

考虑摩擦力，计算边界条件为

$x=0 \qquad u(0,y,z)=0$

$z=0 \qquad w(x,y,0)=0$

$y=-316 \qquad v(x,-316,z)=0$

$$z=280 \qquad p(x,y,280)=\frac{(70-0.05\times300)\times10^4}{2\times(30\times185)}=49.5\ \text{MPa}$$

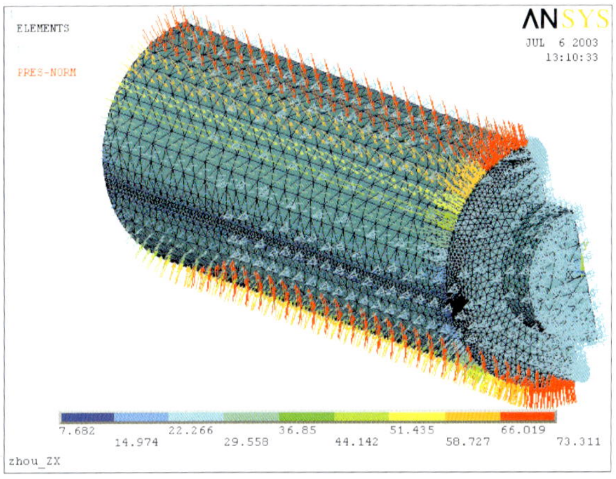

图 4—3—43　铰轴有限单元网格

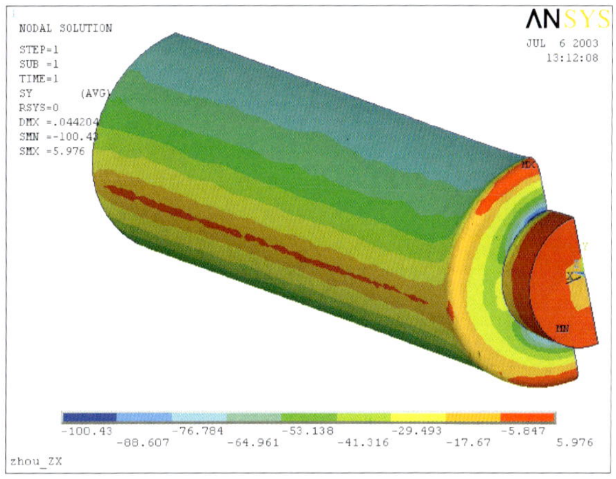

图 4—3—44　铰轴的 σ_y 分布

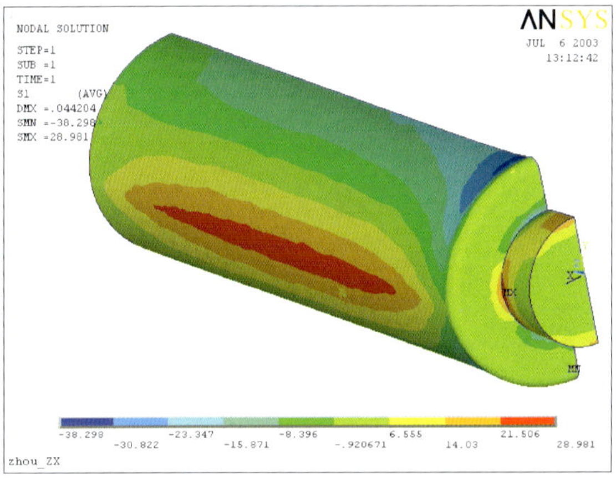

图 4—3—45　铰轴的主应力 σ_1 分布

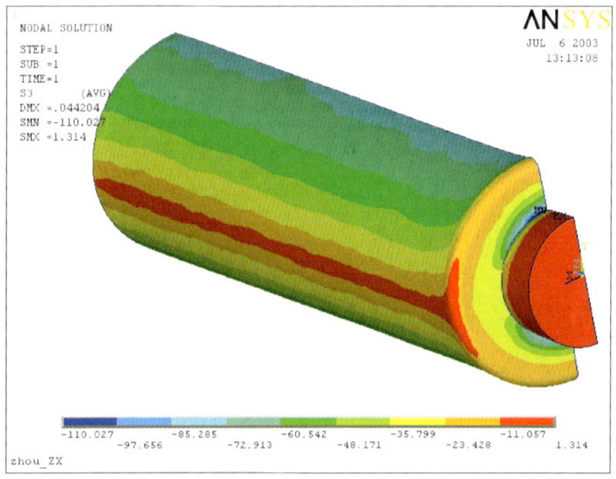

图 4—3—46　铰轴的主应力 σ_3 分布

计算时认为螺栓与座板固结，螺栓、座板与横向挡块按设计装配，但螺栓无预紧力。将螺栓与横向挡块的接触面和座板与横向挡块的接触面共 9 个面，划分接触有限元单元 8 685 个，如图 4—3—48 所示。

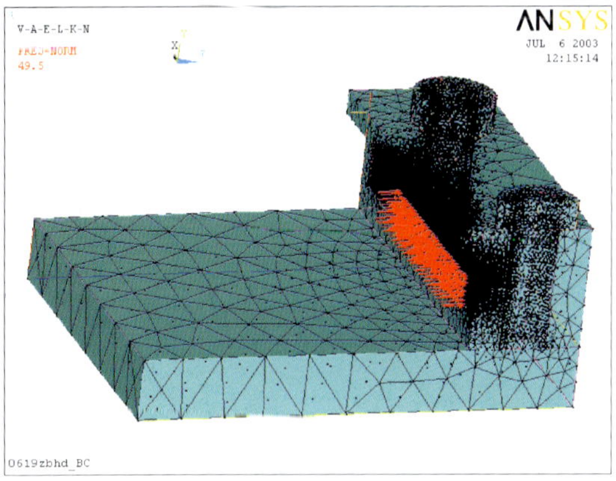

图 4—3—47　座板与横向挡块有限元模型网格划分

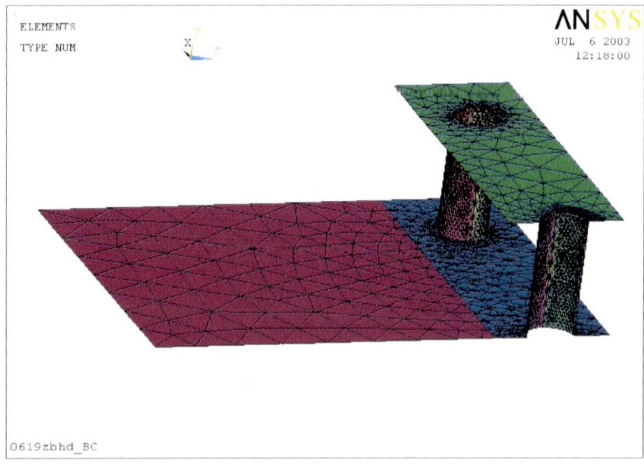

图 4—3　48　螺栓、座板与横向挡块接触有限单元网格划分

横向挡块受侧向载荷作用的有限元计算结果：

横向挡块和螺栓位移 U_z 如图 4—3—49 所示。横向挡块和螺栓的剪应力 τ_{yz} 分布如图 4—3—50 所示，螺栓的剪应力 τ_{yz} 分布如图 4—3—51 所示。

绝大部分区域的剪应力 τ_{yz} 都不超出规范要求，仅在局部点产生应力集中，如把横向限位块及座板的螺栓孔端作成喇叭口，则有利于减小应力集中。

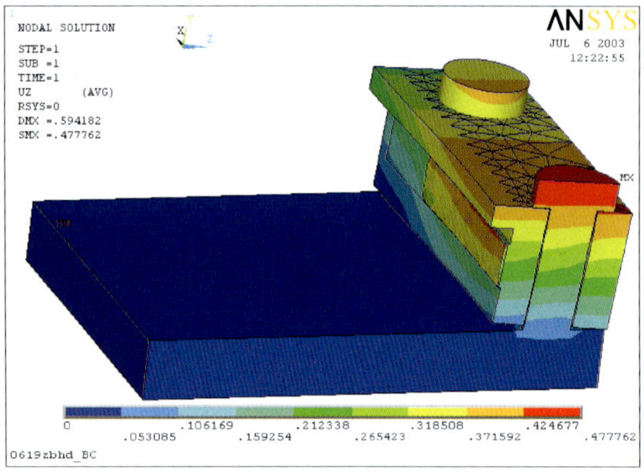

图 4—3—49　整体位移 U_z

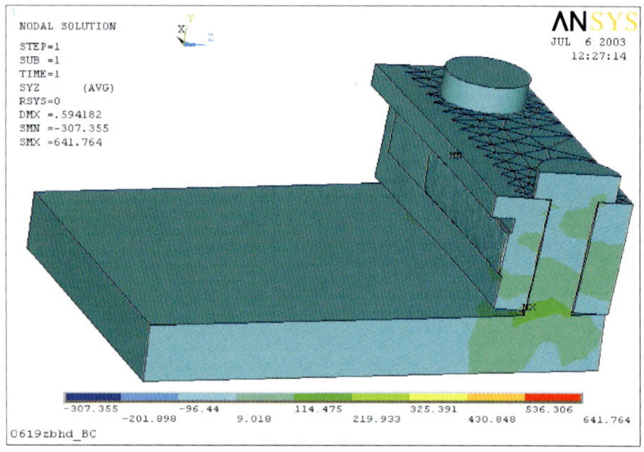

图 4—3—50　横向挡块和整体剪应力 τ_{yz} 分布

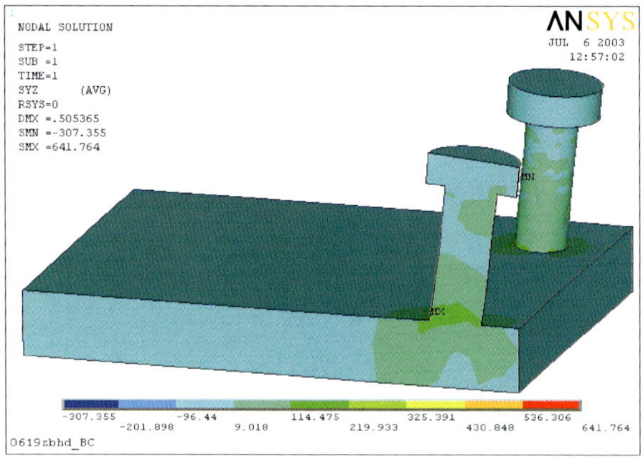

图 4—3—51　螺栓的剪应力 τ_{yz} 分布

三、结　　论

根据以上实测和计算分析，得出以下结论：

（1）铰轴滑板钢支座的滑动性能测试表明：铰轴滑板钢支座的聚四氟乙烯板和不锈钢板间摩擦系数随垂直载荷的加大而减小，当垂直载荷为 3 000 kN 时，滑动摩擦系数趋近于 0.03，满足不大于 0.05 的设计要求。

（2）铰轴滑板钢支座的转动性能测试表明：施加转动力矩的推力随着垂直载荷的增大而增大，在垂直载荷为 2 000 kN 之前几乎成线性增大，在 2 000 kN 后变化减小。转动力矩在压力小于 2 000 kN 时，增长较快，在压力大于 2 000 kN 后，变化很小；铰轴与上下摆的转动摩擦系数随垂直载荷的加大而减小，当垂直载荷为 3 000 kN 时，转动摩擦系数趋近于 0.048。

（3）对于厚度为 25 mm 和 30 mm 衬板而言，聚四氟乙烯板与不锈钢板间接触压力的有限元计算结果表明：绝大部分区域的接触应力在 15 ~ 23 MPa 之间，两者接触压力分布相差不大。从两种厚度衬板的聚四氟乙烯板的接触压力测试结果可知，两者的接触压力分布规律一致，接触压力数值相差不多。但应指出，钢支座在机械制造过程中，聚四氟乙烯板与不锈钢板之间的接触面不平整会引起压力不均匀。因此，要求在制造钢支座时要保证接触面的平整度和平行度。

（4）铰轴凹槽与轴瓦凸台的根部有应力集中，故采取过渡圆角或加工过渡凹弧的措施。

（5）在水平推力及垂直载荷作用下，支座横向限位块应力测试值最大压应力为 －38.37 MPa，最大拉应力值为 107.68 MPa，不超出规范要求；有限元计算结果表明，横向限位块螺栓在水平荷载作用下，绝大部分区域的剪应力都不超出规范要求，仅在局部点产生应力集中，故把横向限位块及座板的螺栓孔端作成喇叭口，则有利于减小应力集中。

（6）有限元分析及试验测试表明，上、下摆的应力值均小于容许应力，满足设计要求。

第五章 施 工

第一节 工 程 特 点

拉萨河大桥是青藏铁路线上一座标志性桥梁工程，桥全长 940.85 m。主桥采用（36 + 72 + 108 + 72 + 36)m 预应力混凝土连续梁钢管混凝土拱组合结构体系，引桥采用 3 × 32.7 m 为一联的预应力混凝土连续箱梁，全桥从格尔木至拉萨方向孔跨布置依次为：5-3 × 32.7 m + (36 + 72 + 108 + 72 + 36)m + 1-3 × 32.7 m。主桥桥墩采用牦牛腿式的变截面双圆柱墩，双柱间采用等厚板相连。基础除拉萨侧桥台采用明挖基础外，其余墩台均采用 ϕ1.25 m 的钻孔灌注桩。

拉萨河大桥主桥立面布置图如图 5—1—1 所示。

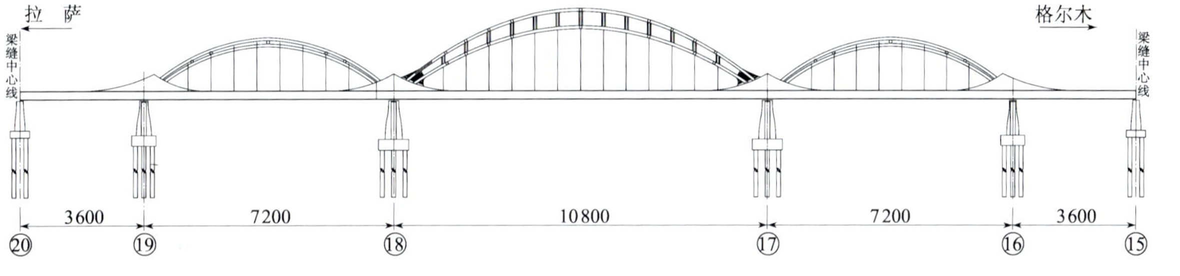

图 5—1—1 主桥立面布置（单位：cm）

主桥上部结构采用五孔预应力连续梁三孔钢管拱组合而成的结构体系。其主梁全长 324 m，采用预应力混凝土双主纵梁实体截面形式，拱肋下的主纵梁采用矩形截面，梁底宽 1.2 m，主纵梁梁底等高，梁顶由跨中向支点按圆曲线变化，跨中梁高 2.4 m，高跨比 1/45，中支点梁高 7.17 m，高跨比 1/15.1。

两主纵梁之间设有横梁，中支点、次中支点横梁及端横梁采用钢筋混凝土结构，其余横梁采用预应力混凝土结构。各横梁间在横桥向对称桥面板中心线 1.0 m 处各设 1 道小纵梁，沿桥轴向共设 2 道连续小纵梁。主纵梁、小纵梁、横梁组成纵横梁体系，并与桥面板连接，整体受力。

梁部采用 C50 混凝土。主梁预应力采用 1 860 MPa 的高强低松弛钢绞线，预应力钢束采用 19-7ϕ5，每束张拉力 3 612 kN。横梁按部分预应力混凝土结构设计，采用 2 束 5-7ϕ5 和 2 束 4-7ϕ5 钢绞线，其张拉力分别为 950 kN 和 760 kN。桥面板钢束采用 7-7ϕ5，每束张拉力为 1 331 kN。钢管拱拱脚段与主纵梁整体浇注，吊杆下锚箱及张拉导向管与主纵梁整体浇注。

主桥中间 3 孔布置钢管混凝土拱，中孔拱肋采用双层钢管混凝土叠拱，钢管管径 ϕ900 mm，上下拱间采用 200 mm × 350 mm 圆端形钢管连接，中孔上拱设 1 道一字形横撑和 4 道 K 形横撑，下拱设 3 道一字形横撑和 2 道 K 形横撑。边拱横截面采用哑铃形，钢管管径 ϕ900 mm，腹板宽度 450 mm。两片拱横桥向中心距为 7.2 m。全桥共设 29 对吊杆，中孔吊杆连于下拱肋，吊杆和拱肋及主梁的连接采用特殊设计的吊杆锚箱。

主拱和边拱结构断面如图 5—1—2 和图 5—1—3 所示。

拉萨河是雅鲁藏布江的一条支流，河床地形变化较大，沟坎相间，水深浅不一，岔流众多，主流摆动。受大洋气候的影响，气候湿润，变化无常。气温、气压较低，春秋季节短暂。年工作日为 7 个半月，即从 4 月初开始到 11 月中旬为工作日，冬季为休养日。

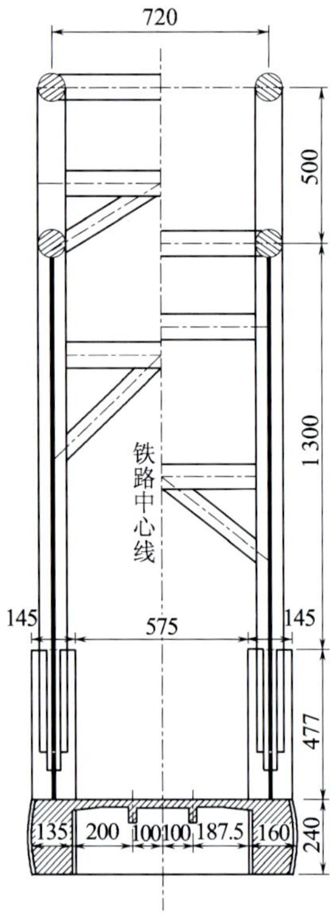

图 5—1—2　主孔拱肋断面图（单位 cm）

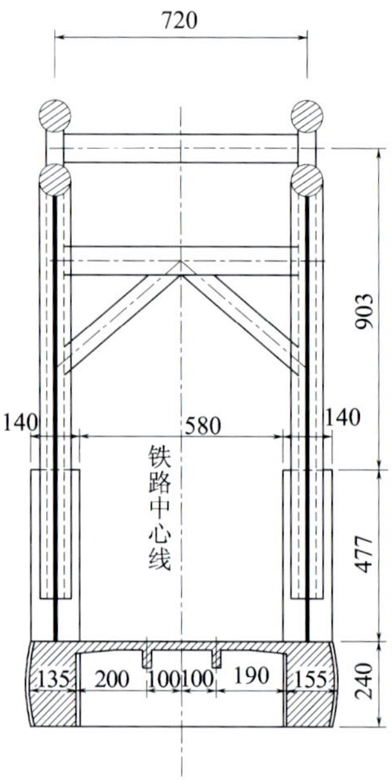

图 5—1—3　边孔拱肋断（单位 cm）

拉萨河大桥施工存在如下难点：

（1）该工程虽属非年多冻土地区，但有高原严寒、缺氧等恶劣自然环境施工的特点，气候及自然条件差，给机械设备和施工人员的生产生活带来诸多困难；

（2）青藏高原生态环境极其脆弱，特别是草原、绿地，一旦破坏，将难以恢复，因此施工中尽可能的少占土地，并减少施工垃圾对周围环境的影响；

（3）拉萨河大桥主桥五跨连续梁三孔钢管混凝土拱组合体系，工程量大，工期紧，结构新颖，技术含量高。

第二节　总体施工方案

梁拱组合体系具有较高的承载能力，在铁路桥梁设计中，预应力混凝土梁结构自重所占比例较高，可充分利用梁拱组合体系承载能力高的结构特点，使连续梁系杆的自重、桥面二期恒载及活载等全部荷载均由组合体系承受，以柔美、轻盈的拱桥代替粗壮、厚重的大跨度连续梁。连续梁系杆采用满布支架施工，由于拉萨河大桥桥址处河床表面平坦，且地质条件良好，承载力高，因此，临时支架的基础沉降量小，费用较为节省。钢管拱的架设可以在形成刚性系杆的连续梁上进行，拱的推力由连续梁系杆承受，使钢管拱的架设安全可靠、简便易行，拱的线形也比较容易控制。由此确定了拉萨河大桥主桥的施工顺序为先梁后拱，梁拱共同作用后再拆除主梁支架。

鉴于该工程地属高原地区，受人力、物力缺乏等条件的制约，施工时尽可能地减少大型临时设施，因此主桥混凝土主梁采用稀桩布置的满布支架分段浇注，而梁上重要构件钢管拱的制造和安装采用在专业结构厂分节制造，运至现场组拼成段，由组拼场内的吊机将拱肋吊至梁面的运输台车上，台车运行至待架处，然后由栈桥上的 20 t 龙门吊机将拱肋分段吊装组焊成型，最后拆除拱肋支架，裸拱受力，安装吊杆并分次张拉从而实现结构体系的依次转换。

栈桥主梁和龙门吊机均由专有的万能杆件拼装而成，如图 5—2—1 和图 5—2—2 所示。首先沿桥梁中心线修建一座双栈桥（图 5—2—3），桥两端连接两岸筑岛以作为水上施工转化为陆地施工的一条专用通道，栈桥主桁断面采用 2 m×2 m 单元，龙门吊机拼装在两个主桁外侧节点上。龙门吊机净宽 22 m，净高 20 m，额定起重量 20 t，先期吊机用作水上墩基础及下部结构施工的起吊设备，待主梁浇筑完成后将此龙门吊机接高至 36 m（距梁面高度不小于 35 m 以满足拱肋吊高的要求），局部杆件补强，并配制专用吊装扁担分侧分节段吊装拱肋。

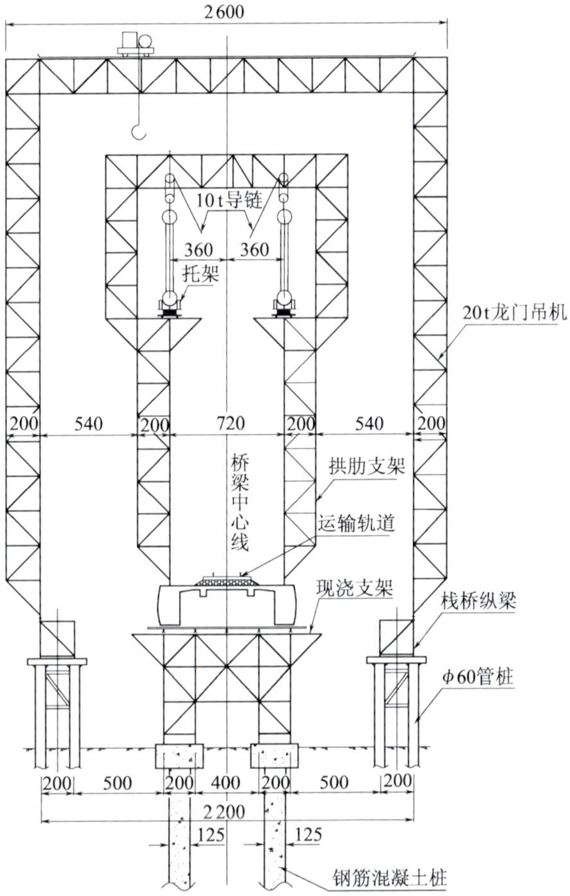

图 5—2—1　双栈桥断面和龙门吊机图（单位 cm）

图 5—2—2　龙门吊机

图 5—2—3　施工栈桥

栈桥基础采用灌注桩＋承台，避免不均匀的沉降对主梁混凝土施工产生影响。拉萨河在洪水季节冲刷深度达 8 m 左右，流速在 5～6 m/s，为克服这些不利因素，临时墩桩基桩长设为 15～20 m，桩径为1.25 m，承台顶面低于河床面 1 m。

栈桥基础采用双排 4 根 ϕ600 mm×8 mm 的钢管桩，管桩纵横向间距均为 2 m，墩跨 16 m，单桩容

许承载力按 $P=1/k(U\sum f_iL_i+f_pA_0)$ 计算（这里 $k=1.5$，其他参数见《铁路桥梁地基和基础设计规范》）。由于土层内多为卵石土，桩周极限摩阻力较大，此时管桩承载效用显著，是一个性价比较高的结构模式。但由于主流摆动对基础冲刷的影响，需定期在桩周抛填片石防护以确保桩基入土深度的要求。管桩待主桥上部结构完成后用振动锤拔出，场内环境能很快且较容易地恢复到原来状态，达到保护高原生态环境的目的。

主梁支架基础采用稀桩布置，支架主桁及立柱采用万能杆件拼装，支架宽 12 m，桁高 2 m，下接立柱为 1 个万能杆件单元，如图 5—2—4 所示。

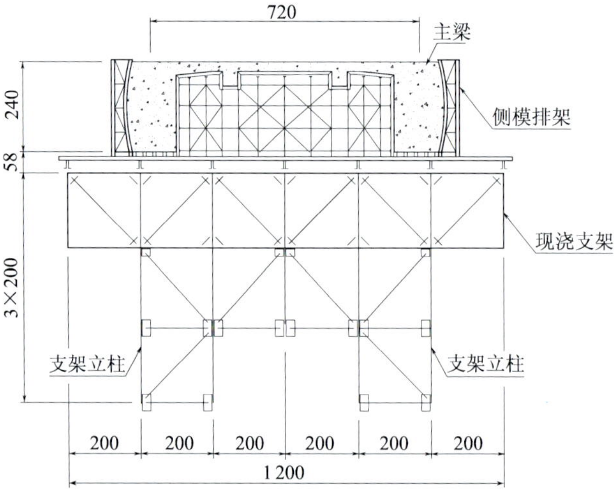

图 5—2—4　现浇支架断面图（单位 cm）

支架杆件的配制按荷载杠杆原理计算，另外计入不均匀系数及施工荷载。从计算分析可知，主纵梁下桁片为控制截面单元，由于此桁片支点处的杆件和节点板内力超限不能满足设计要求，所以采用了新制节点板和杆件局部加孔的方法巧妙地解决了这一难题。支架临时墩基础采用与桥墩桩基相同的 ϕ1.25 m 钻孔灌注桩，桩长 15 m，单桩承载力按 3 300 kN 计。采用此孔径桩基的目的，其一是有效利用已有钻机钻具并能与主桥桩基同步施工形成流水作业，不需另外投入机械设备；其二为单桩承载力大，可减少支承桩数量。为了使支架立柱直接支承在桩顶，须在 ϕ1.25 m 的桩顶上设置一个 3 m×3 m 的承台，承台顶设预埋件与立柱栓接，这样主梁混凝土的自重就能通过节点将荷载传给杆件，再由杆件分级传递给桩基承受。

第三节　混凝土连续梁施工

一、主桥混凝土分段施工

主桥混凝土分 21 个现浇块，6 个合龙段，先施工现浇块，在预应力张拉允许的前提下现浇块可随机施工，合龙段则依次从主跨向次主跨、边跨施工。施工布置如图 5—3—1、图 5—3—2 所示。

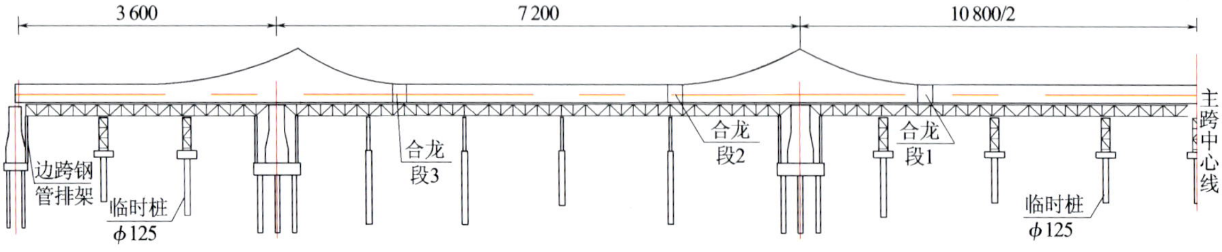

图 5—3—1　1/2 主桥现浇支架布置（单位：cm）

图 5—3—2　主桥现浇混凝土分段施工

二、连续梁立模标高

主跨主梁、次主跨主梁、边跨主梁模板标高考虑施工结构的弹性位移预拱的同时，边跨、次主跨主梁恒、活载位移均较小，可不设置预拱度，主跨主梁必须考虑主梁恒载、预应力、收缩徐变产生的位移值以及 1/2 静活载预拱度值。1/2 主跨节点划分如图 5—3—3 所示，各节点立模标高见表 5—3—1。

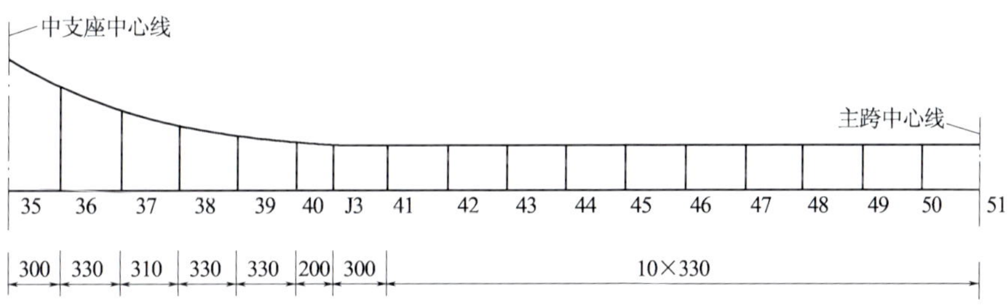

图 5—3—3　1/2 土跨节点划分示意（单位：cm）

表 5—3—1　主跨主梁立模高程参数

节点号	主梁梁高（cm）	主梁恒载、预应力、收缩、徐变产生的位移值（cm）	主梁 1/2 静活载预拱度值（cm）	主梁梁顶立模高程（m）
36	565.9	-0.06	0.11	3 643.951
37	434.6	-0.16	0.22	3 642.640
38	343.8	-0.27	0.32	3 641.734
39	279.1	-0.43	0.41	3 641.089
40	245.5	-0.65	0.50	3 640.756
J3	240.0	-0.82	0.55	3 640.704
41	240.0	-1.07	0.63	3 640.707
42	240.0	-1.37	0.70	3 640.711
43	240.0	-1.68	0.76	3 640.714
44	240.0	-1.99	0.82	3 640.718
45	240.0	-2.28	0.87	3 640.721
46	240.0	-2.54	0.91	3 640.724
47	240.0	-2.80	0.94	3 640.727

续上表

节点号	主梁梁高（cm）	主梁恒载、预应力、收缩、徐变产生的位移值（cm）	主梁 1/2 静活载预拱度值（cm）	主梁梁顶立模高程（m）
48	240.0	-3.05	0.97	3 640.730
49	240.0	-3.27	0.99	3 640.733
50	240.0	-3.41	1.00	3 640.734
51	240.0	-3.46	1.00	3 640.735

注：主梁梁底设计高程为 3 638.29 m

三、连续梁混凝土施工

连续梁混凝土浇注采用泵送混凝土、水平分层、纵向整体推进进行，分层厚度 30 cm，混凝土摊铺角度为 1:5。混凝土下落高度不超过 2 m。混凝土入模后及时振捣，采用插入式振捣器振捣，振捣时间适当，不欠振、过振、漏振，振捣到混凝土不下沉、不冒泡为止，且不能出现泌水现象。特别注意振动棒离模板净距在 8 cm 以外，注意锚固区、预埋件位置混凝土的密实。

主梁及主梁合龙段混凝土配合比及强度见表 5—3—2 和表 5—3—3。

表 5—3—2　主梁混凝土配合比及强度

配合比编号	混凝土中材料用量（kg/m^3）					水灰比	7 d 抗压强度（MPa）
	水泥	水	砂	碎石	外加剂 YNB-4		
1	483	164	669	1 136	4.347	0.34	58.3

表 5—3—3　主梁合龙段混凝土配合比及强度

配合比编号	混凝土中材料用量（kg/m^3）						7 d 抗压强度（MPa）
	水泥	膨胀剂 CAS	水	砂	碎石	外加剂 YNB-4	
2	480	58.7	166	650	1 155	4.401	53.1

四、拱脚段混凝土和预埋件施工

拱脚部分主梁梁高 7.17 m，如果按原设计采用全断面一次浇筑，有两个问题难以解决：一是断面过高，钢筋密集，加之波纹管及预埋拱肋的影响，视线不通，混凝土振捣质量无法保证；二是预埋拱肋的位置不好控制，因为混凝土灌注是一个逐步加载的过程，拱脚定位架会发生变化，同时悬空固定预埋拱肋需不少钢结构支撑。所以为了保证拱脚部分 7.17 m 高混凝土的灌筑质量，同时也为了保证拱肋第 1 节的精确定位，将拱脚分两层灌注，第 1 层浇筑 2.4 m，第 2 层浇筑 4.77 m。

拱脚段在连续梁施工时埋设。影响拱脚段埋设精度的因素有：连续梁的收缩与徐变；连续梁的预应力张拉；定位架的刚度等。事先计算连续梁的收缩与徐变和预应力张拉对拱脚预埋段的转角的影响值，经换算到节点高程，须预抬 5 mm。先在第 1 次现浇混凝土内埋设的劲性骨架用来钢管拱肋拱脚预埋段的定位。

拱脚定位如图 5—3—4 所示，拱脚混凝土施工如图 5—3—5 所示。

施工方法如下：

（1）立模两次到位，钢筋（含预应力筋）除 G3、G5（架立钢筋）不绑扎外，其余均按设计和规范要求绑扎；

（2）布置劲性骨架，立柱和定位槽钢均采用［$_{16}$，其余联结系采用∠$_{75\times75\times6}$，骨架预埋时，定位槽钢点焊联结；

（3）浇筑第 1 层 2.4 m 混凝土；

（4）按施工规范要求处理施工缝；

图 5—3—4　拱脚定位

图 5—3—5　拱脚混凝土施工

（5）由测量工精确测定定位槽钢的位置，将底节拱肋固定在劲性骨架内，并焊接牢固；

（6）绑扎其余钢筋，并浇注第 2 层混凝土（含第 1 段拱肋内混凝土）。

第四节　钢管拱焊接

一、焊接形式

（一）拱　　肋

边拱拱肋为哑铃形钢管拱，每个拱肋由 2 根直径 900 mm、壁厚 14 mm 的钢管分别组成其上下弦管，上下弦管间用腹板连接，腹板厚 14 mm。腹板与弦管连接为坡口焊，锚箱两侧各 1 m 范围内为全熔透焊，其他位置为部分熔透焊，焊缝有效厚度为 12 mm。

中拱拱肋为叠拱，其上下拱为单管拱，钢管直径 900 mm。上下拱间由腹杆连接，腹杆为圆端形钢管，壁厚 16 mm。圆端形钢管与上下拱主管相贯连接，坡口全熔透焊接。

（二）横向联结系

横向联结系中的一字撑，用 1 根直径 800 mm、壁厚 20 mm 的钢管制成。K 字撑的主管与一字撑相同，两斜管直径 600 mm、壁厚 20 mm。K 字撑中，斜撑管与主管的连接为管管相贯连接，焊缝为单面坡口双面焊，全熔透。拱肋上设有横向联结系的接头体，该接头体与横向联结系为管管对接，与拱肋连接，在中拱上为管管相贯，在边拱上为板管连接。接头体与拱肋及横向联结系的连接均为单面坡口双面焊，全熔透。

（三）上下锚箱

锚箱为 26 mm 和 20 mm 厚板组焊结构，其本身和其与拱肋钢管的连接形式主要是坡口焊，也存在少量角焊缝。与两主板连接的坡口焊按全熔透要求，其余坡口按部分熔透要求。角焊缝焊脚尺寸取较薄板厚的 1/2。

（四）钢管制造

钢管卷制和接长均采用坡口全熔透焊。

二、焊缝主要技术措施

（一）一般要求

钢管结构制造、安装和验收中所使用的计量器具必须定期由同一家二级以上计量机构检定合格后方可使用。钢管拱肋制造过程中严格执行三检制，确保产品每道工序质量，产品经工序检验合格后，方可流入下道工序。焊条、焊丝、焊剂应符合现行国家标准的规定，并应有出厂质量证明书。钢结构制造单位应根据相关标准，对焊接材料进行抽样复验，合格后方可使用。

选用的焊接材料应与结构钢材的性能相匹配，在保证焊缝金属强度不小于结构钢材强度的前提下，尽量采用低组配。药皮类型应按构件的重要性选用，对于弦管、腹杆等重要构件及次要构件与重要构件的焊接连接处，均应采用低氢型焊条。焊接材料应通过焊接工艺评定试验来进行选用。焊接工艺评定应按照《铁路钢桥制造规范》(TB 10212）附录 C 的规定进行。焊接材料应在干燥、通风良好的室内仓库中存放，并应按种类、牌号、批号、规格、入库时间等分类堆放，并做好标记。焊接材料不得沾染尘土、油污，焊丝宜采用镀铜焊丝。药芯焊丝应在烘干前开包。不得使用药皮脱落或焊芯生锈的焊条和受潮结块或熔烧过的焊剂。焊剂和焊条应按照产品说明书的要求进行烘干，当天剩余的焊条、焊剂应分别放人保温箱内储存，不得露天过夜存放。

（二）特殊要求

拉萨地区具有温差大、紫外线强、风沙大的特点。工地钢管拱焊接施工时，在焊接部位的脚手架四周设置挡风板，并封顶，以碘钨灯进行照明，尽可能减少扬沙天气对施工的影响，同时也有保暖效果。

为了满足接头焊接时几何尺寸的位置及克服温差对接头位置的影响，在接头位置设置体外刚性抱箍进行接头相对尺寸的固定。

所有要求全熔透或部分熔透的焊接接头，将根据设计要求及工地工艺条件选择合适的接头形式，一般按照 U 形坡口优先于 V 形坡口，双面坡口优先于单面坡口，双面对称坡口优先于不对称坡口，横焊接头单边 V 形坡口优先于 J 形坡口的原则选取。

坡口加工采用氧—乙炔焰切割的方法切割而成。加工后，坡口的角度宜取正差，对部分熔透焊缝，坡口深度也宜取正差。坡口面应光滑平整，过深的加工缺陷，应事先修磨平滑，或先修磨再用合格焊材补焊，然后磨平的方法进行处理。

接头组装前应清除焊接区的轧制铁鳞、尘锈、油水等可能影响焊接质量的杂物。接头组装间隙除规定者外，均不留间隙。实际组装误差超过有关技术文件规定时，对部分熔透焊缝，可采取增加熔深或增加焊脚尺寸的方法进行处理；对完全熔透悬空埋弧自动焊缝，可采取先在背面焊封底焊道的方法处理，焊接背面焊缝时，先铲除封底焊道，然后再进行埋弧自动焊接。对接接头两连接工件要对齐，错边量不超过板厚的 1/10，且不大于 3 mm，不等厚板对接则应对厚板进行削薄处理，以保证接头处均匀过渡。所有工件在组装前均应调平、调直，以减小装配应力。

组装定位焊焊接材料应与正式焊接相同，定位焊由合格焊工担任。定位焊尺寸不大于设计尺寸的 2/3，焊缝长度不小于 40 mm，间隔在 500 ~ 600 mm 之间，尽可能采用双面定位焊。定位焊后及时清除焊渣，发现气孔或裂纹应及时清除干净并重新补焊，防止定位焊缺陷遗留在正式焊缝内。

（三）施工工艺要求

（1）施焊前应检查待焊部位表面的清理质量和定位焊焊缝是否已发生开裂，如果不符合要求，则应修整至合格。

（2）焊接工艺参数应事先在非正式工件上调试好，检查所使用的设备，保证充分满足工艺要求。

（3）焊缝两端应设置引弧板，引、熄弧在引弧板上进行。引、熄弧焊缝长度应保证引、熄弧时所产生的缺陷不会过渡到或遗留在正式焊缝上。焊接完成后用气割的方法将引弧板割除，然后用砂轮磨平，禁用敲击的方法。

（4）不能设置引弧板的接头，焊接引弧在距离焊缝端部 20 mm 左右处进行，引燃后再返到端部开始焊接。熄弧时稍作停顿，以消除熄弧时可能产生的缺陷。

（5）多层焊焊接过程中熄弧位置应互相错开。埋弧自动焊施焊过程中若发生断弧，则应将断弧处磨成 1:5 的斜坡，然后再于坡顶处引弧继续焊接。

(6) 需要预热时，预热一定要充分，用测温仪在焊缝两侧 80 mm 范围内任意测量均达到要求时即可。

(7) 焊接层间温度应不低于预热温度，且不超过 250℃。

(8) 每道焊缝完成后均需认真清理，否则，后续焊道不得焊接。

(9) 手工电弧焊用于定位焊、返修焊、坡口内焊接或在立、横、仰位置焊接时，焊条直径不宜超过 3.2 mm，进行其他焊缝焊接时，焊条直径则不宜大于 5 mm。

(10) 焊接宜采用小电流、多道焊的方法，以提高焊接接头的韧性，但根部焊道除外。根部焊道可适当采用较大电流，以保证有足够的热输入，防止发生裂纹，获得足够熔深。

(11) 焊接次序根据对称原则确定，以防止发生严重焊接变形。

(四) 焊缝检验

1. 焊缝表面质量检验

焊接完成后，焊工和检查员应通过目测、或采用焊缝检测器检测、低倍放大镜观察等方法对所焊焊缝进行认真检查。必要时还可用着色、磁粉探伤等方法。

焊缝表面质量应满足以下要求：

(1) 焊缝表面成形良好，焊缝与母材匀顺过渡；

(2) 焊缝表面不存在电弧擦伤、裂纹、弧坑、焊瘤、气孔、夹渣、咬边、未焊满等缺陷；

(3) 角焊缝两焊脚尺寸基本一致；

(4) 焊缝表面凹凸在 25 mm 长范围内高低差不大于 2 mm。

2. 焊缝内部质量检验

焊缝内部质量采用超声波探伤检测、X 射线探伤检测，由专职人员担任，专职人员应经培训合格并取得相应资格证书。内部探伤在焊缝完成 24 h 后进行，探伤方法及质量等级应符合设计技术文件的规定。

(五) 焊缝修理

所有经检测不合格的焊缝均需进行修理，修理方法如下：

(1) 焊瘤或过高的焊缝，采用砂轮打磨的方法将多余的焊缝金属磨掉。

(2) 焊缝表面凹坑、咬边或焊缝尺寸不足等缺陷，先将焊缝表面清理干净，再进行补焊。

(3) 过量的气孔、夹渣、未熔合、裂纹等缺陷，采用碳弧气刨和砂轮打磨的方法将不合格焊缝清除，然后补焊。清除不合格焊缝时所形成的沟槽，两端应制成 1:5 以上的斜坡，沟槽两边构成的夹角应在 20°以上，沟槽底部圆弧半径应不小于 4 mm，以便补焊时焊条能深入到底部。沟槽内表面应光亮，不得有熔渣、黑皮、灰尘等可能影响焊缝质量的杂物。

(4) 返修焊应采用强度级别与原焊缝相同的低氢型焊条，焊接工艺应是经评定合格的工艺。

(5) 所有不合格焊缝返修后须重新检验。

第五节 钢管拱架设

一、安装拱肋过程

按龙门吊机的起重能力将上下游拱肋分为 2×17 吊次，两边孔各分 5 段，主孔分 7 段，最大单节重为 17.85 t。拱肋安装采用先边拱后主拱的原则。每孔第一节均为拱脚段，底部嵌入主梁混凝土中。为了保证底节的安装精度，现场专门制作了定位架，使其与主梁钢筋焊固定位，并在主梁浇注过程中随时检测拱脚段位移量，发现问题及时调整。其他节段拱肋均在组拼场内组拼成段，然后由场内的吊机将拱段吊至已浇注好的引桥桥面上，运输台车将拱段送至主桥待架处。栈桥龙门吊机提起拱段放置在拱肋支架上，此时支架吊点受力，并以两支架的吊点支承为主，龙门吊为辅将拱肋精确定位。安装顺序保证上、下游，左、右侧对称进行。边跨第 5 节及主跨第 7 节为合龙段，安装至合龙段时，应通过 24 h 的温度测量和大合龙距离测量，选择合适的温度进行。合龙后调整各拱肋拱轴线形，使其与设计值达到最佳吻合后施环向焊缝将拱肋形成整体。

拱肋吊装如图 5—5—1 所示。

图 5—5—1　拱肋吊装

二、钢管拱架设支架

（一）钢管拱架拱支架

324 m 连续梁利用落地支架法施工完成，并且落地支架在钢管拱架设完成后才拆除，所以在梁上拼装万能杆件支架架设钢管拱。架拱支架布置如图 5—5—2 和图 5—5—3 所示。钢管拱下支撑采用砂箱 + 马鞍，上挂采用两个八字形布置的导链。为了保证支架和架拱的横向稳定，支架在横桥向拼装成门形架。

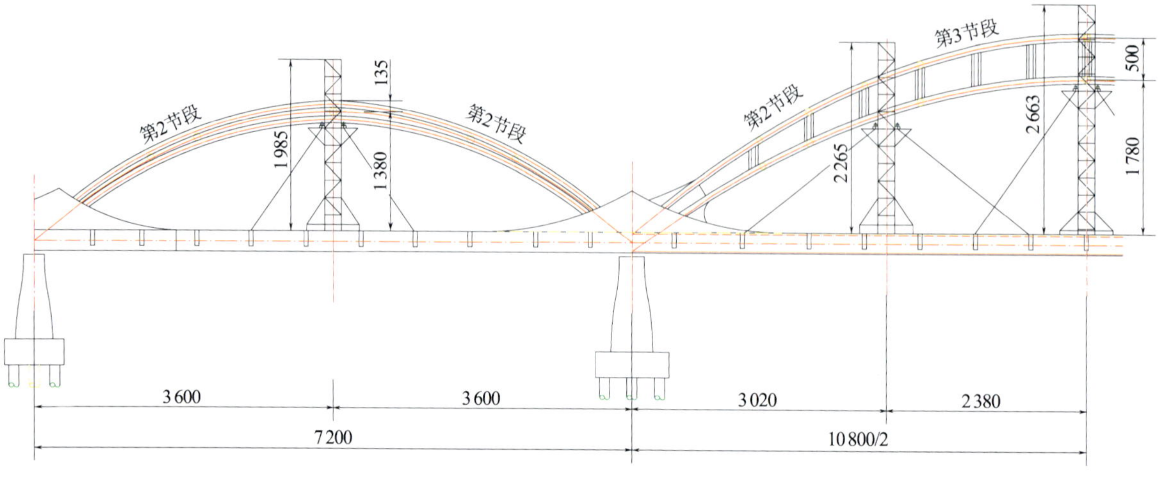

图 5—5—2　架拱支架布置（单位：cm）

图 5—5—3　边拱肋合龙段架拱支架

（二）钢管拱节段制造

钢管拱节段制造分两部分进行（工厂和工地），运输节段在中铁大桥局集团桥机有限公司进行制造，弧长 10 ~ 12 m，在厂内必须进行短线预拼。运输节段运至拉萨河大桥工地，在工地将运输节段组拼成吊装节段，并且把上锚箱、K 撑、横撑预焊端焊接在吊装节段上，在工地必须进行长线预拼。

增加钢管拱架设吊装能力，能最大限度减少空中焊接工作量，有效地提高钢管拱焊接施工质量。设计主拱肋分七个、边拱肋分为五个节段（包含合龙段）进行安装，在施工过程中，主拱肋分五个、边拱肋分为三个节段（包含合龙段）进行吊装，将其中原本在空中焊接的两个节段改为在预拼场焊接成一个节段进行吊装。

（三）节段安装

1. 接头定位

除合龙节段接口外，吊装节段上弦管内侧每对接口装一套定位件。钢管拱接头定位如图 5—5—4 所示。

2. 接头位置调节

轴线位置通过横向挂在支架上的两个八字导链进行微调，标高通过马鞍下砂箱上的千斤顶进行微调。

3. 接头固定

主弦管接头焊接前需进行刚性固定，否则焊接时接头间会发生相对位移，影响焊接质量。钢管拱节段接头焊接前接头固定如图 5—5—5 所示。

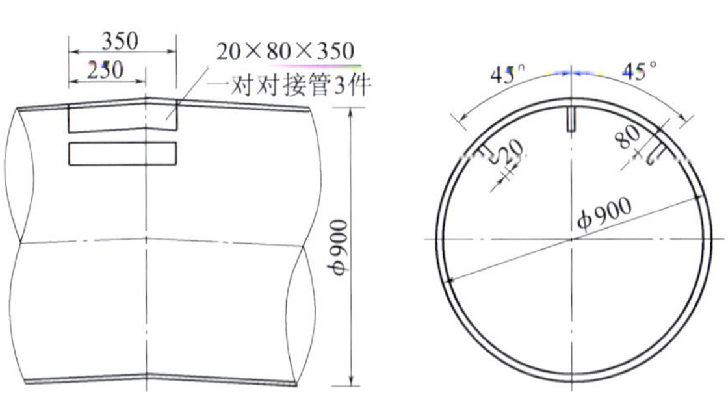

图 5—5—4　钢管拱接头定位（单位：mm）

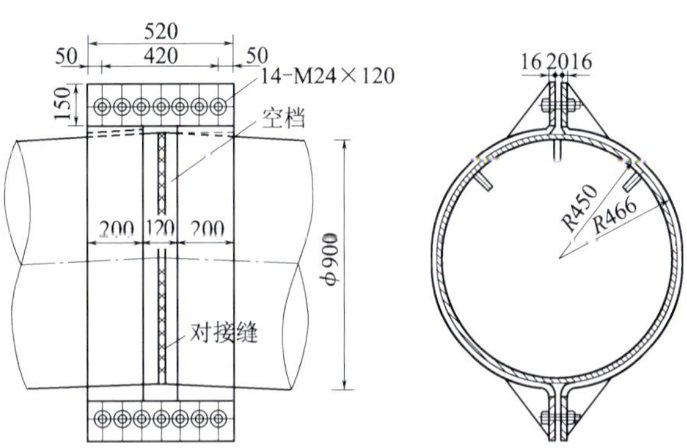

图 5—5—5　焊接前接头固定（单位：mm）

4. 合龙段设置

合龙段长度设置宜短，定为 1.8 m。合龙段预留长考虑加工与合龙温度差值，定为 10℃。合龙段预留长度按以下公式计算：

$$\Delta L = L \cdot \Delta t \cdot a$$

式中　ΔL——合龙段预留长；

L——半拱弧长；

Δt——温度差值，取 10℃；

a——钢材线膨胀系数。

按照温度场对钢管拱线形的影响，首先计算不同温度对应的不同线形，钢管拱架设按施工坐标进行控制。为了满足接头焊接时几何尺寸的位置及克服温差对接头位置的影响，在接头位置设置体外刚性抱箍进行接头相对尺寸的固定。选择合适的温度（设计为 5℃ ~15℃）进行合龙，使其与设计值达到最佳吻合，然后将各连接点临时焊连。

72 m 边跨钢管拱合龙及 108 m 主跨钢管拱合龙后如图 5—5—6 所示。

图 5—5—6　钢管拱合龙后

钢管拱空中架设完成施焊前，在接头处设置活动板房，四周进行屏蔽。内置碘钨灯，对施焊区域加温预热，保证钢管拱接头焊接前温度达到 10℃以上。当接头焊缝完成时，不宜直接降温，在 24 h 后拆除活动板房和加温设施。

钢管拱混凝土采用微膨胀混凝土，顶升泵送施工，配合比通过试验比选确定。在施工过程中和竣工后，对主桥梁部及钢管拱进行监控、监测。

第六节　新型铰轴钢支座安装

一、支座安装方案

该桥设计采用铰轴钢支座和铰轴滑板钢支座，其中主桥 18 号墩设固定支座，17 号墩设纵向活动支座，支座允许位移量 ±100 mm，其允许承载力均为 25 000 kN；16、19 号墩设纵向活动支座，支座允许承载力均为 17 500 kN，允许位移量 ±150 mm；15、20 号墩设纵向活动支座，允许承载力均为 3 000 kN，允许位移量 ±150 mm。

支座最大重量 16.1 t，下摆面积 3.5 m^2。

支座为桥梁结构的主要受力结构，支座安装不当会导致支座变形，将直接危及行车安全；北方地区甚至出现因锚栓孔内积水使桥墩顶帽冻胀开裂现象。因此，拉萨河大桥由于支座自重大，下摆面积大，其支座安装决定采用锚栓孔灌注环氧树脂砂浆，底板位能压浆的安装方法。

二、施工准备工作及安装

（一）支座检查验收

支座的材质和制造精度应符合设计和规范要求。工区要对发运到工地的支座外观和组装后的轮廓尺寸进行复查，特别是零星配件的检查，检查不合格或无成品合格证的支座不得使用。外观检查时应注意支座表面是否也清铲光净，所有配合加工面有无漏涂油脂的现象，活动支座的四氟板滑动面是否已涂硅脂，不锈钢板的轧制方向是否为支座顺桥向等，如有毛病须逐项处理。

（二）墩台顶面准备工作

桥墩竣工后应根据实测资料，结合基础沉降、座板垫层厚度等，修正支承垫石顶面高程，要求垫石顶面高程低于设计值40～50 mm，以便位（势）能灌浆，当间隙大于50 mm 时，要求增加10 cm×10 cmϕ12 钢筋网片。同时应复测预留的锚栓孔位置及深度，修凿整理后完全符合设计要求。

（三）支座预偏量计算

支座预偏量包括混凝土收缩徐变预偏量及温度预偏量，其计算方法如下：

1. 混凝土收缩徐变预偏量 $\delta_{\varepsilon_\infty/\phi_\infty}$ 计算

$$\delta_{\varepsilon_\infty/\phi_\infty}=0.8(\varepsilon_\infty\cdot E_g+0.8n\cdot\phi_\infty\cdot\sigma_h)l_d/E_g$$

式中 ε_∞——混凝土收缩应变的终极值；

ϕ_∞——混凝土徐变系数的终极值；

n——预应力筋与混凝土的弹性模量比；

σ_h——传力锚固时，由预加应力与混凝土自重产生的混凝土截面平均正应力；

l_d——支座至18号墩（制动墩）的距离；

E_g——预应力筋弹性模量。

2. 温度预偏量计算

$$\delta_t=a_1\cdot l_d\cdot\Delta t$$

式中 a_1——钢筋混凝土线膨胀系数，取 1.0×10^{-5}；

l_d——支座至18号墩（制动墩）的距离；

Δt——合龙段临时锁定时的温度与当地的平均温度之差，平均温度取7.8℃。

综合考虑支座预偏量后各支座参数值见表5—6—1。

表5—6—1 拉萨河大桥各支座参数

墩号	支座类型	支座高（mm）	支座纵向设计容许位移（mm）	混凝土收缩徐变预偏量 $\delta_{\varepsilon_\infty/\phi_\infty}$（mm）	温度预偏量 δ_t（mm）	（$\delta_{\varepsilon_\infty/\phi_\infty}+\delta_t$）（mm）
15	ZX—3000	500	±150	+77	+5	+82
16	ZX—17 500	1 200	±150	+64	+4	+68
17	ZX—25 000	1 500	±100	+46	+2	+48
18	GD—25 000	1 500	0	0	0	0
19	ZX—17 500	1 200	±150	−25	−2	−27
20	ZX—3 000	500	±150	−39	−2	−41

注：① $\delta_{\varepsilon_\infty/\phi_\infty}$ 向格尔木侧为正值，反之为负；

② δ_t 的正负以18号墩（制动墩）为中心，向外侧为正，向内侧为负，t 为主梁合龙段锁定时的温度；

③ 合龙段临时锁定时要求控制温度为10℃。

（四）支座安装

（1）垫石顶面凿毛，并以清水冲洗干净。注意锚栓孔内不得积水，以防拉萨高寒气候引起桥墩顶帽冻胀开裂。

（2）为确保支座使用过程中转动或纵向滑动灵活，支座安装前应根据实际情况采取相应固定措施，以确保各部位相对位置准确，待墩顶块浇注完成后予以拆除。

（3）以龙门吊安装支座，支座四角以铁楔抄垫牢固，铁楔尺寸为 1/2 口 80 mm × 100 mm × 20 mm，并要求成对安装。活动支座安装要特别注意考虑混凝土收缩徐变和合龙段锁定时温度的影响，即设置预偏量。安装精度见表 5—6—2。

表 5—6—2　支座安装精度（mm）

平面位置	标　　高	支座板四角高差	支座十字线扭转偏差	预偏量容许误差
10	±5	2	1	±3

（4）锚栓孔灌注环氧树脂砂浆，以加强支座与桥墩间的锚固力，同时可方便位能压浆时锚固支座，防止支座上浮。

（5）安装主送浆管、分配管、送浆管、出浆管等灌浆设备，浇注封边围堰，封边围堰应严密不漏浆。封边围堰用 M50 砂浆施工，陷度 10 ~ 30 mm，其强度达到 70% 以上方能灌浆，围堰宽度不小于 150 mm。安装示意如图 5—6—1 所示。所有管路均采用聚乙烯塑料管，安装时亦可不安装止浆阀，而在 0. 5 m 高处安装接头，以便接头以上管路回收。

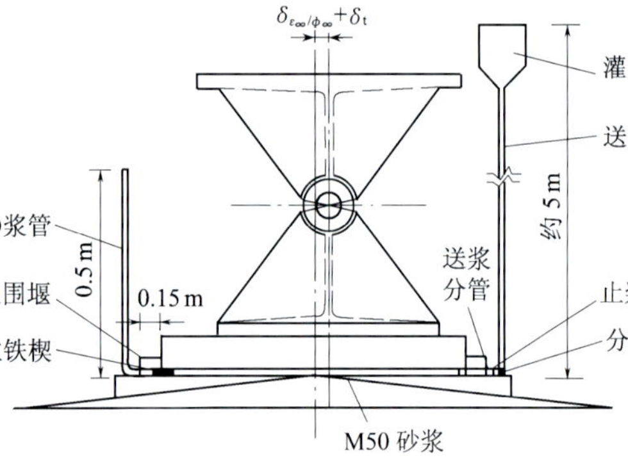

（a）支座位能压浆纵桥向立面

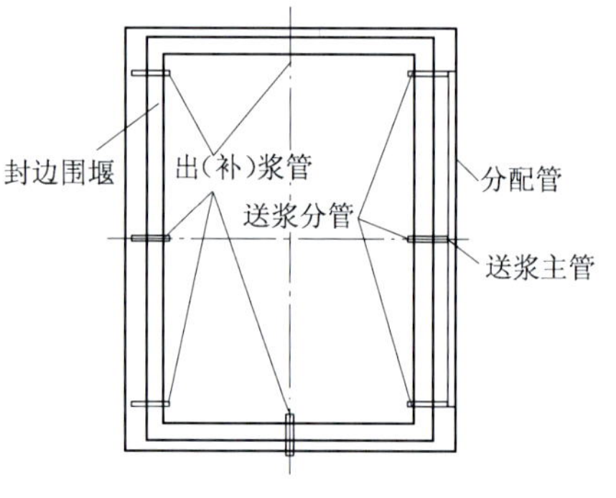

（b）支座压浆管平面

图 5—6—1　支座压浆结构安装示意

（6）支座压浆：砂浆采用 M50 无收缩砂浆，砂子粒径不大于 2 mm。砂浆以拌浆机分次拌够。搭设灌注架，将灌浆漏斗提高至约 5 m，开启止浆阀，当灌入的砂浆从出浆管溢出时，表示内部砂浆已灌满，可以逐一用木塞或橡皮塞塞住，并关闭止浆阀，灌浆完成。当水泥砂浆强度达到 70% 后敲出钢楔，补满干硬砂浆，始可承受荷载。

第七节　施工阶段监控测试

一、施工监测和控制目的及原则

该桥主桥结构相对复杂，施工步骤多、难度大，要求施工的技术水平高，同时，结构体系转换频繁，内力不断变化调整；主桥的内部和外部均为多次超静定的钢混组合结构，主桥连续梁长达 324 m，混凝土的收缩徐变以及温差对梁的内力影响较大；拉萨地区气温、气压相对较低，日温差、季节温差较大，钢混组合结构体系存在应力和应变的协调问题；铁路运营活载大，当地气温低，主桥的钢管、吊杆和吊杆锚箱等钢部件容易疲劳；另该桥美观效果要求高，成桥线形的好坏直接影响成桥后美观效果。因此，为了保证大桥施工期间的质量及安全，积累设计、施工技术资料，同时也为今后科研积累科学数据，尤其是对以后西藏地区的桥梁建设提供科学数据，所以对该桥进行施工监控测试是十分必要的。为了有计划、有步骤、科学地进行监控工作，同时为保证测试数据的可靠性，制定了监控测试大纲。

施工监控的目的就是为了在全桥施工完成后，钢管拱线形、系梁（预应力混凝土连续梁）结构及桥面系线形达到设计理想的线形，并且使钢管拱、吊杆、系梁结构的内力（或应力）与设计理想的内力状态基本一致；施工监测的目的就是在全桥上部结构施工过程中，通过监测桥墩台、钢管拱、系梁（预应力混凝土连续梁）、吊杆结构的应力及变形，来达到及时了解结构实际的行为（工作性能），比较施工各过程中各结构的应力应变和变形与设计理想的内力变形状态，找出其偏差的原因，及时通知施工单位，通过各种措施控制其在允许的误差范围内。根据监测数据，首先确保钢管拱及系梁结构的安全和稳定，其次保证结构的受力合理，为大桥安全、顺利建成提供技术保障，并为以后的桥梁建设提供科学数据。

该桥的施工监控原则是变形、内力、稳定性综合考虑。其综合性施工（程序、工序）采取如下的控制策略：在稳定性满足要求的前提下，对变形、应力（应变）进行控制是关键、是前提。对钢管拱的变形和内力实行双控，以变形控制为主，严格控制截面的挠度和拱轴线的偏移，同时兼顾应力（应变）的发展情况。根据该桥的特点，选择梁及拱位移、应力（应变）为直接控制项目，而拱的稳定、疲劳、钢管混凝土合力为间接控制项目。

二、施工监控工作内容

（一）建立施工监控系统

桥梁的施工监控与设计和施工有密切的联系，为了安全优质符合设计要求地建成桥梁，需要从监测、监控方面建立控制系统，形成“施工→测试→识别→修正→预测→施工”的循环体系。监控系统的总体内容包括：

1. 现场的实时测量子系统

测量的内容包括物理测量（温度、时间）、线形测量（拱轴线形、施工支架线形、桥面线形等）、力学测量（应力、应变及吊杆内力等）。测量的具体内容和测量周期（或时间）需根据施工现场的状况制定详细的方案。

2. 现场测试子系统

包括混凝土容重、弹性模量；钢管材料力学特性测试数据；结构的材料特性测试数据；施工荷载及偶然荷载等资料的收集与分析。

3. 分析判断和决策子系统

根据现场测量与测试资料，对结构的状态进行分析；进行参数识别后，与设计资料对比，给出结构当前阶段应力、应变、强度稳定状态及结构线形分析报告；进行设计计算系统的再分析，根据实际参数实时调整设计理论线形，并对后续施工状态进行预测，提出施工控制建议，提交施工指挥系统进行决策。

（二）施工监控具体项目

根据拉萨河大桥的结构特点和施工方法，其施工监控主要涉及两个方面：

（1）主跨的主梁和钢管拱施工全过程的线形测量与控制，桥墩台及支座位移测量；

（2）主跨的主梁、钢管拱、吊杆等结构构件施工全过程中的应力应变及支座反力变化监测。

该桥监控的具体项目主要有：

1. 连续梁监控监测

（1）墩台部分：主桥墩台的位移和标高的变化测量。

（2）支座部分：在混凝土的收缩与徐变及温差作用下支座反力的变化以及支座位移（纵向及转

角）的变化。

（3）连续梁部分：控制截面，如支点截面、$L/8$ 截面、$L/4$ 截面、跨中截面。

2. 架设钢管拱的监控监测

（1）每节段钢管拱的架设坐标控制及测量。首先计算钢管拱节段架设状态的坐标位置，监控监测上下游拱肋在架设状态下内力的均衡性及线形的一致性。拆除架拱支架后测定钢管裸拱内力及线形变化情况，裸拱状态是否达到设计要求，为钢管内混凝土的泵送提供依据。

（2）测定主梁在各既定的截面应力变化和钢管拱在混凝土泵送期间内力和线形变化情况，及时调整泵送顺序及间隔时间，使钢管混凝土拱的内力和线形达到设计状态。

（3）钢管混凝土泵送完成且各管内混凝土强度及弹模达到要求后，进行管内混凝土缺陷检测，制定钢管内混凝土缺陷的处理方案。

3. 梁拱组合体系的监控监测

（1）在吊杆施加应力过程中，监控监测吊杆应力状况和钢管混凝土拱的内力及线形变化，经常测定吊杆索力并尽量减少施工荷载的影响。

（2）成桥状态的主桥需验证钢管混凝土拱梁组合体系的温差效应，需要进行日温差及季节温差的应力、应变测试。掌握结构低温冲击的性能，掌握结构变形协调的控制方法。

监控和测量的变量为：位移和标高、预应力钢筋及吊杆的张拉力、构件截面应力、构件温度、混凝土缺陷等。

三、施工监测监控方法

根据以上的监控项目，将分别采用以下监控手段和方法进行该桥的施工监测和监控工作。

（一）施工线形控制测量方案

1. 监控测量局部控制网的建立与测量

利用施工现场建立的施工平面及高程控制网，根据该桥各部分结构形态参数监测工作的可实现和现场操作的便利性要求，在进行局部控制网优化处理后，形成一个形变监测控制网，并以此作为结构几何形态参数监测的基准。

观测工作应在风力较小和气温相对稳定的时段内进行，一般在凌晨日出之前完成，测量时间控制以在两小时以内为宜。在测量过程中，应每隔一定时间（15 min 左右）测量并记录空气和系梁、吊杆、钢管拱的表面温度。

测量设备采用精密水准仪、全站仪和 GPS 设备。温度量测可根据实际情况采用点温计或热电隅，后端设备可用 4½位万用表或温控仪。

2. 桥墩台沉降及支座位移观测

在桥墩台顶面纵横方向及支座侧面纵向布置一定数量的沉降及位移观测点，在施工各阶段加以观测记录，计算各时期的墩台不均匀沉降量或支座的转角及位移。

3. 预应力混凝土连续梁的挠度观测

挠度观测资料是控制成桥线形最主要的依据。根据该桥的施工程序，在中支点和次中支点的拱腿位置梁顶处前后左右各设置六个观测点；对中间现浇梁段在跨中、$L/4$ 的位置各设置左右两个对称观测点。

在施工过程中，对每一测点需进行立模、混凝土浇筑前后、预应力钢筋张拉前后、钢管拱合龙前后、各吊杆张拉前后、两期恒载铺装前后及成桥后的标高观测，以便观测各点的挠度及系梁曲线的变化历程，保证系梁的线形。高程控制点可采用一定直径的钢筋在垂直方向与梁内钢筋点焊牢固，保证竖直，测点钢筋露出梁顶混凝土表面 5 cm，测头磨平并用红油漆标记。

4. 钢管拱的线形观测

钢管拱的结构线形观测分为：

（1）竖直面内的线形观测；

（2）水平面内的线形观测。

在两水平和竖直面内各设置若干线形观测点，在钢管拱安装阶段、钢管裸拱阶段、吊杆安装阶段、两期恒载铺装阶段及成桥后各测点位移进行观测，保证钢管拱在水平及竖直面内的线形符合设计要求。

（二）施工应力应变控制测试方案

应力测试为一长期的过程，时间长、阶段多，为了保证监测数据的可靠性，必须选择适合施工特点的传感元件。由于施工过程为单一且不可再重复的，因此监测过程也为不可重复的，故而元件的可靠性更显得尤其重要。针对该桥的特点，该桥应力测试采用绝对应力法（测试其结构的永久积累应力）和应力增量法（测量某些施工阶段前后然后再叠加得到实际应力状态）相结合的方法。

在大桥上部结构的控制截面布置应力测点，以观察在施工过程中这些截面的应力变化及应力分布情况。结合反馈控制的实时跟踪结构仿真分析计算，由反馈控制系统提供最优可调整量的调整方案，由实时跟踪的仿真分析在计入误差和变量调整后每阶段及至竣工后结构的实际状态，同时可根据当前施工阶段向前计算至竣工，预告今后施工可能出现的状态，并预报下一阶段当前已安装（浇筑）构件或即将安装（浇筑）构件是否出现不满足强度要求的状态，以确定是否在该施工阶段对可调变量实施调整。

1. 连续梁应力应变监控测试

（1）支座反力：

在混凝土的收缩与徐变及温差作用下支座反力变化规则监测，在中跨主梁底或墩顶支座中心位置设置压力传感器，监测不同时期各支座的反力变化规则。

（2）连续梁应变应力监测：

在连续梁的控制截面布置应力测点，测试连续梁在施工各阶段的应力变化及应力分布情况及温差效应是否满足设计要求。

① 测试仪器的选择：在拉萨河大桥上，根据对多种应变测试仪器的性能比较，考虑要适合长期观测并保证足够的精度，选用 JMZX-215 智能弦式数码应变计和配套的 JMZX-200X 综合测试仪作为应变应力观测仪器。该应变计性能稳定、抗干扰能力强，测试速度快，适合长期观测。

② 测点布置：应变计按预定的测试方向固定在结构钢筋上，测试导线引至混凝土表面。

测试截面位置：主梁 36 m 边跨控制截面应根据弯矩包络图选择在截面及支座截面；主梁 72 m 边跨支座、$L/4$ 截面、跨中截面；中跨主梁的支座截面、$L/8$ 截面、$L/4$、跨中截面，共 19 个控制截面，如图 5—7—1 所示。

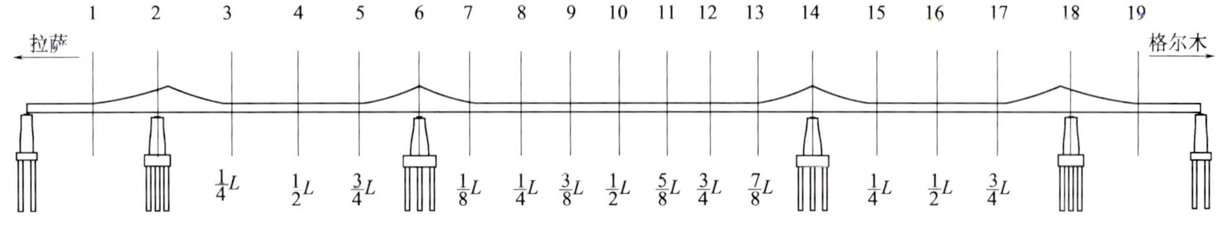

图 5—7—1 连续梁应力应变控制截面示意

应变计测点布置如图 5—7—2 所示，共计 199 个测点。这些测点将根据各施工阶段的进程分别进行安装和检测。

③ 监测方法：在各梁段架设钢筋时将应变计布设到测点位置，并采用仪器测读初读数并调零，然后根据连续梁施工进度，进行混凝土应变应力跟踪测量。测量的时间、步骤和次数应根据施工进度的要求及时调整，原则上各梁段在张拉预应力筋前后各检测一次，即检测该梁段所产生的应变增量，并通过 E_g（弹性模量）计算混凝土应力。在连续梁整体施工完成后，需测量梁体的应力，检验是否满足架拱要求。每次检测时应特别注意选择在温度大致相同的条件下测量，以最大限度减小温度应力的影响。

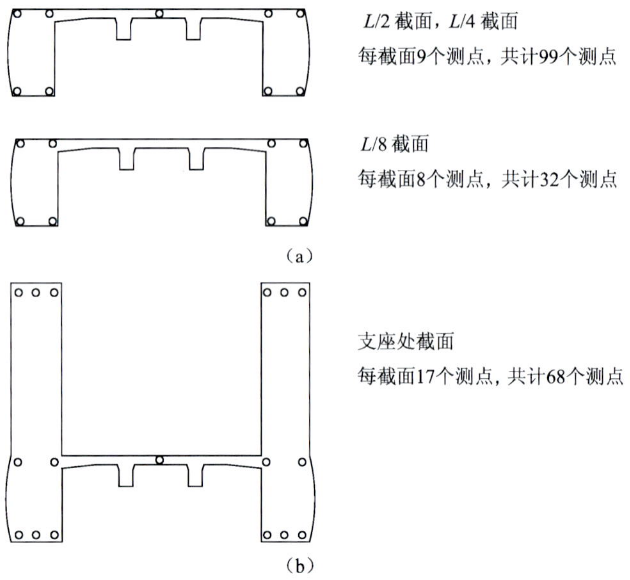

图 5—7—2　连续梁应力应变测点布置

（3）连续梁预应力监测：

连续梁的预应力筋张拉应力检测主要是对预应力筋的真实应力、预应力管道摩阻损失及其永存预应力值进行测定。除采用张拉千斤顶检测外，还可通过液压长效测力仪检测，也可以通过在张拉千斤顶与工作锚板之间设置压力传感器来测定。预应力筋锚固截面如图 5—7—3 所示，各截面对应预应力筋为：A—N20，B—N4，C—N21、N22、N23，D—N8，E—N13，F—N24、N25、N26，G—N16a、N16b、N5—3、N6—2、N17、N7—3（预应力筋布置细图参照“拉萨河大桥施工图”，布设压力传感器 16 个）。对永存预应力测定可在各控制截面（支座、L/8、L/4）上的预应力筋上贴电阻应变片（40 点，采用数据采集系统或数据采集器采集数据）和应变传感器（20 点）测量其应力。

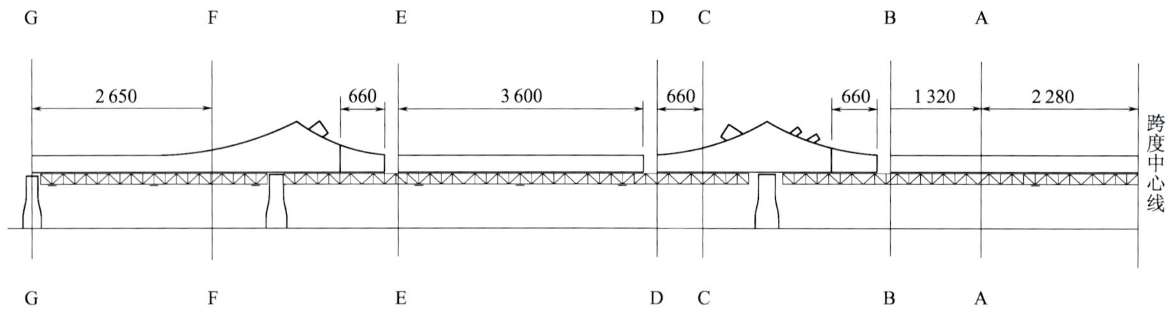

图 5—7—3　预应力监测控制截面

连续梁桥面板钢筋应力测试，选择部分钢筋（6 根）在 L/8、L/4、跨中截面布设钢筋计（共 20 点）测量钢筋应力。

（4）桥面板应变应力监测：

① 测试仪器的选择：选用 JMZX-215 智能弦式数码应变计和配套的 JMZX-200X 综合测试仪作为应变应力观测仪器。

② 测点布置：应变计按预定的测试方向固定在结构钢筋上，测试导线引至混凝土表面。

测试截面位置：中跨的 L/4 截面及支座处，32 m 边跨的 L/2 截面，共 3 个控制截面，如图 5—7—4 所示。

应变计测点布置如图 5—7—5 所示。根据结构对称性，横向布置在桥面板一侧，每截面 4 个测点，共计 12 个测点。这些测点将根据各施工阶段的进程分别进行安装和检测。

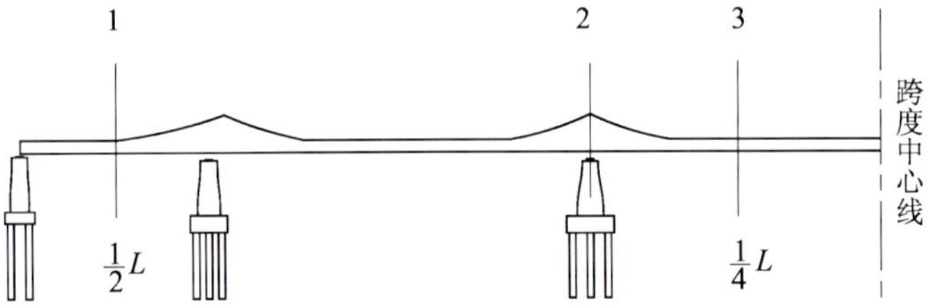

图 5—7—4　桥面板应力应变控制截面示意

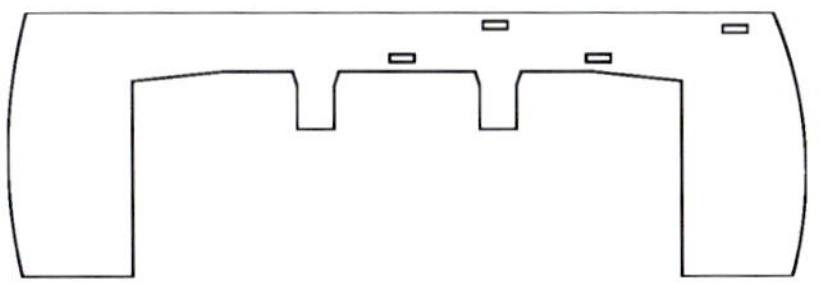

图 5—7—5　桥面板应力应变测点布置

2. 钢管拱的监控测试

（1）钢管拱中钢管应力监测：

① 测试仪器的选择：钢管拱钢管应力监测选用表面应变传感器。

② 测点布置：表面应变传感器按预定的测试方向固定在钢管表面。

测试截面位置：边拱拱脚截面、$L/4$ 截面、跨中截面；主拱拱脚截面、$L/4$ 截面、跨中截面，共 15 个控制截面，如图 5—7—6 和图 5—7—7 所示。

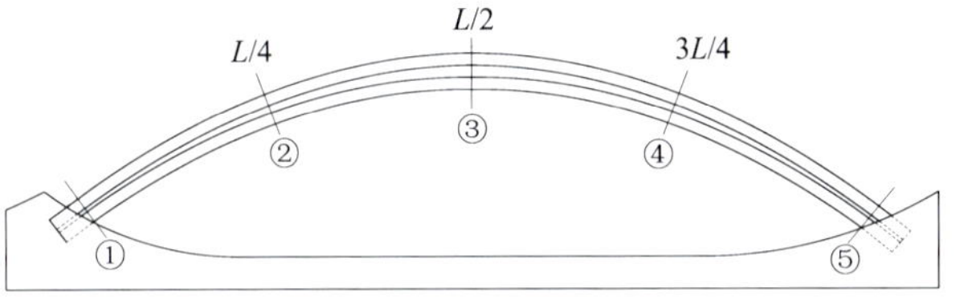

图 5—7—6　边拱钢管应力控制截面示意

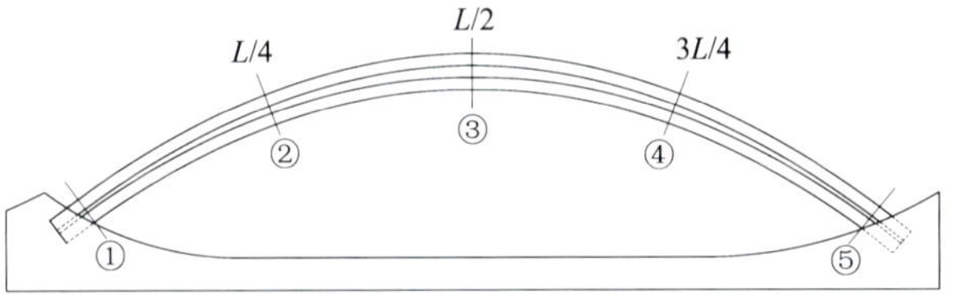

图 5—7—7　主拱钢管应力控制截面示意

应变传感器测点布置如图 5—7—8 所示，共计 152 个测点。这些测点将根据各施工阶段的进程分别进行安装和检测。

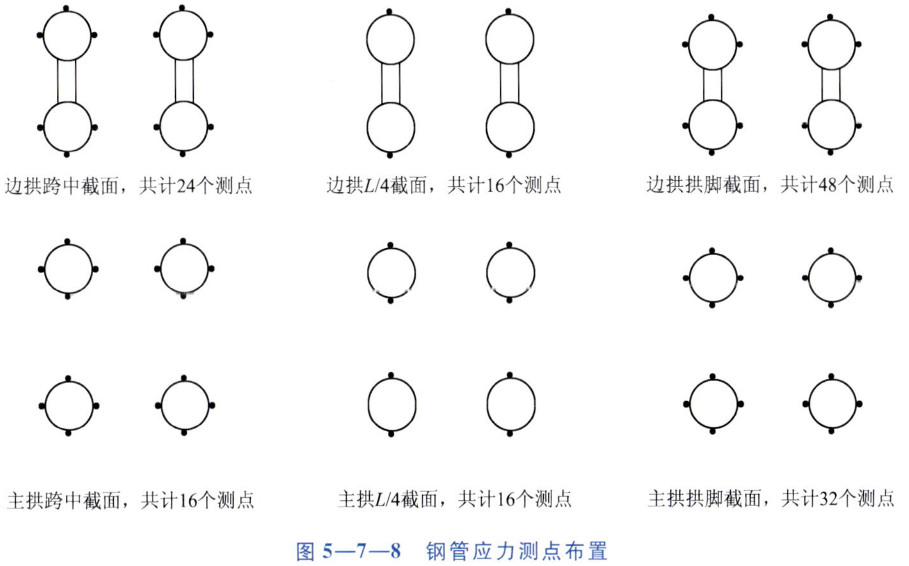

图 5—7—8　钢管应力测点布置

③ 监测方法：在桥梁各节段拱肋钢结构拼装后，将应变传感器布设到测点部位，并采用仪器测读初读数（应变），然后根据拱肋吊装阶段施工进度，进行钢管壁应力跟踪测量。测量的时间、步骤和次数应根据施工进度的要求及时调整，原则上每节段安装时检测一次，即检测该节段初始值和已安装节段因该次施工阶段所产生的应变增量，并通过 E_g（弹性模量）计算钢管应力。每次检测时应特别注意选择在温度大致相同的条件下测量，以最大限度减小温度应力的影响。每次应变检测时，须记载检测时的温度，以便进行必要的温度应力计算和施工荷载应力的修正与识别。

施工应力检测的目的是通过实测手段，监测钢管裸拱应力、监测钢管内泵送混凝土时钢管拱的应力应变情况，同时测定钢管拱在混凝土泵送期间的线形变化情况，及时调整泵送顺序及间隔时间，使钢管混凝土拱的应力应变和线形达到设计状态；监测在拆支架前后、吊杆安装过程中、桥面铺装及运营阶段钢管的应力变化情况，分析钢管与混凝土的变形协调性能。为确保安全施工、校核设计参数提供参考数据。从安装测点开始的整个检测过程中，必须紧密与施工单位配合，同时设计和施工单位应提供拱肋各阶段拼装时的理论计算应力和应力控制报警值。为了便于开展监测工作，设计和施工单位在拱肋开始吊装之前，以书面形式提供上述参数。

（2）钢管拱内混凝土应力监测：

① 测试仪器的选择：选用 JMZX-215 智能弦式数码应变计和配套的 JMZX-200X 综合测试仪作为应变应力观测仪器。

② 测点布置：应变计按预定的测试方向固定在结构钢筋上，测试导线引至钢管拱表面。

测试截面位置：边拱拱脚截面、跨中截面，主拱拱脚截面、跨中截面，共 9 个控制截面，如图 5—7—9 和图 5—7—10 所示。

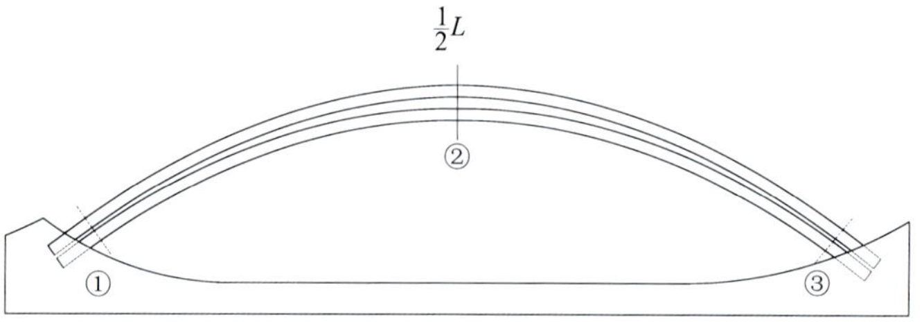

图 5—7—9　边拱钢管内混凝土应力控制截面示意

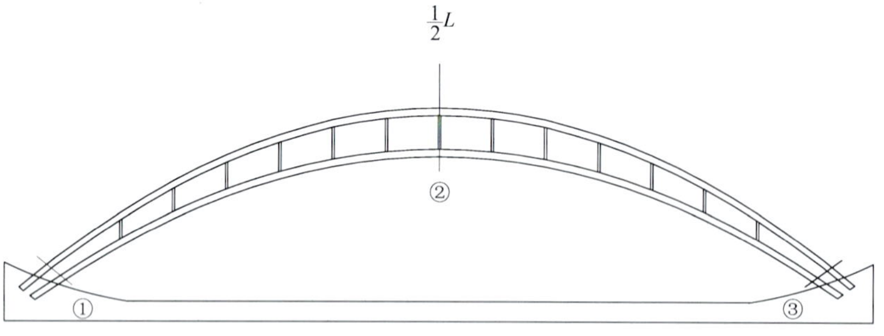

图 5—7—10　主拱钢管内混凝土应力控制截面示意

应变计测点布置如图 5—7—11 所示，共计 144 个测点。这些测点将根据各施工阶段的进程分别进行安装和检测。

③ 监测方法：在架设各拱肋钢筋时将应变计布设到测点位置，并采用仪器测读初读数并调零，然后根据施工进度，进行混凝土应变应力跟踪测量。检测混凝土所产生的应变增量，并通过 E_g（弹性模量）计算混凝土应力。监测在拆支架前后、吊杆安装过程中、桥面铺装及运营阶段钢管内混凝土的应力变化情况，分析钢管与混凝土的变形协调性能。

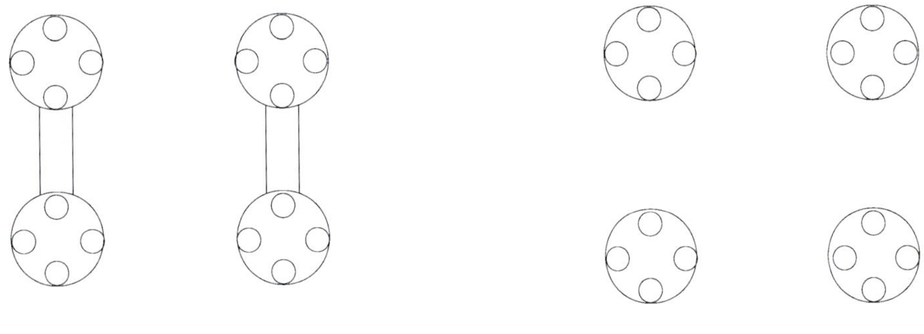

(a) 边拱截面，共计96个测点　　(b) 主拱截面，共计48个测点

图 5—7—11　钢管内混凝土应力测点布置

(3) 钢管内混凝土强度及弹模测定：

在钢管混凝土泵送完成且各管内混凝土强度及弹性模量达到要求后，测定管内混凝土强度及弹性模量。

(4) 钢管内混凝土缺陷检测：

钢管混凝土拱管内混凝土填筑质量不好，如脱粘、空洞等缺陷，会直接影响主体结构并使应力分布状态劣化。因此，为保证混凝土填筑密实无缺陷，除对混凝土配方、施工工艺做优化设计外，必须采取必要的施工保证措施：管内事先清洗、内壁稀浆涂层、布置充分的排气孔管、泵设备足够的压注高度和压送距离等。

管内混凝土脱粘和空洞等缺陷的探查，可采用超声波检测法，检查管内混凝土的浇筑质量。考虑到该桥拱肋的实际情况，超声波检测测区具体布置为：两根吊杆相交的端部各设 1 个测区，全桥共布置 118 个测区。

测试截面的测点分别布置在钢管顶、底、两侧，一侧发射，一侧接收，如图 5—7—12 所示。

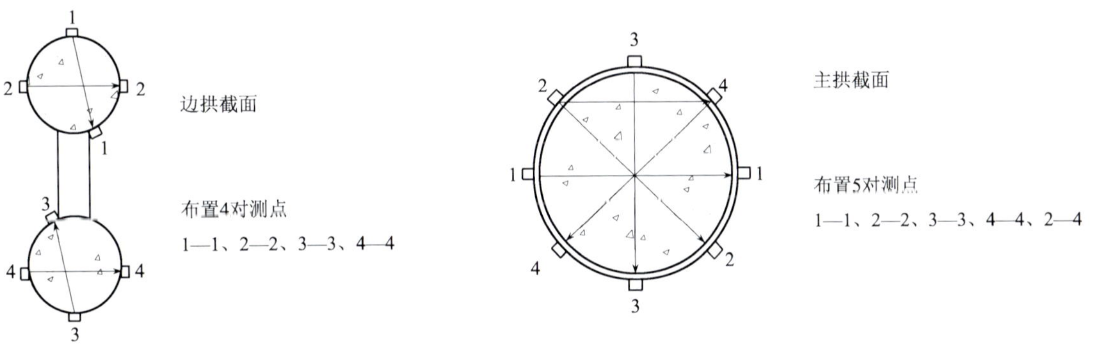

图 5—7—12　钢管混凝土拱肋密实性检测测点布置

3. 吊杆的监控测试

(1) 吊杆张拉力的监测：

在吊杆张拉和后续施工过程中，监测吊杆的张拉力及索力。

吊杆张拉力或索力的测定同连续梁预应力张拉力的测定，可以采用压力传感器量测（共 58 根吊杆，选择部分应力较大的吊杆进行量测），对于长吊杆也可以用索力仪测振动频率法量测。

(2) 吊杆锚固区应力（疲劳应力幅）观测：

由于吊杆的锚箱处应力集中，锚箱结构复杂，因此，锚箱的使用应力和疲劳应力幅度需做监测。

① 测试仪器的选择：选择表面应变传感器和应变花。

② 测点布置：选择主拱 $L/8$、$L/4$、$L/2$ 附近，边拱 $L/4$、$L/2$ 附近的吊杆锚箱，在锚箱支承板的底面（钢管拱处锚箱）或顶面（连续梁处锚箱）布置测点，共记 32 个锚箱，在主拱和边拱的 $L/2$ 附

近的锚箱（共 12 个锚箱）布置表面应变传感器 48 点。另在主拱 $L/8$、$L/4$ 附近，边拱 $L/4$、$L/2$ 附近的一侧吊杆锚箱（共 20 个锚箱）适当位置布置应变花（共 80 点），如图 5—7—13 所示。

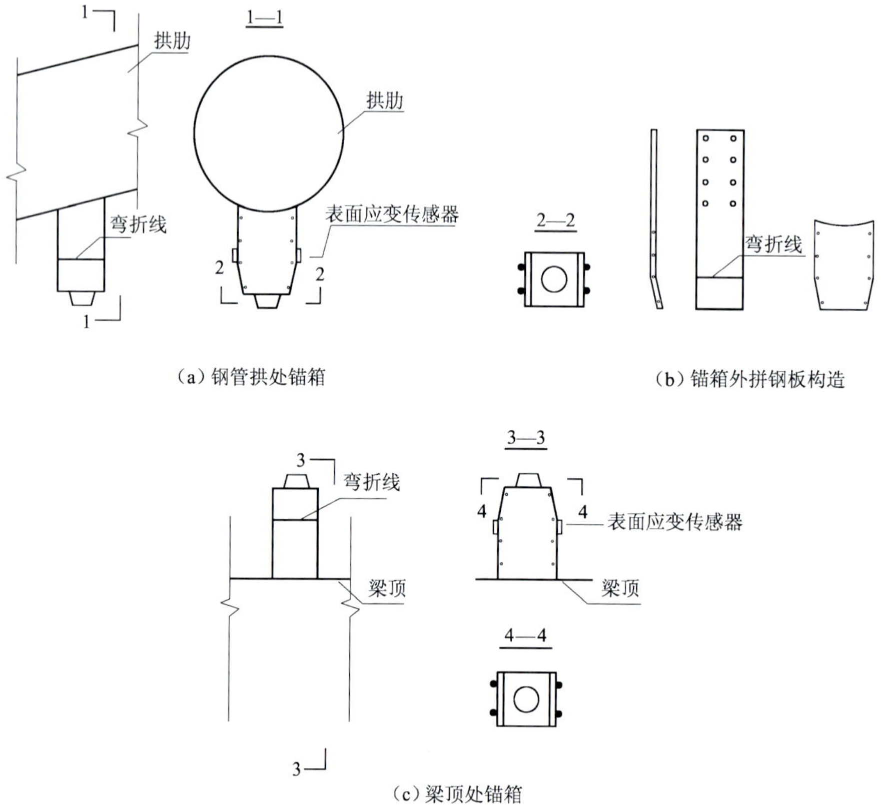

图 5—7—13　锚箱测点布置

（三）温度监测

混凝土桥梁的温度场是指受桥位环境的影响，桥梁结构表面和内部所形成的瞬时不均匀温度状态，其主要体现在长期温差和短期温差两种形式的作用上。由于该桥为多次超静定结构，两种形式的温差均会对该桥的内力及线形产生重要影响，因而在施工过程中须对主梁、吊杆、横梁和拱肋的温度场进行长期监测。温度场的测试要结合施工应力测试同步进行，故全桥温度场的测试工况及测试时间同主桥在施工过程中的施工应力监测同步进行。

主桥结构构件温度场测量采用铜镍热敏电阻进行布点测量，根据电阻随温度变化的关系来确定被测物体测点处的温度。铜镍热敏电阻测温度具有较高的测量精度，其测试范围为 $-10℃ \sim 50℃$，最大测量误差为 $\pm(0.15+3\times10^{-3}t)℃$（其中 t 为被测温度），能够方便地埋设于混凝土内部。钢管拱表面温度采用接触式点温计测量，桥址处温度场采用在桥址处不同区域布设置一定数量水银温度计的方法进行测量。全桥温度场测点布置如图 5—7—14 所示。

（四）施工阶段计算分析结果

1. 计算目的

钢管混凝土拱桥具有复杂的空间结构和不断转换的结构体系，为了更真实的模拟施工阶段，并尽可能准确地对结构内力、位移等进行研究，因此采用三维的空间模型。

拉萨河大桥采用 MIDAS6.7 计算，模型结构的整体坐标系为顺桥向为 X 轴（拉萨方向为负，格尔木方向为正），横桥向为 Y 轴，竖向为 Z 轴，整个坐标系满足右手定则。

2. 全桥施工阶段划分

全桥施工阶段划分见表 5—7—1。

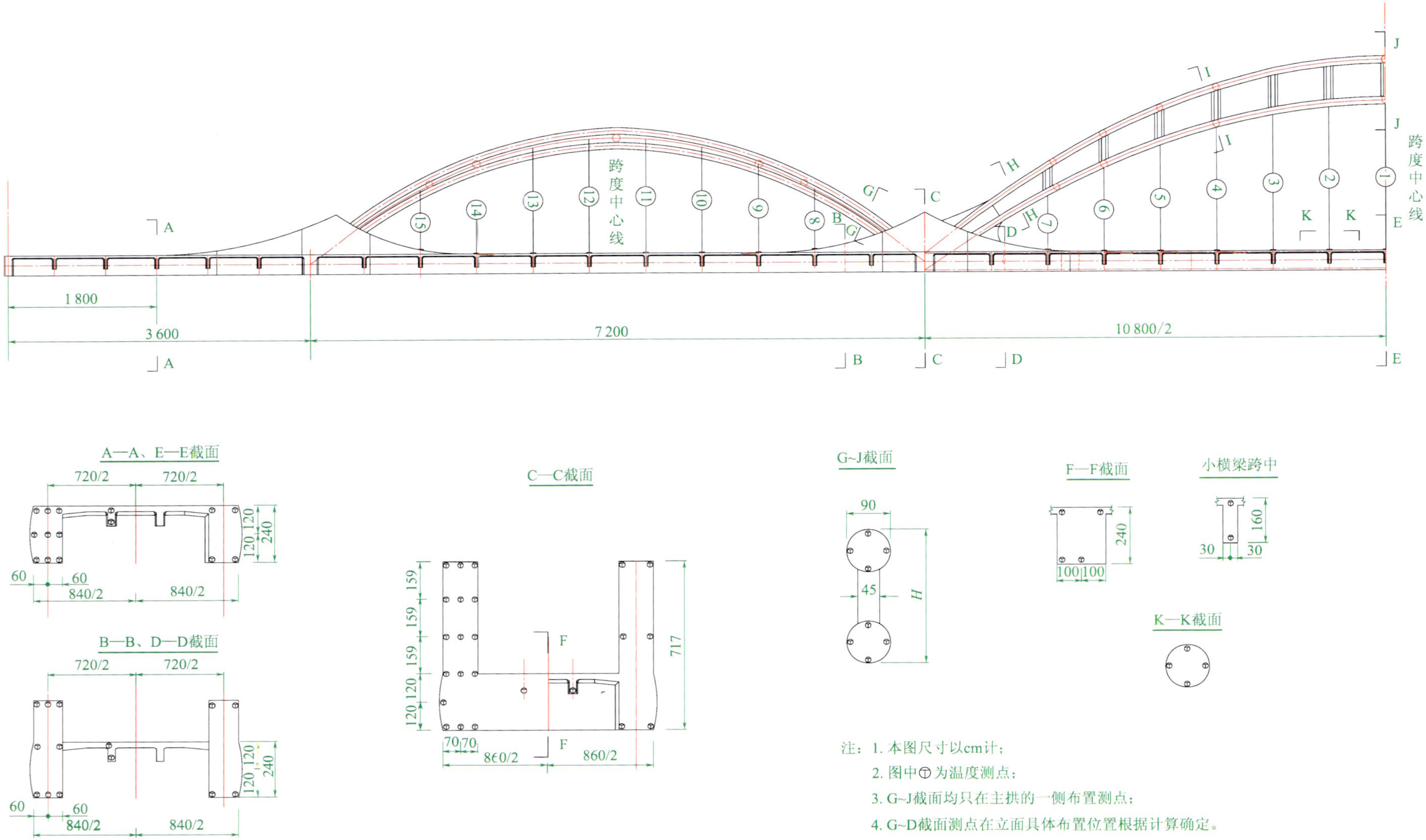

注：1. 本图尺寸以cm计；
2. 图中⊖为温度测点；
3. G~J截面均只在主拱的一侧布置测点；
4. G~D截面测点在立面具体布置位置根据计算确定。

图 5—7—14　温度测点布置

表 5—7—1　施工阶段划分

阶　　段	该阶段施工内容	备　　注
1	施工桥墩和除后浇段以外的所有主梁并搭设主梁下支架	
2	张拉第一批和第二批钢束	
3	施工后浇段 1	
4	张拉第三批钢束	
5	施工后浇段 2	
6	张拉第四批钢束	
7	施工后浇段 3	
8	张拉第五批钢束	
9	安装主边拱钢管拱肋	
10	灌注钢管拱肋内混凝土	
11	转换主梁与桥墩的关系	此时除 18 号桥墩外，其余镦可以纵向滑移
12	安装吊杆 4，并每根张拉索力 150kN	
13	安装吊杆 14、9、1，并每根张拉索力 150kN	
14	安装吊杆 7，并每根张拉索力 150kN	
15	安装吊杆 12、11、3，并每根张拉索力 150kN	
16	安装吊杆 15、8、6，并每根张拉索力 150kN	
17	安装吊杆 2，并每根张拉索力 150kN	
18	安装吊杆 13、10、5，并每根张拉索力 150kN	
19	拆除主梁支架	
20	张拉第六批钢束	

3. 计算荷载

计算中考虑结构自重荷载、预应力荷载的效应。

4. 计算模型

该计算采用空间杆系模型，全桥共 2335 单元 1210 节点。除吊杆采用杆单元外，其余都采用梁单元。

5. 测试结果与计算结果分析比较

测试结果与计算结果分析比较见表 5—7—2。

表 5—7—2　结构应力（组合应力）值比较

结　　构	压应力（MPa）		出现工况	出现位置	拉应力（MPa）		出现工况	出现位置
	测量值	计算值			测量值	计算值		
主跨钢管拱肋	139.6	130.83	20	跨中	无	无	—	—
主跨混凝土拱肋	—	9.945	19	跨中	—	无	—	—
边跨钢管拱肋	66.88	58.6	20	跨中	17.20	10.798	20	边跨支座
边跨混凝土拱肋	—	8.45	19	跨中	—	无	—	—
主跨主梁	7.71	8.25	19	跨中	1.36	1.74	20	跨中
边跨主梁	11.52	13.09	19	跨中	1.40	1.81	20	次支座

（五）监控测试结果及主要结论

在拆除主梁支架，二期恒载未上桥的情况下，主要测试结果如下：

（1）主梁混凝土应力：主跨最大压、拉应力均出现跨中部位，最大压应力为 7.71 MPa，最大拉应力为 1.36 MPa；边跨最大压应力出现在跨中部位，为 11.52 MPa；最大拉应力出现在次支座处，为 1.4 MPa。

（2）钢管拱内混凝土压应力：大部分的压应力变化值在 1.44 ~ 7.2 MPa 之间，最大值为 8.14 MPa。

（3）钢管拱钢管应力：中拱最大压应力为 139.60 MPa，位于主跨跨中；边拱最大压应力为 66.88 MPa，位于边跨跨中；边拱最大拉应力为 17.20 MPa，位于边跨支座处。

第八节　C50 钢管混凝土配合比试验

拉萨河大桥主桥采用（36 + 72 + 108 + 72 + 36）m 钢管混凝土拱连续梁结构形式，钢管拱分两种形式：主拱为双层叠拱，边拱断面为哑铃形。钢管拱内填充 C50 微膨胀混凝土，总方量约 710 m^3，主跨每根钢管拱填充约 80 m^3，边跨每根钢管拱填充约 50 m^3，采用泵灌顶升法于两侧拱脚对称进行灌注。为了补偿混凝土的收缩，混凝土的限制膨胀率略大于混凝土的收缩，以保证钢管拱钢管及腹板填充 C50 微胀混凝土的密实度。因此需对拉萨河大桥 C50 钢管混凝土进行配合比试验，并研究其限制膨胀率等各项性能，以确定钢管内 C50 微膨胀混凝土的配合比。

一、原材料选择及性能检验

配合比设计之前对混凝土用原材料进行检验，以了解原材料的各项性能，为混凝土配合比设计参数提供依据。

（一）水　　泥

试验采用甘肃祁连山 42.5R 型普通硅酸盐水泥，根据国家标准《水泥标准稠度用水量、凝结时间、安定性检验方法》（GB/T 1346—2001）、《水泥细度检验方法（80 μm 筛筛析法）》（GB 1354—91）及《水泥胶砂强度检验方法》（GB/T 17671—1999）中的试验方法，对其物理力学性能进行试验，结果见表 5—8—1。

表 5—8—1　水泥物理力学性能

品质指标	细　度 80 μm 筛余（%）	凝结时间（h：min）		抗折强度（MPa）		抗压强度（MPa）		安定性 （饼法）
		初凝	终凝	3 d	28 d	3 d	28 d	
技术要求	≤10.0	≥0：45	≤6：30	≥3.5	≥6.5	≥16.0	≥42.5	合格
检验结果	0.8	2：00	2：50	6.0	8.2	25.7	48.2	合格

（二）细 骨 料

试验用砂由渝潼砂石料场提供。按照国家标准《建筑用砂》（GB/T 14684—2001）进行试验，其颗粒级配结果见表 5—8—2。通过两次平行试验，经计算，该砂的细度模数为 2.3，属于Ⅲ区中砂。砂子表观密度为 2 620 kg/m^3，堆积积密度为 1 630 kg/m^3，空隙率为 37.8%，砂了含泥量为 0.9%，泥块含量为 0.0%。从砂的性能试验中可以看出：该砂偏细，级配较差，0.3 mm 筛的累计筛余不到 80%。配制泵送混凝土一般要求通过 0.3 mm 筛孔的细骨料为 15% ~20%，这一部分细小颗粒含量很重要，含量过低，输送管容易阻塞，含量过高，配制的混凝土又过粘，泵送压力增大，不利于泵送。

表 5—8—2　砂颗粒级配

筛径尺寸（mm）	9.5	4.75	2.36	1.18	0.60	0.30	0.15	0.075	筛底
累计筛余（%）	0.0	0.6	8.4	16.4	38.8	75.8	93.6	—	100.0

（三）粗 骨 料

试验采用的粗骨料由乃琼镇石场提供的碎石。按照国家标准《建筑用碎石、卵石》（GB/T 14685—2001）中的试验方法，碎石颗粒级配结果见表 5—8—3，碎石其他性能指标见表 5—8—4。该碎石为 5 ~ 20 mm的连续粒级，级配稍差，空隙率偏大，需要较多的细骨粒及胶凝浆体填充。

表 5—8—3　碎石颗粒级配

筛径尺寸（mm）	26.5	19.0	16.0	9.50	4.75	2.36	筛底
累计筛余（%）	0	7.3	—	67.5	95	98.2	100

表 5—8—4 碎石性能指标

碎石基本性能	表观密度 (kg/m^3)	堆积密度 (kg/m^3)	空隙率 (%)	含泥量 (%)	泥块含量 (%)	针、片状含量 (%)	压碎指标 (%)
试验结果	2 580	1 500	41.9	0.6	0	7.3	9.5

（四）膨胀剂

试验采用 CAS 系列膨胀剂。掺合料检验项目及结果见表 5—8—5。掺合料性能检验合格，满足试验要求。

表 5—8—5 CAS 系列膨胀剂性能指标

检验项目	细度（%）（0.08mm 筛余）	氧化镁含量（%）	总碱含量（%）	含水率（%）	氯离子含量（%）
性能指标	≤12	≤5.0	≤0.75	≤3.0	≤0.05
检验结果	9.2	0.74	0.72	1.2	0.007

（五）外加剂

考虑到施工期间拉萨市白天的气温在 0℃以上，因此摒弃了防冻剂的使用。试验选用了三种高效减水剂：瑞士西卡天津建筑材料有限公司生产的 sika-3390 高效减水剂、广东柯杰外加剂科技有限公司生产的 KJ-5R 缓凝高效减水剂和武钢浩源化工厂生产的 FDN-9000 型缓凝高效减水剂。外加剂的性能指标见表 5—8—6。

表 5—8—6 外加剂性能指标

检验项目		固体含量（%）	比重（g/mL）	pH 值（25℃）	减水率（%）	碱含量（%）	Na_2SO_4 含量（%）
检验结果	sika-3390	27.01	1.08	7.05	20～35	0.68	—
	KJ-5R	粉剂	—	—	15～25	—	—
	FDN-9000	粉剂 94.0	—	8.0	15～30	15.0	15.6

二、混凝土配合比试配

钢管混凝土的特点之一是它的钢管就是模板，具有很好的整体性和密闭性，不漏浆、耐侧压。一般情况下，钢管内部无钢筋骨架和穿心部件，钢管断面又是圆形，因此在钢管内进行泵送顶升混凝土相对容易，但也容易产生离析问题，而且对管内混凝土的浇灌质量无法进行直观检查，因此其浇灌质量必须依靠严密的施工组织和严格的施工操作。

试验由于时间紧，环境复杂，因此针对拉萨河大桥的特点重点研究外加剂品种、膨胀剂掺量及环境温度对钢管混凝土性能的影响。

（一）外加剂的确定

缓凝高效减水剂主要作用是调节混凝土的水灰比和胶材用量，以改善混凝土的和易性和强度，控制混凝土凝结时间，使新拌混凝土较长时间保持塑性，以便浇灌。为了提高施工效率，缓凝高效减水剂已成为现代高性能混凝土的一种关键原材料。不同的缓凝高效减水剂对新拌混凝土的流动性、粘性和离析倾向等作用各不相同，因此在试验过程中，选用了 Sika-3390、KJ-5R、FDN-9000 型三种缓凝高效减水剂进行了比较，比较结果见表 5—8—7。表 5—8—7 中三个配合比的其他原材料完全相同。从比较结果可以看出：掺入 Sika-3390 高效减水剂的拌和物的性能相对优越，掺量少而减水率高，且保塑性好，坍落度能达到要求。不足之处是 Sika-3390 为水剂，运输不便，冬天易析晶，施工时应注意温度控制。

（二）膨胀剂掺量的确定及环境温湿度对钢管混凝土性能的影响

试验选用武汉外加剂建筑材料厂生产的 CAS 微膨胀剂，试验中改变膨胀剂的掺量（技术要求掺量范围为 12%～15%），并在不同的温、湿度环境下进行测试限制膨胀率。试验配合比及性能试验结果见表 5—8—8，养护条件及限制膨胀率测试结果见表 5—8—9。

表 5—8—7　高效减水剂对拌和物工作性能的比较

配合比编号	外加剂名称	水胶比	外加剂用量（%）	减水率（%）	拌和物工作性能						抗压强度（MPa）	
					坍落度/扩展度（mm）	拌和物性能描述	凝结时间（h：min）		坍落度经时损失值（mm）		3 d	28 d
							初凝	终凝	0.5h	2h		
Wj-1	FDN-9000	0.354	1.0	18	230/450	和易性较好	5：30	9：15	40	100	35.6	65.6
Wj-2	KJ-5R	0.354	0.9	18	230/530	和易性尚好	6：15	10：30	15	80	40.9	64.4
Wj-3	Sika-3390	0.327	0.72	21	250/600	工作性能优异	7：15	12：30	10	30	41.3	74.7
备注	水胶比 W/B，其中 W 为用水量、B 为每立方米混凝土中胶凝材料用量；B = 水泥用量 + 膨胀剂掺量，膨胀剂掺量占胶凝材料 B 的 9%											

表 5—8—8　混凝土配合比及性能指标

配合比编号	CAS 掺量（% ×B）	砂率（%）	养护条件	压力泌水率 V_{10}/V_{140}（%）	容　重（kg/m³）	拌和物工作性能			抗压强度（MPa）	
						坍落度/扩展度（mm）	拌和物性能描述	坍落度 2h 经时损失值（mm）	3 d	28 d
BZ	12	0.38	标准养护	12.5	2385	250/600	和易性良好	40	35.6	68.5
LS-1	12	0.39	自然养护	10.5	2390	240/600	和易性良好	30	28.0	47.8
LS-2	14	0.39	自然养护	10.0	2375	250/600	工作性能优异	30	21.8	47.1
备注	水胶比 W/B = 0.327，其中 W 为用水量、B 为每立方米混凝土中胶凝材料用量；B = 水泥用量 + 外加剂用量，外加剂 Sika-3390 用量 = 0.08% B									

表 5—8—9　钢管混凝土限制膨胀率测试结果

编　号	CAS 掺量 (%)	限制膨胀率 ($\times10^{-4}$)				养　护　环　境
		3 d	7 d	14 d	28 d	
BZ	12	3.71	4.23	2.18	1.34	温度：20℃ ±2℃，湿度：60% ±5%
LS-1-1	12	1.11	1.51	1.55	-3.77	绝湿自然养护，当天最高温，一般 14℃ ~15℃，第 28 天龄期为 8℃
LS-1-2	12	0.91	1.79	1.63	0.72	绝湿自然养护，当天最低温，一般 9℃ ~10℃，第 28 天龄期为 -1℃
LS-2-1	14	-0.27	-0.37	-1.46	-4.82	绝湿自然养护，当天最高温，一般 14℃ ~15℃，第 28 天龄期为 8℃
LS-2-2	14	0.24	-0.28	-0.23	-0.51	绝湿自然养护，当天最低温，一般 9℃ ~10℃，第 28 天龄期为 -1℃

先比较表 5—8—8 中的数据，三组混凝土拌和物的性能均适于钢管混凝土的泵送施工。LS 的两组混凝土试件 3 d 强度明显偏低，且 28 d 的强度不到 C50 的技术指标，这说明强度受温、湿度因素影响很大。实际上这个结果对于较大体积的钢管混凝土是片面的，钢管混凝土处于三向限制状态，体积较大，早期反应水化热较大，加上蓄热法养护措施周全，这与 15 cm × 15 cm × 15 cm 试件的自然养护条件差异很大。而且在约束条件下，膨胀剂对硬化混凝土性能的影响是有益的，因此钢管中混凝土实际强度比试验强度应高很多。再比较 LS-1 与 LS-2 试件 3 d 龄期的强度，掺 14% 膨胀剂的试件强度要低得多，这可能是因为当无外部约束时，钙矾石生成的同时，混凝土自身限制程度不足以抵抗较大的膨胀压力，而对结构产生的破坏作用，并且这种破坏作用随膨胀剂的增加表现得更加明显。

再比较表 5—8—9 中的数据，编号 BZ、LS-1-1 及 LS-1-2 是不同环境下钢管混凝土限制膨胀率的测试结果。BZ 试件是先在 20℃、95% 以上湿度环境下养护，到 14 d 龄期再移入 20℃、60% 湿度的恒温恒湿室养护的（标准方法）；LS 试件是经覆裹塑胶布置于室外绝湿自然养护。标准方法下 BZ 试件各龄期的限制膨胀率满足技术要求，而在实际自然环境下混凝土的限制膨胀率却有较大差异，从图 5—8—1 中可以较直观地看到这种差异。图 5—8—1 反映的是相同膨胀剂掺量、不同环境下测得的钢管混凝土限制膨胀率，LS-1-2 试件的检测结果满足技术要求，而 LS-1-1 在较高温度下的限制膨胀率却偏低，说明膨胀剂的膨胀机理是比较复杂的；从表 5—8—9 及图 5—8—2 中可以看出，同条件下掺量为 14% 的 LS-2 的限制膨胀率要低于掺量为 12% 的 LS-1，这说明在某种限制条件下，膨胀剂掺量是有上限的。

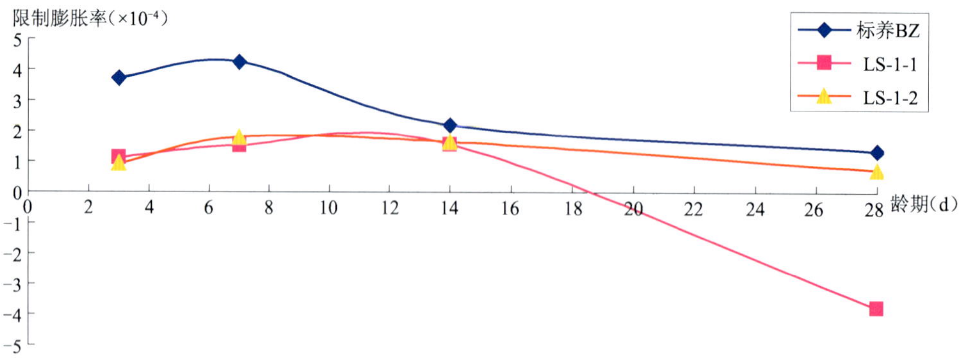

图 5—8—1　不同环境下钢管混凝土限制膨胀率比较

一般认为，膨胀剂的膨胀机理有化学膨胀和吸湿膨胀。微膨胀混凝土膨胀能的产生及动力源于硫铝酸钙水化产物，即钙矾石（AFt）的生成，而且膨胀主要发生在水化早期。AFt 为六方柱状或针状结晶，它的形成和发育使整个体系中的固相增加，这是产生膨胀的主要原因，但不是单一的，AFt 还能吸水肿胀。这种吸水膨胀随混凝土中 CaO 浓度的变化有较大差异：在饱和 CaO 溶液条件下，形成

AFt 的粒度小，吸水膨胀率较大；在不饱和 CaO 溶液条件下，形成 AFt 的粒度大，吸水膨胀率较小。这就解释了在绝湿自然养护条件下的 LS 试件限制膨胀率要低于标准方法的 BZ 试件的原因。而当膨胀剂掺量超过一定限量后，反而使混凝土的 CaO 的浓度降低，膨胀能因而减少。这就是为什么同条件下掺量为 14% 的LS-2的限制膨胀率要低于掺量为 12% 的 LS-1。至于 LS-1-1 在较高温度下的限制膨胀率低于 LS-1-2 的原因，可能是测试架（材质为 25MnSi 钢）的线膨胀系数（$10\times10^{-6}\sim20\times10^{-6}$）大于混凝土（混凝土的线膨胀系数随所用的骨料种类及配合比的不同而变化，但变化不大，一般在 $6\times10^{-6}\sim13\times10^{-6}$之间）。

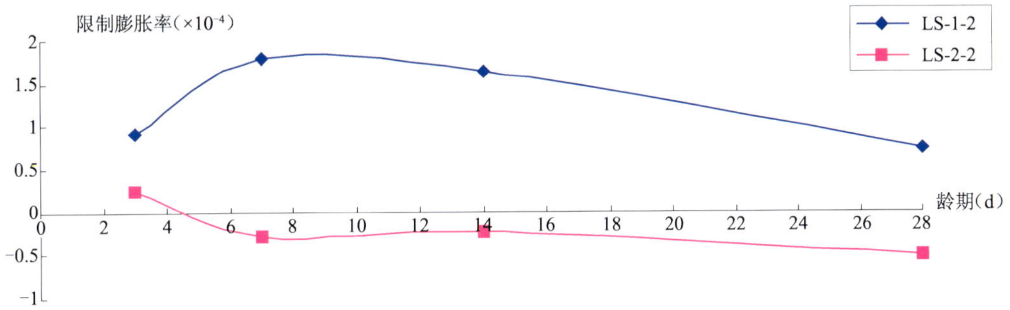

图 5—8—2　不同 CAS 掺量的钢管混凝土限制膨胀率比较

（三）混凝土配合比确定

从以上试验分析，确定拉萨河大桥钢管混凝土配合比，其配合比参数见表 5—8—10。

表 5—8—10　钢管混凝土配合比参数

配合比编号	每立方米混凝土中各材料用量（kg）							水胶比	砂　率
	水　泥	膨胀剂		水	砂	碎　石	外加剂 Sika-3390		
		名称	用量						
LS	484	CAS	66	180	616	1004	3.872	0.327	0.38

表 5—8—10 中混凝土配合比满足拉萨河大桥 C50 钢管混凝土的技术要求。

三、结　　语

该试验通过研究不同外加剂、膨胀剂掺量及不同环境等因素对钢管混凝土性能的影响，确定钢管内 C50 微膨胀混凝土的配合比，并得出：在拉萨地区，钢管内微膨胀混凝土灌注宜选在气温 10℃～15℃之间进行，这对限制膨胀率和混凝土强度有足够的保证。

第九节　围堰封底技术

拉萨河大桥位于深厚卵砾石覆盖的河床上，地质条件复杂，卵砾石胶结性差、松散。主桥 17 号墩和 18 号墩基础设计为 12-ϕ1.25 m 钻孔桩低桩承台基础，成孔十分困难。另外，青藏铁路工程对环境保护的要求十分严格，严禁钻孔过程中的泥浆排放。经对诸多大口径钻掘工法的反复比较论证，最后决定采用安全性好、绿色环保的全孔套管干式冲抓钻掘、一次性拔管灌注成桩工法"全套管冲抓成孔"灌注桩，施工采用日产进口 MT150 套管钻机。

承台施工采用混凝土围堰加封底的施工方案。在封底混凝土抽水时发现水封混凝土在个别桩周围存在漏水现象（其中 17 号墩 3 根，18 号墩 4 根），分析其漏水的主要原因是由于钻孔桩施工后护筒均已拔除，故封底混凝土直接与桩周连接，而有些桩周围不可避免地会粘有一些泥块，泥块与封底混凝土粘结强度较低，且封底混凝土厚度只有 1.2 m，在 8 m 高的水头压力下很容易压穿而造成封底失败。

一、处理方案拟定

根据现场情况，当时考虑的处理方案有两个：第一种方案是将漏水的基桩废除重新冲孔，此方法最为稳妥有效；第二种方案是采用在原封底混凝土以下压浆固结砂卵石层以增加封底混凝土厚度，以及加强桩周混凝土强度的施工方案。

考虑到第一种方案经济损失较大，且工期较长，而主墩为全标段控制总工期的关键部位，因此否决了该方案；参照以往地基加固以及桩底沉渣超标的处理经验，认为第二种方案是可行的，故采用第二种方案。

二、施工方法

（一）施工工艺

施工时用四台水泵抽围堰内的水，至显露围堰底部的漏水部位，再用两台水泵抽水，以便作业人员在围堰内进行施工。离桩周净距 20 cm 处沿桩周布置四个孔眼，用风枪打眼穿过封底混凝土底部 20 cm，布置压浆管；压浆管高度超过河水面高度 1 m，停止抽水，待围堰内水至河水面高度时，进行压浆管注浆；待浆体达到设计强度时，进行围堰内抽水，如围堰不漏水则进行承台施工，如漏水则重复上述步骤。

处理工艺流程如图 5—9—1 所示。

（二）压浆管布置

强行抽水，找出漏水部位，并让河水充分清洗桩周泥块。沿桩周大致均匀钻 4 ~ 6 个 ϕ35 mm 孔，孔道离钻孔桩的净距约 20 cm，孔内插 ϕ20 mm 压浆管，漏水较严重部位适当加密压浆管，压浆管与孔道间隙以棉纱塞紧，具体布置如图 5—9—2 所示。注浆管布置完毕，围堰内注水，保持内外水头相等。

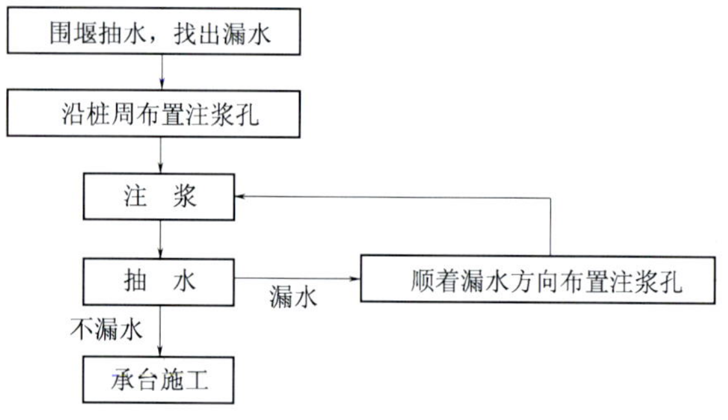

图 5—9—1　堵漏施工工艺流程

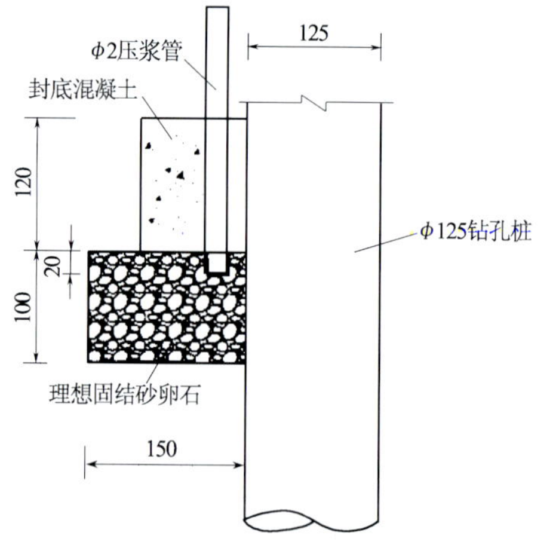

图 5—9—2　压浆管布置（单位：cm）

（三）注　　浆

（1）所用水泥浆强度不低于 30 MPa，其稠度为 16 ~ 18 s。

（2）水估算泥浆方量。根据地质资料显示，地层为中密砂卵石，孔隙比 $e = 0.25$，空隙率 $n = 0.2$，估算出每桩压浆体积为 2.6 m^3。

（3）压浆。先以清水清洗注浆管，保证管道通畅，然后压浆，压浆时压力控制在 0.3 ~ 0.5 MPa。每根压浆管压浆约 0.45 m^3，要求每根桩在 2 h 内连续压完。

（四）抽　　水

水泥浆强度达到 15 MPa 后即可抽水。若抽水时发现漏水，则在漏水部位再布置注浆管，顺着漏水方向注浆。

三、结　　语

该桥两个主墩（17 号墩和 18 号墩）封底抽水后均出现不同程度的漏水，经过上述方案处理一二次后，原桩周漏水的间隙均已基本注满水泥浆，封底混凝土以下砂夹卵石固结良好，且两墩处理均在半个月内完成，处理效果良好。

四、经验总结

该桥围堰封底施工经验总结如下：

（1）对于漏水的封底混凝土，其有可能不密实或夹层，可以通过压浆的方法予以解决。压浆前先抽水，让其渗水，并以渗出清水为原则，然后顺着渗水部位布置压浆管压浆，一般均可达到封堵的效果。

（2）对于需要封底的围堰，且地层为透水土，在钻孔桩施工完毕后，封底混凝土范围内的护筒不宜拔除，以保证封底混凝土与钻孔桩之间良好粘结。

参考文献

[1] 铁道部工程设计鉴定中心．铁路桥梁招标方案集锦［M］．北京：中国铁道出版社，2008 年 4 月．

[2] 陈后军等．巧夺天工的青藏铁路拉萨河大桥设计［J］．轨道交通纵横，2006，(6)．

[3] 王召祜．青藏铁路拉萨河特大桥方案设计［J］．桥梁建设，2005，(5)．

[4] 孙树礼．青藏铁路拉萨河特大桥设计关键技术及试验研究［J］．桥梁建设，2005，(5)．

[5] 李凤芹等．拉萨河特大桥主桥结构设计［J］．桥梁建设，2005，(5)．

[6] 王祯等．青藏铁路拉萨河特大桥主桥空间分析［J］．桥梁建设，2005，(5)．

[7] 田万俊等．青藏铁路拉萨河特大桥吊杆锚箱设计及试验研究［J］．桥梁建设，2005，(5)．

[8] 田万俊．拉萨河特大桥拱脚设计及局部应力分析［J］．桥梁建设，2005，(5)．

[9] 李凤芹等．拉萨河特大桥主桥施工方案设计［J］．桥梁建设，2005，(5)．

[10] 常丽蕙等．青藏铁路拉萨河特大桥下部结构设计［J］．桥梁建设，2005，(5)．

[11] 牛远志．拉萨河特大桥引桥 32m 连续梁设计［J］．桥梁建设，2005，(5)．

[12] 王祯等．青藏铁路拉萨河特大桥养护维修设计［J］．桥梁建设，2005，(5)．

[13] 许伦锋．拉萨河特大桥主桥 324m 连续梁施工技术［J］．桥梁建设，2005，(5)．

[14] 刘幸福．拉萨河特大桥钢管拱架设技术［J］．桥梁建设，2005，(5)．

[15] 周友生．拉萨河特大桥主桥钢管拱焊接质量控制技术［J］．桥梁建设，2005，(5)．

[16] 龚忠辉．拉萨河特大桥新型支座安装技术［J］．桥梁建设，2005，(5)．

[17] 刘幸福．拉萨河特大桥围堰封底混凝土桩周堵漏技术［J］．桥梁建设，2005，(5)．

[18] 刘为帛．耐久性混凝土施工控制技术［J］．桥梁建设，2005，(5)．

[19] 戴登宇等．拉萨河特大桥主桥钢管混凝土配合比试验［J］．桥梁建设，2005，(5)．

[20] 周友生等．拉萨河特大桥主桥吊杆和锚箱疲劳试验研究［J］．桥梁建设，2005，(5)．

[21] 宋毓澜等．青藏线拉萨河特大桥主桥横梁设计［J］．铁道标准设计，2005，(2)．

[22] 常丽蕙．青藏铁路拉萨河特大桥铰轴滑板钢支座设计［J］．铁道标准设计，2004，(12)．

[23] 王祯等．青藏铁路拉萨河特大桥主桥设计［J］．铁道标准设计，2004，(6)．

[24] 周四思等．青藏铁路拉萨河特大桥设计理念［J］．中国铁路，2003，(12)．

后　记

建设青藏铁路，是党中央在21世纪之初做出的重大战略决策。青藏铁路的建设，在青藏高原开辟了一条经济、快速、大能力、全天候的运输通道，对于改变青、藏两省区交通落后状况，填补西藏地区铁路路网空白，完善西部路网布局，对于调整西藏的能源结构，保护生态环境，实施可持续发展战略，加快西藏经济发展，对于加强西藏与内地的联系，促进文化交往，增进民族团结，提高人民生活水平，保持社会稳定，具有重大意义。

拉萨河大桥设计适应了既要体现民族特色又要具有时代气息的特定环境，成为青藏铁路标志性工程之一。在国内铁路桥梁中首次采用多孔钢管混凝土叠拱连续梁组合结构体系，提出的设计理论、方法和结构构造技术先进，合理可行，很好地解决了工程实际问题；研究提出的多项耐久性措施体现了青藏铁路少维护和便于维护的设计理念；施工技术的创新提高了工程建设效率并保证了工程质量。拉萨河大桥在设计、施工等方面取得了良好的社会效益和经济效益。

拉萨河大桥具有以下技术创新点：

(1) 设计中引入桥梁建筑美学的设计理念。主桥采用（36＋72＋108＋72＋36）m五孔三拱大跨度下承式连续梁钢管混凝土叠拱组合结构体系，桥式方案实现了桥梁建筑美学、桥梁结构先进性与地域人文环境的有机融合，体现了民族特色和时代气息，具有创新性。

(2) 在国内铁路桥梁中首次采用多孔钢管混凝土叠拱连续梁组合结构体系。通过组合结构受力体系和空间分析研究、拱脚构造及拱脚光弹性试验研究、吊索锚固体系及静动载试验研究、工程抗震措施及地震反应分析、桥梁动力特性及行车性能分析、大吨位少维护钢支座研究、混凝土配合比试验研究、施工阶段监控测试分析等关键技术试验研究，提出的综合设计理论、方法和结构构造技术先进，合理可靠，很好地解决了工程实际问题。

(3) 用连续梁中支点向上变高作为拱脚，适应了景观设计需要，降低了桥梁建筑高度，结构受力合理，使体系的负弯矩由主梁承受，大大改善了负弯矩区桥面板的受力状态，为一定条件下大跨度预应力混凝土连续梁的设计提供了经验和例证。

(4) 吊索锚固体系采用承拉式锚箱结构，锚头及吊索端部均外露，体现了青藏铁路少维修、易养护的设计理念。经静载和疲劳试验检验满足各项性能要求，在拱桥吊索锚固方式上实现了创新。

(5) 研发的新型大吨位铰轴滑板钢支座，受力性能好、转动和滑动灵活、耐久性好、养护工作量小，具有推广价值。

(6) 长联大跨度连续梁系杆采用分段现浇法施工，混凝土收缩、徐变以及温度变化对梁长的影响得以分解和调整。针对高原恶劣环境，主桥采用先梁后拱，钢管拱的架设简便易行；大节段吊装法施工，减少了现场焊接及拼装作业，对类似结构体系的桥梁设计施工具有借鉴意义。

（7）拱脚采用纤维混凝土，提高了其抗裂性。主梁采用混凝土外涂装及钢结构长效涂装体系等综合措施，提高了抗强紫外线辐射及减低高原缺氧地区养护维修作业。

铁道部组织的专家审查会认定拉萨河大桥总体技术水平达到了国际先进水平，2007年获第七届中国土木工程詹天佑大奖，2008年获中国铁道学会科技进步一等奖。

建成后的拉萨河大桥从布达拉宫的金顶、贡嘎机场的公路上，以及拉萨火车站广场，都可以看到它的雄姿。它如同青藏铁路飞驰到拉萨的“凯旋门”，与布达拉宫、蜇蚌寺等历史文化名胜遥相辉映。纯白色的大桥宛如洁白的哈达，飘舞在青山碧水间，象征着党中央和藏族人民心连心，象征着藏汉两族人民的友谊地久天长。拉萨河大桥的建成为神奇的雪域高原增添了又一道靓丽的风景，作为藏汉民族团结的纽带和青藏铁路的一颗灿烂的明珠将载入我国铁路建设的史册。